富媒体 智能化

"十四五"普通高等教育核心规划教材
高等院校教育教学改革融合创新型教材
高等院校应用技能型精品规划教材

报关实务

（"单一窗口"标准版）

（第二版）

李 贺◎编 著

CUSTOMS DECLARATION PRACTICE

应用·技能·案例·实训

上海财经大学出版社
SHANGHAI UNIVERSITY OF FINANCE & ECONOMICS PRESS
上海学术·经济学出版中心

图书在版编目(CIP)数据

报关实务：应用·技能·案例·实训 / 李贺编著.
2版. -- 上海 : 上海财经大学出版社, 2025. 9.
("十四五"普通高等教育核心规划教材) (高等院校教
育教学改革融合创新型教材) (高等院校应用技能型精品
规划教材). -- ISBN 978-7-5642-4750-8

Ⅰ. F752. 5

中国国家版本馆 CIP 数据核字第 202583BA21 号

□ 责任编辑　汝　涛
□ 封面设计　贺加贝

报关实务
——应用·技能·案例·实训
(第二版)
李　贺　编著

上海财经大学出版社出版发行
(上海市中山北一路 369 号　邮编 200083)
网　　址：http://www.sufep.com
电子邮箱：webmaster@sufep.com
全国新华书店经销
上海新文印刷厂有限公司印刷装订
2025 年 9 月第 2 版　2025 年 9 月第 1 次印刷

787mm×1092mm　1/16　23.5 印张　647 千字
印数：5 201—9 200　　定价：65.00 元

前　言

为深入贯彻党的二十大及二十届二中、三中全会精神，持续推进"放管服"改革，进一步优化口岸营商环境，积极响应扩大进口、促进出口的政策导向，大力推动保税及新型贸易业态发展，中国国际贸易"单一窗口"已发展成为国际贸易流程中的关键支撑平台。如今，"单一窗口"的功能已全面覆盖国际贸易各环节，成为企业对接口岸管理部门的核心接入服务平台。在此背景下，编者以"工作过程"为导向，紧密围绕中国国际贸易"单一窗口"，精心编写了这本极具实用性的新版教材。

《报关实务》(第二版)教材将知识要素、技能要素、素质要素和思政要素巧妙地融入具体内容之中。教材以习近平新时代中国特色社会主义思想为指导，深入践行社会主义核心价值观，紧密贴合国际贸易发展的新阶段、新理念、新格局与新形态，将理论知识与业务实践深度融合，并与"单一窗口"的实际应用紧密衔接。同时，积极响应国家对教育领域创新发展的要求，为培养适应新时代国际贸易需求的专业人才提供有力支持；强调以学生为中心，以学习成果为导向，呼应OBE成果导向教育理念。本书以海关总署"金关工程"二期为核心，严格遵循高等院校应用技能型人才培养目标与模式，注重理论联系实际，致力于提升学生的应用能力、实践能力与创新能力。编写过程中，采用"理论奠基、实践跟进、案例支撑、能力达成"的编写方式，坚持知识内容"必需、够用"，强化了报关实践应用能力培养，并紧密结合最新报关政策改革与实践应用，确保教材内容与时俱进。

本书深入挖掘思政元素，在报关理论与技能中，融入家国情怀、政治认同、文化自信等思政主题，引导学生树立"大国情怀、心怀天下"的意识，增强对中国特色社会主义道路的"四个自信"，激发学生的爱国热情与民族自豪感，培养学生明"大德"。同时，融入法律规范、社会责任、行业规范等元素，帮助学生树立"诚信守法"意识，具备"信义忠诚"的职业素养，引导学生在未来工作中做到"为国把关"，培养学生守"公德"。此外，锤炼学生"爱岗敬业"的实干精神与严谨报关的"工匠精神"，并结合海关"通关一体化改革"等行业发展动态，引导学生树立"终身学习"意识，培养学生严"私德"。通过这些举措，实现专业知识传授与思想政治教育的有机融合，落实立德树人的根本任务。

依据高等院校教育教学改革融合创新以及应用技能型人才培养的迫切需要，本教材力求彰显以下特色：

1. 内容全面，体系规范。通过对报关的基本内容进行深入细致讲解，增加"单一窗口"标准版用书手册和"互联网＋海关"申报流程图及可视化界面，使学生更直观了解申报流程。受篇幅限制，教材借助二维码技术呈现相关解析、流程、图解、视频等，图文并茂。以工作过程为导向，依托国际贸易“单一窗口”，系统全面介绍实践应用的具体方法，帮助学生对比分析，提升发现、分析和解决问题的能力。

2.结构新颖，栏目丰富。为激发学生学习兴趣与热情，在结构上力求突破。每章开篇设置清晰的“知识目标”“技能目标”“素质目标”“思政目标”“课程引例”“引例导学”等栏目，明确学习方向。在“知识支撑”中涵盖“同步案例”“拓展阅读”“案例评析”“学思践悟”“悟有所得”“经验小谈”“知识链接”“动漫视频”，以及“注意”“提示”“小贴士”等拓展内容，丰富学习资源与形式。课后编排“应知考核”“应会考核”“本章实训”，突出教材的实践性与应用性。

3.与时俱进，紧跟政策。教材紧跟政策变化将进出口货物申报管理规定、进出口货物征税管理办法、海关法(修订草案征求意见稿)、关税法、进出境行李物品监管办法、加工贸易账册整合、海关风险管理办法及保税物流账册核销管理、海关预裁定(修正)、《中华人民共和国海关进出口货物征税管理办法》所涉及法律文书格式、海关税款担保、最新报关单项目等新政策内容纳入其中，并添加了企业向海关申报的相关表单和实例，使得教材更接近实际应用操作，便于师生了解最新海关政策。

4.学练结合，学以致用。鉴于本课程实践应用性强的特点，为帮助学生及时复习知识、提高学习效率，在内容中融入了“学中做”和“做中学”栏目，实现学做结合；课后安排“应知考核”“应会考核”“本章实训”，紧密结合每章的实际工作技能要求而编写，提升学习效果，其中“应知考核”用于考查学生对基础知识的掌握，“应会考核”和“本章实训”用于锻炼学生将知识应用于实际的能力，达成理实一体化，促进学生学思用贯通、知信行统一。

5.校企合作，接近实际。为培养应用技能型人才，积极开展校企合作“双元”项目，践行知行合一，教材将实践教学作为深化教学改革的关键环节。推动校企共同修订培养模式、开发课程、共建实训培训基地，开展创新创业教育与合作育人。编者依据最新职业标准、行业标准和岗位规范，精心组织开发了这本校企合作一体化教材，确保教材内容紧密贴合行业实际需求。

6.职业技能，提升能力。紧密结合新形势需要，把握行业发展前沿，以全国高等院校技能大赛为导向，注重基础知识与实操技能融合，实现“岗课赛证”融通，旨在提升学生整体素质与综合职业技能，尤其是创新能力与实践应用能力，使学生扎实掌握专业知识技能，突出实践操作能力培养，兼顾实用性与知识性。

7.教辅资源，配备齐全。为实现课堂教学的多元立体化，编者开发了一套完备的数字化教学资源，包括教师课件、参考答案、教学大纲、学习指导、模拟试卷等，并以纸质教材为核心，结合线上学习平台，整合在线课程、案例库等多种教学资源，打破时间和空间限制，满足不同学生的学习需求，为教学质量提供有力支撑，相关资源可通过教师交流 QQ 群(群号：839697807)获取。

本书由李贺编著。王海涛、赵昂、李虹、王玉春、李洪福五人负责全书数字化教学资源包的制作。本书适合经管类专业方向的应用技能型高等院校学生使用，也可作为外贸行业的培训教材、技能大赛参考资料，以及从事国际交流和对外贸易的从业人员的辅助教材。此外，本书还配有姊妹教材《报检与报关实务——应用·技能·案例·实训》(第六版)。本书得到了校企行合作单位的李纲、赵新治、李东丽等长期从事外贸一线工作的人员，以及出版单位和上海学术·经济学出版中心的大力支持。在编写过程中，编者参阅了相关教材、著作和网站等资料，在此一并表示衷心的感谢！由于编写时间仓促，加之编者水平有限，本书难免存在一些不足之处，恳请专家、学者批评指正。

修订汇总

编 者

2025 年 7 月

目 录

第一章 报关与海关管理

● **知识目标**

理解：报关的概念；海关的性质和任务；海关权力的特点；报关单位的概念及报关单位监管措施。

熟知：报关的范围、形式和分类；海关权力行使原则；海关权力的监督及管理体制与机构。

掌握：报关的基本内容；海关权力的内容；报关单位的类型、备案管理、海关企业信用管理。

● **技能目标**

熟练运用中国国际贸易“单一窗口”平台，高效完成报关单位备案手续的办理工作。同时，能够熟悉海关权力及相关法律法规，切实解答外贸业务实践中遇到的各类应用问题。紧密结合海关总署推出的各项改革举措，深入剖析其对报关业务产生的多方面影响，从而灵活调整工作策略，以适应业务新变化。

● **素质目标**

着力培养报关业务人员应具备的基本工作能力，注重塑造良好的职业素养、严谨细致的工作态度和高度的责任心，始终坚守职业道德操守。同时，提高对知识的掌握，以敏锐的洞察力挖掘知识内涵。深刻领悟党的二十大提出的推动高水平对外开放的战略要求，以及二十届二中、三中全会关于全面深化改革和推进中国式现代化的精神，主动提升自身在跨境贸易便利化、国际物流大通道建设等领域的业务能力，为行业的高质量发展贡献力量。

● **思政目标**

能够从思想和精神层面深刻领悟海关工作的使命与担当。深入领会习近平新时代中国特色社会主义思想的精髓要义，充分认识到海关工作在国家发展战略布局中的关键枢纽作用。在报关工作实践中，以“不忘初心、牢记使命”的崇高精神为指引，筑牢理想信念之基，树立正确的世界观、人生观和价值观。将个人的职业理想与国家的繁荣富强紧密相连，做到学思用深度融合、知信行高度统一。通过党的二十大及二十届二中、三中全会精神，精准把握国家在推进高水平对外开放、优化营商环境等方面的政策导向，并将其积极践行于报关工作的每一个环节。同时，要以高度的责任感和使命感，恪守海关法律法规，确保每一项报关工作都合法合规，为国家的经济安全和贸易便利化筑牢坚实防线，作出应有的贡献，在实现中华民族伟大复兴的征程中贡献自己的力量。

○ **课程引例**

跨境贸易中的报关与海关管理挑战

国际知名电子产品制造商“星耀科技”，近年来积极拓展海外市场，其生产的智能手机、平板电脑等电子产品在全球范围广受欢迎。为了进一步提升市场竞争力，星耀科技决定在中国设立一家新的生产基地，专门负责生产面向亚洲市场的产品。然而，在筹备过程中，公司管理层意识到，由于涉及大量的原材料进口和成品出口，如何高效、合规地完成报关手续，以及如何与海关部门建立良好的互动关系，将成为公司面临的一大挑战。具体情境：

(1)原料进口。星耀科技需要从全球各地进口高质量的芯片、显示屏等关键原材料。这些原材料种类繁多、价值高昂，且对运输和存储条件有严格要求。如何确保原材料能够快速、安全地通过海关检查，避免因报关延误导致生产停滞，成为公司关注的焦点。

(2)成品出口。生产的电子产品需要及时出口到亚洲各国市场。面对不同国家的海关政策和贸易壁垒，星耀科技需要了解并遵守各国的进口规定，确保产品能够顺利进入目标市场。

(3)海关合规。随着国际贸易环境的日益复杂，海关对进出口货物的监管也越来越严格。星耀科技需要确保自身的报关行为完全符合海关法规，避免因违规操作而遭受罚款、货物扣留等风险。

(4)信用管理。为了进一步提升通关效率，星耀科技希望成为海关的高级认证企业，享受海关提供的便利措施。然而，要成为高级认证企业，公司需要在内部控制、财务状况、守法规范和贸易安全等方面达到海关的严格标准。

引例导学：面对上述挑战，星耀科技的管理层意识到，他们迫切需要深入了解报关与海关管理的相关知识，包括报关的概念、范围、分类和形式，海关的性质、任务和权力，以及报关单位的备案管理和信用管理等。只有这样，他们才能确保公司的进出口业务高效、合规地进行，为公司的全球化战略提供有力支持。在全球化日益加深的今天，跨境贸易已成为推动世界经济发展的重要力量。作为跨境贸易的关键环节，报关与海关管理不仅关系到企业的进出口效率，而且直接影响到企业的合规经营和成本控制。因此，掌握报关与海关管理的相关知识，对于从事国际贸易的企业至关重要。

○ **知识支撑**

第一节　报关概述

一、报关的概念

《中华人民共和国海关法》(以下简称《海关法》)[①]第八条规定：进出境运输工具、货物、物品，必须通过设立海关的地点进境或者出境。在特殊情况下，需要经过未设立海关的地点临时进境或者出境的，必须经国务院或者国务院授权的机关批准，并依法办理海关手续。

① 《中华人民共和国海关法》的最新版本为2021年4月29日经第十三届全国人民代表大会常务委员会第二十八次会议修正的版本。2023年11月10日，海关总署发布《中华人民共和国海关法(修订草案征求意见稿)》，并向社会公开征求意见。

动漫视频

报关

一般而言，报关是指进出口货物收发货人、进出境交通运输工具负责人、进出境物品的所有人或者他们的代理人向海关办理货物、物品或交通运输工具进出境手续及海关相关事务的过程。其中：①进出口货物收发货人、进出境交通运输工具负责人、进出境物品的所有人或者他们的代理人是报关行为的承担者，是报关主体，也就是报关人；②报关的对象是进出境交通运输工具、货物、物品；③报关的内容是办理交通运输工具、货物、物品的进出境手续及相关海关手续；④海关是进出境的监督管理机关，是对报关人的报关行为进行监督和制约的国家行政执法机关。

报关与通关存在着区别和联系。通关是指进出境运输工具的负责人、进出口货物的收发货人及其代理人、进出境物品的所有人向海关办理报关对象进出境手续，海关对其提交的单证和进出境申请书依法进行审核、查验、征缴税费、批准进境或者出境放行的全过程。报关与通关二者工作的对象是相同的，都是针对交通运输工具、货物、物品的进出境而言的。二者的区别是活动角度不同，报关是从海关行政管理相对人的角度出发，仅指向海关办理进出境手续；通关是从报关管理者的角度出发，通关不仅包括海关行政管理相对人向海关办理有关手续，而且包括海关对报关对象依法进行监督管理，核准其进出境的管理过程。

二、报关的范围

(1)进出境交通运输工具。进出境交通运输工具主要包括用于载运人员、货物、物品进出境，并在国际上运营的各种境内或境外船舶、车辆、航空器和驮畜。

(2)进出境货物。进出境货物主要包括一般进出口货物，保税加工货物，暂时进出境货物，特定减免税货物，过境、转运和通运货物，以及其他进出境货物。此外，一些特殊形态的货物，如以货品为载体的软件或通用电缆、管道输送进出境的电和水等也属于报关的范围。

(3)进出境物品。进出境物品主要包括进出境的行李物品、邮递物品和其他物品。行李物品是指以进出境人员携带、托运等方式进出境的物品；邮递物品是指以邮递方式进出境的物品；其他物品主要是指享有外交特权和豁免权的外国机构或者人员的公务用品或自用物品等。

【提示】根据法律规定，所有进出境交通运输工具、货物、物品都需要办理报关手续。

三、报关的分类

(一)按照报关对象的不同，可分为交通运输工具报关、货物报关和物品报关

海关对进出境工具、货物、物品有不同的监管要求，所以报关也相应地分为交通运输工具报关、货物报关和物品报关三类。

(1)进出境交通运输工具作为货物、人员及其携带物品的进出境载体，其报关主要是向海关直接交验随附的、符合国际商业运输惯例、能反映交通运输工具进出境合法性及其所承运货物和物品情况的合法证件、清单和其他运输单证，其手续较为简单。

(2)进出境货物的报关相对比较复杂，海关专门针对进出境货物的监管要求制定了一系列报关管理规范，并要求必须由具备一定专业知识和技能且经海关审核的专业人员代表报关单位专门办理。

(3)进出境物品因其具有非贸易性质，且一般仅限于自用合理数量，所以其报关手续也很简单。

(二)按照报关的目的不同，可分为进境报关和出境报关

由于海关对不同报关对象的进出境有不同的管理要求，交通运输工具、货物、物品根据进境和出境的目的分别形成了一套进境报关和出境报关手续。

（三）按照报关的行为性质或报关活动的实施者不同，可分为自理报关和代理报关

（1）自理报关。自理报关是指由进出口货物收发货人自行办理报关业务。根据海关规定，进出口货物收发货人必须依法向海关备案后才能办理报关业务。

（2）代理报关。代理报关是指接受进出口货物收发货人的委托，代理其办理报关业务的行为。我国海关法律将有权接受他人委托办理报关业务的企业称为报关企业。进出口货物收发货人，可以自行向海关申报，也可以委托报关企业向海关申报。向海关办理申报手续的进出口货物收发货人、受委托的报关企业应当预先在海关依法办理备案。

在实际操作中，随着电子化技术的发展，出现了一种便捷的代理报关方式，电子代理报关委托就是代理报关的一种形式，通过电子平台完成委托手续，由专业的报关企业代为办理报关业务。电子代理报关委托是指进出口货物的收发货人通过电子平台（如中国国际贸易“单一窗口”）将报关事务委托给具备资质的报关企业，由其代表委托人向海关办理货物通关手续。

电子代理报关委托是中国国际贸易单一窗口平台应用之一。委托方（境内收发货人）或被委托方（报关企业）使用中国电子口岸 IC 卡登陆中国国际贸易单一窗口（www. singlewindow. cn）。通过单一窗口首页“标准版应用”选项卡中“货物申报”应用“报关代理委托”模块填报电子委托申请/协议。被委托方主动发起委托申请/协议后，需要由委托方进行确认。委托方主动发起委托申请/协议后，需要由被委托方进行确认。具体操作流程详见“电子代理报关委托”操作手册。

“单一窗口”标准版用户（电子代理报关委托）

中国国际贸易单一窗口电子委托操作流程：

（1）用法人卡进入单一窗口网页（https://sz. singlewindow. cn/dyck），点选卡介质，然后输入 IC 卡的密码登录。相关内容如图 1—1 所示。

图 1—1 单一窗口网页

（2）进入界面之后选择货物申报里面的子菜单报关代理委托。相关内容如图 1—2 所示。

图 1—2　子菜单报关代理委托

(3)进入报关代理委托界面后会跳出如图 1—3 所示的对话框,勾选之后点同意方可进入。

图 1—3　报关代理委托界面

(4)进入后选择委托关系管理中的发起委托申请后输入我司报关行的一位代码(* * * * * * * * * *)查找出来之后选择发起委托申请。相关内容如图 1—4 所示。

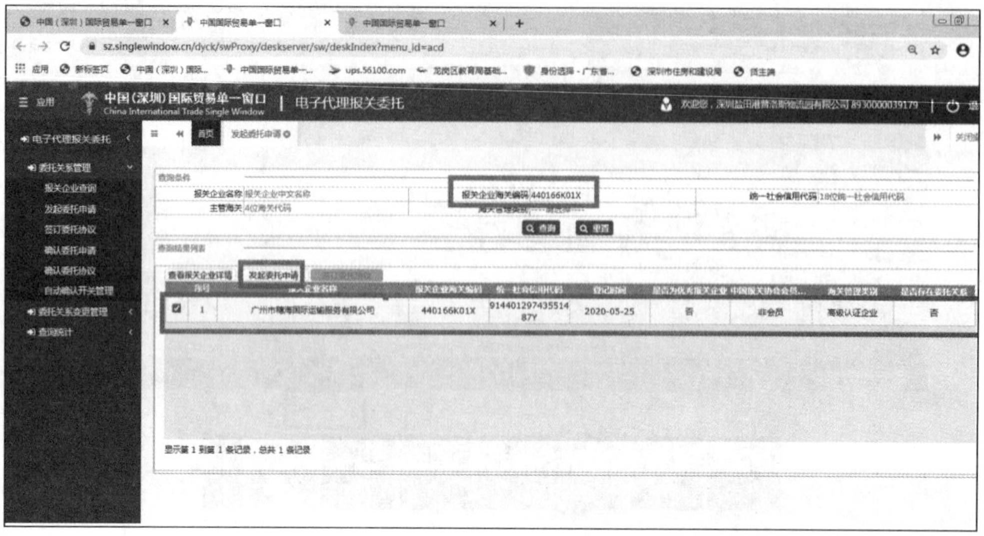

图 1—4 发起委托申请

(5)进入界面后委托关系有效期可以选择三个月、六个月和十二个月，委托方式选择长期，自动确认请勾选，辅助查验请勾选之后点击右上角的发起即可。相关内容如图 1—5 所示。

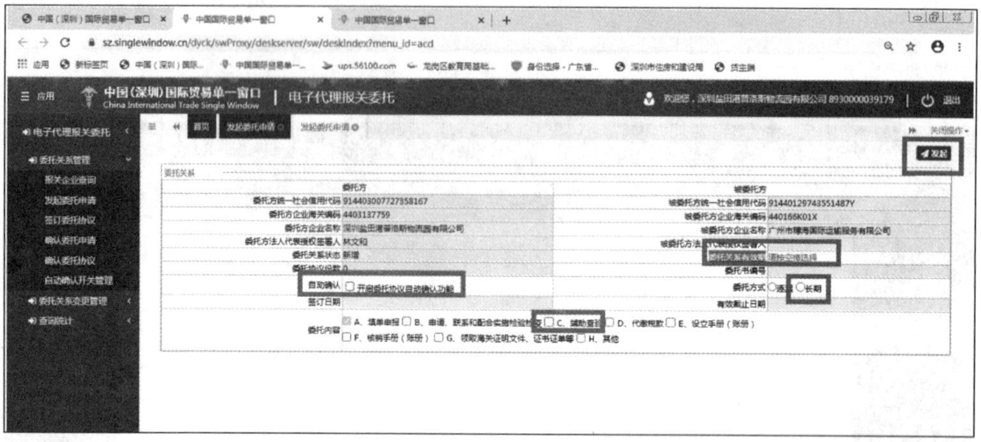

图 1—5 委托关系有效期及方式

根据代理报关法律行为责任承担者的不同，代理报关又分为直接代理报关和间接代理报关。①直接代理报关是指报关企业接受委托人(进出口货物收发货人)的委托，以委托人的名义办理报关业务的行为，代理人代理行为的法律后果直接作用于被代理人。②间接代理报关是指报关企业接受委托人的委托，以报关企业自身的名义向海关办理报关业务的行为，报关企业应当承担与进出口货物收发货人自己报关时所应当承担的相同的法律责任。

【提示】 目前，我国报关企业大多采用直接代理报关形式，间接代理报关只适用于经营快件业务的国际货物运输代理企业。

报关企业的代理报关如表 1—1 所示。

表 1—1　　**报关企业的代理报关**

<table>
<tr><th>报关企业</th><th>代理方式</th><th>行为属性</th><th>举 例</th><th>法律责任</th></tr>
<tr><td rowspan="2">报关企业代理报关</td><td>直接代理</td><td>委托行为代理</td><td>货代公司</td><td>法律后果直接作用于被代理人（委托人），报关企业也应承担相应的责任</td></tr>
<tr><td>间接代理</td><td>视同企业能够自己报关</td><td>快递公司</td><td>法律后果直接作用于代理人（报关企业），由报关企业承担收发货人自己报关时所应承担的法律责任</td></tr>
</table>

【经验小谈 1—1】　某公司打算从德国进口钢材，现在想找一家公司代理进口。请问：委托报关企业代理报关进口需要签订委托协议吗？

答：根据《中华人民共和国海关进出口货物申报管理规定》①第十四条的规定，报关企业接受进出口货物收发货人委托办理申报手续的，应当与进出口货物收发货人签订有明确委托事项的授权委托书，并且向海关提交，按照授权范围办理相关海关手续。进出口货物收发货人应当向报关企业提供委托申报事项的真实情况。报关企业接受进出口货物收发货人委托，办理申报手续时，应当对委托人提供情况的真实性、有效性和完整性进行合理审查，审查内容包括：①证明进出口货物的品名、规格型号、用途、原产地、价格、监管方式、监管类别等实际情况的资料；②有关进出口货物的合同、发票、运输单据、装箱清单等单据；③进出口所需的许可证件、检验检疫证书及相关单证；④法律、行政法规和海关总署规定的与进出口货物有关的其他单证。报关企业未对进出口货物收发货人提供情况的真实性、有效性和完整性履行合理审查义务或者违反海关规定申报的，应当承担相应的法律责任。

四、报关的形式

(1)有纸报关和无纸报关。①有纸报关，又称纸质报关，是指进出口货物收发货人、受委托的报关企业填制纸质单，备齐随附单证，向海关当面递交纸质报关单履行申报义务的方式。②无纸报关，也称电子报关，是指进出口货物的收发货人、受委托的报关企业通过计算机系统，向海关报送报关单电子数据并且备齐上传随附单证的申报方式。目前，海关明确以电子数据报关为原则，以纸质报关为例外。

(2)口岸报关和一体化报关。①口岸报关，是指在货物的实际进出境地海关办理报关手续。②一体化报关，是指可以在全国任一海关办理报关手续，全国海关如一关的新报关模式。

(3)逐票报关和集中报关。①逐票报关，是指进出口货物的收发货人按照进出口货物每次进出口时的实际状态，根据规范要求，填制“中华人民共和国海关进/出口货物报关单”，逐票逐次向海关进行申报。这是一种常规的通关方式。②集中报关，是指经过海关备案，进出口货物的收发货人在同一口岸多批次进出口规定范围内的货物，先以“中华人民共和国海关进/出口货物集中申报清单”申报货物进出口，再以报关单集中办理海关手续。这是一种特殊的通关方式。

(4)提前报关和运抵报关。①提前报关，是指进出口货物的收发货人、受委托的报关企业取得提(运)单或载货清单(舱单)数据后，在装载货物的进出境交通运输工具运抵海关监管场所前向海关进行进口货物申报，出口货物运抵海关监管场所前 3 日内向海关申报。②运抵报关，是指进出口货物的收发货人、受委托的报关企业取得提(运)单或者载货清单(舱单)数据，并且装载货物的进出境交通运输工具抵运海关监管场所后向海关进行货物申报。

① 《中华人民共和国海关进出口货物申报管理规定》，2025 年 3 月 27 日海关总署令第 277 号公布，自 2025 年 5 月 1 日起施行。

近年来，海关总署推出了一系列政策，以进一步优化报关流程，提高通关效率：①两步申报。海关总署新设了“两步申报”条款，允许企业在进口货物启运后先进行概要申报，以便海关提前进行风险评估和监管，降低滞留风险。明确“两步申报”的操作时限和滞报金计算规则，进一步规范“两步申报”。②单证提交优化。明确“按需提交”和“免于提交”原则，取消原规定中“必须提交合同、发票等全套单证”的笼统要求。对于已实现联网核查的监管证件，企业无须重复提交纸质文件，正确填写证书号以供联网核查即可。

五、报关的基本内容

报关的基本内容包括办理交通运输工具、货物、物品的进出境手续。

【提示】由于进出境交通运输工具、货物、物品的性质不同，海关对其监管要求也不一样，因此其报关的基本内容也有所区别。

（一）进出境交通运输工具报关的基本内容

我国《海关法》规定，所有进出我国关境的交通运输工具必须经由设有海关的港口、车站、机场、国界孔道、国际邮件互换局（交换站）及其他可办理海关业务的场所申报进出境。根据海关监管的要求，进出境交通运输工具负责人或其代理人在交通运输工具进入或驶离我国关境时均应如实向海关申报交通运输工具所载旅客人数、进出口货物数量、装卸时间等基本情况。此外，交通运输工具报关时还需提交交通运输工具从事国际合法性运输必备的相关证明文件，如船舶国籍证书、吨税证书、海关监管簿和签证簿等，必要时还需出具保证书或缴纳保证金。

（二）进出境货物报关的基本内容

进出境货物报关的基本内容包括：①填制报关单，如实申报进出口货物的商品编码、实际成交价格、原产地及相关优惠贸易协定代码，并办理提交报关单证等与申报相关的事宜；②申请办理缴纳税费、退税和补税事宜；③加工贸易合同备案、变更和核销及保税监管等事宜；④进出口货物减税、免税等事宜；⑤进出口货物的查验、结关等事宜以及应当由报关单位办理的其他事宜。

海关对不同性质的进出境货物规定了不同的报关程序和要求。一般来说，进出境货物报关时：①报关单位和报关人员应在进出口货物收发货人接到运输公司或邮递公司寄交的提货通知单，或根据合同规定备齐出口货物后，做好向海关办理货物报关的准备工作，或者签署委托代理协议，委托报关企业向海关报关；②准备好报关单证，在海关规定的报关地点和报关时限内以书面和电子数据方式向海关如实进行申报；③经海关对报关电子数据和书面报关单证进行审核后，在海关认为必要时，报关人员要配合海关进行货物的查验；④属于应纳税、应缴费范围的进出口货物，报关单位应在海关规定的期限内缴纳进出口税费；⑤海关做出放行决定后，该进出境货物报关完成，报关单位可以安排提取或装运货物。

【注意】对于保税加工货物、减免税进出口货物、暂准进出口货物，除了上述工作外，在进出境前还需办理备案申请等手续，进出境后还需在规定时间、以规定的方式向海关办理核销、结案等手续。

（三）进出境物品报关的基本内容

根据《海关法》的规定，个人携带进出境的行李物品、邮寄进出境的物品，应当以自用合理数量为限，并接受海关监管。进出境物品的携带人、收寄件人、承运人可以自行办理报关手续，也可以委托他人办理报关手续。①自用是指进出境旅客本人自用、馈赠亲友而非出售或出租；②合理数量是指海关根据进出境旅客旅行目的和居留

“单一窗口”标准版用户手册（公用自用物品申报）

时间所规定的正常数量以及海关对进出境邮递物品规定的征免税限制。

【注意】 自用合理数量原则是海关对进出境物品监管的基本原则，也是对进出境物品报关的基本要求。

【提示】 进出境物品的所有人应当向海关如实申报，并接受海关查验。海关加施的封志，任何人不得擅自开启或者损毁。

1. 进出境行李物品的报关

行李物品，是指进出境人员①携带的物品，包括随身携带、分离运输的物品等。“合理自用”应符合国家规定，即进出境行李物品应当符合：①合理自用的要求；②不得携带违反国家禁止性管理规定的行李物品进出境；③携带国家限制性管理规定的行李物品进出境的，应当符合限额、限量要求，依法提交许可证件以及其他证明材料。我国对进出境行李物品报关采用“红绿通道”制度。我国海关规定，进出境人员在向海关申报时，可以在分别以红色和绿色作为标记的两种通道中进行选择。①绿色通道适用于携带物品在数量和价值上均不超过免税限额，且无国家限制或禁止进出境物品的人员；②红色通道适用于携带上述绿色通道适用物品以外的其他物品的人员。红绿通道的规定如表1—2所示。

【提示】 自2024年7月1日起，对自中国香港、澳门进境，年满18周岁的居民旅客，携带在境外获取的个人合理自用行李物品，总值在12 000元以内（含12 000元）的予以免税放行。同时，在设有进境免税店的口岸，允许上述旅客在口岸进境免税店购买一定数量的免税商品，连同在境外获取的个人合理自用行李物品总值在15 000元以内（含15 000元）的予以免税放行。

【注意】 通过海关实施“红绿通道”申报模式的地点进出境时，携带行李物品的进出境人员按照《中华人民共和国海关进出境行李物品监管办法》应当向海关书面申报。不明海关规定或者不知如何选择通道的，应当选择“红色通道”。其他进出境人员，可以选择“绿色通道”。

表1—2　　红绿通道的规定

绿色通道（无申报通道）	红色通道（申报通道）
1. 携带的旅行自用物品。在数量和价值上均不超过免税限额。通常，旅客携带的个人物品（如衣物、化妆品、电子产品等）如果在合理自用范围内且价值不超过规定的免税额度（一般为人民币5 000元），可以选择绿色通道。但需注意，某些物品即使在免税额度内，也可能因种类限制而需要申报（如烟酒等）。 2. 无国家限制或禁止进出境物品。旅客携带的物品不属于国家限制或禁止进出境的物品，如毒品、枪支弹药、濒危动植物及其制品等是绝对禁止进出境的。一些特殊物品，如文物、贵重金属等，即使在免税额度内，也需要申报，并提供相关许可证明。 3. 免验特使人员。外交人员和18周岁以下的旅客通常可以享受一定的免验待遇，但并不意味着他们可以携带任何物品进出境。如果携带的物品超出免税范围或属于限制物品，仍需申报。	1. 外币现钞。入境人员携带外币现钞入境，超过等值5 000美元的应当向海关书面申报。出境人员携带不超过等值5 000美元（含5 000美元）的外币现钞出境；如超出上述等值，需凭入境时填具的海关申报单或银行或外汇管理局出具的许可证明予以放行。 2. 人民币。旅客携带人民币进出境的限额为20 000元人民币。超出部分海关将不予放行。但需注意，如果旅客有合法的经济往来需求，可向海关申请特殊许可。 3. 文物。携带文物出境必须向海关申报，海关凭文化行政管理部门盖的“火漆印”及文物外销统一发货票，或文化行政管理部门出具的许可出口证明查验放行。

补充说明：①其他限制物品：除了上述提到的物品外，还有一些物品也需要申报，如烟酒（每人每次携带香烟不

① 2025年2月17日，海关总署公布了《中华人民共和国海关进出境行李物品监管办法》（海关总署令第276号，简称《监管办法》），于2025年4月1日起实施。《监管办法》整合了原有的6部规章，对进出境行李物品的申报、查验和处置进行了更改和详细的规定。新《监管办法》将适用范围的“进出境旅客”扩大为“进出境人员”，准确涵盖携运行李物品的人员主体范围，包括进出境旅客、进出境交通运输工具司乘人员等。

超过 400 支，酒精饮料不超过 1 500 毫升)、贵重金属、珠宝首饰、动植物及其制品等。旅客携带的物品如果属于国家限制进出境的物品，即使在免税额度内，也需要申报。②特殊情况：对于一些特殊情况(如外交人员、国际组织工作人员等)，海关会有特殊的通关政策，但这些人员仍需遵守相关法律法规。

【学中做 1－1】　　香烟不是你想带就能带

解析

学中做1-1

黄埔海关所属太平海关联合缉私分局在对入境航班进行监管时，发现一名选择“无申报通道”入境的旅客携带的行李机检图像异常。经开箱发现，该名旅客携带雪茄 21 盒、合计 424 支。目前，该案已移交缉私部门行政立案。烟草制品属于国家限制进境物品。

请问：

(1)该旅客携带的雪茄数量是否符合海关规定？如果不符合，海关将如何处理此类超量携带烟草制品的行为？

(2)结合党的二十大精神和习近平总书记关于国家安全的重要论述，谈谈海关在维护国家经济安全方面的作用。

【同步案例 1－1】　　钱“多”也不能随便出入境：货币现钞——限制进出境物品

案例评析

2025 年 2 月，济南机场海关在出境航班监管中，查获 2 起中国籍旅客违规携带超量货币出境。当日该 2 名旅客行李在通过 X 光机检查时，图像呈现明显异常。海关关员凭借丰富的经验与专业素养，迅速锁定该行李并对其进行开箱查验。经仔细清点，在该旅客行李箱中发现大量成捆的人民币现钞，数额高达 20 万元。根据国家相关法律法规，旅客携带人民币现钞出境以及外币现钞入境需如实向海关申报，且有一定的限额规定。涉事旅客超量携带现钞未进行申报，已明显违反相关规定。

请问：

(1)在案例中，涉事旅客的行为违反了哪些具体的法律法规？这种行为对国家和社会可能产生哪些负面影响？

(2)涉事旅客未如实申报的行为反映了什么问题？这种行为对个人和社会的诚信体系有什么影响？

(3)超量携带货币现钞出入境可能对国家的经济安全和金融秩序产生哪些潜在威胁？为什么国家要对货币现钞的出入境进行严格管理？

(4)如何通过法治教育提高公民的法律意识，减少类似违法行为的发生？你认为学校和社会应采取哪些措施来加强法治教育？

进出境人员携带行李物品进出境，应当如实向海关申报，填写《中华人民共和国海关进出境人员行李物品申报单》(简称《申报单》)或者电子申报数据，纸质申报单与电子申报数据同等效力，选择“红色通道”通关。进出境人员未携带行李物品进出境，无需填报《申报单》，选择“绿色通道”通关。

【提示】暂时进出境的行李物品，可以在进出境时向海关书面申报登记并按照规定提供担保，经海关核准后批注放行。复带相关行李物品出境或者进境时，海关凭批注记录验放。

进境人员有下列情形之一的，应当如实填报纸质《申报单》或电子申报数据，并接受海关验核，办理相应手续：①携带禁止进境物品的；②携带限制进境物品超过限额、限量要求或者应当提交许可证件以及其他证明材料的；③携带动植物、动植物产品和其他检疫物的；④携带血液等人体组织、病原微生物、生物制品等关系公共卫生安全的物品的；⑤携带受到检疫传染病污染或者存在传播检疫传染病风险的物品的；⑥携带超过规定数额货币现钞的；⑦携带超过规定免税数额或者限量要求物品的；⑧携带货物、货样、广告品的；⑨以分离运输方式运进行李物品的；⑩携带其他依法需要书面申报行李物品的。

出境人员有下列情形之一的,应当如实填报纸质《申报单》或电子申报数据,并接受海关验核,办理相应手续:①携带禁止出境物品的;②携带限制出境物品超过限额、限量要求或者应当提交许可证件以及其他证明材料的;③携带货物、货样、广告品的;④携带血液等人体组织、病原微生物、生物制品等关系公共卫生安全的物品的;⑤携带受到检疫传染病污染或者存在传播检疫传染病风险的物品的;⑥携带超过规定数额货币现钞的;⑥携带其他依法需要书面申报行李物品的。

【提示】进出境人员可以通过微信或支付宝"海关进出境人员指尖服务"小程序、互联网网页(npc. chinaport. gov. cn)等渠道预先填写行李物品电子申报数据;进出境时,在申报台等指定地点确认相关数据,并接受海关验核,办理相应手续。

海关查验进出境行李物品时,进出境人员或者其代理人应当到场,按照海关要求搬移、开拆和重封行李物品,并如实回答海关工作人员的询问。对于查验过程中易损毁、易造成人身伤害的物品,进出境行李物品的携带人或者其代理人应当在查验前主动声明。海关可以使用设备、工具、工作犬等对进出境行李物品实施查验,并依法取样。

【提示】①海关认为必要时,在有见证人在场的情况下,可以径行查验。②海关对进出境行李物品加施的封识、封志,任何人不得擅自开启或者损毁。③任何人不得扰乱海关监管作业现场秩序,未经海关允许不得在海关监管作业现场录音、录像、拍照。

《监管办法》设置征税、截留、检疫处理、暂时存放、退回、放弃以及拍卖、变卖、销毁等10类处置方式。

(1)征税及放行对超出免税额度的个人自用进境物品,经海关审核确属自用的,对超出部分的个人自用进境物品征税,对不可分割的单件物品,全额征税。超出合理自用数量的,应当按照货物办理海关手续。

(2)截留进境人员携带的行李物品符合《中华人民共和国进出境动植物检疫法实施条例》规定情形的,海关予以截留并出具相关凭证。截留期限不超过七日,但需要做实验室检疫、隔离检疫的,按照有关法律、行政法规和海关总署规定办理。

(3)检疫处理进境人员携带的行李物品有下列情形之一的,应当实施检疫处理,并接受海关监督:①受到检疫传染病污染的;②发现与人类健康有关的病媒生物的;③存在传播检疫传染病风险的其他情形的;④发现具有动植物检疫风险的活体有害生物,且可能造成扩散的;⑤其他依法应当实施检疫处理的。

(4)暂时存放有下列情形之一,无法当场办结海关手续的,进出境人员应当在三个月内予以办结:①应当缴纳进境行李物品税款的;②应当提交许可证件以及其他证明材料的;③应当按照货物办理海关手续的;④对进出境物品的属性、内容、价值等存疑,需要进行检测、鉴定等处理的;⑤需要作退回等处理,无法立即实施的。第④项的作业时间不计入时限。特殊时限:符合规定的下列行李物品,进出境人员应当在七日内办结海关手续:危险化学品;鲜活、易腐、易失效等不宜长期保存的行李物品;血液等人体组织、病原微生物、生物制品等关系公共卫生安全的行李物品;其他海关总署规定的行李物品。

(5)退回进境人员携带的行李物品有下列情形之一的,且已经海关依法处理的,经海关同意可以退回:①未缴纳进境行李物品税款的;②未能按照货物办理海关手续的;③未能提交许可证件以及其他证明材料的;④属于禁止进境物品的;⑤经检疫不合格又无有效处理方法的;⑤其他依法可以退回的。

(6)放弃进出境人员对行李物品声明放弃的,经海关同意可以作放弃处置,但依法不得放弃的除外。经海关截留检疫合格后，进境人员未在截留期限内领取进境行李物品的，作自动放弃处理。

(7)拍卖、变卖、销毁等进境人员携带的行李物品有下列情形之一的，由海关依法进行拍卖、变卖、销毁等处置：①经海关同意放弃或者自动放弃的；②属于禁止进境物品且无法退回的；③经检疫不合格又无有效处理方法且无法退回的；④未在规定时限内办结海关手续的；⑤在海关监管区内超过三个月无人认领的。上述行李物品不宜长期保存的，海关可以根据实际情况提前处理。

【提示】进境人员以分离运输方式运进行李物品的，应当在人员进境时向海关申报。经海关同意的，应当自本人进境之日起六个月内办结海关手续。出境人员以分离运输方式运出行李物品的，应当在本人出境前办结海关手续。

【注意】过境人员不离开海关监管区的，可以免填行李物品申报单，未经海关同意，不得将行李物品留在境内。必要时，海关可以查验其行李物品。前款规定的人员不得携带禁止进境物品，但经主管部门批准或者同意的除外。过境人员获准离开海关监管区的，海关按照进境人员予以监管。

2.进出境邮递物品的报关

进出境邮递物品的报关因其特殊的邮递方式而不同。我国是《万国邮政公约》的签约国，根据《万国邮政公约》的规定，进出境邮包必须由寄件人填写“报税单”(小包邮件填写“绿色标签”)，列明所寄物品的名称、价值、数量，向邮包寄达国家的海关申报。进出境邮递物品的“报税单”和“绿色标签”是随同物品通过邮政企业或快递公司邮递给海关的。

知识链接

进出境邮递物品信息化管理系统

【提示】个人寄自境外的进境物品，每次限值为 2 000 元人民币。寄自或者寄往我国港澳台地区的物品，每次限值为 800 元人民币；寄自或者寄往其他国家和地区的物品，每次限值为 1 000 元人民币。

【注意】物品入境后，行为人不得进行二次销售。如果违反该规定，涉嫌违法，严重时涉嫌走私犯罪。特别是当行为人以营利为目的，将本应作为个人自用物品入境的商品用于二次销售时，构成走私行为。

3.进出境其他物品的报关

(1)暂时免税进出境物品。经海关登记准予暂时免税进境或者暂时免税出境的物品，应当由个人(本人)复带出境或者复带进境。过境人员未经海关批准，不得将其所带物品留在境内。

(2)享有外交特权和豁免权的外国机构或人员进出境物品。这包括外国驻中国使馆和使馆人员，以及外国驻中国领事馆、联合国及其专门机构和其他国际组织驻中国代表机构及其人员进出境的公务用品和自用物品。

【注意】外国驻华使馆和使馆人员进出境公用、自用物品应当以海关核准的直接需用数量为限。在首次进出境前，应当到主管海关办理备案手续。

有下列情形者，不准进出境：①超出海关核准的直接需用数量的；②未按照规定办理备案申报手续的；③未经批准擅自将免税进境的物品转让、出售后，再次申报进境同类物品的；④携带禁止或者限制进出境物品进出境不能提交有关许可证件的。

【提示】运进公用、自用物品时，应提交外交物品申报单、提运单、发票、装箱单、身份证件等单据。其中，运进机动车辆的，还应提交使馆照会。

【注意】随身携带自用物品应口头申报，如携带超过规定限额的限制性物品进境，应当书面申请。

第二节　海关管理

一、海关的性质和任务

（一）海关的性质

动漫视频

海关

（1）海关是国家行政机关，是国务院直属机构。其从属于国家行政管理体制，代表国家依法独立行使行政管理权。国家在对外开放的口岸和海关监管业务集中的地点设立海关。

（2）海关是国家的进出境监督管理机关。海关依照《海关法》和其他有关法律、行政法规，监管进出境的交通运输工具、运输设备、人员、货物、物品，征收关税和其他税费，查缉走私，编制并公布海关统计，办理其他海关业务。

【提示】国境和关境的概念。国境是指一个国家国土疆域的范围；关境是指适用同一海关法或实行同一关税制度的领域。

【注意】我国国境与关境的关系。一般情况下，关境等于国境。我国的国境（关境＋单独关税区）大于关境。我国单独关境有香港、澳门和台湾、澎湖列岛、金门、马祖单独关税区。此外，对于岛国日本来说，关境等于国境；对于欧盟来说，关境大于国境。

（3）海关的监督管理是保证国家有关法律、法规实施的行政执法活动。其依据如下：

知识链接

海关关徽

①一级：《海关法》和其他法律、法规，是海关的执法依据。

②二级：行政法规。国务院根据《宪法》和相关法律，制定行政法规。海关管理方面主要的行政法规有《中华人民共和国进出口关税法》（以下简称《关税法》）[①]《海关稽查条例》《海关行政处罚实施条例》《海关统计条例》《进出口货物原产地条例》等。

③三级：海关规章及规范性文件。海关总署根据相关法律和国务院的法规、决定和命令制定规章，作为执法依据的补充。

【注意】各级省、自治区、直辖市人大和政府不得制定海关法律、法规。地方法规、规章不是海关执法的依据。

（二）海关的任务

（1）监管。海关监管是指海关运用国家赋予的权力，通过一系列管理制度与管理程序，依法对进出境交通运输工具、货物和物品的进出境活动所实施的一种行政管理。海关监管与海关监督管理的关系如下：①海关监管是海关的最基本任务，是一项国家职能；②海关监管不是海关监督管理的简称，监督管理是海关全部行政执法活动的统称；③海关监管分为进出境的交通运输工具监管、货物监管和物品监管三大体系。

（2）征税。其基本法律依据有《海关法》《关税法》。关税的征收主体是国家，海关代表国家征收关税和进口环节海关代征税。关税的课税对象为进出口货物、进出境物品。《海关法》是海关执法的基础法律，规定了海关的基本职责和执法程序。《关税法》是关税征收的主要法律依据。

（3）查缉走私。它是指海关为保证顺利完成监管和征税等任务而采取的保障措施。缉私体制

① 2024年4月26日第十四届全国人民代表大会常务委员会第九次会议通过《中华人民共和国关税法》，自2024年12月1日起施行。

是指国家实行联合缉私、统一处理、综合治理的体制。主管机关是指海关是打击走私的主管机关，海关缉私警察负责走私犯罪的侦查、拘留、执行逮捕和预审工作。公安、市场监管、税务等部门都有缉私权力，它们查获的案件需要行政处罚的，统一移交海关处理。

(4)海关统计。凡能引起我国境内物质资源储备增加或减少的进出口货物，超过自用合理数量的进出境物品均列入海关统计范围。

【注意】不列入海关统计范围的货物和物品，实施单项统计。海关统计以实际进出口货物为统计对象。

二、海关权力

(一)海关权力的内容

(1)行政审批权。其包括报关企业备案、对转关运输申请的审核、对减免税的审批。

(2)税费征收权。其包括对进出口货物、物品征收关税及其他税费，对特定的进出口货物、物品减征或免征关税、补征追缴税款。

(3)行政检查权。其检查项目、地区和条件如表1—3所示。其他行政检查权的内容如表1—4所示。

表1—3 行政检查权

检查项目	检查地区	检查条件
进出境交通运输工具	不受限制	不需要批准
有走私嫌疑的交通运输工具	“海关监管区域”内	不需要批准
	“海关监管区域”外	须经直属海关关长或其授权的隶属海关关长批准
有藏匿走私嫌疑货物、物品的场所	“海关监管区域”内	不需要批准
	“海关监管区域”外	调查走私案件时，须经直属海关关长或其授权的隶属海关关长批准
		不能对公民住所实施检查
走私嫌疑人的身体	“海关监管区域”内	不需要批准

注:“海关监管区域”是指海关监管区和海关附近沿海、沿边规定地区。

表1—4 其他行政检查权

类别	对象范围	备注
查验权	进出境货物、物品	必要时，可直接提取货样
施加封志权	所有未办结海关手续、处于海关监管状态的货物、物品、交通运输工具	
查阅、复制权	查阅进出境人员证件，查阅、复制相关合同、发票、账册、单据、记录、文件、业务函电、录音和录像制品等	与进出境交通运输工具、货物、物品相关的
查问权	违法嫌疑人	对违反《海关法》及其他有关法律、行政法规的嫌疑人进行查问，并调查其违法行为
查询权	涉嫌单位、人员在金融机构、邮政企业的存、汇款	调查走私案件时，须经直属海关关长或其授权的隶属海关关长批准
稽查权	与进出口货物直接相关的人、货物、企业、单位的资料	进出口货物放行之后3年内，在保税货物、特定减免税货物海关监管期限内及其后3年内

【做中学 1－1】 大连海关欲对张某的走私行为进行调查取证，经大连海关关长批准，到青岛张某个人的公司及住处进行了检查。请问：大连海关的行为是否合理？为什么？

分析：大连海关的行为不合理。第一，在“两区”外，经直属海关关长及其授权的隶属海关关长批准，海关方可检查。张某的公司在青岛，大连海关没有得到批准。第二，在“两区”外，不能检查公民住所。

【做中学 1－2】 某年 8 月，某海关对一批进口货物正常通关放行，当年 10 月，该海关发现该批货物有走私的嫌疑。企业人员以货物已正常结关海关无权调查为由将海关工作人员驱逐出企业。请问：该企业的做法是否合理？为什么？

分析：该企业的做法不合理。海关的稽查权为进出口货物放行之后 3 年内，在保税货物、特定减免税货物海关监管期限内及其后 3 年内。

(4)行政强制权。扣留权的相关内容如表 1－5 所示，其他行政强制权的相关内容如表 1－6 所示。

表 1－5　扣留权

适用类别	区　域	扣留条件	授　权
资料	无限定	与违反《海关法》或者其他有关法律、行政法规的进出境交通运输工具、货物、物品有关的	不需要批准
有走私嫌疑的进出境交通运输工具、货物、物品	“海关监管区域”内	违反《海关法》或者其他有关法律、行政法规的	须经直属海关关长或其授权的隶属海关关长批准
	“海关监管区域”外	有证据证明有走私嫌疑的	可直接行使
走私犯罪嫌疑人	“海关监管区域”内	扣留时间不超过 24 小时，特殊情况可延长至 48 小时；对于查获案件的嫌疑人，移送海关侦查走私犯罪公安机构	须经直属海关关长或其授权的隶属海关关长批准

表 1－6　其他行政强制权

类　别	内　　容
提取货物变卖、先行变卖权	超过 3 个月未申报货物；进口货物收货人或所有人声明放弃货物；依法扣留、超期未报、溢卸或误卸而不宜长期保存货物(经批准可先行变卖)
强制扣缴，变价抵缴关税权	纳税义务人、担保人超过规定期限未缴纳税款，经批准可以：书面通知金融机构从其存款内扣缴；应税货物变卖抵缴税款；扣留并变卖与税款等值货物或其他财产
抵缴、变价抵缴罚款权	逾期不履行海关处罚决定又不申请复议或起诉的
滞报、滞纳金征收权	滞报金、滞纳金
税收保全	需进出口货物纳税义务人提供纳税担保而不能提供的，经批准可以：书面通知金融机构暂停支付税款相当的存款；扣留等值货物或其他财产
处罚担保	提供等值担保；不能提供的，扣留等值财产
税收担保	暂时进出境货物、保税货物进境须提交保证金或保函

(5)行政处罚权。海关有权对尚未构成走私罪的违法当事人处以行政处罚，包括：对走私货物、物品及违法所得处以没收；对有走私行为和违反监管规定行为的当事人处以罚款；对有违法情节的报关企业和报关员处以暂停或取消报关资格的处罚。

“单一窗口”标准版用户手册（担保管理系统申报篇）

【小贴士1—1】 为进一步提高海关行政执法效率、优化行政执法方式，海关行政处罚简单案件快速办理自2019年12月1日起实施。简单案件是指海关在快件、货管、保税监管等业务现场以及其他海关监管、统计业务中发现的违法事实清楚、违法情节轻微，经现场调查后，可以当场制发行政处罚告知单的违反海关监管规定案件。具体如下：

(1)以下简单案件适用快速办理程序：①适用《海关行政处罚实施条例》（以下简称《处罚条例》）第十五条第一项、第二项规定进行处理的；②报关企业、报关人员对委托人所提供情况的真实性未进行合理审查，或者因为工作疏忽致使发生《处罚条例》第十五条第一项、第二项规定情形的；③适用《处罚条例》第二十条至第二十三条规定进行处理的；④违反海关监管规定携带货币进出境的；⑤旅检渠道查获走私货物、物品价值在人民币5万元以下的；⑥其他违反海关监管规定案件货物价值在人民币50万元以下或物品价值在人民币10万元以下的；⑦法律、行政法规及部门规章规定处警告、最高罚款人民币3万元以下的。

(2)海关应当及时立案，开展调查取证工作。

(3)当事人在自行书写材料或者查问笔录中承认违法事实、认错认罚，并有查验、检查记录等关键证据能够相互印证的，海关可以不再开展其他调查取证工作。

(4)海关进行现场调查后，应当及时制发行政处罚告知单，并在立案后5个工作日内制发行政处罚决定书。

(6)其他权力。其他权力的类别和内容如表1—7所示。

表1—7 **其他权力**

类　别	内　　容
配备武器权	海关为履行职责，可以配备武器。海关工作人员配备和使用武器的规定，由海关总署会同公安部制定，报国务院批准
连续追缉权	不分关区，追缉保持连续状态
行政裁定权	例如，对外贸易经营者的申请、商品归类的最终裁定、进出口货物原产地的确定、禁止进口措施、许可证件适用
行政奖励权	精神、物质奖励

(二)海关权力行使原则

(1)合法原则。它主要是指主体资格合法，法律规范依据及方法、手段、步骤、时限等程序合法，一切行政违法主体都应承担相应的法律责任。

(2)适当原则。权力的行使以公平性、合理性为基础，以正义性为目标。为了自由裁量权的合理运用，监督的法律途径有两个：行政监督（行政复议程序）和司法监督（行政诉讼程序）。

(3)依法独立行使原则。海关可以自己的名义行使权力，在法律法规规定的范围内依照自己的判断和意志做出决定，发布命令，独立地采取行政行为。海关实行高度集中统一的管理体制和垂直领导方式，地方各级海关只对海关总署负责。

(4)依法受到保障原则。海关依法执行职务，有关单位和个人应当如实回答询问，并予以配合，任何单位和个人不得阻挠；海关执行职务受到暴力抗拒时，执行有关任务的公安机关和人民武装警察部队应当予以协助。

(三)海关权力的监督

海关权力的监督即海关执法监督,是内部和外部监督的结合。

(四)海关权力的特点

海关权力作为一种行政权力,除了具有一般行政权力的单方性、强制性、无偿性等基本特征外,还具有特定性、独立性、强制性、复合性和自由裁量性等特征。

三、海关管理体制与组织机构

(一)海关管理体制

(1)工作方针:依法行政、为国把关、服务经济、促进发展。

(2)管理体制:①海关事务属中央事权;②采取集中统一的垂直领导体制,海关隶属关系不受行政区划的限制;③海关独立行使职权,向海关总署负责。

(3)设关原则:对外开放口岸、海关监管业务集中的地点。

(二)海关组织机构[①]

(1)海关总署。它是国务院直属机构,为正部级,下设广东分署,在上海和天津设有特派员办事处,作为其派出机构。国务院设立海关总署,统一管理全国海关。

(2)直属海关。它是直接由海关总署领导,负责管理一定区域范围内海关业务的海关。目前我国共有 42 个直属海关,除香港、澳门、台湾地区外,分布在全国 31 个省、自治区、直辖市。直属海关就本关区内的海关事务独立行使职权,向海关总署负责。

(3)隶属海关。它是由直属海关领导,负责办理具体海关业务的海关,是海关进出境监督管理职能的基本执行单位。一般都设在口岸和海关业务集中的地点。

(4)海关缉私警察机构。其设在海关总署,实行海关总署和公安部双重领导、以海关领导为主的体制;在广东分署和各直属海关设立分局,直属海关缉私局下辖隶属海关缉私分局。

第三节 报关单位

一、报关单位的概念

报关单位,是指按照《中华人民共和国海关报关单位备案管理规定》在海关备案的进出口货物收发货人、报关企业。报关单位可以在中华人民共和国关境内办理报关业务。

二、报关单位的类型

根据《海关法》的规定,将报关单位划分为两种类型:进出口货物收发货人和报关企业。

(一)进出口货物收发货人

进出口货物收发货人是指依法直接进口或者出口货物的中华人民共和国关境内的法人、其他组织或个人。其范围和特点如表 1—8 所示。

---

① 目前,海关总署共有 47 个直属海关单位(广东分署,天津特派办,上海特派办,42 个直属海关,2 所海关院校),742 个隶属海关和办事处(含现场业务处)。现有关员(含海关缉私警察)近 6 万人,实行关衔制度,关衔设五等十三级。其中:2012 年 5 月 9 日,经国务院和中央编委批准,济南海关由原青岛海关隶属海关调整为海关总署直属海关,正厅级,为中国第 42 个直属海关。海关院校为:上海海关学院、中国海关管理干部学院。

表 1—8　　进出口货物收发货人的范围和特点

范围	在商务主管部门办理备案登记的对外贸易经营者(如贸易公司、外向型生产工厂、仓储型企业等)
	无备案登记按规定需要从事非贸易性进出口活动的单位(如境外企业、新闻机构、经贸机构、文化团体等,依法在中国境内设立的常设代表机构),少量货样进出境的单位,国家机关、学校、科研院所、红十字会、基金会等组织机构,临时接受捐赠、礼品、国际援助的单位,国际船舶代理企业等,在进出口货物时,海关也视其为进出口货物收发货人
特点	一般有进出口经营权;必须经海关备案才能自理报关;只能为本单位报关;是经济实体,要承担法律责任

(二)报关企业

报关企业是指按照规定经海关准予备案管理,接受进出口货物收发货人的委托,以进出口货物收发货人的名义或者以自己的名义向海关办理代理报关业务,从事报关服务的境内企业法人。其范围和特点如表 1—9 所示。

表 1—9　　报关企业的范围和特点

范围	(1)经营国际货物运输代理,兼营进出口货物代理报关业务的企业(如国际货代企业或国际船舶代理企业);(2)主营代理报关的企业(如报关行或报关公司)
特点	(1)经海关备案登记;(2)代理委托人报关,没有进出口经营权;(3)境内独立法人

三、报关单位的备案管理

(1)进出口货物收发货人、报关企业申请备案的,应当取得市场主体资格;其中进出口货物收发货人申请备案的,还应当取得对外贸易经营者备案。

拓展阅读

报关单位备案管理相关说明

【提示】 进出口货物收发货人、报关企业已办理报关单位备案的,其符合条件的分支机构也可以申请报关单位备案。法律、行政法规、规章另有规定的,从其规定。

(2)报关单位申请备案时,应当向海关提交《报关单位备案信息表》,如表 1—10 所示。

表 1—10　　报关单位备案信息表

统一社会信用代码				填表/打印日期	
申请类型	□ 备案　□ 备案信息变更　□ 注销				
申请报关单位类型	□ 进出口货物收发货人　□ 报关企业　□ 临时备案单位 □ 进出口货物收发货人分支机构　□ 报关企业分支机构				
行政区划		所在地海关		统计经济区域	
中文名称					
英文名称					
住所(主要经营场所)				邮政编码	
英文地址					
组织机构类型		市场主体类型		行业种类	
联系人		固定电话		移动电话	
电子邮箱		传真		网址	

续表

所属单位代码		所属单位名称	
经营范围			

管理人员信息					
	姓名	证件类型	证件号码	国籍	移动电话
法定代表人(负责人)					
财务负责人					
关务负责人					

出资者信息				
序号	出资者名称(姓名)	国籍	出资币制	出资金额
1				
2				
3				

所属报关人员信息					
序号	姓名	证件类型	证件号码	移动电话	申请办理类型
1					□到岗 □变更 □离岗
2					□到岗 □变更 □离岗
3					□到岗 □变更 □离岗
4					□到岗 □变更 □离岗
5					□到岗 □变更 □离岗
6					□到岗 □变更 □离岗
7					□到岗 □变更 □离岗
8					□到岗 □变更 □离岗
9					□到岗 □变更 □离岗
10					□到岗 □变更 □离岗

本单位承诺对本表所填报备案信息的真实性、有效性负责并承担相应的法律责任。

(单位印章)
年 月 日

【提示】 企业提交《报关单位备案信息表》的方式有:①通过“卡介质”方式登录“互联网+海关”或者“国际贸易单一窗口”,为本单位向海关提交电子申请的,无须上传附件,可不提交纸质《报关单位备案信息表》;②通过“账号登录”方式登录“互联网+海关”或者“国际贸易单一窗口”,向海关提交电子申请,并上传加盖单位公章的《报关单位备案信息表》扫描件或者照片的,可不再提交纸质《报关单位备案信息表》;③通过其他方式向海关提出申请的,应向所在地海关提交加盖单位公章的《报关单位备案信息表》,具体提交方式请咨询所在地海关。

(3)下列单位按照国家有关规定需要从事非贸易性进出口活动的,应当办理临时备案:①境外企业、新闻、经贸机构、文化团体等依法在中国境内设立的常驻代表机构;②少量货样进出境的单位;③国家机关、学校、科研院所、红十字会、基金会等组织机构;④接受捐赠、礼品、国际援助或者对外实施捐赠、国际援助的单位；⑤其他可以从事非贸易性进出口活动的单位。

【注意】办理临时备案的，应当向所在地海关提交《报关单位备案信息表》，并随附主体资格证明材料、非贸易性进出口活动证明材料。

【提示】关于如何获取《报关单位备案信息表》，企业可以在“国际贸易单一窗口”上传附件界面里选择打印或者在海关总署网站主页“办事指南”里下载。

(4)经审核，备案材料齐全，符合报关单位备案要求的，海关应当在3个工作日内予以备案。备案信息应当通过“中国海关企业进出口信用信息公示平台”进行公布。

【提示】报关单位要求提供纸质备案证明的，海关应当提供。

(5)报关单位备案长期有效。临时备案有效期为1年，届满后可以重新申请备案。

(6)报关单位名称、市场主体类型、住所(主要经营场所)、法定代表人(负责人)、报关人员等《报关单位备案信息表》载明的信息发生变更的，报关单位应当自变更之日起30日内向所在地海关申请变更。

【注意】报关单位因迁址或者其他原因造成所在地海关发生变更的，应当向变更后的海关申请变更。

(7)报关单位有下列情形之一的，应当向所在地海关办理备案注销手续：①因解散、被宣告破产或者其他法定事由终止的；②被市场监督管理部门注销或者撤销登记、吊销营业执照的；③进出口货物收发货人对外贸易经营者备案失效的；④临时备案单位丧失主体资格的；⑤其他依法应当注销的情形。

【注意】报关单位已在海关备案注销的，其所属分支机构应当办理备案注销手续。报关单位未按照①和②的规定办理备案注销手续的，海关发现后应当依法注销。

(8)报关单位备案注销前，应当办结海关有关手续。企业在完成清算后，需要分别注销税务登记、企业登记、社会保险登记，涉及海关报关等相关业务的企业，还需要办理海关报关单位备案注销等事宜。在申请办理海关报关单位备案注销中，涉及海关报关相关业务的企业，可通过国际贸易“单一窗口”(http://www.singlewindow.cn)、“互联网＋海关”(http://online.customs.gov.cn)等方式向海关提交报关单位注销申请，也可通过市场监管部门与海关联网的注销“一网”服务平台提交注销申请。对于已在海关备案，存在欠税(含滞纳金)、罚款及其他应办结的海关手续的报关单位，应当在注销前办结海关有关手续。报关单位备案注销后，向市场监管部门申请注销企业登记。

“单一窗口”渠道办理注销申请，登录网址https://www.singlewindow.cn，依次点击进入注销申请界面(见图1－6)。

填写注销申请信息点击“企业资质”，登录账号后，进入以下界面(见图1－7)，选择“企业备案”栏下的“注销申请”。

按要求填写“注销原因”，并上传“注销申请书”(通过“卡介质”方式登录账号的，此项为非必传)，点击“提交”，即可提交注销申请，进入海关注销审批环节。

“互联网＋海关”渠道办理注销申请，登入网址https://online.customs.gov.cn，按图1－8所示顺序依次点击进入备案申请界面。

在“互联网＋海关”登录账号后，注销申请步骤同“单一窗口”注销操作步骤一致。

(9)报关单位在办理备案、变更和注销时，应当对所提交材料的真实性、有效性负责并且承担法律责任。

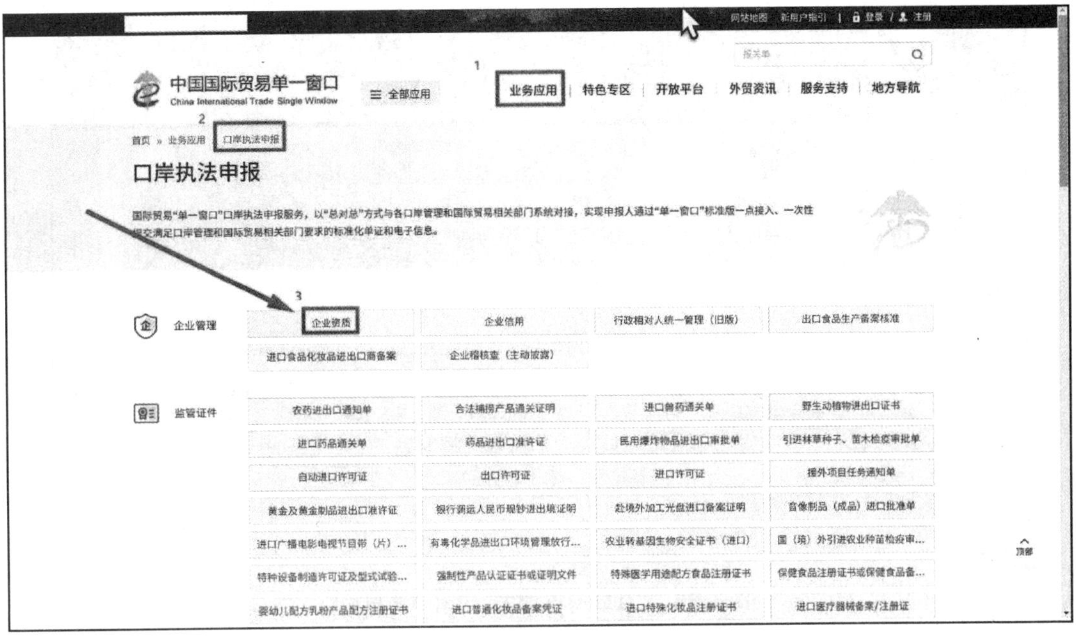

图 1—6　注销申请界面——企业资质

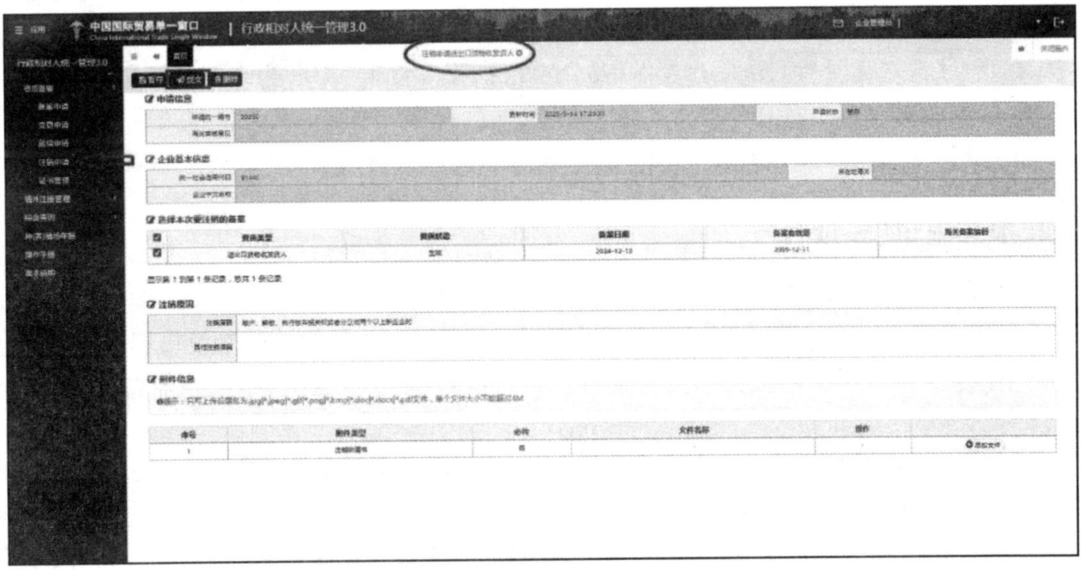

图 1—7　注销申请界面——注销申请

【**提示**】进出口货物收发货人、报关企业已办理报关单位备案的，其符合条件的分支机构也可以申请报关单位备案。法律、行政法规、规章另有规定的，从其规定。

(10)海关可以对报关单位备案情况进行监督和实地检查，依法查阅或者要求报关单位报送有关材料。报关单位应当配合，如实提供有关情况和材料。

(11)报关单位有下列情形之一的，海关责令其改正，拒不改正的，海关可以处 1 万元以下罚款：①报关单位名称、市场主体类型、住所(主要经营场所)、法定代表人(负责人)、报关人员等发生变更，未按照规定向海关办理变更的；②向海关提交的备案信息隐瞒真实情况、弄虚作假的；③拒不配

图 1—8 "互联网＋海关"注销申请界面

合海关监督和实地检查的。

【经验小谈 1—2】 我公司的营业执照发生了变更。请问：应该在多长时间内去海关办理变更？

答：根据《中华人民共和国海关报关单位备案管理规定》第九条的规定，报关单位名称、市场主体类型、住所（主要经营场所）、法定代表人（负责人）、报关人员等《报关单位备案信息表》载明的信息发生变更的，报关单位应当自变更之日起 30 日内向所在地海关申请变更。报关单位因迁址或者其他原因造成所在地海关发生变更的，应当向变更后的海关申请变更。

四、报关单位"多证合一"

（一）报关单位"多证合一"改革

为进一步优化营商环境，根据《国务院关于深化"证照分离"改革进一步激发市场主体发展活力的通知》（国发〔2021〕7 号），将报关单位备案（进出口货物收发货人备案、报关企业备案）全面纳入"多证合一"改革。

申请人办理市场监管部门市场主体登记时，需要同步办理报关单位备案的，应按照要求勾选报关单位备案，并补充填写相关备案信息。市场监管部门按照"多证合一"流程完成登记，并在市场监管总局层面完成与海关总署的数据共享，企业无须再向海关提交备案申请。"多证合一"改革实施后，企业未选择"多证合一"方式提交申请的，仍可通过国际贸易"单一窗口"或"互联网＋海关"提交报关单位备案申请。

报关单位办理流程依据《中华人民共和国海关报关单位备案管理规定》（海关总署令第 253 号）执行。涉及报关单位备案的具体业务问题，企业可以咨询海关 12360 热线或所在地海关，自 2022 年 1 月 1 日起施行。

（二）报关单位备案方式

1. "多证合一"渠道

根据《海关总署、市场监管总局关于报关单位备案全面纳入"多证合一"改革的公告》（海关总署、市场监督管理总局 2021 年第 113 号公告）规定，"多证合一"的办理范围，已由进出口货物收发货人，扩大至报关单位（进出口货物收发货人、报关企业）。

申请人办理市场监管部门市场主体登记时，需要同步办理报关单位备案的，应按照要求勾选报关单位备案，并补充填写相关备案信息。市场监管总局与海关总署数据共享，企业无须再向海关提交备案申请。

2. 网上办理

申请人通过以下途径，填写相关信息并向海关提交申请：①中国国际贸易“单一窗口”标准版（https://www.singlewindow.cn）“企业资质”子系统；②“互联网＋海关”（http://online.customs.gov.cn）“企业管理”子系统，相关内容如图1—9所示。

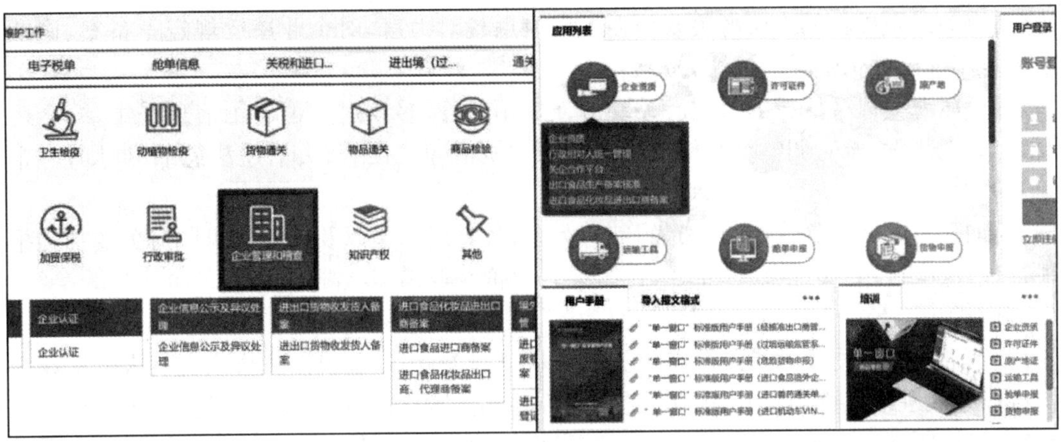

图1—9 网上办理形式

3. 窗口办理

除上述两种方式外，也可到申请人所在地海关企管窗口办理。所在地海关的联系方式和受理范围可咨询“12360”海关热线。

所在地海关收到申请人备案申请后进行核验，符合要求的在3个工作日内办结，企业可通过国际贸易“单一窗口”或“互联网＋海关”查询办理状态、打印备案证明、修改备案信息等。

【注意】 企业开展报关经营活动应持有营业执照并按要求进行备案。报关企业纳入“多证合一”范围，在企业登记环节一并办理备案手续，许可证长期有效。

【提示】 登记注册在自由贸易试验区的企业，企业备案后可在全国开展报关经营活动。

【经验小谈1—3】 ①我公司是一家进出口货物收发货人，新的备案管理规定允许备案双重身份，该怎么操作？

答：可以通过“单一窗口”点击“备案申请”后，选择新增“企业经营类别”。进出口货物收发货人申请报关企业、报关企业申请进出口货物收发货人，以及分支机构等，同样办理。

②我公司已经通过“单一窗口”提交了备案申请，还需要到所在地海关提交纸质材料吗？

答：已上传加盖公章的《报关单位备案信息表》的，不需要提交纸质材料，海关在线审核材料办理。

③我公司申请备案，录入信息时“海关统计区域代码”该怎么填写？

答：即“特殊贸易区域代码”。

④我公司是位于特殊监管区内的双重身份企业，想增加进出口货物收发货人身份可以吗？

答：原特殊监管区域双重身份企业可以申请变更为进出口货物收发货人或者报关企业后，再次申请报关企业或者进出口货物收发货人备案。

【做中学 1—3】 辽宁某高校要进口一批做实验用的设备，进口该设备时，其从事的就是非贸易性的行为。该校应该如何报关？

分析：第一种方法：该校可以办理进出口货物收发货人临时备案登记，获得临时备案登记证明以后再去报关。第二种方法：该校可以直接找报关企业为其代理报关。

五、报关单位监管措施

(1)将报关企业备案登记纳入“多证合一”的范围，及时接收市场监管部门推送的企业备案信息，各直属海关以及授权的隶属海关要加强备案信息核对力度，对企业违反规定不备案、逾期备案或备案信息不准确的情形及时依法处理。

(2)各直属海关以及授权的隶属海关要加强信用监管，多渠道完善信用信息采集，综合运用稽查、缉私等方面数据，及时调整企业信用等级，按照“诚信守法便利、失信违法惩戒”原则，对企业进行信用监管。

(3)要加强与市场监管等部门之间的信息共享，各直属海关以及授权的隶属海关要加强报关企业年报管理，深度运用“多证合一”企业数据，综合评价企业信用状况。

(4)自 2019 年 2 月 1 日起，全国海关通关一体化关检业务全面融合。

(5)关于进出口货物收发货人及其分支机构从事报关业务：进出口货物收发货人依法设立的分支机构可以办理进出口货物收发货人分支机构备案，由进出口货物收发货人凭“报关单位情况登记表”向分支机构所在地海关申请办理。进出口货物收发货人及其在海关备案的分支机构可以在全国办理进出口报关业务。进出口货物收发货人应当对其分支机构的行为承担法律责任。

(6)报关企业及其在海关备案的分支机构可以在全国办理进出口报关业务。报关企业应当对其分支机构的行为承担法律责任。

【同步案例 1—2】 **报关企业要遵守海关管理**

顺风报关公司是一家专业的报关企业，2025 年 7 月在接受当地一家化工企业委托报关业务时没有察觉到该企业有瞒报的情况，在向海关办理报关手续时被海关发现。海关追究报关公司的经济责任，该公司以不知情为由拒绝处罚。

案例评析

请问：

(1)顺风报关公司以不知情为由拒绝接受海关的经济处罚是否合理？为什么？

(2)结合《海关对专业报关企业的管理规定》，阐述报关企业在接受委托时应履行哪些义务和责任？

(3)从诚信经营和法治精神的角度，谈谈你对报关企业遵守海关管理规定的看法，以及这一案例对报关行业的启示。

六、海关报关单位备案注销

涉及海关报关相关业务的企业，可通过国际贸易“单一窗口”(http://www.singlewindow.cn)、“互联网+海关”(http://online.customs.gov.cn)等途径向海关提交报关单位注销申请，也可通过市场监管部门与海关联网的注销“一网”服务平台提交注销申请。对于已在海关备案，存在欠税(含滞纳金)及罚款等其他未办结涉税事项的纳税人，应当在办结海关报关单位备案注销后，向市场监管部门申请注销企业登记，如图 1—10 所示。

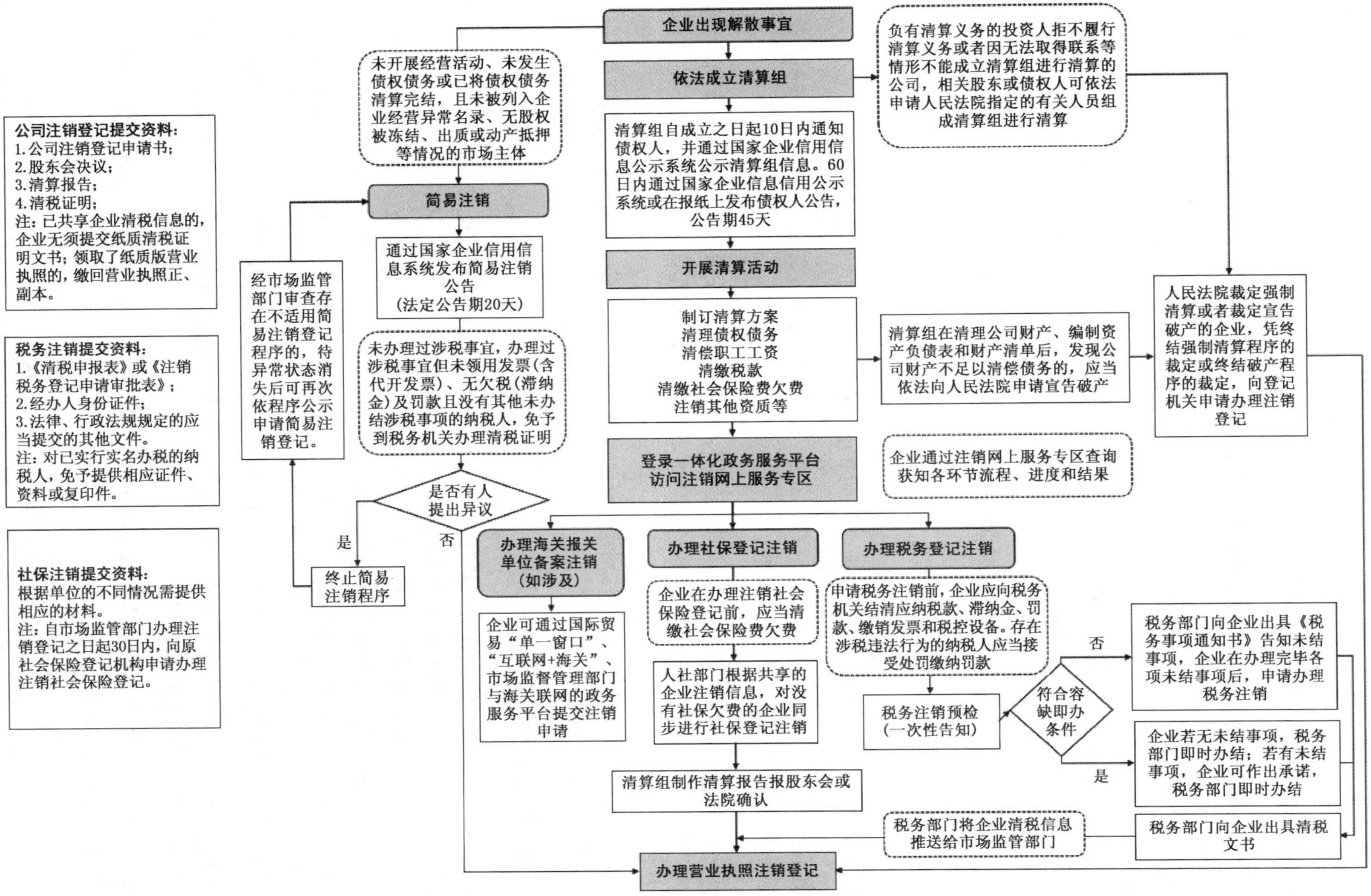
公司注销登记提交资料：
1.公司注销登记申请书；
2.股东会决议；
3.清算报告；
4.清税证明；
注：已共享企业清税信息的，企业无须提交纸质清税证明文书；领取了纸质版营业执照的，缴回营业执照正、副本。
税务注销提交资料：
1.《清税申报表》或《注销税务登记申请审批表》；
2.经办人身份证件；
3.法律、行政法规规定的应当提交的其他文件。
注：对已实行实名办税的纳税人，免予提供相应证件、资料或复印件。
社保注销提交资料：
根据单位的不同情况需提供相应的材料。
注：自市场监管部门办理注销登记之日起30日内，向原社会保险登记机构申请办理注销社会保险登记。
企业出现解散事宜
未开展经营活动、未发生债权债务或已将债权债务清算完结，且未被列入企业经营异常名录、无股权被冻结、出质或动产抵押等情况的市场主体
简易注销
通过国家企业信用信息系统发布简易注销公告（法定公告期20天）
未办理过涉税事宜，办理过涉税事宜但未领用发票（含代开发票）、无欠税（滞纳金）及罚款且没有其他未办结涉税事项的纳税人，免予到税务机关办理清税证明
是否有人提出异议
是
否
终止简易注销程序
经市场监管部门审查存在不适用简易注销登记程序的，待异常状态消失后可再次依程序公示申请简易注销登记。
依法成立清算组
负有清算义务的投资人拒不履行清算义务或者因无法取得联系等情形不能成立清算组进行清算的公司，相关股东或债权人可依法申请人民法院指定的有关人员组成清算组进行清算
清算组自成立之日起10日内通知债权人，并通过国家企业信用信息公示系统公示清算组信息。60日内通过国家企业信息信用公示系统或在报纸上发布债权人公告，公告期45天
开展清算活动
制订清算方案
清理债权债务
清偿职工工资
清缴税款
清缴社会保险费欠费
注销其他资质等
清算组在清理公司财产、编制资产负债表和财产清单后，发现公司财产不足以清偿债务的，应当依法向人民法院申请宣告破产
人民法院裁定强制清算或者裁定宣告破产的企业，凭终结强制清算程序的裁定或终结破产程序的裁定，向登记机关申请办理注销登记
登录一体化政务服务平台访问注销网上服务专区
企业通过注销网上服务专区查询获知各环节流程、进度和结果
办理海关报关单位备案注销（如涉及）
企业可通过国际贸易“单一窗口”、“互联网+海关”、市场监督管理部门与海关联网的政务服务平台提交注销申请
办理社保登记注销
企业在办理注销社会保险登记前，应当清缴社会保险费欠费
人社部门根据共享的企业注销信息，对没有社保欠费的企业同步进行社保登记注销
办理税务登记注销
申请税务注销前，企业应向税务机关结清应纳税款、滞纳金、罚款、缴销发票和税控设备。存在涉税违法行为的纳税人应当接受处罚缴纳罚款
税务注销预检（一次性告知）
符合容缺即办条件
否
是
税务部门向企业出具《税务事项通知书》告知未结事项，企业在办理完毕各项未结事项后，申请办理税务注销
企业若无未结事项，税务部门即时办结；若有未结事项，企业可作出承诺，税务部门即时办结
税务部门向企业出具清税文书
税务部门将企业清税信息推送给市场监管部门
清算组制作清算报告报股东会或法院确认
办理营业执照注销登记

图1-10　企业注销流程

第四节 海关企业信用管理

一、海关企业信用管理的对象

为了建立海关注册登记和备案企业信用管理制度，推进社会信用体系建设，促进贸易安全与便利，根据《海关法》《海关稽查条例》《企业信息公示暂行条例》《优化营商环境条例》以及其他有关法律、行政法规的规定，海关按照“诚信守法便利、失信违法惩戒，依法依规、公正公开”原则，对企业实施信用管理。

海关注册登记和备案企业（以下简称“企业”）以及企业相关人员[①]信用信息的采集、公示，企业信用状况的认证、认定及管理等适用《中华人民共和国海关注册登记和备案企业信用管理办法》。具体分为以下三类：

（1）海关根据企业申请，按照规定的标准和程序将企业认证为高级认证企业的，对其实施便利的管理措施。

（2）海关根据采集的信用信息，按照规定的标准和程序将违法违规企业认定为失信企业的，对其实施严格的管理措施。

（3）海关对高级认证企业和失信企业之外的其他企业实施常规的管理措施。

【提示】海关根据社会信用体系建设有关要求，与国家有关部门实施守信联合激励和失信联合惩戒，推进信息互换、监管互认、执法互助。

中国海关依据有关国际条约、协定以及《中华人民共和国海关注册登记和备案企业信用管理办法》，开展与其他国家或者地区海关的“经认证的经营者”[②]（AEO）互认合作，并且给予互认企业相关便利措施。

海关建立企业信用修复机制，依法对企业予以信用修复。海关建立企业信用管理系统，运用信息化手段提升海关企业信用管理水平。

二、信用信息采集和公示

海关可以采集能够反映企业信用状况的下列信息：①企业注册登记或者备案信息以及企业相关人员基本信息；②企业进出口以及与进出口相关的经营信息；③企业行政许可信息；④企业及其相关人员受行政处罚和刑事处罚信息；⑤海关与国家有关部门实施联合激励和联合惩戒信息；⑥AEO 互认信息；⑦其他反映企业信用状况的相关信息。

海关应当及时公示下列信用信息，并公布查询方式：①企业在海关注册登记或者备案信息；②海关对企业信用状况的认证或者认定结果；③海关对企业的行政许可信息；④海关对企业的行政处罚信息；⑤海关与国家有关部门实施联合激励和联合惩戒信息；⑥其他依法应当公示的信息。

【提示】公示的信用信息涉及国家秘密、国家安全、社会公共利益、商业秘密或者个人隐私的，应当依照法律、行政法规的规定办理。

自然人、法人或者非法人组织认为海关公示的信用信息不准确的，可以向海关提出异议，并且提供相关资料或者证明材料。

---

① 企业相关人员，是指企业法定代表人、主要负责人、财务负责人、关务负责人等管理人员。

② 经认证的经营者（AEO），是指以任何一种方式参与货物国际流通，符合《中华人民共和国海关注册登记和备案企业信用管理办法》规定的条件以及《海关认证企业标准》且通过海关认证的企业。

海关应当自收到异议申请之日起20日内进行复核。自然人、法人或者非法人组织提出异议的理由成立的，海关应当采纳。

三、高级认证企业的认证标准和程序

(1)高级认证企业的认证标准分为通用标准和单项标准。①高级认证企业的通用标准包括内部控制、财务状况、守法规范和贸易安全等内容。②高级认证企业的单项标准是海关针对不同企业类型和经营范围制定的认证标准。

【提示】高级认证企业应当同时符合通用标准和相应的单项标准。通用标准和单项标准由海关总署另行制定并公布。

(2)企业申请成为高级认证企业的，应当向海关提交书面申请，并按照海关要求提交相关资料。

(3)海关依据高级认证企业通用标准和相应的单项标准，对企业提交的申请和有关资料进行审查，并赴企业进行实地认证。

(4)海关应当自收到申请及相关资料之日起90日内进行认证并作出决定。特殊情形下，海关的认证时限可以延长30日。

(5)经认证，符合高级认证企业标准的企业，海关制发高级认证企业证书；不符合高级认证企业标准的企业，海关制发未通过认证决定书。高级认证企业证书、未通过认证决定书应当送达申请人，并且自送达之日起生效。

(6)海关对高级认证企业每5年复核一次。企业信用状况发生异常情况的，海关可以不定期开展复核。经复核，不再符合高级认证企业标准的，海关应当制发未通过复核决定书，并收回高级认证企业证书。

(7)海关可以委托社会中介机构就高级认证企业认证、复核相关问题出具专业结论。企业委托社会中介机构就高级认证企业认证、复核相关问题出具的专业结论，可以作为海关认证、复核的参考依据。

(8)企业有下列情形之一的，1年内不得提出高级认证企业认证申请：①未通过高级认证企业认证或者复核的；②放弃高级认证企业管理的；③撤回高级认证企业认证申请的；④高级认证企业被海关下调信用等级的；⑤失信企业被海关上调信用等级的。

四、失信企业的认定标准、程序和信用修复

(1)企业有下列情形之一的，海关认定为失信企业：

①被海关侦查走私犯罪公安机构立案侦查并由司法机关依法追究刑事责任的。

②构成走私行为被海关行政处罚的。

③非报关企业1年内违反海关的监管规定被海关行政处罚的次数超过上年度报关单、进出境备案清单、进出境交通运输工具舱单等单证(以下简称“相关单证”)总票数千分之一且被海关行政处罚金额累计超过100万元的；

报关企业1年内违反海关的监管规定被海关行政处罚的次数超过上年度相关单证总票数万分之五且被海关行政处罚金额累计超过30万元的；

上年度相关单证票数无法计算的，1年内因违反海关的监管规定被海关行政处罚，非报关企业处罚金额累计超过100万元、报关企业处罚金额累计超过30万元的。

④自缴纳期限届满之日起超过3个月仍未缴纳税款的。

⑤自缴纳期限届满之日起超过6个月仍未缴纳罚款、没收的违法所得和追缴的走私货物、物品

等值价款，并且超过 1 万元的。

⑥抗拒、阻碍海关工作人员依法执行职务，被依法处罚的。

⑦向海关工作人员行贿，被处以罚款或者被依法追究刑事责任的。

⑧法律、行政法规、海关规章规定的其他情形。

(2)失信企业存在下列情形的，海关依照法律、行政法规等有关规定实施联合惩戒，将其列入严重失信主体名单：①违反进出口食品安全管理规定、进出口化妆品监督管理规定或者走私固体废物被依法追究刑事责任的；②非法进口固体废物被海关行政处罚金额超过 250 万元的。

(3)海关在作出认定失信企业决定前，应当书面告知企业拟作出决定的事由、依据和依法享有的陈述、申辩权利。

【提示】 海关拟依照《海关注册登记和备案企业信用管理办法》第三条规定将企业列入严重失信主体名单的，还应当告知企业列入的惩戒措施提示、移出条件、移出程序及救济措施。

(4)企业对海关拟认定失信企业决定或者列入严重失信主体名单决定提出陈述、申辩的，应当在收到书面告知之日起 5 个工作日内向海关书面提出。

海关应当在 20 日内进行核实，企业提出的理由成立的，海关应当采纳。

(5)未被列入严重失信主体名单的失信企业纠正失信行为，消除不良影响，并且符合下列条件的，可以向海关书面申请信用修复并提交相关证明材料：

①因存在第 1 条第②项、第⑥项情形被认定为失信企业满 1 年的；

②因存在第 1 条第③项情形被认定为失信企业满 6 个月的；

③因存在第 1 条第④项、第⑤项情形被认定为失信企业满 3 个月的。

(6)经审核符合信用修复条件的，海关应当自收到企业信用修复申请之日起 20 日内作出准予信用修复决定。

(7)失信企业连续 2 年未发生第(2)条规定情形的，海关应当对失信企业作出信用修复决定。

【提示】 失信企业已被列入严重失信主体名单的，应当将其移出严重失信主体名单并通报相关部门。

(8)法律、行政法规和党中央、国务院政策文件明确规定不可修复的，海关不予信用修复。

【经验小谈 1—4】 半年前，我公司因违规行为被处罚人民币 200 万元，因处罚金额较大，海关同意了我公司的分期缴纳申请。然而由于自身经营困难，过去的 6 个月还是无法缴清，但我公司承诺在这 1 个月内就把余下的罚款缴清。请问：可否通融一下，不要降级？

答：不可以。自缴纳税款期限届满之日起超过 3 个月仍未缴纳应纳税款的，视为拖欠应纳税款；自海关行政处罚决定书规定的期限届满之日起超过 6 个月仍未缴纳罚没款项的，视为拖欠应缴罚没款项，你公司已构成拖欠情形，需立即调整为失信企业。

五、管理措施

(1)高级认证企业是中国海关 AEO，适用下列管理措施：①进出口货物平均查验率低于实施常规管理措施企业平均查验率的 20%，法律、行政法规或者海关总署有特殊规定的除外；②出口货物原产地调查平均抽查比例在企业平均抽查比例的 20%以下，法律、行政法规或者海关总署有特殊规定的除外；③优先办理进出口货物通关手续及相关业务手续；④向其他国家(地区)推荐农产品、食品等出口企业优先注册；⑤可以向海关申请免除担保；⑥减少对企业稽查、核查频次；⑦可以在出口货物运抵海关监管区之前向海关申报；⑧海关为企业设立协调员；⑨AEO 互认国家或者地区海关通关便利措施；⑩国家有关部门实施的守信联合激励措施；⑪因不可抗力中断国际贸易恢复后优先通关；⑫海关总署规定的其他管理措施。

（2）失信企业适用下列管理措施：①进出口货物查验率80%以上；②经营加工贸易业务的，全额提供担保；③提高对企业稽查、核查频次；④海关总署规定的其他管理措施。

（3）办理同一海关业务涉及的企业信用等级不一致，导致适用的管理措施相抵触的，海关按照较低信用等级企业适用的管理措施实施管理。

（4）高级认证企业、失信企业有分立合并情形的，海关按照以下原则对企业信用状况进行确定并适用相应管理措施：

①企业发生分立，存续的企业承继原企业主要权利义务的，存续的企业适用原企业信用状况的认证或者认定结果，其余新设的企业不适用原企业信用状况的认证或者认定结果；

②企业发生分立，原企业解散的，新设企业不适用原企业信用状况的认证或者认定结果；

③企业发生吸收合并的，存续企业适用原企业信用状况的认证或者认定结果；

④企业发生新设合并的，新设企业不再适用原企业信用状况的认证或者认定结果。

（5）高级认证企业涉嫌违反与海关管理职能相关的法律法规被刑事立案的，海关应当暂停适用高级认证企业管理措施。

高级认证企业涉嫌违反海关的监管规定被立案调查的，海关可以暂停适用高级认证企业管理措施。

（6）高级认证企业存在财务风险，或者有明显的转移、藏匿其应税货物以及其他财产迹象的，或者存在其他无法足额保障税款缴纳风险的，海关可以暂停适用第（1）条第⑤项规定的管理措施。

海关注册登记和备案企业信管理办法
附件 1-17

【学思践悟 1－1】　　点亮诚信之光，照亮贸易之路

海关企业信用管理制度是国家社会信用体系与海关现代化治理深度融合的成果，彰显了我国在深化改革、优化营商环境方面的坚定决心。党的二十大报告明确提出“完善社会信用体系”的战略部署，二十届二中、三中全会进一步强调以信用为基础的新型监管机制构建，海关企业信用管理正是这一战略在进出口贸易监管领域的具体实践。

海关依据企业信用状况实施分类管理，既体现了“诚信守法便利、失信违法惩戒”的法治原则，又通过信息化手段提升了监管效能，为合法经营企业提供了更为便捷的通关环境。高级认证企业享受的便利措施，不仅是对企业诚信经营的市场激励，更是我国推动高水平对外开放、优化营商环境的重要举措。与此同时，对失信企业的严格监管与联合惩戒机制，有效维护了市场秩序，保障了国家经济安全。

尤为值得关注的是，海关企业信用管理中的信用修复机制，既体现了监管的灵活性，又彰显了“惩前毖后、治病救人”的治理理念。这一机制鼓励失信企业主动纠错、重塑信用，为构建诚信社会注入了正能量。结合习近平总书记关于构建新发展格局、推动高质量发展的重要论述，应深刻理解，加强企业信用管理不仅是海关监管现代化的需要，更是推动经济高质量发展、构建社会主义市场经济体制的重要基石。

【悟有所得】

信用已成为现代市场经济的基石，是衡量企业竞争力的重要指标。海关企业信用管理制度的建立与实施，不仅规范了进出口企业的经营行为，促进了贸易安全与便利，更为构建诚信社会、优化营商环境提供了有力支撑。在全球化背景下，企业信用管理已成为国际贸易合作的重要基础。高级认证企业凭借其良好的信用记录，能够享受更多的通关便利与政策支持，从而在国际竞争中占据有利地位。而失信企业则面临严格的监管与惩戒，这不仅是对其违法行为的制裁，更是对市场秩序的维护。此外，还应从海关企业信用管理中汲取启示，将诚信理念内化于心、外化于行。无论是在未来的职业生涯中，还是在日常生活中，都应坚守诚信原则，做到言行一致、表里如一。同时，应积极关注国家社会信用体系建设动态，了解相关政策法规，不断提升自身的信用意识与信用管理能力，为构建诚信社会贡献力量。

海关企业信用管理是一项重要的监管制度，应深刻领悟到诚信的价值与意义，将诚信理念贯穿于人生的每一个阶段，为推动社会诚信建设、实现中华民族伟大复兴的中国梦贡献力量。

应知考核

一、单项选择题

1. 进出境交通运输工具、货物、物品，必须通过设立(　　)的地点进境或出境。

A. 海关　　B. 边检　　C. 商检　　D. 地方政府

2. (　　)是海关的最基本任务，是一项国家职能。

A. 监管　　B. 征税　　C. 查缉走私　　D. 海关统计

3. 根据我国《海关法》的规定，报关行为又可分为自理报关和代理报关，其中通常情况下，下列主体中不得办理代理报关的是(　　)。

A. 进出口货物代理人　　B. 专业报关行
C. 进出口货物收发货人　　D. 国际贸易货物运输代理公司

4. 下述四种企业或单位中不属于报关单位的是(　　)。

A. 经海关批准在海关临时注册登记的境内某大学
B. 在海关注册登记的经营进出境快件业务的某快递公司
C. 在海关注册登记的某外商投资企业
D. 在海关注册登记的经营转关运输货物境内运输业务的某承运人

5. 进出口货物的纳税义务人、担保人超过规定期限未缴纳税款的，经直属海关关长或者其授权的隶属海关关长批准，海关可以行使(　　)。

A. 提取货物变卖、先行变卖权　　B. 强制扣缴和变价抵缴关税权
C. 税收保全　　D. 连续追缉权

6. 经营国际货物运输代理、国际交通运输工具代理业务的同时兼营报关业务的企业，称为(　　)。

A. 专业报关企业　　B. 自理报关企业
C. 代理报关企业　　D. 有进口经营权的企业

7. 下列说法中，错误的是(　　)。

A. 专业报关企业是具有境内法人地位的经济实体
B. 专业报关企业中有的属于有限责任公司
C. 专业报关企业具有报关权
D. 专业报关企业具有进出口经营权

8. 根据报关活动的实施者不同，可分为(　　)。

A. 进、出境报关　　B. 交通运输工具、货物、物品报关
C. 自理报关、代理报关　　D. 物品、非物品的报关

9. 扣留走私罪嫌疑人，一般不超过(　　)小时，特殊情况可延长至(　　)小时。

A. 5;10　　B. 12;20　　C. 24;48　　D. 12;18

10. 海关对高级认证企业每(　　)年复核一次。

A. 2　　B. 3　　C. 4　　D. 5

二、多项选择题

1.《海关法》明确规定海关的基本任务有(　　)。

A. 监管　　B. 查缉走私　　C. 海关统计　　D. 征税

2. 报关单位有下列(　　)情形的,应当向所在地海关办理备案注销手续。

A. 因解散、被宣告破产或者其他法定事由终止的

B. 被市场监督管理部门注销或者撤销登记、吊销营业执照的

C. 进出口货物收发货人对外贸易经营者备案失效的

D. 临时备案单位丧失主体资格的

3. 按照报关对象的不同,可分为(　　)。

A. 交通运输工具报关　　B. 货物报关

C. 物品报关　　D. 进出境报关

4. 企业有下列(　　)情形的,1 年内不得提出高级认证企业认证申请。

A. 未通过高级认证企业认证或者复核的

B. 放弃高级认证企业管理的

C. 撤回高级认证企业认证申请的

D. 失信企业被海关上调信用等级的

5. 企业有下列(　　)情形的,海关认定为失信企业。

A. 被海关侦查走私犯罪公安机构立案侦查并由司法机关依法追究刑事责任的

B. 构成走私行为被海关行政处罚的

C. 自缴纳期限届满之日起超过 3 个月仍未缴纳税款的

D. 自缴纳期限届满之日起超过 6 个月仍未缴纳罚款、没收的违法所得和追缴的走私货物、物品等值价款,并且超过 1 万元的

三、判断题

1. 个人携带进出境的行李物品、邮寄进出境的物品,应当以自用、合理数量为限。(　　)

2. 一般情况下,关境等于国境,如欧盟。(　　)

3. 直接代理报关中,报关企业应当承担与进出口货物收发货人自己报关时所应当承担的相同的法律责任。(　　)

4. 绿色通道适用于携带上述绿色通道适用物品以外的其他物品的旅客。(　　)

5. 海关是国家行政机关,是国务院下属机构。(　　)

6. 海关有权对尚未构成走私罪的违法当事人处以行政处罚,包括对走私货物、物品及违法所得处以没收属于行政强制权。(　　)

7. 经审核,备案材料齐全,符合报关单位备案要求的,海关应当在 3 个工作日内予以备案。(　　)

8. 报关单位备案长期有效。临时备案有效期为 1 年,届满后可以重新申请备案。(　　)

9. 海关根据企业申请,按照规定的标准和程序将企业认证为高级认证企业的,对其实施严格的管理措施。(　　)

10. 企业对海关拟认定失信企业决定或者列入严重失信主体名单决定提出陈述、申辩的,应当

在收到书面告知之日起3个工作日内向海关书面提出。（　　）

应会考核

■ 观念应用

8月20日，顺发公司获得了进出口经营权，注册成一家外贸公司。8月22日，签订了一份出口合同。为提高办事效率，第二天公司就派职员李华去海关办理货物进出口报关手续，结果被海关拒绝。

请问：海关拒绝是否有理？为什么？

■ 技能应用

11月28日，某国际运输船舶向上海外高桥海关申报进境，该船运载的92台日本生产的二手挖掘机的收货人迟迟未申报。从该船向海关递交的载货清单上看，该批货物的收货人是杭州齐力进出口公司。次年2月23日，外高桥海关根据载货清单上的地址，向齐力公司发出了催报通知。3月1日，收货人通过地方政府部门，以无法领取机电产品进口证明为由，向外高桥海关提出退运该批货物的申请。由于其提出退货申请的时间超过海关总署有关规定的退运提出期限，不符合退运条件，外高桥海关于4月7日给出答复，不同意退运，并告知收货人，海关决定提取拍卖该批货物。4月12日，收货人向上海市中级人民法院提起行政诉讼，请求法院撤销外高桥海关做出的不准原告退运，并决定提取变卖该批货物的行政行为。

请问：(1)齐力公司能否胜诉？海关是否有权扣留并拍卖该批货物？

(2)如果齐力公司想要减少损失，该怎么做？

■ 案例分析

大连力凡进出口公司于9月与美国一公司签订进口500吨玉米的合同，并约定贸易条件为CIF大连。但由于运输船只途中遭遇台风偏离航线而被迫停靠在上海，待天气好转再运往大连，船长将情况及时通知了买卖双方。考虑到这样会耽搁很长时间，力凡公司与美国公司商定在厦门交货并通知运输公司卸货，同时力凡公司委托大连嘉宏报关行办理报关业务。大连嘉宏报关行的报关员赵昂到上海为这批货物报关，但上海海关对这批货物不予报关。

请问：为什么上海海关不接受大连嘉宏报关行的报关？案件应该如何解决？

本章实训

【实训项目】

初识报关单位及其业务流程。

【实训情境】

辽宁省黑土地有限责任公司(以下简称“黑土地公司”)是新成立的企业，从事缝纫线的生产，并有志于开拓国外市场。日本与我国东北地理位置相邻，故日本市场成为黑土地公司的目标市场。黑土地公司至今尚未获得报关权，但已经取得了来自日本方面的订单，10月公司就要从中国大连出口缝纫线到日本名古屋。该如何办理相关的出口手续呢？黑土地公司向大连嘉宏报关行进行咨询，赵昂随同公司经理办理此事。

【实训要求】

经理和赵昂指导黑土地公司完成以下任务：

任务：登录中国国际贸易“单一窗口”，进行企业资质等相关信息的录入；根据实训情境进行网上无纸化信息的填写。

请对以上任务进行操作分析。

【实训结果】

撰写“初识报关单位及其业务流程”的实训报告。

《初识报关单位及其业务流程》实训报告		
项目实训班级：	项目小组：	项目组成员：
实训时间：　年　月　日	实训地点：	实训成绩：
实训目的：		
实训步骤：		
实训结果：		
实训感言：		
不足与今后改进：		

项目组长评定签字：　　　　　　　　　　项目指导教师评定签字：

第二章　报关与对外贸易管制

● **知识目标**

理解：对外贸易管制的内容；我国对外贸易管制的基本框架与法律体系。
熟知：其他对外贸易管理制度；市场采购贸易监管。
掌握：我国货物、技术进出口许可管理制度及主要管理措施。

● **技能目标**

能够熟练运用相关法律法规，处理进出口许可证的申请、报关规范及相关手续。掌握禁止进出口、限制进出口和自由进出口商品的管理规定，能够根据商品特性选择合适的贸易管制措施。熟练使用国际贸易“单一窗口”平台，完成各类许可证件的在线申请、提交证明文件、查询状态等操作。能够根据不同的贸易管制要求，准确填写报关单证，办理进出口货物的通关手续。

● **素质目标**

培养严谨细致的工作态度，在处理对外贸易管制相关事务时注重细节，确保各类单证的准确性和合规性，避免因疏忽导致的贸易风险。通过学习对外贸易管制的法律法规和实际操作流程，提升专业素养，增强对国际贸易领域的专业知识储备，提高专业技能水平。增强问题解决能力，面对复杂的贸易管制环境和突发情况，能够迅速分析问题并提出有效的解决方案，提高应变能力。提高跨文化沟通能力，在国际贸易中能够与不同国家和地区的合作伙伴进行有效沟通，理解不同文化背景下的贸易规则和习惯。

● **思政目标**

通过学习对外贸易管制的重要性和作用，深刻理解其在维护国家经济安全、保护国内产业和生态环境中的关键作用，增强国家意识和责任感。结合习近平经济思想，理解我国推动开放型经济发展的战略意义，树立开放、创新、共享的国际经济观，积极参与全球经济治理。在学习和实践中严格遵守我国法律法规和国际公约，培养法治意识和规则意识，自觉维护国家法律尊严和国际规则的权威性。认识到对外贸易管制在推动可持续发展、保护环境和资源中的重要作用，增强社会责任感，积极参与绿色贸易和可持续发展实践。通过了解我国在国际贸易中取得的成就和面临的挑战，激发爱国热情，增强民族自豪感和自信心，为实现中华民族伟大复兴的中国梦贡献力量。

○ **课程引例**

新时代对外贸易管制的使命与实践

近年来，随着全球经济格局的深刻调整，我国对外贸易面临着新的机遇与挑战。一方面，以美国为代表的贸易保护主义和单边主义抬头，国际经贸规则面临重构，部分国家频繁采取贸易壁垒和限制措施，对我国出口企业造成了一定影响；另一方面，我国经济的高质量发展对对外贸易提出了更高要求，需要通过合理的对外贸易管制措施来优化贸易结构、保护国内产业和环境。

中国作为世界第二大经济体，积极应对国际经济形势变化，坚持扩大开放，推动经济高质量发展。为贯彻落实党的二十大和二十届二中、三中全会精神，以及习近平经济思想，中国在对外贸易管制方面不断优化政策，提升贸易便利化水平，保障国内产业安全，促进外贸健康稳定发展。习近平总书记指出，要推动形成全面开放新格局，发展更高层次的开放型经济。这要求我们在对外贸易管制中，既要维护国家经济安全，又要积极参与全球经济治理，推动贸易自由化和便利化。我国通过加入世界贸易组织（WTO）及相关国际公约，如《京都公约》《鹿特丹公约》等，不断完善对外贸易管制的法律体系，提升我国在国际贸易规则制定中的话语权。

引例导学：对外贸易管制不仅是国家经济管理的重要手段，而且是实现国家发展战略的关键环节。它不仅是保护国内产业和经济利益的工具，更是实现国家宏观经济目标、推动高质量发展的重要手段。党的二十大报告强调了经济高质量发展和高水平对外开放的重要性，稳步扩大规则、规制、管理、标准等制度型开放，加快建设贸易强国。二十届二中、三中全会进一步强调，要坚持深化改革开放，推动构建新发展格局，实现经济高质量发展。

对外贸易管制措施的制定和实施，必须与国家的宏观经济政策、产业政策相协调。既要保护国内产业免受不公平竞争的损害，又要鼓励企业参与国际竞争，提升我国在全球产业链中的地位。我国通过优化关税结构、加强知识产权保护等措施，有效促进了外贸的健康发展。目前，我国已经建立了以《对外贸易法》为核心的较为完善的对外贸易管制法律体系，这些法律法规不仅规范了我国对外贸易的秩序，而且为我国企业开展对外贸易提供了明确的法律依据和保障。在全球经济一体化的背景下，我国的对外贸易管制措施不仅影响国内经济，而且会对全球经济产生重要影响。因此，我国在制定和实施贸易管制措施时，需要充分考虑国际规则和国际社会的反应，积极履行国际义务，推动构建开放型世界经济。

在对外贸易中，我们要始终把国家利益放在首位，遵守国家法律法规，维护国家经济安全。企业要积极响应国家号召，坚持创新驱动，提升产品质量和技术含量，推动对外贸易高质量发展。要秉持开放合作的理念，积极参与全球经济治理，推动构建开放型世界经济。在对外贸易中，要注重环境保护和可持续发展，推动绿色贸易发展。通过学习本章，深刻理解对外贸易管制的重要意义，掌握其基本制度和操作流程，并能够在实际工作中灵活运用，为我国对外贸易的健康发展贡献力量。

○ **知识支撑**

第一节　对外贸易管制概述

一、对外贸易管制的内容

对外贸易管制的内容如表 2—1 所示。

表 2—1 对外贸易管制的内容

概　念	一国从国家的宏观经济利益和对内对外政策的需要出发，在国际贸易有关规则的基础上，对本国的对外贸易活动实施有效管理而实行的各种贸易政策、制度和措施的总称
性　质	各国政府为保护和促进国内生产发展、适时限制进出口而采取的鼓励或限制措施，或为政治目的采取禁止或限制的措施
分类形式	按照管理目的，分为进口贸易管制和出口贸易管制；按照管制管理手段，分为关税管制和非关税措施管制；按照管制对象，分为货物进出口贸易管制、技术进出口贸易管制和国际服务贸易管制
管制目的	保护本国经济发展；推行本国的外交政策，实现国家政治目的或军事目标；行使国家职能
管制特点	一国对外政策的体现；具有因时间、形势而变化的特性；以进口管制为重点

二、我国对外贸易管制的基本框架与法律体系

(一)法律

我国现行的与对外贸易管制有关的法律主要有《对外贸易法》[①]《海关法》《进出口商品检验法》《进出境动植物检疫法》《固体废物污染环境防治法》《国境卫生检疫法》《野生动物保护法》《药品管理法》《文物保护法》等。

(二)行政法规

我国现行的与对外贸易管制有关的行政法规主要有《货物进出口管理条例》《技术进出口管理条例》《关税法》《知识产权海关保护条例》《野生动植物保护条例》《外汇管理条例》《反补贴条例》《反倾销条例》《保障措施条例》等。

(三)部门规章

我国现行的与对外贸易管制有关的部门规章很多，如《货物进口许可证管理办法》《货物出口许可证管理办法》《货物自动进口许可管理办法》《进口药品管理办法》等。

(四)国际条约、协定

我国目前所缔结或者参加的各类国际条约、协定，虽然不属于我国国内法的范畴，但就其效力而言，可视为我国的法律渊源之一。其主要有加入世界贸易组织(WTO)所签订的有关双边或多边的各类贸易协定、《关于简化和协调海关业务制度的国际公约》(又称《京都公约》)、《濒危野生动植物种国际贸易公约》(又称《华盛顿公约》)、《关于消耗臭氧层物质的蒙特利尔议定书》、《关于麻醉品和精神药物的国际公约》、《关于化学品国际贸易资料交换的伦敦准则》、《关于在国际贸易中对某些危险化学品和农药采用事先知情同意程序的鹿特丹公约》、《控制危险废物越境转移及其处置的巴塞尔公约》、《建立世界知识产权组织公约》等。

第二节　我国货物、技术进出口许可管理制度

我国对外贸易管制的主要内容是我国货物、技术进出口许可管理制度，主要包括禁止进出口、限制进出口和自由进出口等管理制度。

一、禁止进出口管理

为保护人的健康和安全，保护环境，商务部、海关总署、生态环境部依据《中华人民共和国对外

① 2022 年 12 月 30 日第十三届全国人民代表大会常务委员会第三十八次会议对《中华人民共和国对外贸易法》进行第二次修正。

贸易法》《中华人民共和国货物进出口管理条例》，公布《禁止进口货物目录（第九批）》和《禁止出口货物目录（第八批）》，自 2024 年 1 月 1 日起实施。用于实验室规模的研究或用作参考标准的，不适用本目录禁止进出口相关要求。

（一）禁止进口管理

1. 禁止进口货物管理规定

我国政府明令禁止进口的货物包括：列入由国务院商务主管部门会同国务院有关部门制定的《禁止进口货物目录》的商品，国家有关法律、法规明令禁止进口的商品及其他因各种原因停止进口的商品。禁止进口货物管理情况如表 2—2 所示。

表 2—2　　禁止进口货物管理情况

禁止进口原因	禁止进口情况
列入《禁止进口货物目录》的商品 **禁止进口货物目录（第九批）**	列入《禁止进口货物目录》的商品共九批： 第一批：为了保护我国的自然生态环境和生态资源以及履行我国所参加或缔结的与保护世界生态环境相关的国际公约和协定而发布的。如四氯化碳、犀牛角、麝香和虎骨等都禁止进口。 第二批：国家对涉及生产安全、人身安全和环境保护的旧机电产品所实施的。如旧电器、旧医疗设备、旧汽车等。 第三、第四、第五批：合并修订而成《禁止进口固体废物目录》，所涉及的是对环境有污染的固体废物类。如废橡胶、废玻璃、废弃机电产品和设备等。2020 年 11 月 25 日，生态环境部、商务部、国家发展和改革委员会、海关总署联合发布《关于全面禁止进口固体废物有关事项的公告》。《公告》指出，禁止以任何方式进口固体废物，自 2021 年 1 月 1 日起施行。 第六批：为了保护人的健康，维护环境安全，淘汰落后产品，履行《关于在国家贸易中对某些危险化学品和农药采用事先知情同意程序的鹿特丹公约》和《关于持久性有机污染物的斯德哥尔摩公约》而颁布的。如长纤维青石棉、二噁英等。 第七批：为履行《关于持久性有机污染物的斯德哥尔摩公约》《关于汞的水俣公约》，依据《中华人民共和国对外贸易法》《中华人民共和国货物进出口管理条例》，公布《禁止进口货物目录（第七批）》，自 2021 年 1 月 1 日起实施。如四溴二苯醚、零售包装的含有灭蚁灵或十氯酮的杀虫剂、直管型热阴极荧光灯、含汞燃料电池等 75 种货物。 第八批：为了履行《关于持久性有机污染物的斯德哥尔摩公约》而颁布的，包括含西布曲明的混合药品、西布曲明及其盐、六氯丁二烯等。 第九批：为保护人的健康和安全，保护环境而颁布的包括十溴二苯醚、全氟辛基磺酸及其盐类和全氟辛基磺酰氟（PFOS 类）、短链氯化石蜡、得克隆及其顺式异构体和反式异构体等。
国家有关法律、法规明令禁止进口的商品	①禁止以任何方式进口固体废物，即禁止境外的固体废物进境倾倒、堆放、处置； ②动植物病源（包括菌种、毒种等）及其他有害生物、动物尸体、土壤； ③来自动植物疫情流行的国家和地区的有关动植物及其产品和其他检疫物； ④带有违反“一个中国”原则内容的货物及其包装； ⑤以氯氟羟物质为制冷剂、发泡剂的家用电器产品和以氯氟羟物质为制冷工质的家脚电器用压缩机； ⑥滴滴涕、氯丹等； ⑦莱克多巴胺和盐酸莱克多巴胺等。
其他各种原因停止进口的商品	①旧服装；②氯酸钾、硝酸铵、Ⅷ因子制剂等血液制品；③以 CFC-12 为制冷剂的汽车及以 CFC-12 为制冷剂的汽车空调压缩机（含汽车空调器）；④禁止进口和销售 100 瓦及以上普通照明白炽灯。

2. 禁止进口技术管理规定

根据《对外贸易法》《技术进出口管理条例》《禁止进口、限制进口技术管理办法》的有关规定，国务院商务主管部门会同国务院有关部门制定、调整并公布禁止进口的技术目录。属于禁止进口技术的，不得进口。

目前《中国禁止进口技术限制进口目录》所列明的禁止进口的技术涉及钢铁冶金、有色金属冶金、化工、石油炼制、消防、电工、石油化工、轻工、印刷、医药、建筑材料生产等技术领域。

（二）禁止出口管理

1. 禁止出口货物管理规定

我国政府明令禁止出口的货物主要有列入《禁止出口货物目录》的商品，国家有关法律、法规明令禁止出口的商品以及其他各种原因停止出口的商品。禁止出口货物管理情况如表 2—3 所示。

表 2—3　　禁止出口货物管理情况

禁止进口原因	禁止进口情况
列入《禁止出口货物目录》的商品 **禁止出口货物目录（第八批）**	列入《禁止出口货物目录》的商品共八批： 第一批：为了保护我国的自然生态资源和生态环境以及履行我国所参加的或缔结的与保护世界生态环境相关的国际条约和协定而发布的。如四氯化碳、麝香、犀牛角和虎骨、发菜和麻黄草等都禁止出口。 第二批：为了保护我国匮乏的森林资源，防止滥砍滥伐而发布的。如禁止出口木炭。 第三批：为了保护人的健康，维护环境安全，淘汰落后产品，履行《关于在国际贸易中对某些危险化学品和农药采用事先知情同意程序的鹿特丹公约》和《关于持久性有机污染物的斯德哥尔摩公约》而颁布。如长纤维青石棉、二噁英等。 第四批：包括硅砂、石英砂及其他天然砂。 第五批：无论是否经化学处理过的森林凋落物以及泥炭（草炭）。如腐叶、腐根、树皮、树根等森林凋落物；沼泽（湿地）中，地上植物枯死、腐烂堆积而成的有机矿体。 第六批：为履行《关于持久性有机污染物的斯德哥尔摩公约》《关于汞的水俣公约》，依据《中华人民共和国对外贸易法》《中华人民共和国货物进出口管理条例》，公布《禁止出口货物目录（第六批）》，自 2021 年 1 月 1 日起实施。如氯丹、含汞燃料电池、含汞消毒剂等 75 种货物。 第七批：为了履行《关于持久性有机污染物的斯德哥尔摩公约》而颁布的，包括六氯丁二烯、三氯杀醇、六溴环十二烷等。 第八批：为保护人的健康安全，保护环境而颁布的包括十溴二苯醚、全氟辛基磺酸及其盐类和全氟辛基磺酰氟（PFOS 类）、短链氯化石蜡、得克隆及其顺式异构体和反式异构体等。
国家有关法律、法规明令禁止出口的商品	①禁止出口未命名的或新发现并有重要价值的野生植物； ②原料血浆； ③商业性出口的野生红豆杉及其部分产品； ④以氯氟羟物质为制冷剂、发泡剂的家用电器产品以及氯氟羟物质为制冷剂的家用电器压缩机； ⑤禁止出口劳改产品； ⑥滴滴涕、氯丹； ⑦莱克多巴胺和盐酸莱克多巴胺。

2. 禁止出口技术管理规定

根据《对外贸易法》《技术进出口管理条例》《禁止进口、限制进口技术管理办法》的有关规定，国务院商务主管部门会同国务院有关部门制定、调整并公布禁止出口的技术目录。属于禁止出口技术的，不得出口。

中国禁止出口技术参考原则：①为维护国家安全、社会公共利益或者公共道德，需要禁止出口的；②为保护人的健康或者安全，保护动物、植物的生命或者健康，保护环境，需要止出口的；③依据法律、行政法规的规定，其他需要禁止出口的；④根据我国缔结或者参加的国际条约、协定的规定，其他需要禁止出口的。

目前，列入《中国禁止出口限制出口技术目录》[①]禁止出口部分的技术涉及渔、牧、有色金属矿采选、农副食品加工、饮料制造、造纸、化学制品制造、医药制造、非金属矿物制品业、有色金属冶炼、交通运输设备制造、农用机械制造、计算机及其他电子设备制造、工艺品制造、电信信息传输等几十个行业领域，包括畜牧品种的繁育、微生物肥料、中国特有的物种资源、蚕类品种繁育和蚕茧采集加工利用、水产品种的繁育、绿色植物生长调节剂制造、采矿工程、肉类加工、饮料生产、造纸、焰火爆竹生产、化学合成及半合成咖啡因生产、核黄素生产工艺、中药材资源及生产、中药饮片炮制、化学合成及半合成药物生产、非晶无机非金属材料生产、低维无机非金属材料生产、有色金属冶金、稀土的提炼加工和利用、航天器测控、航空器设计与制造、集成电路制造、机器人制造、地图制图、书画墨及八宝印泥制造、中国传统建筑、计算机网络、空间数据传输、卫星应用、大地测量、中医医疗等几十项技术。

【同步案例 2－1】　黄埔海关在跨境电商出口渠道查获清代及民国时期文物 6 件

某快件公司在东莞市世通国际快件监管中心向海关申报出口跨境电商商品一批。现场关员在对一票申报为“画 1 件，重 4 千克”的货物查验时发现，这票货物实际为 7 件，分别是署名“黄士陵”的盆景画 5 幅、书法作品 1 幅、九张字帖 1 幅。查验关员立即对相关物品予以暂扣，并送广东省文物鉴定站做进一步鉴定。8 月 7 日，经广东省文物鉴定站实物鉴定，上述物品中共有禁止出境一般文物 3 件，分别为清代山水画轴 1 件、清代书画册 1 件、清代五言诗轴 1 件；限制出境一般文物 3 件，分别为民国山水画轴 1 件、民国仿画图 2 件。

案例评析

请问：该快件公司未经许可出口文物的行为是否违法？如果违法，将面临哪些法律后果？结合习近平总书记关于文化遗产保护的重要指示精神，谈谈海关在文化遗产保护中的作用。

二、限制进出口管理

国家实行限制进口管理的货物、技术，必须依照国家有关规定，经国务院商务主管部门或者经国务院商务主管部门会同国务院有关部门许可，方可进口。

目前，我国限制进口货物管理按照其限制方式划分为许可证件管理和进口配额管理。

（一）限制进口管理

1. 限制进口货物管理规定

（1）许可证件管理。许可证件管理是指在一定时期内，根据国内政治、工业、农业、商业、军事、技术、卫生、环保、资源保护等领域的需要，以及为履行我国所加入或缔结的有关国际条约的规定，以经国家各主管部门签发许可证的方式来实现各类限制进口的措施。它主要包括进口许可证、两用物项和技术进口许可证、濒危物种进口、限制类可利用固体废物进口、药品进口、音像制品进口、黄金及其制品进口等管理。国务院商务主管部门或国务院有关部门在各自的职责范围内，根据法律、行政法规的有关规定签发上述各类许可证件，海关凭相关证件验放货物。

（2）进口配额管理。进口配额是指一国政府在一定时期内，对某些商品的进口数量或金额加以直接限制，在规定的期限内，配额以内的货物可以进口，超过配额的不准进口，或者征收较高关税后才能进口。因此，进口配额管理是许多国家实行进口数量限制的重要手段之一。进口配额制主要有绝对配额和关税配额两种形式。

---

① 2025 年 1 月 2 日，商务部就《中国禁止出口限制出口技术目录》修订公开征求意见。本次《目录》也进行较大幅度删减，细化部分技术条目控制要点，修订后为 132 项，其中禁止出口技术 23 项、限制出口技术 109 项。

①绝对配额是指在一定时期内，对某些商品的进口数量或金额规定一个最高限额，在这个数额内允许进口，达到这个配额后，便不准进口。绝对配额按照其实施方式的不同，又分为全球配额、国别(地区)配额两种形式。

全球配额是一种世界范围内的绝对配额，对某种商品的进口规定一个总的限额，对来自任何国家或地区的商品一律适用。具体做法是一国或地区的主管当局在公布的总配额之内，通常按进口商的申请先后顺序或过去某一时期的实际进口额批给一定的额度，直至总配额发完为止，超过总配额就不准进口。

国别(地区)配额是在总配额内按国别或地区分配给固定的配额，超过规定的配额便不准进口。为了区分来自不同国家和地区的商品，通常进口国(地区)规定进口商必须提交原产地证明书。实行国别(地区)配额可以使进口国家(地区)根据它与有关国家(地区)的政治经济关系分配给予不同的额度。

②关税配额是一种征收关税与进口配额相结合的限制进口的措施。它对商品进口的绝对数额不加限制，而是在一定时期内(一般是公历年度内有效)，对部分商品的进口制定关税配额税率并规定该商品进口数量总额。

在规定配额以内的进口商品，给予低税、减税或免税待遇；对超过配额的进口商品则征收较高的关税，或征收附加税或罚款。一般情况下，关税配额税率优惠幅度很大，如小麦关税配额税率与最惠国税率相差达 65 倍。国家通过这种行政管理手段对一些重要商品，以关税这个成本杠杆来实现限制进口的目的，因此关税配额管理是一种相对数量的限制。

【提示】对实施进口关税配额管理的货物，海关凭关税配额证明验放。

【经验小谈 2—1】 **白糖进口关税配额**

请问：什么样的企业可以申请白糖进口关税配额?

答：在对外贸易中，关税配额是一种常见的管理手段，用于平衡国内市场的供需关系。对于白糖进口关税配额的申请，企业需要满足一定的条件。根据商务部公告 2024 年第 41 号《2025 年食糖进口关税配额申请和分配细则》的相关规定，申请企业需满足以下基本条件：首先，企业必须在 2024 年 10 月 1 日前在市场监督管理部门登记注册；其次，企业没有违反《农产品进口关税配额管理暂行办法》和《2024 年食糖进口关税配额申请和分配细则》的行为；最后，企业还需符合国家产业政策和《产业结构调整指导目录》相关规定，合法合规经营，遵守安全生产、环保、税务、海关和外汇管理等法律法规，无未整改违法违规行为，且无其他违反法律、行政法规规定的行为及严重失信行为(包括但不限于被列入“信用中国”网站严重失信主体名单)。除了上述基本条件外，申请企业还必须符合特定条件之一：一是获得 2024 年食糖关税配额且有进口实绩的企业(但接受获得关税配额的最终用户委托的代理进口不计入受委托企业的进口实绩)；二是 2023 年日加工原糖 600 吨以上(含 600 吨)的食糖生产企业；三是以进口食糖为原料从事加工贸易的企业。申请企业需在规定时间内通过农产品进口关税配额管理系统线上填写并提交申请材料，或向登记注册所在地的商务部委托机构提交申请材料。

2. 限制进口技术管理规定

限制进口技术实行目录管理。属于目录范围内的限制进口的技术，实行许可证管理，未经国家许可，不得进口。进口审批程序如下：向国务院商务主管部门申请→获得中华人民共和国技术进口许可意向书→对外签订技术进口合同→申请获得技术进口许可证→凭技术进口许可证通关。

目前，《中国禁止进口限制进口技术目录》中列明属限制进口的技术包括生物技术、化工技术、石油炼制技术、石油化工技术、生物化工技术和造币技术等。

【注意】经营限制进口技术的经营者在向海关办理申报进口手续时，必须主动递交技术进口许可证，否则将承担由此而造成的一切法律责任。

(二)限制出口管理

我国实行限制出口管理的货物、技术，必须依照国家有关规定，经国务院商务主管部门或者经国务院商务主管部门会同国务院有关部门许可，方可出口。

1.限制出口货物管理规定

对于限制出口货物的管理，我国《货物进出口管理条例》规定，国家规定有数量限制的出口货物，实行配额管理；其他限制出口货物，实行许可证件管理。实行配额管理的限制出口货物，由国务院商务主管部门和国务院有关经济管理部门按照国务院规定的职责划分进行管理。我国货物限制出口按照其限制方式划分为出口配额限制和出口许可证件管理。

(1)出口配额限制

出口配额管理是指在一定时期内为建立公平竞争机制、增强我国商品在国际市场的竞争力、最大限度地保障收汇及保护我国产品的国际市场利益，国家对部分商品的出口数量直接加以限制的措施。我国出口配额管理有两种形式，即出口配额许可证管理和出口配额招标管理。

①出口配额许可证管理。国家对部分商品的出口，在一定时期内(一般为1年)规定数量总额，经国家批准获得配额的允许出口，否则不准出口。

出口配额许可证管理是通过直接分配的方式，由国务院商务主管部门或国务院有关部门在各自的职责范围内根据申请者的需求并结合其进出口实绩、能力等条件，按照效益、公正、公开和公平竞争的原则进行分配。国家各配额主管部门对经申请有资格获得配额的申请者发放各类配额证明。申请者取得配额证明后，应到国务院商务主管部门及其授权发证机关，凭配额证明申请出口许可证。

②出口配额招标管理。国家对部分商品的出口，在一定时期内(一般为1年)规定数量总额，采取招标分配的原则，经招标获得配额的允许出口，否则不准出口。出口配额招标管理是国家通过行政管理手段对一些重要商品以规定绝对数量的方式来实现限制出口的目的。

国家各配额主管部门对中标者发放各类配额证明。中标者取得配额证明后，到国务院商务主管部门及其授权发证机关，凭配额证明申领出口许可证。

(2)出口许可证件管理

出口许可证管理是国家各主管部门以签发许可证件的方式来实现的各类限制出口措施。目前，我国出口非配额限制管理主要包括出口许可证管理以及濒危物种出口、两用物项出口、黄金及其制品出口等许可管理。

【做中学2—1】　两用物项和技术进出口许可证管理模拟

C公司是一家从事高科技产品研发和生产的企业，计划进口一批监控化学品用于生产过程中的质量检测，同时也计划出口部分自主研发的生物技术产品到国外市场。公司负责人小王对两用物项和技术进出口许可证的管理流程不太熟悉，需要通过实际操作来掌握相关知识，确保公司业务合法合规进行。小王应：(1)了解两用物项和技术进出口许可证的管理部门和管理范围；(2)掌握进出口许可证的申请流程和所需材料；(3)熟悉报关规范和许可证使用要求；(4)能够根据海关要求提供相关证明文件，确保货物顺利通关。

分析：(1)了解管理部门和管理范围。查阅资料，小王登录商务部官方网站，查阅《两用物项和技术进出口许可证管理办法》和相关公告，了解两用物项和技术进出口许可证的管理部门和管理范围。

(2)申请进出口许可证。首先,准备申请材料;其次,提交申请,提交申请后,小王要保存好申请编号,以便后续查询审核进度。

(3)报关规范。了解报关要求:①对于进口报关,小王了解到,进口列入《两用物项和技术进出口许可证管理目录》的商品,必须提交两用物项和技术进口许可证。海关有权质疑所有进出口货物,进出口人有责任提供商务部门的“不属于两用物项和技术证明”。②对于出口报关,小王了解到,出口列入《两用物项和技术进出口许可证管理目录》的商品,必须提交两用物项和技术出口许可证。海关有权质疑所有进出口货物,进出口人有责任提供商务部门的“不属于两用物项和技术证明”。

(4)配合海关检查。海关对C公司的进口和出口货物进行检查时,小王安排专人负责接待海关检查人员,积极配合检查工作。

2. 限制出口技术管理规定

我国限制出口技术实行目录管理和许可证管理。目前,限制出口的技术目录主要有《两用物项和技术进出口许可证管理目录》《中国禁止出口限制出口技术目录》。出口属于上述目录的技术,应当向国务院商务主管部门提出技术出口申请,经国务院商务主管部门审核批准后取得技术出口许可证件,凭此向海关办理出口通关手续。

对限制进出口管理内容的总结如表2—4所示。

表2—4　对限制进出口管理内容的总结

<table>
<tr><td colspan="4">限制进出口管理</td></tr>
<tr><td rowspan="3">进口</td><td rowspan="2">货物</td><td colspan="2">许可证</td></tr>
<tr><td colspan="2">关税配额</td></tr>
<tr><td>技术</td><td colspan="2">许可证</td></tr>
<tr><td rowspan="4">出口</td><td rowspan="3">货物</td><td rowspan="2">出口配额</td><td>配额许可证</td></tr>
<tr><td>配额招标</td></tr>
<tr><td colspan="2">出口非配额</td></tr>
<tr><td>技术</td><td colspan="2">许可证</td></tr>
</table>

【同步案例2—2】　海关查获管制刀具

2024年9月大连海关所属大窑湾海关关员在对一票出口海运分离运输行李进行查验时,现场查获长短不一、均已开刃的刀具7把。经鉴定,该批刀具均属于管制刀具。查验后,海关已依法对上述刀具进行暂扣。2025年5月天津邮局海关在同一收件人的两个进境邮件中查获管制刀具10件。该批刀具中包括枪头、长剑、朴刀、关刀等,均已开刃且异常锋利,刀身平均长度超30厘米,最长一把刀身长度为51.6厘米。经鉴定,该批刀具均属于管制刀具,目前海关已依法对该批刀具予以暂扣。

案例评析

请问:

(1)这些案例中涉及的行为违反了哪些法律法规?

(2)这些案例带给进出口企业、个人以及整个社会的启示是什么?如何避免类似事件再次发生?

(3)结合法治精神和社会责任,谈谈你对进出口活动中遵守法律法规、维护国家安全和社会稳定重要性的认识。

三、自由进出口管理

基于监测进出口情况的需要，国家对部分属于自由进口的货物实行自动进口许可管理，对所有自由进出口的技术实行技术进出口合同登记管理。自动进口许可证如样例 2—1 所示。

(1)货物自动进口许可管理。它是在任何情况下对进口申请一律予以批准的进口许可制度。这种进口许可制度实际上是一种在进口前具有自动登记性质的许可制度，通常用于国家对这类货物的统计和监督。

【提示】进口属于自动进口许可管理的货物，经营者应当在办理海关报关手续前，向国务院商务主管部门或者国务院有关经济管理部门提交自动进口许可申请，凭相关部门发放的自动进口许可证向海关办理报关手续。

(2)技术进出口合同登记管理。进出口属于自由进出口的技术，应当向国务院商务主管部门或者其委托的机构办理合同备案登记。国务院商务主管部门应当自收到规定的文件之日起 3 个工作日内，对技术进出口合同进行登记，颁发技术进出口合同登记证，申请人凭技术进出口合同登记证办理外汇、银行、税务、海关等相关手续。

自动进口许可证如样例 2—1 所示。

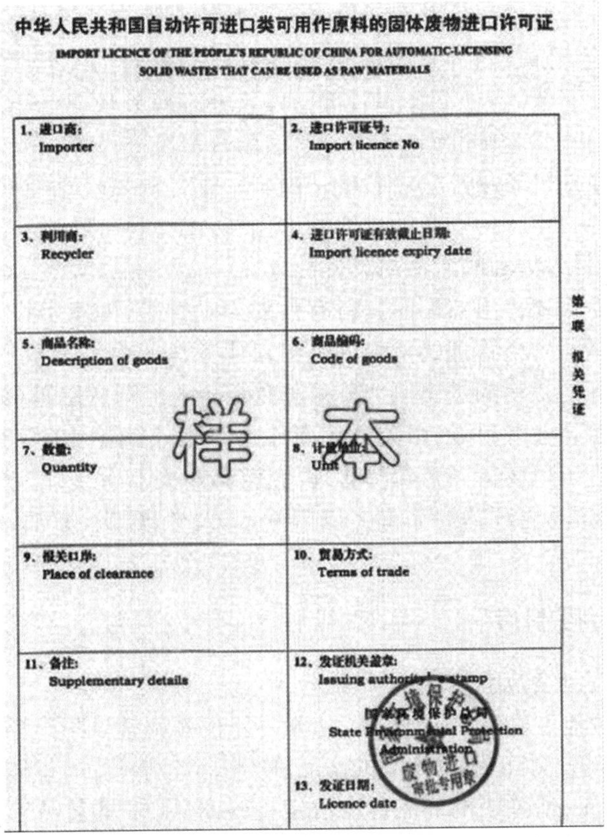

中华人民共和国自动许可进口类可用作原料的固体废物进口许可证

IMPORT LICENCE OF THE PEOPLE'S REPUBLIC OF CHINA FOR AUTOMATIC-LICENSING SOLID WASTES THAT CAN BE USED AS RAW MATERIALS

1. 进口商：Importer	2. 进口许可证号：Import licence No
3. 利用商：Recycler	4. 进口许可证有效截止日期：Import licence expiry date
5. 商品名称：Description of goods	6. 商品编码：Code of goods
7. 数量：Quantity	8. 计量单位：Unit
9. 报关口岸：Place of clearance	10. 贸易方式：Terms of trade
11. 备注：Supplementary details	12. 发证机关盖章：Issuing authority's stamp 国家环境保护总局 State Environmental Protection Administration
	13. 发证日期：Licence date

第一联　报关凭证

样本

样例 2—1　自动进口许可证

【经验小谈 2—2】　我司有一票货物，因含量不符合目的地国海关的进口许可标准，客户无法清货，就直接退回来了。请问：这种情况退运回国时要不要交进口关税？

答：根据《海关进出口货物征税管理办法》第五十五条的规定，因品质或者规格原因，出口货物自出口放行之日起1年内原状退货复运进境的，纳税义务人在办理进口申报手续时，应当按照规定提交有关单证和证明文件。经海关确认后，对复运进境的原出口货物不予征收进口关税和进口环节海关代征税。

第三节　其他对外贸易管理制度及市场采购贸易监管

一、对外贸易经营者管理制度

对外贸易经营者，是指依法办理工商登记或者其他执业手续，依照《对外贸易法》和其他有关法律、行政法规、部门规章的规定从事对外贸易经营活动的法人、其他组织或者个人。

取得对外贸易经营权是对外贸易经营者的一个重要标志。我国在加入世界贸易组织（WTO）时承诺3年内放开外贸经营权，即在加入世界贸易组织（WTO）的3年后，从2004年12月11日起放开外贸经营权。我国对外贸易法应参照国际惯例，规定除在特定的贸易领域内从事国有贸易的专营权或特许权外，所有在我国依法注登记的企业在向国务院商务主管部门备案登记后都可以享有外贸经营权。

2022年12月30日，第十三届全国人民代表大会常委会第三十八次会议经表决，通过了关于修改《对外贸易法》的决定，删去《对外贸易法》第九条关于对外贸易经营者备案登记的规定。根据决定，自2022年12月30日起，各地商务主管部门停止办理对外贸易经营者备案登记。对于申请进出口环节许可证、技术进出口合同登记证书、配额、国营贸易资格等相关证件和资格的市场主体，有关部门不再要求其提供对外贸易经营者备案记材料。这是外贸经营管理领域的重大改革举措，是我国政府坚定推进贸易自由化便利化的重要制度创新，将有利于进一步优化营商环境，释放外贸增长潜力，推进贸易高质量发展和高水平对外开放。

为对关系国计民生的重要进出口商品实行有效的宏观管理，国家可以对部分货物的进出口实行国营贸易管理。实行国营贸易管理的货物的进出口业务只能由经授权的企业经营，但国家允许部分数量的国营贸易管理的货物的进出口业务由非授权企业经营的除外（如原油）。实行国营贸易管理的货物和经授权经营企业的目录，由国务院商务主管部门会同国务院其他有关部门确定、调整并公布。未经批准擅自进出口实行国营贸易管理的货物，海关不予放行。

目前，我国实行国营贸易管理的商品主要包括玉米、大米、煤炭、原油、成品油、棉花、锑及锑制品、钨及钨制品、白银等。

二、进出境检验检疫制度

（一）进出境检验检疫制度范围

我国进出境检验检疫制度实行目录管理，由海关公布并调整《必须实施检验的进出口商品目录》（又称《法检目录》）。《法检目录》所列明的商品称为法定检验商品，即国家规定实施强制性检验的进出境商品。《法检目录》所列明的商品称为法定检验商品，即国家规定实施强制性检验的进出境商品。海关根据《中华人民共和国进出口商品检验法》及其实施条例，对法定检验商品实施检验检疫监管。

实行进境检验检疫管理的货物主要包括：列入《法检目录》的进境货物；进口旧机电产品；进口捐赠的医疗器械；其他未列入《法检目录》，但国家有关法律、行政法规规定实施检验检疫的入境货物及特殊物品等。实行出境检验检疫管理的货物主要包括：列入《法检目录》的出境货物；对外经济技术援助物资及人道主义紧急救灾援助物资；其他未列入《法检目录》，但国家有关法律、行政法规规定实施检验检疫的出境货物及特殊物品等。

对关系国计民生、价值较高、技术复杂或涉及环境及卫生、疫情标准的重要进出口商品，收货人应当在对外贸易合同中约定，在出口国（地区）装运前进行预检验、监造或监装，以及保留到货后最终检验和索赔的条款。

（二）进出境检验检疫制度的组成

我国进出境货物检验检疫制度内容包括国境卫生检疫制度、进出境动植物检疫制度、进出境食品安全检验制度，以及进出口商品检验制度。

1. 国境卫生检疫制度

国境卫生检疫制度是指海关根据《国境卫生检疫法》及其实施细则，以及其他相关卫生法律、法规和卫生标准，在出入境口岸对出入境的交通工具、货物、运输容器、以及口岸辖区的公共场所、环境、生活设施、生产设备所进行的卫生检查、鉴定、评价和采样检验的制度。我国实行国境卫生检疫制度是为了防止传染病由境外传入或者由国内传出，实施国境卫生检疫，保护人体健康。其监督职能主要包括进出境检疫、国境传染病检测、进出境卫生监督等。

2. 进出境动植物检疫制度

进出境动植物检疫制度是根据《进出境动植物检疫法》及其实施条例的规定，海关对进出境动植物、动植物产品的生产、加工、存放过程实行动植物检疫的进出境监督管理制度。我国实行进出境动植物检疫制度是为了防止动物传染病，寄生虫病，植物危险性病虫、杂草，以及其他有害生物传入、传出国境，保护农、林、牧、渔业生产和人体健康，促进对外经济贸易的发展。实施动植物检疫监督管理的方式有实行注册登记、疫情调查、检测和防疫指导等。其内容主要包括进境检疫、出境检疫、过境检疫、进出境携带和邮寄物检疫，以及出入境运输工具检疫等。

3. 进出境食品安全检验制度

进出境食品安全检验制度是指海关根据《食品安全法》及其实施条例、《进出口商品检验法》，以及其他的卫生法律、法规和国家标准，对进口的食品、食品添加剂及与食品相关产品是否符合我国食品安全国家标准实施的检验，对出口的食品、食品添加剂及与食品相关产品是否符合进口国（地区）的标准或者合同要求实施监督抽检的口岸监督管理制度。我国实行进出境食品安全检验制度旨在保证食品安全，保障公众身体健康和生命安全。其监督职能主要包括对进口食品安全检验、对境外食品安全情事监控预警、对出口食品安全抽验，以及评估和审查向我国出口食品的国家（地区）出口食品安全管理体系和食品安全状况等。

4. 进出口商品检验制度

进出口商品检验制度是根据《进出口商品检验法》及其实施条例的规定，海关对进出口商品所进行的品质、质量检验和监督管理的制度。我国实行进出口商品检验制度是为了保证进出口商品的质量，维护对外贸易有关各方的合法权益，促进对外经济贸易关系的顺利发展。商品检验机构实施进出口商品检验的内容包括商品的质量、规格、数（重）量、包装，以及是否符合安全、卫生的要求。我国商品检验的种类分为 4 种，即法定检验、合同检验、公证鉴定和委托检验。对法律、行政法规、部门规章规定有强制性标准或者其他必须执行的检验标准的进出口商品，依照法律行政法规、部门规章规定的检验标准检验；对法律、行政法规、部门规章未规定有强制性标准或者其他必须执行的检验标准的，依照对外贸易合同约定的检验标准检验。

三、货物贸易外汇管理制度

对外贸易经营者在对外贸易经营活动中，应当依照国家有关规定结汇、用汇。国家外汇管理局依据国务院《中华人民共和国外汇管理条例》及其他有关规定，对包括经常项目外汇业务、资本项目外汇业务、金融机构外汇业务、人民币汇率的生成机制和外汇市场等领域实施监督管理。

(一)我国货物贸易外汇管理制度概述

为完善货物贸易外汇管理，大力推进贸易便利化，进一步改进货物贸易外汇服务和管理，我国自 2012 年 8 月 1 日起在全国实施货物贸易外汇管理制度改革，国家外汇管理局对企业的贸易外汇管理方式由现场逐笔核销改变为非现场总量核查，也就是国家外汇管理局通过货物贸易外汇监测系统，全面采集企业货物进出口和贸易外汇收支逐笔数据，定期比对、评估企业货物流与资金流总体匹配情况，一方面便利合规企业贸易外汇收支，另一方面对存在异常的企业进行重点监测，必要时实施现场核查。

国家对贸易项下国际支付不予限制，出口收入可按规定调回境内或存放境外。从事对外贸易机构(以下简称“企业”)的贸易外汇收支应当具有真实、合法的交易背景，与货物进出口应当一致。企业应当根据贸易方式、结算方式及资金来源或流向，凭海关进出口报关单外汇核销专用联等相关单证在金融机构办理贸易外汇收支。海关进出口报关单外汇核销专用联可在进出口货物海关放行后向海关申请取得。金融机构应当对企业提交的交易单证的真实性及其与贸易外汇收支的一致性进行合理审查。国家外汇管理局及其分支机构，依法对企业及经营结汇、售汇业务的金融机构进行监督检查。由此可见，我国货物贸易外汇管理制度的运行主要靠三个方面来完成，即企业自律、金融机构专业审查及国家外汇管理局的监管。①企业的贸易外汇收支活动应当自觉遵守国家法律法规，按照“谁出口谁收汇，谁进口谁付汇”原则办理贸易外汇收支业务。②金融机构应当对企业提交的交易单证的真实性及其与贸易外汇收支的一致性在专业层面进行合理审查，并负责向国家外汇管理局报送相关贸易外汇收支信息。③国家外汇管理局建立进出口货物流与收付汇资金流匹配的核查机制，依法对企业贸易外汇收支进行非现场总量核查和监测。

(二)国家外汇管理局对货物外汇的主要监管方式

1. 企业名录登记管理

企业依法取得对外贸易经营权后，应当持有关材料到国家外汇管理局办理名录登记手续才能在金融机构办理贸易外汇收支业务。国家外汇管理局将登记备案的企业统一向金融机构发布名录，金融机构不得为不在名录内的企业办理贸易外汇收支业务。国家外汇管理局可根据企业的贸易外汇收支业务状况及其合规情况注销企业名录。

2. 非现场核查

国家外汇管理局对企业在一定期限内的进出口数据和贸易外汇收支数据进行总量比对，核查企业贸易外汇收支的真实性及其与货物进出口的一致性。非现场核查是国家外汇管理局的常规监管方式。

3. 现场核查

国家外汇管理局可对企业非现场核查中发现的异常或可疑的贸易外汇收支业务实施现场核查，也可对金融机构办理贸易外汇收支业务的合规性与报送信息的及时性、完整性和准确性实施现场核查。国家外汇管理局实施现场核查时，被核查单位应当配合国家外汇管理局进行现场核查，如实说明情况，并提供有关文件、资料，不得拒绝、阻碍和隐瞒。

4. 分类管理

国家外汇管理局根据企业贸易外汇收支的合规性及其与货物进出口的一致性，将企业分为 A、B、C 三类。A 类企业进口付汇单证简化，可凭进口报关单、合同或发票等任何一种能够证明交易真实性的单证在银行直接办理付汇，出口收汇无须联网核查、银行办理收付汇审核手续相应简化。对 B、C 类企业在贸易外汇收支单证审核、业务类型、结算方式等方面实施严格监管，B 类企业贸易外汇收支由银行实施电子数据核查，C类企业贸易外汇收支须经国家外汇管理局逐笔登记后办理。国家外汇管理局根据企业在分类监管期内遵守外汇管理规定的情况，对企业类别进行动态调整。

四、对外贸易救济措施

反倾销、反补贴和保障措施都属于对外贸易救济措施(见表2—5)。反倾销和反补贴的对象针对的是价格歧视这种不公平贸易行为，保障措施的对象针对的是在价格平等、公平贸易条件下进口激增的行为。

表2—5　对外贸易救济措施

措　施	适用对象	实施形式	实施期限
反倾销措施	不公平贸易或不公平竞争	现金保证金、价格承诺、保函	自临时反倾销措施决定公告规定实施之日起，不超过4个月，在特殊情况下可延长至9个月
反补贴措施	同上	同上	自临时反补贴措施决定公告规定实施之日起，不超过4个月
保障措施	公平条件下数量猛增的进口产品	加征关税、实行配额数量限制或最终加征关税或实行关税配额等	临时性措施的实施期限不得超过200天，最终保障措施一般不超过4年，也可相应延长，但不得超过10年(包括临时保障措施实施期限的200天)

(一)反倾销措施

反倾销措施是进口国政府为了保护国内产业而对实行倾销的进口产品所采取的措施，目的是提高进口产品价格、降低其竞争力，从而有效保护国内市场。反倾销措施包括临时反倾销措施和最终反倾销措施。

(1)临时反倾销措施。进口方主管机构经过调查，初步认定被指控产品存在倾销，并对国内同类产业造成损害，据此可以依据WTO所规定的程序进行调查，在全部调查结束之前，采取临时性的反倾销措施，以防止在调查期间国内产业继续受到损害。

(2)最终反倾销措施。如果终裁确定倾销成立并由此对国内产业造成损害的，可以征收反倾销税。征收反倾销税应当符合公共利益。

(二)反补贴措施

反补贴与反倾销的措施相同，反补贴措施是进口国政府为了保护国内产业而对接受补贴的进口产品所采取的措施，目的是提高进口产品价格、降低其竞争力，从而有效保护国内市场。反补贴措施包括临时反补贴措施和最终反补贴措施。

(1)临时反补贴措施。初裁确定补贴成立并由此对国内产业造成损害的，可以采取临时反补贴措施。

(2)最终反补贴措施。在为完成磋商的努力没有取得效果的情况下，终裁确定补贴成立并由此对国内产业造成损害的，可以征收反补贴税。征收反补贴税应当符合公共利益。

(三)保障措施

保障措施分为临时保障措施、最终保障措施和特别保障措施。

(1)临时保障措施。这是指在有明确证据表明进口产品数量增加，将对国内产业造成难以补救的损害的紧急情况下，进口国与成员国之间可不经磋商而做出初裁决定，并采取临时性保障措施。临时保障措施采取提高关税的形式。如果事后调查不能证实进口激增对国内有关产业已经造成损害的，已征收的临时关税应当予以退还。

(2)最终保障措施。它可以采取提高关税、数量限制和关税配额等形式。但保障措施应当限于防止、补救严重损害并便利调整国内产业所必要的范围内。

保障措施的实施期限一般不超过4年，在此基础上如果继续采取保障措施，则必须同时满足四个条件，即对防止或者补救严重损害仍有必要；有证据表明相关国内产业正在进行调整；已经履行有关对外通知、磋商的义务；延长后的措施不严于延长前的措施。

(3)特别保障措施。特别保障措施是世界贸易组织(WTO)成员利用特定产品过渡性保障机制，针对来自特定成员的进口产品采取的措施，即在世界贸易组织(WTO)体制下，在特定的过渡期内，进口国(地区)政府为防止来源于特定成员的进口产品对本国(地区)相关产业造成损害而实施的限制性保障措施。

【学思践悟2—1】　中国应对国际贸易风云、践行新发展理念的关键之举

在全球经济格局深刻调整、国际贸易摩擦频发的当下，对外贸易救济措施成为各国维护自身产业安全、保障经济稳定发展的重要手段。反倾销、反补贴与保障措施在应对不公平贸易行为和进口激增冲击时发挥着关键作用。从党的二十大报告中强调的"加快构建新发展格局，着力推动高质量发展"，到二十届二中、三中全会持续聚焦的经济体制改革与高水平对外开放，都凸显了我国在复杂多变的国际经济环境中，既要积极参与全球竞争，又要有效防范风险、维护自身利益的战略考量。

在中美贸易战的背景下，贸易救济措施的重要性越发凸显。美国为维护其贸易霸权，频繁挥舞关税大棒，对中国输美商品加征高额关税，这种单边主义和贸易保护主义行径严重破坏了公平、公正的国际贸易秩序。面对美方的无理打压，中国充分运用反倾销、反补贴等贸易救济工具，对美国的不公平贸易行为进行有力回击，维护了国内产业的合法权益。这一过程不仅彰显了我国在国际贸易规则框架内捍卫自身利益的决心和能力，而且体现了我国在对外开放中坚持平等互利、合作共赢原则的坚定立场。

同时，我们也应深刻认识到，贸易救济措施并非简单的贸易报复手段，而是为了营造更加公平、透明的国际贸易环境，推动全球产业链供应链的稳定与发展。我国在运用贸易救济措施时，始终秉持习近平经济思想中关于"构建以国内大循环为主体、国内国际双循环相互促进的新发展格局"的理念，既注重保护国内产业，又积极推动对外贸易的转型升级和高质量发展。通过加强产业技术创新、提升产品质量和附加值，我国企业在国际市场上的竞争力不断增强，逐步摆脱了对低价竞争的依赖。

【悟有所得】

在全球经济一体化的今天，任何一个国家都无法独善其身，只有加强国际合作、共同维护公平合理的国际贸易秩序，才能实现共同发展。党的二十大及二十届二中、三中全会为我国在新时代的对外贸易发展指明了方向，我们要坚定不移地贯彻落实相关决策部署，坚持对外开放的基本国策，积极参与全球经济治理体系改革。一方面，要不断完善国内贸易救济法律法规体系，提高贸易救济措施的科学性、精准性和有效性，为国内产业提供更加坚实的法律保障。同时，要加强与世界各国在贸易救济领域的交流与合作，推动建立更加公平、公正、透明的国际贸易规则体系，共同应对贸易保护主义的挑战。另一方面，要以贸易救济措施为契机，加快国内产业的转型升级和创新发展。通过加大对科技创新的投入，培育具有国际竞争力的新兴产业和高端制造业，提高我国在全球产业链中的地位和话语权。同时，要加强人才培养和引进，为产业发展提供充足的人才支持，推动我国从贸易大国向贸易强国迈进。

对外贸易救济措施是我国在国际贸易中维护自身利益、推动高质量发展的重要工具。我们要深刻领会党的二十大及二十届二中、三中全会精神，将习近平经济思想贯穿于对外贸易工作的全过程，以更加坚定的信心、更加务实的举措，应对国际贸易中的各种风险和挑战，为实现中华民族伟大复兴的中国梦贡献力量。

五、市场采购贸易监管

市场采购贸易方式，是指在经认定的市场集聚区[①]采购商品，由符合条件的经营者办理出口通关手续的贸易方式。市场采购贸易方式下单票报关单的货值最高限额为 15 万美元。

以下出口商品不适用市场采购贸易方式：①国家禁止或限制出口的商品；②未经市场采购商品认定体系确认的商品；③贸易管制主管部门确定的其他不适用市场采购贸易方式的商品。

从事市场采购贸易的对外贸易经营者，应当向市场集聚区所在地商务主管部门办理市场采购贸易经营者备案登记，并按照海关相关规定在海关办理进出口货物收发货人备案。

对外贸易经营者对其代理出口商品的真实性、合法性承担责任。经市场采购商品认定体系确认的商品信息应当通过市场综合管理系统与海关实现数据联网共享。对市场综合管理系统确认的商品，海关按照市场采购贸易方式实施监管。

每票报关单所对应的商品清单所列品种在 5 种以上的，可以按以下方式实行简化申报：①货值最大的前 5 种商品，按货值从高到低在出口报关单上逐项申报；②其余商品以《中华人民共和国进出口税则》中“章”为单位进行归并，每“章”按价值最大商品的税号作为归并后的税号，货值、数量等也相应归并。

有下列情形之一的商品不适用简化申报：①须征收出口关税的；②实施检验检疫的；③海关另有规定不适用简化申报的。

市场采购贸易出口商品应当在采购地海关申报，对于转关运输的市场采购贸易出口商品，由出境地海关负责转关运输的途中监管。

须在采购地实施检验检疫的市场采购贸易出口商品，其对外贸易经营者应建立合格供方、商品质量检查验收、商品溯源等管理制度，提供经营场所、仓储场所等相关信息，并在出口申报前向采购地海关（是指市场集聚区所在地的主管海关）提出检验检疫申请。

对外贸易经营者应履行产品质量主体责任，对出口市场在生产、加工、存放过程等方面有监管或官方证书要求的农产品、食品、化妆品，应符合相关法律法规规定或双边协议要求。

【注意】“市场采购”海关监管方式代码为“1039”，具体实施由直属海关负责。

第四节　我国对外贸易管制的主要管理措施

一、进出口许可证管理

进出口许可证管理是指由商务部或者由商务部会同国务院其他有关部门，依法制定并调整进出口许可证管理目录，以签发进出口许可证的方式对进出口许可证管理目录中的商品实行的行政许可管理。进出口许可证采用目录管理和分级发证制度。

（一）进出口许可证的管理机构

（1）商务部是全国进出口许可证管理的归口单位。

（2）商务部授权配额许可证事务局（以下简称“许可证局”）统一管理全国进出口许可证机构的签发工作；许可证局及商务部驻各地特派员办事处（简称“特派办”）和各省、自治区、直辖市的商务主管部门以及计划单列市和经商务部授权的其他省会城市的商务主管部门为许可证的发证机构。

---

① 市场集聚区是指经国家商务主管部门等认定的各类从事专业经营的商品城、专业市场和特色街。

(二)管理范围

1. 进口许可证管理的商品范围

依据《中华人民共和国对外贸易法》《中华人民共和国货物进出口管理条例》《消耗臭氧层物质管理条例》《货物进口许可证管理办法》《机电产品进口管理办法》《重点旧机电产品进口管理办法》等法律、行政法规和规章,《进口许可证管理货物目录(2025 年)》,自 2025 年 1 月 1 日起执行。

拓展阅读

进口许可证管理货物目录(2025年)

第一,消耗臭氧层物质。商品:三氯氟甲烷(CFC-11)、二氯二氟甲烷(CFC-12)等。发证机构:各地外经贸委(厅、局),商务厅;在京中央管理的企业由许可证局签发。

第二,重点旧机电产品。商品:化工设备、金属冶炼设备、工程机械、起重运输设备、造纸设备、电力电气设备、食品加工及包装设备、农业机械、印刷机械、纺织机械、船舶、硒鼓、X 射线管。发证机构:许可证局。

【注意】进口许可证管理范围以货物种类及货物名称为准,海关商品编号供通关申报参考。

2. 出口许可证管理的商品范围

依据《中华人民共和国对外贸易法》《中华人民共和国货物进出口管理条例》《消耗臭氧层物质管理条例》《货物出口许可证管理办法》等法律、行政法规和规章,《出口许可证管理货物目录(2025 年)》(以下简称为目录)和有关事项,自 2025 年 1 月 1 日起执行。

拓展阅读

出口许可证管理货物目录(2025年)

(1)许可证的申领

①2025 年实行许可证管理的出口货物为 43 种。对外贸易经营者出口目录内所列货物的,应向商务部或者商务部委托的地方商务主管部门申请取得《中华人民共和国出口许可证》(以下简称出口许可证),凭出口许可证向海关办理通关验放手续。

②出口活牛(对港澳)、活猪(对港澳)、活鸡(对香港)、小麦、玉米、大米、小麦粉、玉米粉、大米粉、药料用人工种植麻黄草、煤炭、原油、成品油(不含润滑油、润滑脂、润滑油基础油)、锯材、棉花的,凭配额证明文件申领出口许可证;出口甘草及甘草制品、蔺草及蔺草制品的,凭配额招标中标证明文件申领出口许可证。

③以加工贸易方式出口第②款所列货物的,凭配额证明文件、货物出口合同申领出口许可证。其中,出口甘草及甘草制品、蔺草及蔺草制品的,凭配额招标中标证明文件、海关加工贸易进口报关单申领出口许可证。

④以边境小额贸易方式出口第②款所列货物的,由省级地方商务主管部门根据商务部下达的边境小额贸易配额和要求签发出口许可证。以边境小额贸易方式出口甘草及甘草制品、蔺草及蔺草制品、消耗臭氧层物质、摩托车(含全地形车)及其发动机和车架、汽车(包括成套散件)及其底盘等货物的,须按规定申领出口许可证。以边境小额贸易方式出口本款上述情形以外的货物的,免于申领出口许可证。

⑤出口活牛(对港澳以外市场)、活猪(对港澳以外市场)、活鸡(对香港以外市场)、牛肉、猪肉、鸡肉、天然砂(含标准砂)、矾土、磷矿石、镁砂、滑石块(粉)、萤石(氟石)、稀土、锡及锡制品、钨及钨制品、钼及钼制品、锑及锑制品、焦炭、成品油(润滑油、润滑脂、润滑油基础油)、石蜡、部分金属及制品、硫酸二钠、碳化硅、消耗臭氧层物质、柠檬酸、白银、铂金(以加工贸易方式出口)、铟及铟制品、摩托车(含全地形车)及其发动机和车架、汽车(包括成套散件)及其底盘的,须按规定申领出口许可证。其中,消耗臭氧层物质货样广告品须凭出口许可证出口;以一般贸易、加工贸易、边境贸易和捐

赠贸易方式出口汽车、摩托车产品的，须按规定的条件申领出口许可证；以工程承包方式出口汽车、摩托车产品的，凭对外承包工程项目备案回执或特定项目立项函、中标文件等材料申领出口许可证；以上述贸易方式出口非原产于中国的汽车、摩托车产品的，凭进口海关单据和货物出口合同申领出口许可证。

⑥以加工贸易方式出口第⑤款所列货物的，除另有规定以外，凭有关批准文件、海关加工贸易进口报关单和货物出口合同申领出口许可证。

⑦出口铈及铈合金（颗粒＜500 微米）、钨及钨合金（颗粒＜500 微米）、锆、铍、锗、镓，取得《中华人民共和国两用物项和技术出口许可证》的，可免于申领出口许可证。

⑧我国政府对外援助项下提供的货物免于申领出口许可证。

⑨继续暂停对一般贸易项下润滑油（海关商品编号 27101991）、润滑脂（海关商品编号 27101992）、润滑油基础油（海关商品编号 27101993）出口的国营贸易管理。以一般贸易方式出口上述货物的，凭有效的货物出口合同申领出口许可证。以其他贸易方式出口上述货物的，按照商务部、发展改革委、海关总署公告 2008 年第 30 号的规定执行。

（2）“非一批一证”制和“一批一证”制

①对下列货物实行“非一批一证”制管理：小麦、玉米、大米、小麦粉、玉米粉、大米粉、活牛、活猪、活鸡、牛肉、猪肉、鸡肉、原油、成品油、煤炭、摩托车（含全地形车）及其发动机和车架、汽车（包括成套散件）及其底盘（限新车）、加工贸易项下出口货物、补偿贸易项下出口货物等。出口上述货物的，可在出口许可证有效期内多次通关使用出口许可证，但通关使用次数不得超过 12 次。

②对消耗臭氧层物质、汽车（旧）出口实行“一批一证”制管理，出口许可证在有效期内一次报关使用。

（3）货物通关口岸

继续暂停对镁砂、稀土、锑及锑制品等出口货物的指定口岸管理。

（4）出口许可机构

商务部和受商务部委托的省级地方商务主管部门及沈阳市、长春市、哈尔滨市、南京市、武汉市、广州市、成都市、西安市商务主管部门按照分工受理申请人的申请并实施出口许可，向符合条件的申请人签发出口许可证。

（三）进出口许可证的申请

1. 消耗臭氧层物质和实行出口许可证管理的商品

时间：组织该类进出口商品前。申领形式：网上和书面两种形式。提交材料：与加盖经营者公章相对应的许可证申请表、主管机关签发的进出口批准文件、合同正本复印件和商务部规定的其他应当提交的材料。

年度内初次申请还应提交营业执照、加盖对外贸易经营者登记专用章的经营者备案登记表或进出口企业资格证书；经营者为外商投资企业的，还应提交外商投资企业批准证书。

拓展阅读

鼓励外商投资产业目录（征集意见稿）

进口许可证办理流程如图 2—1 所示。

2. 进口重点旧机电产品

时间：组织进口列入《重点旧机电产品进口目录》的旧机电产品前。申领形式：网上和书面两种形式。提交材料：由旧机电产品最终用户提交用途说明、机电产品进口申请表、营业执照复印件、制造年限证明材料和设备状况说明。

翻新业务的，要提交资质证明文件；旧船舶进口的，还要提交旧船舶进口技术鉴定书或者旧渔业船舶进口技术评定书。

适用商品：消耗臭氧层物质

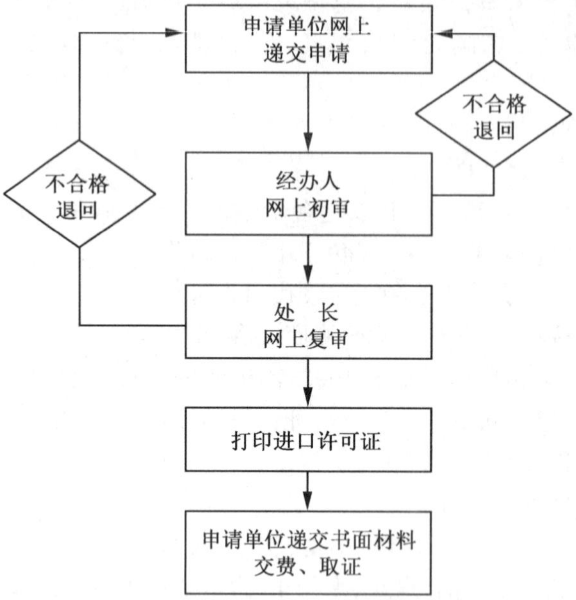

申请单位提交的书面材料包括：① 进口许可证申请表；② 主管部门批准文件（正本）；③ 进口合同（正本复印件）；④ 领证人员身份证或单位介绍信；⑤ 属于委托代理进口的，应提交委托代理进口协议（正本复印件）；⑥ 进出口资格证书、备案登记表或外商投资企业批准证书（年内首次申领）。

图 2—1 进口许可证办理流程

(四)报关规范

(1)进口许可证有效期为 1 年，当年有效，跨年度使用不得超过次年 3 月 31 日，逾期自动失效。

(2)出口许可证最长不得超过 6 个月，且有效期截止时间不得超过当年 12 月 31 日。出口许可证应当在有效期内使用，逾期自行失效。

(3)许可证一经签发，不得擅自更改证面内容。如需更改，经营者应当在有效期内提出更改申请，并将许可证交回原发证机构，由原发证机构重新换发新许可证。

"单一窗口"标准版用户手册(进口许可证申请)

(4)进口许可证实行"一证一关"[①]管理。一般情况下，为"一批一证"[②]。如要实行"非一批一证"[③]，应当同时在备注栏内打印"非一批一证"字样，但最多不超过 12 次，由海关在许可证背面"海关验放签注栏"内逐批签注核减进出口数量。

(5)对于实行"一批一证"的大宗、散装货物，其溢装数量在货物总量 3%以内的原油、成品油予以免证，其他货物溢装数量在货物总量 5%以内的免证；对于实行"非一批一证"的大宗、散装货物，在每批货物出口时，按其实际出口数量进行许可证证面数量核扣，在最后一批货物出口时，应按该许可证实际剩余数量溢装上限，即在 5%(原油、成品油在溢装上限 3%)以内计算免证数额。

(6)凡列入禁止出口、出口配额许可证、出口许可证管理货物目录的商品，因添加、混合其他成分，或因简单加工导致商品编码改变的，按原商品编码的管理方式进行管理。

(7)凡申报出口的商品成分中含有禁止出口、出口配额许可证、出口许可证管理的商品(贵金属超过 2%，其他超过 5%)的，需按含有禁止出口、出口配额许可证、出口许可证管理的商品实施管理。

---

① "一证一关"，是指进出口许可证只能在一个海关报关使用，下同。
② "一批一证"，是指进出口许可证在有效期内一次报关使用，下同。
③ "非一批一证"，是指进出口许可证在有效期内可多次报关使用，下同。

(8)部分货物实行出口报关口岸管理。①锑：黄埔、北海、天津海关。②轻(重)烧镁：大连、青岛、天津、长春、满洲里海关。③甘草：天津、上海、大连海关。甘草制品：天津、上海海关。④锯材：黑龙江指定大连、绥芬河为出口报关口岸；内蒙古指定满洲里、二连浩特、大连、天津、青岛为出口报关口岸；新疆指定阿拉山口、天津、上海为出口报关口岸；福建指定福州、厦门、莆田、漳州为出口报关口岸。

二、两用物项和技术进出口许可证管理

(一)管理部门

商务部指导全国各发证机构的两用物项和技术进出口许可证发证工作。商务部配额许可证事务局和受商务部委托的省级商务主管部门为两用物项和技术进出口许可证发证机构。

(二)管理范围

根据《中华人民共和国出口管制法》《中华人民共和国两用物项出口管制条例》和商务部、海关总署2005年第29号令(《两用物项和技术进出口许可证管理办法》)，以及《中华人民共和国两用物项出口管制清单》、2025年《中华人民共和国进出口税则》，商务部、海关总署对《两用物项和技术进出口许可证管理目录》进行了调整，调整后的《两用物项和技术进出口许可证管理目录》(2025)，自2025年1月1日起正式实施。

拓展阅读

两用物项和技术进出口许可证管理目录(2025)

进口经营者进口放射性同位素按《放射性同位素与射线装置安全和防护条例》和《两用物项和技术进出口许可证管理办法》有关规定，报生态环境部审批后，在商务部配额许可证事务局申领两用物项和技术进口许可证，凭证向海关办理进口手续。

物项和技术是指依据《中华人民共和国出口管制法》《中华人民共和国密码法》等相关法律、行政法规和规章实施管制的物项和技术。

【提示】进出口本目录的物项和技术，不论该物项和技术是否在本目录中列明海关商品编号，均应依法办理两用物项和技术进出口许可证。

【注意】本目录所列物项和技术及其商品名称和描述与相关法律、行政法规和规章规定不一致时，以相关法律、行政法规和规章规定为准。

2025年实施两用物项和技术进口许可证管理的商品包括监控化学品管理条例名录所列物项(74种)、易制毒化学品(61种)、放射性同位素(10种)、商用密码进口许可清单(4种)共4类。

【注意】《两用物项和技术进出口许可证管理目录》中商品范围以商品名称及描述为准，海关商品编号仅供通关申报参考。对于涉及调整海关商品编号的商品(*标注)已领取两用物项和技术进出口许可证的，在许可证有效期内可使用至2025年3月31日。

2025年实施两用物项和技术出口许可证管理的商品包括两用物项出口管制清单所列物项(765种)、核出口管制清单所列物项和技术(159种)、易制毒化学品(一)(61种)、易制毒化学品(二)(41种)共3类。

(三)报关规范

列入《两用物项和技术进出口许可证管理目录》内，以任何方式进出口的商品，都应提交许可证。海关有权质疑所有进出口货物，而进出口人则有责任提供商务部门的“不属于两用物项和技术证明”。

(1)两用物项和技术进口许可证实行“非一批一证”制和“一证一关”制，并在其备注栏内打印

“非一批一证”字样；两用物项和技术出口许可证实行“一批一证”制和“一证一关”制。

(2)许可证有效期为1年，跨年度使用不得超过次年3月31日。

(3)许可证不得买卖、转让、涂改、伪造和变造。

(4)不得更改证面内容，如需更改，则要重新申请，换发新证；同时，应做到证单相符。

【学中做2—1】 出口高性能芯片未取得许可证涉嫌走私案

某企业出口一批高性能碳纤维，该材料具有高强度、轻质化的特点，广泛应用于航空航天、军事装备等高端领域。由于高性能碳纤维属于国家严格管制的两用物项，出口前必须取得《两用物项出口许可证》。然而，该企业未按规定申请许可证，擅自安排货物出口，被海关查获。

解析

学中做2-1

高性能碳纤维属于《两用物项和技术进出口许可证管理目录》中的管制物项，企业未向商务部申请出口许可证，擅自出口。企业在出口申报时，未如实填写货物名称和用途，试图以普通商品的名义蒙混过关。高性能碳纤维可用于航空航天和军事领域，具有较高的战略价值，未经许可出口可能危害国家安全。企业负责人因走私国家禁止进出口的货物罪，被判处有期徒刑2年。企业被处以罚金30万元，同时没收涉案货物及违法所得。

请问：该企业为何会受到如此严厉的处罚？企业在出口管制物项时应如何避免类似违规行为？带给我们什么启示？

三、消耗臭氧层物质进出口管理

2024年12月18日由生态环境部2024年第7次部务会议修订通过《消耗臭氧层物质进出口管理办法》(以下简称《管理办法》)，并经商务部、海关总署同意，自2025年5月1日起施行。

(一)适用范围

《消耗臭氧层物质进出口管理办法》适用于进出口列入《中国进出口受控消耗臭氧层物质名录》的消耗臭氧层物质的活动。

(二)管理机构

国务院生态环境主管部门统一负责全国消耗臭氧层物质的监督管理工作。国务院生态环境主管部门、国务院商务主管部门和海关总署联合设立国家消耗臭氧层物质进出口管理机构。国务院生态环境主管部门根据消耗臭氧层物质淘汰进展情况，商国务院商务主管部门确定国家消耗臭氧层物质年度进出口配额总量，并在每年12月20日前公布下一年度进出口配额总量。

(三)报关规范

(1)进出口消耗臭氧层物质的单位(以下简称进出口单位)，应当向国家消耗臭氧层物质进出口管理机构申请消耗臭氧层物质进出口配额(以下简称进出口配额)，领取消耗臭氧层物质进出口审批单(以下简称进出口审批单)。

(2)进出口单位应当在每年10月31日前向国家消耗臭氧层物质进出口管理机构申请下一年度进出口配额。进出口单位申请进出口配额的，应当提交下列材料：①进出口配额申请书；②年度消耗臭氧层物质进出口计划表；③初次申请进出口配额的进出口单位，还应当提交营业执照。未按时提交上述材料的，国家消耗臭氧层物质进出口管理机构不予受理进出口配额申请。

(3)国家消耗臭氧层物质进出口管理机构应当在每年12月20日前对进出口配额作出发放与否的决定。在年度进出口配额指标内，进出口单位需要进出口消耗臭氧层物质的，应当向国家消耗臭氧层物质进出口管理机构申请领取进出口审批单。

(4)有下列情形之一，进出口单位可以直接向国家消耗臭氧层物质进出口管理机构申请领取进出口审批单:①消耗臭氧层物质作为原料用途使用的;②实验室为了实验分析少量使用消耗臭氧层物质的;③海关为了防止有害生物传入传出使用消耗臭氧层物质实施检疫的;④臭氧层物质来源为回收的;⑤国务院生态环境主管部门规定的可以直接申请领取进出口审批单的其他情形。

(5)进出口单位申请领取进出口审批单应当提交下列材料:①消耗臭氧层物质进出口申请书;②对外贸易合同或者订单等相关材料,以及消耗臭氧层物质生产单位的供货证明;③特殊用途的消耗臭氧层物质的出口,出口单位应当提交进口国政府部门出具的进口许可证或者其他官方批准文件等材料;④初次申请领取进出口审批单的,还应当提交营业执照;⑤国家消耗臭氧层物质进出口管理机构认为需要提供的其他材料。

(6)国家消耗臭氧层物质进出口管理机构应当自受理申请之日起 20 个工作日内完成审查,作出是否批准的决定。予以批准的,向申请单位核发进出口审批单,并对获准核发进出口审批单的进出口单位名单进行公告;未予批准的,应当书面通知申请单位并说明理由。

(7)进出口审批单有效期最长为 90 日,不得超期或者跨年度使用。进出口单位应当凭进出口审批单,向国务院商务主管部门或者受国务院商务主管部门委托的地方商务主管部门申请领取消耗臭氧层物质进出口许可证(以下简称进出口许可证)。进出口许可证实行“一批一证”制。每份进出口许可证只能报关使用一次,当年有效,不得跨年度使用。

(8)进出口单位凭商务主管部门核发的进出口许可证向海关办理通关手续。

(9)消耗臭氧层物质在中华人民共和国境内的海关特殊监管区域、保税监管场所与境外之间进出的,进出口单位应当依照规定申请领取进出口审批单、进出口许可证。

【提示】消耗臭氧层物质在中华人民共和国境内的海关特殊监管区域、保税监管场所与境内其他区域之间进出的,或者在上述海关特殊监管区域、保税监管场所之间进出的,不需要申请领取进出口审批单、进出口许可证。

(10)进出口单位应当按照进出口许可证载明的内容从事消耗臭氧层物质的进出口活动。发生与进出口许可证载明的内容不符的情形的,进出口单位应当重新申请领取进出口许可证。

(11)进出口单位当年不能足额使用的进出口配额,应当于当年 10 月 31 日前报告并交还国家消耗臭氧层物质进出口管理机构。国家消耗臭氧层物质进出口管理机构可以根据实际情况对年度进出口配额进行调整分配。

四、自动进口许可证管理

“自动进口许可证”是指商务部授权发证机构依法对实行自动进口许可管理的货物颁发的准予进口的许可证件。自动进口许可证(自动进口许可机电产品除外)监管证件代码为“7”。机电产品自动进口许可证监管证件代码为“O”。凡属于《自动进口许可管理货物目录》的进口货物,都需要向海关交验商务部授权发证机构签发的“自动进口许可证”。

(一)实施自动进口许可管理的商品范围

依据《中华人民共和国对外贸易法》《中华人民共和国货物进出口管理条例》《货物自动进口许可管理办法》《机电产品自动进口许可实施办法》等法律、行政法规和规章,商务部、海关总署决定对大豆自动进口许可证管理方式、《自动进口许可管理货物目录(2025 年)》(以下简称为目录)和有关事项等进行调整。2025 年实施自动进口许可管理的货物共计 45 类。

拓展阅读

自动进口许可管理货物目录(2025年)

（二）免交自动进口许可证的情形

进口列入《目录》的商品，在办理报关手续时，须向海关提交自动进口许可证，但下列情形可以免交：①加工贸易项下进口并复出口的（原油、成品油除外）；②外商投资企业作为投资进口或者投资额内生产自用的（旧机电产品除外）；③货样广告品、实验品进口，每批次价值不超过 5 000 元人民币的；④暂时进口的海关监管货物；⑤进入海关特殊监管区域及属自动进口许可证管理的货物；⑥加工贸易项下进口的不作价设备监管期满后留在原企业使用的；⑦国家法律法规规定其他免领自动进口许可证的。

（三）自动进口许可证的申请

收货人可以直接向发证机构书面申请自动进口许可证，也可以通过网上申请。其中，书面申请的，收货人可以到发证机构领取或者从相关网站下载自动进口许可证申请表（可复印）等有关材料，按要求如实填写，并采用送递、邮寄或者其他适当方式，与其他相关材料一并递交发证机构。采取网上申请的，收货人应当先到发证机构申领用于企业身份认证的电子钥匙。申请时，登录相关网站，进入相关申领系统，按要求在线如实填写自动进口许可证申请表等材料，同时向发证机构提交有关材料。

【提示】申请内容正确且形式完备的，发证机构收到后应当予以签发自动进口许可证，最多不超过 10 个工作日。

（四）报关规范

（1）自动进口许可证有效期为 6 个月，但仅限公历年度内有效。

（2）原则上实行“一批一证”管理，对部分货物也可实行“非一批一证”管理。实行“非一批一证”管理的，在有效期内可以分批次累计报关使用，但累计使用不得超过 6 次。每次报关时，海关在“自动进口许可证”原件“海关验放签注”栏内批注后，留存复印件，最后一次使用后，海关留存正本。同一进口合同项下，收货人可以申请并领取多份自动进口许可证。

（3）对实行“一批一证”的自动进口许可证管理的大宗、散装货物，其溢装数量在货物总量 3%以内的原油、成品油、化肥、钢材 4 种货物予以免证，其他货物溢装数量在货物总量 5%以内的予以免证；对“非一批一证”的大宗散装货物，每批货物进口时，按其实际进口数量核扣自动进口许可证额度数量，最后一批货物进口时，应按该自动进口许可证实际剩余数量的允许溢装上限，即在 5%（原油、成品油、化肥、钢材在溢装上限 3%）以内计算免证数额。

【注意】以加工贸易方式进口化肥（目录序号第 17 和 31 项）报关时须提交自动进口许可证。

（4）对一般贸易项下进口大豆实行“一批一证”或者“非一批一证”管理。其中，以“非一批一证”方式进口大豆的，须在指定进境口岸向海关办理通关验放手续。对外贸易经营者可根据生产经营需要，以“一批一证”或者“非一批一证”的方式向商务部申请《中华人民共和国自动进口许可证》（以下简称“自动进口许可证”），凭自动进口许可证向海关办理报关验放手续。“非一批一证”大豆自动进口许可证在有效期内可分次报关使用，但最多不超过 6 次。每批大豆进口时，海关按实际进口数量核扣自动进口许可证额度数量。最后一批大豆进口时，其溢装数量按该自动进口许可证实际剩余数量并在规定的允许溢装上限内计算。

【注意】进境口岸，是指黑龙江省黑河海关、黑龙江省绥芬河海关、黑龙江省抚远海关、黑龙江省同江海关、内蒙古自治区满洲里海关、新疆维吾尔自治区阿拉山口海关。

【经验小谈 2—3】 我司因开展业务需要，计划进口一批钢材的货样，该类钢材属自动进口许可管理货物。请问：以货样形式进口是否可以免领自动进口许可证？

答：根据《货物自动进口许可管理办法》第十二条第三项的规定，货样广告品、实验品进口，每批次价值不超过5 000元人民币的，可以免领自动进口许可证。因此，如果公司进口的钢材货样每批次价值不超过5 000元人民币，是可以免领自动进口许可证的。但如果每批次价值超过5 000元人民币，则仍需按规定申领自动进口许可证。

五、固体废物进口[①]管理

视频

固体废物

国家禁止进口不能用作原料的固体废物，限制进口可以用作原料的固体废物。

（一）废物的分类

我国《固体废物污染环境防治法》管理范围内的废物包括工业固体废物、城市生活垃圾、危险废物、液态废物以及置于容器中的气态废物。

（二）管理范围

生态环境部会同国家发展和改革委员会、商务部、海关总署、国家市场监督管理总局制定、调整并公布了《限制进口类可用作原料的废物目录》及《自动进口许可管理类可用作原料的废物目录》，未列入上述两个目录的固体废物禁止进口。

（三）办理程序

废物进口单位或者废物利用单位直接向生态环境部提出废物进口申请，由生态环境部审查批准，取得其签发的“自动许可进口类可用作原料的固体废物进口许可证”（以下统称为“废物进口许可证”）后才可组织进口。

进口废物运抵口岸后，海关凭生态环境部签发的废物进口许可证及其他必要单证受理报验。经审核未发现不符合环境保护要求的，海关凭有效废物进口许可证办理通关手续；对不符合环境保护要求的，海关会同生态环境部门依法对废物进行处理。

（四）报关规范

第一，向海关申报进口列入《限制进口类可用作原料的废物目录》和《自动进口许可管理类可用作原料的废物目录》中的废物，报关单位应主动向海关提交有效的废物进口许可证。

【提示】禁止进口列入禁止进口目录的固体废物。进口列入限制进口目录的固体废物，必须取得固体废物进口相关许可证。

第二，对于未列入《限制进口类可用作原料的废物目录》《自动进口许可管理类可用作原料的废物目录》或虽列入上述目录但未取得有效废物进口许可证的废物，一律不得进口或存入保税仓库。

第三，废物进口许可证实行“非一批一证”管理。

第四，进口的废物不能转关（废纸除外），只能在口岸海关办理申报进境手续。

第五，固体废物进口相关许可证当年有效。固体废物进口相关许可证应当在有效期内使用，无论是否使用完毕逾期均自行失效。固体废物进口相关许可证只能延期一次，延期最长不超过60日。固体废物进口相关许可证实行“一证一关”管理。一般情况下，固体废物进口相关许可证为“非一批一证”，如要实行“一批一证”，应当同时在固体废物进口相关许可证备注栏内打印“一批一证”字样。

【注意】“一证一关”是指固体废物进口相关许可证只能在一个海关报关；“一批一证”是指固体废物进口相关许可证在有效期内一次报关使用；“非一批一证”是指固体废物进口相关许可证在有

① 固体废物，是指在生产、生活和其他活动中产生的丧失原有利用价值或者虽未丧失利用价值但被抛弃或者放弃的固态、半固态、液态和置于容器中的气态的物品、物质以及法律、行政法规规定纳入固体废物管理的物品、物质。固体废物进口，是指将中华人民共和国境外的固体废物运入中华人民共和国境内的活动。

效期内可以多次报关使用，由海关逐批签注核减进口数量，最后一批进口时，允许溢装上限为固体废物进口相关许可证实际余额的3%，且不论是否仍有余额，海关将在签注后留存正本存档。

【提示】 固体废物进口相关许可证因故在有效期内未使用完的，进口企业应当在有效期届满30日前向发证机关提出延期申请。发证机关扣除已使用的数量后，重新签发固体废物进口相关许可证，并在备注栏中注明“延期使用”和原证证号。

六、进口关税配额管理

关税配额管理是一种相对数量的进口限制，对外贸易经营者经国家批准取得关税配额证后，允许按照关税配额税率征税进口，如超出限额，则按照配额外税率征税进口。

（一）实施进口关税配额管理的农产品

（1）管理部门：商务部及国家发展和改革委员会。

（2）管理范围：根据《中华人民共和国加入世界贸易组织议定书》及相关规定，我国实施关税配额管理的有小麦、稻谷和大米、玉米、棉花、食糖、羊毛及毛条等农产品，及化肥等工业品。

（3）管理措施：海关凭商务部、国家发展和改革委员会各自授权机构向最终用户发放的加盖“商务部农产品进口关税配额证专用章”或“国家发展和改革委员会农产品进口关税配额证专用章”的“农产品进口关税配额证”办理验放手续。

加工贸易进口须在进口关税配额证上注明“加工贸易”。由境外进入保税仓库、保税区、出口加工区的上述农产品，不需要提交“农产品进口关税配额证”，海关按现行规定验放并实施监管。从保税仓库、保税区、出口加工区出库或出区进口的关税配额农产品，海关凭进口关税配额证按规定办理进口手续。

（4）报关规范：实行“一证多批”。即最终用户需分多批进口的，有效期内，凭“农产品进口关税配额证”可多次办理通关手续，直至海关核注栏填满为止。“农产品进口关税配额证”的有效期为每年1月1日至当年12月31日。如需要延期，应向原发证机构申请办理换证，但延期最迟不得超过下一年2月底。进口关税配额证正面内容不得更改，如需更改，应到发证部门换发新证。

（二）实施进口关税配额管理的工业品

（1）管理部门：商务部负责全国化肥的配额管理工作。商务部的化肥进口关税配额管理机构负责管辖范围内化肥进口关税配额的发证、统计、咨询和其他授权工作。

（2）管理范围：尿素、磷酸氢二铵、复合肥。

（3）管理措施：申请单位应当在每年10月15日至10月30日向商务部提出化肥关税配额的申请。

（4）报关规范：关税配额内化肥进口时，海关凭进口单位提交的“化肥进口关税配额证明”按配额内税率征税，并验放货物。

七、野生动植物种进出口管理

我国是《濒危野生动植物种国际贸易公约》的成员国。我国进出口管理的濒危物种包括该公约的成员国（地区）应履行保护义务的物种，以及为保护我国珍稀物种而自主保护的物种。

濒危物种进出口管理是依据《进出口野生动植物种商品目录》和“濒危野生动植物种国际贸易公约允许进出口证明书”（以下简称“公约证明”）、“中华人民共和国濒危物种进出口管理办公室野生动植物允许进出口证明书”（以下简称“非公约证明”）或“非《进出口野生动植物种商品目录》物种证明”（以下简称“物种证明”）的形式，对该目录列明的依法受保护的珍贵、濒危野生动植物及其产品实施的进出口限制管理。

凡进出口列入《进出口野生动植物种商品目录》中的野生动植物或其产品，必须严格申报和审批，并在进出口报关前取得国家濒危物种进出口管理办公室或其授权的办事处签发的公约证明、非公约证明或物种证明后，向海关办理进出口手续。野生动植物种进出口管理的范围及报关规范如表 2—6 所示。

表 2—6　　野生动植物种进出口管理的范围及报关规范

项目 证件	管理范围划分	报关规范
非公约证明	列入《进出口野生动植物种商品目录》中属于我国自主规定管理的野生动植物及其产品	“一批一证”制
公约证明	列入《进出口野生动植物种商品目录》中属于《濒危野生动植物种国际贸易公约》成员国(地区)应履行保护义务的物种	“一批一证”制
物种证明	对于进出口列入《进出口野生动植物种商品目录》中除适用“公约证明”“非公约证明”物种以外的其他野生动植物及相关货物或物品和含野生动植物成分的纺织品，均须事先申领物种证明	(1)一次使用的“物种证明”有效期自签发之日起不得超过 6 个月 (2)多次使用的“物种证明”只适用于同一物种、同一货物类型、在同一报关口岸多次进出口的野生动植物；多次使用的“物种证明”有效期截至发证当年 12 月 31 日；持证者须于 1 月 31 日之前将上一年度使用多次“物种证明”进出口有关野生动植物标本的情况汇总上报给发证机关

【同步案例 2—3】　　海关查获檀香紫檀制品

7 月 30 日，经浙江省林产品质量检测站鉴定，杭州海关此前在空港渠道查获的一件重 21.15 千克的木质工艺品为檀香紫檀制品。这是杭州海关近年来在杭州空港口岸查获的重量最大的一件紫檀制品。这件紫檀制品是杭州海关隶属萧山机场海关关员在一名由柬埔寨入境的旅客行李箱内发现的。杭州海关隶属萧山机场海关旅检一科关员高某介绍：“以前我们也查获了不少檀香紫檀制品，但是像这种 20 多千克重的近年来还是第一次查获。”

案例评析

请问：这件檀香紫檀制品的查获体现了我国海关的哪些职责和意义？请结合相关法律法规和保护生态环境的角度进行分析。

八、进出口药品管理

进出口药品管理是我国进出口许可管理制度的重要组成部分，属于国家限制进出口管理范畴，实行分类和目录管理。国家市场监督管理总局会同国务院对外贸易主管部门对相关药品依法制定并调整管理目录，以签发许可证件的形式对其进出口加以管制。

药品必须经由国务院批准的允许药品进口的口岸进口。进口药品须取得国务院药品监督管理部门核发的《进口药品注册证》(或者《医药产品注册证》)，或者《进口药品批件》后，方可向货物到岸地口岸药品监督管理部门办理进口备案手续。对准予进口备案的，口岸药品监督管理部门发给《进口药品通关单》；进口单位持《进口药品通关单》向海关申报，海关凭口岸药品监督管理部门出具的《进口药品通关单》，办理进口药品的报关验放手续。

目前，我国允许进口药品的口岸城市共有 30 个，包括北京、天津、上海、重庆、哈尔滨、长春、沈阳、济南、南京、杭州、合肥、福州、郑州、武汉、长沙、广州、南宁、海口、成都、贵阳、昆明、西安、兰州、银川、乌鲁木齐、大连、青岛、厦门、深圳、珠海。首次在中国境内销售的药品和生物制品，进口口岸限定为北京、上海、广州 3 个城市的口岸。

（一）精神药品进出口管理

1. 管理范围

列入《精神药品管制品种目录》的药品，包括精神药品及其标准品、对照品，如肾上腺素、咖啡因、去氧麻黄碱等的进出口。对于列入《精神药品管制品种目录》的药品可能存在的盐、脂、醚，虽未列入该目录，但仍属于精神药品管制范围。

2. 管理证件

精神药品进出口准许证。其实行“一证一关”仅限在该证注明的口岸海关使用和“一批一证”制度。精神药品的进口准许证有效期 1 年，可以跨自然年使用；出口准许证有效期不超过 3 个月，有效期时限不跨自然年。

（二）麻醉药品进出口管理

1. 管理范围

列入《麻醉药品管制品种目录》中的麻醉药品，包括鸦片类、可卡因类、大麻类、合成麻醉药类及其他易成瘾的药品、药用植物及其制剂。对于列入《麻醉药品管制品种目录》中的麻醉药品可能存在的盐、脂、醚，虽未列入该目录，但仍属于麻醉药品管制范围。

2. 管理证件

麻醉药品进出口准许证。其实行“一证一关”仅限在该证注明的口岸海关使用和“一批一证”制度。麻醉药品进口准许证有效期 1 年，可以跨自然年使用；出口准许证有效期不超过 3 个月，有效期时限不跨自然年。

（三）兴奋剂进出口管理

1. 管理范围

列入《兴奋剂目录》中的药品，包括蛋白同化制剂品种、肽类激素品种、麻醉药品品种、刺激剂（含精神药品）品种、药品类易制毒化学品品种、医疗用毒性药品品种、其他品种共 7 类。

2. 管理证件

对于《兴奋剂目录》中的“其他品种”，海关暂不按照兴奋剂实行管理。根据《蛋白同化制剂、肽类激素进出口管理办法》的相关规定，国家对进出口蛋白同化制剂和肽类激素分别实行“进口准许证”和“出口准许证”管理。

（四）一般药品进出口管理

1. 管理范围

进口列入《进口药品目录》中的药品、进口列入《生物制品目录》中的商品、首次在我国境内销售的药品、进口暂未列入《进口药品目录》中的原料药的单位，必须遵守《进口药品管理办法》中的各项有关规定，主动到各口岸药品检验所报验。

“单一窗口”标准版用户手册[药品进出口准许证（蛋白同化制剂肽类激素）]

2. 管理证件

申领“进口药品通关单”，其实行“一证一关”仅限在该单注明的口岸海关使用，和“一批一证”制度。

3. 报关规范

【提示】海关总署、国家药品监督管理局决定对“进口药品通关单”等 7 种监管证件实施电子数据联网核查。

(1)在全国范围内实施麻精药品进出口准许证(包括麻醉药品进口准许、麻醉药品出口准许、精神药物进口准许、精神药物出口准许),进口医疗器械备案/注册证(包括医疗器械注册证、第一类医疗器械备案凭证),以及“进口特殊用途化妆品卫生许可批件”“进口非特殊用途化妆品卫生许可批件”电子数据与进出口货物报关单电子数据的联网核查。

(2)2019 年 4 月 1 日起,在全国范围内推广实施“进口药品通关单”“药品进口准许证”“药品出口准许证”电子数据与进出口货物报关单电子数据的联网核查。药品监督管理部门根据相关法律法规的规定签发上述证件,将证件电子数据传输至海关,海关在通关环节进行比对核查,并按规定办理进出口手续。联网核查实施前已签发的证件,企业可凭纸质证件在有效期内向海关办理进出口手续。

【注意】报关企业按照海关通关作业无纸化的规定,可采用无纸方式向海关申报。因海关和药品监督管理部门审核需要,或计算机管理系统、网络通信故障等原因,可以转为有纸报关作业或补充提交纸质证件。企业可登录中国国际贸易“单一窗口”查询证件电子数据传输状态。

(3)药品监督管理部门根据相关法律法规的规定签发上述证件,将证件电子数据传输至海关,海关在通关环节进行比对核查,并按规定办理进出口手续。联网核查实施前已签发的证件,企业可凭纸质证件在有效期内向海关办理进出口手续。

(4)报关企业按照海关通关作业无纸化改革的规定,可采用无纸方式向海关申报。因海关和药品监督管理部门审核需要,或计算机管理系统、网络通信故障等原因,可以转为有纸报关作业或补充提交纸质证件。

九、美术品进出口管理

(一)管理范围

(1)艺术创作者以线条、色彩或者其他方式创作的具有审美意义的造型艺术作品,包括绘画、书法、雕塑、摄影等作品,以及艺术创作者许可并签名的、数量在 200 件以内的复制品。

(2)批量临摹的作品、工业化批量生产的美术品、手工艺品、工艺美术产品、木雕、石雕、根雕、文物等均不纳入美术品范围进行管理。

(3)我国禁止含有以下内容的美术品进出境:违反《宪法》确定的基本原则的;危害国家统一、主权和领土完整的;泄露国家秘密、危害国家安全或者损害国家荣誉和利益的;煽动民族仇恨、民族歧视,破坏民族团结或者侵害民族风俗习惯的;宣扬或者传播邪教迷信的;扰乱社会秩序、破坏社会稳定的;宣扬或者传播淫秽、色情、赌博、暴力、恐怖或者教唆犯罪的;侮辱或者诽谤他人、侵害他人合法权益的;蓄意篡改历史、严重歪曲历史的;危害社会公德或者有损民族优秀文化传统的;我国法律、行政法规和国家规定禁止的其他内容。

(二)管理部门和办理程序

文化和旅游部负责对美术品进出口经营活动的审批管理、海关负责对美术品进出境环节进行监管。我国对美术品进出口实行专营,经营美术品进出口的企业必须在商务部门备案登记,向进出口口岸所在地省、自治区、直辖市文化行政部门提出申请。文化行政部门应当自受理申请之日起 15 日内作出决定。批准的,发给批准文件;不批准的,应书面通知申请人并说明理由。

(三)报关规范

(1)批准文件不得擅自更改。

(2)批准文件不得伪造、涂改、出租、出借、出售或者以其他任何形式转让。

(3)同一批已经批准进口或者出口的美术品复出口或复进口，进出口单位可持原批准文件正本到原进口或者出口口岸海关办理相关手续。

(4)以研究、教学参考、馆藏、公益性展览等非经营性用途为目的的艺术品进出境，应当委托美术品进出口单位办理进出口手续。

十、其他货物进出口管理

(一)黄金及其制品进出口管理

根据《中华人民共和国中国人民银行法》《海关法》和《国务院对确需保留的行政审批项目设定行政许可的决定》，中国人民银行、海关总署制定了《黄金及黄金制品进出口管理办法》，自 2015 年 4 月 1 日起施行，2020 年 3 月 5 日中国人民银行第 1 次行务会议审议进行了修改，自 2020 年 4 月 16 日起施行。

“单一窗口”标准版用户手册(黄金及黄金制品进出口准许证)

(1)使用证件：黄金及其制品进出口准许证。它是《黄金及其制品进出口管理目录》中的货物合法进出口的证明文件。法人、其他组织以下列贸易方式进出口黄金及黄金制品的，应当办理“中国人民银行黄金及黄金制品进出口准许证”(以下简称“准许证”)：①一般贸易；②加工贸易转内销及境内购置黄金原料以加工贸易方式出口黄金制品的；③海关特殊监管区域、保税监管场所与境内区外之间进出口的。

【注意】为进一步推进“放管服”改革，减证便民，中国人民银行、海关总署决定对《黄金及黄金制品进出口管理办法》作出修改(2020 年 4 月)：①“银行业金融机构还应当提供内部黄金业务风险控制制度有关材料”。②“黄金矿产的生产企业还应当提交省级环保部门出具的污染物排放许可证件和年度达标检测报告复印件、商务部门有关境外投资批复文件复印件、银行汇出汇款证明书复印件，境外国家或者地区开采黄金有关证明，企业近 3 年的纳税记录，申请出口黄金的还应当提交由国务院批准的黄金现货交易所的登记证明”。

中国人民银行、海关总署规定：黄金及黄金制品进出口业务频繁的法人可以按照《黄金及黄金制品进出口管理办法》的条件和审批流程，申请“非一批一证”准许证。

实行“非一批一证”的准许证可以在有效期内，不超过规定数量和批次报关使用。具体做法：海关在准许证正本背面“海关验放签注栏”内逐笔签注核减进(出)口的数量，报关批次最多不超过 12 次。“非一批一证”准许证自签发之日起 6 个月内有效，逾期自行失效。

在“非一批一证”准许证允许进(出)口的数量、批次未使用完之前，海关留存每次已签注的“非一批一证”准许证复印件。“非一批一证”准许证允许进(出)口的数量、批次核扣完毕，由海关收存。“非一批一证”准许证未使用过或未使用完毕的，被许可人应在准许证有效期届满后 10 个工作日内将证件交回核发机构。

【注意】实行“非一批一证”准许证管理试点海关为北京、上海、广州、南京、青岛、深圳海关。

实行“非一批一证”准许证管理试点后，中国人民银行及其分支机构将对核发的准许证使用情况加强监督管理。“非一批一证”准许证的被许可人，应在“非一批一证”准许证有效期届满后 10 个工作日内将黄金及黄金制品进出口情况(包括批次、验放日期、实际进出口数量等)报送中国人民银行及其分支机构。

【提示】进出口“其他金化合物(HS 编码 2843300090)”“镶嵌钻石的黄金制首饰及其零件(HS 编码 7113191100)”的，免予办理“中国人民银行黄金及黄金制品进出口准许证”。

个人、法人或者其他组织因公益事业捐赠进口黄金及黄金制品的，应当办理“中国人民银行黄金及黄金制品进出口准许证”。

个人携带黄金及黄金制品进出境的管理规定，由中国人民银行会同海关总署制定。

(2)主管及发证部门：中国人民银行是黄金及黄金制品进出口主管部门，对黄金及黄金制品进出口实行准许证制度。列入《黄金及黄金制品进出口管理目录》的黄金及黄金制品进口或出口通关时，应当向海关提交中国人民银行及其分支机构签发的“中国人民银行黄金及黄金制品进出口准许证”。中国人民银行会同海关总署制定、调整并公布《黄金及黄金制品进出口管理目录》。

(3)适用范围：《黄金及黄金制品进出口管理目录》中的黄金及其制品，主要包括氰化金、氰化金钾(含金40%)、其他金化合物、非货币用金粉、非货币用半制成金、非货币用未锻造金、货币用未锻造金(包括镀铂的金)、金的废碎料、镶嵌钻石的黄金制首饰及其零件、镶嵌濒危物种制品的金首饰及零件、其他黄金制首饰及其零件、金制工业实验室用制品等。

(4)报关规范：提供有效的黄金及其制品进出口准许证。

【提示】根据《中华人民共和国金银管理条例》等规定，黄金及其制品属于国家限制进出境物品，旅客携带黄金及其制品进出境，超过50克需向海关申报。携带超出自用、合理数量的黄金及其制品进境，视同进口货物。复带黄金及其制品出境，凭原入境时的申报单登记的数量经海关查验放行，超过原入境时申报登记数量的，不许出境。

【同步案例2—4】 携带金银及其制品进出境 多少克需向海关申报?

2024年12月，西九龙站海关关员对出境旅客及其行李物品进行监管时，发现一名选择“无申报通道”出境的旅客行李箱机检图像异常，图像显示行李箱内有大量金属制品。经进一步查验，海关关员在其行李箱内查获一个红色饰品袋，内有超量携带的疑似黄金制品22件，共计405.7克，总价约20多万元。经专业机构鉴定，上述物品均为含量超99.9%足金制品。

案例评析

请结合海关监管的相关法律法规，谈谈海关查获超量携带黄金制品案件的意义，并从思政角度谈谈这一事件对公民的启示。

(二)音像制品进口管理[①]

(1)使用证件：音像制品进口批准单。它是音像制品合法进口的证明文件。

(2)主管及发证部门：国务院出版行政主管部门(新闻出版总署)负责全国音像制品的出版、制作、复制、进口、批发、零售和出租的监督管理工作；国务院其他有关行政部门按照国务院规定的职责分工，负责有关的音像制品经营活动的监督管理工作。

“单一窗口”标准版用户手册(音像制品(成品)进口批准单申请)

(3)适用范围：音像制品成品。

(4)报关规范：

①音像制品成品进口业务由国务院出版行政主管部门批准的音像制品成品进口经营单位经营；未经批准，任何单位或者个人不得经营音像制品成品进口业务。

②进口用于出版的音像制品，以及进口用于批发、零售、出租等的音像制品成品，应当报国务院出版行政主管部门进行内容审查。

国务院出版行政主管部门应当自收到音像制品内容审查申请书之日起30日内作出批准或者不批准的决定，并通知申请人。批准的，发给批准文件；不批准的，应当说明理由。

进口用于出版的音像制品的单位、音像制品成品进口经营单位应当持国务院出版行政主管部

① 2001年12月25日中华人民共和国国务院令第341号公布《音像制品管理条例》，根据2011年3月19日《国务院关于修改〈音像制品管理条例〉的决定》第一次修订，根据2013年12月7日《国务院关于修改部分行政法规的决定》第二次修订、2016年2月6日第三次修订、2020年11月29日第四次修订。

门的批准文件到海关办理进口手续。

③进口用于出版的音像制品，其著作权事项应当向国务院著作权行政管理部门登记。

④进口供研究、教学参考的音像制品，应当委托音像制品成品进口经营单位依照第②条的规定办理。

进口用于展览、展示的音像制品，经国务院出版行政主管部门批准后，到海关办理临时进口手续。

【注意】进口的音像制品，不得进行经营性复制、批发、零售、出租和放映。

【经验小谈 2—4】 委托朋友帮忙从日本邮寄过来了几十盘光盘，海关要征税，税额较大。请问：可以申请放弃或者不要光盘了吗？

答：根据《中华人民共和国海关进出境印刷品及音像制品监管办法》第二十条的规定，下列进出境印刷品及音像制品，由海关按照放弃货物、物品依法予以处理：①收货人、货物所有人、进出境印刷品及音像制品所有人声明放弃的；②在海关规定期限内未办理海关手续或者无人认领的；③无法投递又无法退回的。

（三）有毒化学品[①]进出口管理

(1)使用证件：有毒化学品环境管理放行通关单。它是列入《中国禁止或严格限制的有毒化学品名录》中的化学品合法进出口的证明文件。

(2)主管及发证部门：生态环境部。

(3)适用范围：列入《名录》中的化学品。生态环境部、商务部、海关总署依据《全国人民代表大会常务委员会关于批准〈关于持久性有机污染物的斯德哥尔摩公约〉的决定》等决定和国家税则税目、海关商品编号调整情况，发布《中国严格限制的有毒化学品名录》(2023)。凡进口或出口上述名录所列有毒化学品的，应按规定向生态环境部申请办理有毒化学品进(出)口环境管理放行通知单。进出口经营者应凭有毒化学品进(出)口环境管理放行通知单向海关办理进出口手续。

(4)报关规范：提供有毒化学品环境管理放行通知单。

（四）农药进出口管理

为贯彻落实国务院“放管服”改革精神和稳外资外贸决策部署，履行《关于在国际贸易中对某些危险化学品和农药采用事先知情同意程序的鹿特丹公约》[②]义务，便利农药进出口贸易、提高通关效率，农业农村部、海关总署于 2021 年 12 月 24 日发布《关于发布进出口农药管理名录(2022 年)及优化农药进出口管理服务措施的公告》，于 2022 年 1 月 1 日起施行。

(1)使用证件：农药进出口登记管理放行通知单简称“农药进出口通知单”，是指农业农村部及其授权发证机关依法对纳入《中华人民共和国进出口农药登记证明管理名录》范围的进出口农药实施登记管理签发的证明文件。进出口农药单位应取得相应农药经营许可证，出口农药单位还应取得农药生产许可证。

(2)主管及发证部门：农业农村部农药检定所。农药进出口实行名录管理，《中华人民共和国进出口农药管理名录》由农业农村部和海关总署共同制定，并适时调整公布。

(3)适用范围：①进出口农药应在我国取得农药登记，②农药应在《中华人民共和国进出口农药管理名录》内。

---

① “有毒化学品”是指进入环境后通过环境蓄积、生物累积、生物转化或化学反应等方式损害健康和环境，或者通过接触对人体具有严重危害和具有潜在危险的化学品。

② 《鹿特丹公约》是由联合国环境规划署和联合国粮食及农业组织在 1998 年 9 月 10 日在鹿特丹制定的，于 2004 年 2 月 24 日生效。公约旨在保护包括消费者和工人健康在内的人类健康和环境免受国际贸易中某些危险化学品和农药的潜在有害影响。

(4)报关规范:农药进出口通知单实行"一批一单"管理,即进出口一批农药,办理一份农药进出口通知单,对应一份海关进出口货物报关单。农药进出口通知单有效期3个月,企业需在有效期内完成相关进出口操作。

①一线进出区。海关特殊监管区域、保税监管场所与境外之间进出的农药,除列入《鹿特丹公约》的应当办理农药进出口通知单外,其余无须办理农药进出口通知单。

②二线进出区。海关特殊监管区域、保税监管场所与关境内的其他地区(海关特殊监管区域、保税监管场所除外)之间进出的农药,应当办理农药进出口通知单。

"单一窗口"标准版用户手册(农药进出口通知单)

【注意】进出口农药单位应在中国国际贸易单一窗口(http://www.singlewindow.cn)在线办理农药进出口通知单(以下简称"通知单")。农业农村部农药检定所在网上审核确认进出口单位提供的信息,符合条件的,出具农药进出口登记管理放行通知单。

(5)向中国出口农药的企业,由其在中国设立的销售机构或委托中国代理机构办理通知单。涉及多个生产地的,还应提供相应的生产场所信息。农药生产企业自营出口的,直接在单一窗口办理;农药生产企业委托贸易企业出口的,还应与贸易企业签订出口委托书;农药生产企业委托加工的,还应提供受托方的农药生产许可证和委托加工协议。仅限出口登记的农药和特殊管理的农药出口,按照相关规定执行。

【提示】对列入《鹿特丹公约》监管的农药,包括《鹿特丹公约》的农药品种和农药产品,以及我国已经禁用和严格限用的农药品种,应按照《鹿特丹公约》要求履行相关手续。

(6)因农药登记试验、科学研究、检验检测等特殊情况,需要进出口农药的,应提供相关用途证明材料,经确认后在单一窗口办理。

(7)农业农村部农药检定所审核合格后出具的农药进出口通知单以电子数据形式发送至海关,企业报关时录入对应农药进出口通知单号,海关通过数据平台查询该报关单对应农药进出口通知单电子数据,审核无误后办理通关验放手续。

【注意】如企业申报农药为危险化学品或危险货物,应按照国家法律法规如实向海关申报,并在报关过程中随附提交危险化学品或危险货物有关单证材料。如企业不履行该义务,海关将按规定实施行政处罚,情节严重者将交由相关部门处置。

(8)海关特殊监管区域、保税监管场所与关境内的其他地区(海关特殊监管区域、保税监管场所除外)之间进出的农药,应当办理农药进出口通知单。海关特殊监管区域、保税监管场所与境外之间进出的农药,除列入《鹿特丹公约》的应当办理农药进出口通知单外,其余无须办理农药进出口通知单。区内企业的农药生产经营活动应当符合国家相关法律法规和政策,由海关依法实施监督管理。

【注意】进出口的农药应在我国取得农药登记,进出口农药的单位应取得相应的农药经营许可证,并对农药的质量负责,出口的农药还应取得农药生产许可证。

(9)实施农药进出口通知单通关作业无纸化,海关凭农药进出口通知单电子数据办理通关验放手续,不再收取纸质文本。因海关等有关部门审核需要,或计算机管理系统、网络通信故障等原因,可提供纸质农药进出口通知单,海关验核纸质信息并进行纸面签注。

【提示】因防治突发重大病虫害等紧急需要,农业农村部必要时会同国务院有关部门决定临时限制出口或者临时进口规定数量、品种的农药。

(10)对列入《鹿特丹公约》监管的农药以及我国已经禁用和严格限用的农药品种,应按照《鹿特丹公约》要求履行相关手续。

【学中做 2—2】 出口一票农药报错商品编号被罚 81 万元

某生物科技有限公司于 2024 年 7 月 31 日向海关申报出口一般贸易项下 99%咯菌腈原药一票，申报商品编号 2934999024，申报数量 16 000 千克，申报价格 CIF1 529 600.00 美元，并提交 99%咯菌腈原药的《农药进出口登记管理放行通知单》。经海关查验，实际货物为叶菌唑 98%，对应的商品编号应为 2933990016。当事人品名和商品编号申报不实，未提交正确的《农药进出口登记管理放行通知单》，影响国家许可证件管理。经核定，违法货物价值共计人民币 10 815 669.89 元，被罚 81 万元。

解析

学中做2-2

请问：因出口农药报错商品编号被罚 81 万元，这一事件给我们带来了什么启示？

(五)兽药进口管理

(1)使用证件：兽药进口通关单。它是列入《进口兽药管理目录》中的兽药合法进出口的证明文件。

(2)适用范围：列入《进口兽药管理目录》的兽药。

(3)报关规范：实行“一单一关”，在 30 日有效期内只能一次性使用。

【注意】兽药进口单位进口兽药时，应向农业农村部或省级人民政府畜牧兽医主管部门申请“进口兽药通关单”。进口单位凭“进口兽药通关单”向海关办理进口手续。

(4)报关企业按照海关通关作业无纸化改革的规定，可采用无纸方式向海关申报。海关通过联网核查方式验凭“进口兽药通关单”电子数据并办理报关手续。以无纸方式申报的企业可以免予交验纸质“进口兽药通关单”。

(5)为提高无纸化应用效率，适应计算机管理系统自动化处理需求，进口单位、报关单位在向农业农村部、地方兽医行政管理部门申领“进口兽药通关单”以及向海关办理报关手续时，“进口兽药通关单”与进口货物报关单的货物计量单位应当一致，“进口兽药通关单”与进口货物报关单的报关/进口口岸代码前两位应当一致。

“单一窗口”标准版用户手册(进口兽药通关单申请系统)

【提示】因海关和农业农村部门审核需要、计算机管理系统故障、其他管理部门需要验凭纸质“进口兽药通关单”等原因，可以转为有纸报关作业或补充提交纸质“进口兽药通关单”。

许可证件管理目录如表 2—7 所示。

表 2—7 许可证件管理目录

<table>
<tr><th>许可证件名称</th><th>发证机构</th><th>有效期</th><th>代码</th><th>管理要点</th><th>管理范围</th></tr>
<tr><td>进口许可证</td><td rowspan="2">商务部三级发证(进出口消耗臭氧层物质由地方商务部门凭“消耗臭氧层物质进出口审批单”发证)</td><td>1 年</td><td>1</td><td rowspan="2">进口许可证，特殊情况需要跨年度使用时，有效期最长不得超过次年 3 月 31 日
出口许可证，有效期截止时间不得超过当年 12 月 31 日
一批一证、一证一关；非一批一证使用不超过 12 次；大宗散货溢装 5%以内(油 3%以内)免证；消耗臭氧层物质在海关特殊监管区、场所与境外之间进出应领审批单、许可证，在海关特殊监管区、场所与境内其他地区或海关特殊监管区、场所之间进出免领审批单、许可证</td><td>重点旧机电产品、消耗臭氧层物质</td></tr>
<tr><td>出口许可证</td><td>6 个月</td><td>4</td><td>部分农、禽、畜产品；资源性产品；贵金属；消耗臭氧层物质</td></tr>
</table>

续表

<table>
<tr><th>许可证件名称</th><th>发证机构</th><th>有效期</th><th>代码</th><th colspan="2">管理要点</th><th>管理范围</th></tr>
<tr><td>两用物项和技术进口许可证</td><td>商务部授权省级商务主管部门凭相关行政主管部门批准文件发证</td><td rowspan="2">单项许可的许可证有效期一般是 6 个月，通用许可的有效期不超过 3 年</td><td>2</td><td>非一批一证
一证一关</td><td rowspan="2">海关有权对是否属于两用物项提出质疑</td><td>监控化学品、易制毒化学品、放射性同位素</td></tr>
<tr><td>两用物项和技术出口许可证</td><td>商务部及授权的省级商务主管部门</td><td>3</td><td>一批一证
一证一关</td><td>核、核两用、导弹、生物、监控化学品、易制毒化学品、计算机</td></tr>
<tr><td>自动进口许可证（非机电产品）</td><td>商务部三级发证机构和地方机电产品进出口办公室发证</td><td rowspan="2">6 个月</td><td>7</td><td colspan="2" rowspan="2">1. 一批一证，如非一批一证，使用不超过 6 次
2. 大宗散装货溢装 5%以内（原油、成品油、化肥、钢材 3%以内）免证。下列情形免证：加工贸易，外商投资总额内生产自用，5 000 元以下货样广告品、实验品，暂准进口，进出海关特殊区域、场所</td><td rowspan="2">参考最新《进口许可证管理货物目录》（2025 年）</td></tr>
<tr><td>自动进口许可证（机电产品）</td><td>商务部及授权的地方机电产品进出口办公室发证</td><td>O</td></tr>
<tr><td>固体废物进口许可证</td><td>生态环境部</td><td>当年有效</td><td>P</td><td colspan="2">1. 非一批一证；一证一关
2. 口岸报验
3. 海关有权对是否属于固体废物提出质疑</td><td>列入《限制类可用作原料固体废物目录》《自动许可类可用作原料固体废物目录》</td></tr>
<tr><td>关税配额证明</td><td>商务部、国家发改委分工发证</td><td>具体规定</td><td>T</td><td colspan="2">一证多批制</td><td>1. 农产品、糖、羊毛及毛条（商务部）；小麦、稻谷和大米、玉米棉花（发改委）
2. 工业品为化肥</td></tr>
<tr><td>濒危物种允许进口证明</td><td rowspan="2">国家濒危物种进出口管理办公室</td><td rowspan="2"></td><td>F</td><td colspan="2" rowspan="2">一批一证制</td><td rowspan="2">列入《进出口野生动植物物种目录》</td></tr>
<tr><td>濒危物种允许出口证明</td><td>E</td></tr>
<tr><td>精神药品进出口准许证</td><td rowspan="3">国家药品监督管理局</td><td rowspan="3"></td><td>I</td><td colspan="2" rowspan="2">一批一证制</td><td>列入《精神药品管制目录》</td></tr>
<tr><td>麻醉药品进出口准许证</td><td>W</td><td>列入《麻醉药品管制目录》</td></tr>
<tr><td>药品进出口准许证</td><td>L</td><td colspan="2">1. 一批一证制；
2. 从境外进入海关特殊监管区、场所或从前述区域、场所进入境内区外应领证</td><td>蛋白同化制剂、肽类激素等</td></tr>
<tr><td>药品进口通关单</td><td>国家药品监督管理局授权口岸药品检验机构发证</td><td></td><td>Q</td><td colspan="2">一批一证制</td><td>1. 列入《进口药品目录》《生物制品目录》
2. 首次在我国境内销售的药品</td></tr>
</table>

续表

许可证件名称	发证机构	有效期	代码	管理要点	管理范围
进口音像制品批准单	国务院出版行政主管部门(新闻出版总署)	音像制品成品当年有效;出版的影像制品1年有效	Z	一次报关使用	进口录有内容的录音带、录像带、唱片、激光唱片、激光视盘;录制的光学媒体
有毒化学品环境管理放行通知单	生态环境部		X	海关验放的依据	列入《中国禁止或严格限制的有毒化学品名录》
黄金及其制品进出口准许证	中国人民银行		J	海关特殊监管区、场所与境外及前述区域、场所之间进出免证	列入《黄金及其产品进出口管理目录》
民用爆炸物品进/出口审批单	工业和信息化部			一批一单,一单一关	列入《民用爆炸物品品名表》的火药、炸药、雷管、导火索等
进口兽药通关单	省级政府兽医行政管理部门	30日		一单一关,一次使用	列入《进口兽药管理目录》

第五节 “单一窗口”许可证件

一、操作指引

为方便跨境贸易主体“一站式”办理业务,进一步提升贸易便利化水平,海关总署(国家口岸管理办公室)会同商务部推动相关服务对接,5月26日起,单一窗口登录用户可通过单一窗口“许可证件”功能直接进入商务部系统在线申领《两用物项和技术进口许可证》《两用物项和技术出口许可证》《技术出口许可证》《技术出口合同登记证》4种证件。目前,已有几十种监管证件实现通过“单一窗口”受理。

企业用户登录中国国际贸易“单一窗口”门户(https://www.singlewindow.cn),界面如图2—2所示,点击“标准版应用—许可证件”图标,单击“两用物项和技术进出口许可证”“技术出口许可证”“技术出口合同登记证”等进入相应业务系统。

二、模块功能

“单一窗口”标准版许可证件申请系统,为申报人提供进出口环节所需监管证件的在线申请功能,实现申报人通过“单一窗口”一点接入提交满足监管部门要求的申请信息,监管部门按照确定的规则进行审核,并将审核结果通过“单一窗口”统一反馈,便于企业查询。

目前,“单一窗口”标准版许可证申请系统涵盖农业农村部、商务部、国家林业和草原局、广电总局、中宣部及工业和信息化部6个部委11种证件的线上申请,根据证件类型将其归纳为包括“农药进出口登记管理放行通知单”“野生动植物进出口证书申请”“有毒化学品环境管理放行通知单”“机电产品自动进口许可证”“非机电产品自动进口许可证”“进口广播电影电视节目带(片)提取单申请”“援外项目任务通知单申请”“民用爆炸物品进出口审批单申请”“音像制品(成品)进口批准单申

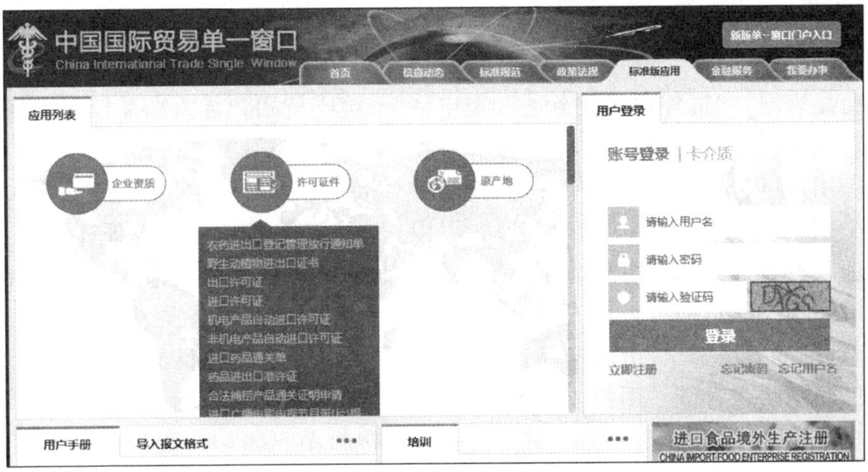

图 2—2　中国国际贸易单一窗口

请”9 个申报子系统（见图 2—3），申报人可根据需求进入相应的子系统申请证件，为进一步优化营商环境创造条件。

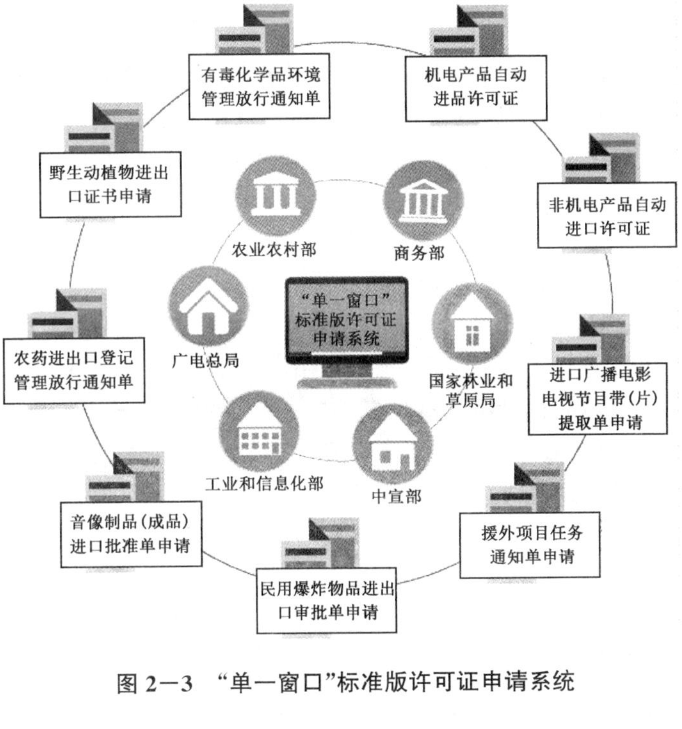

图 2—3　“单一窗口”标准版许可证申请系统

三、许可证申请功能

（1）“一点接入”。用户可实现“一点接入”，登录单一窗口，申请不同的许可证件，也可在申请证件完成后进行其他相关操作。

（2）线上提交证明文件。用户可在“机电产品自动进口许可证”“非机电产品自动进口许可证”“野生动植物进出口证书申请”“有毒化学品环境管理放行通知单”“援外项目任务通知单申请”系统中按照监管部门要求上传电子版证明文件（支持 PDF、JPG 格式），节省成本，同时加快申请审批速度。

(3)录入便捷。单证申请界面中,多项信息为默认填写。部分信息根据用户常用习惯填写,减少录入工作。

(4)导入商品表格。“援外项目任务通知单申请”系统支持用户导入商品信息表格,避免商品信息的逐条录入,减轻用户负担。

(5)复制。用户可选择一条现有单证进行复制,直接生成新的申请信息,无须再次录入。

(6)预览。用户录入申请信息保存成功后,可以点击“预览”按钮查看单证样式。

(7)许可证状态查询。用户可进入单一窗口标准版应用—查询统计系统,在许可证状态查询菜单中,查询许可证状态。目前可查询农药进出口登记管理放行通知单、野生动植物进出口证书、有毒化学品环境管理放行通知单、机电产品自动进口许可证 4 种许可证件的状态。

(8)许可证联网状态查询。用户可进入单一窗口标准版应用—查询统计系统,在联网状态查询菜单中,查询机电产品自动进口许可证、进口广播电影电视节目带(片)提取单、援外项目任务通知单、音像制品(成品)进口批准单、民用爆炸物品进出口审批单申请证件数据是否已成功发往海关,以便企业顺利报关。

(9)短信或微信通知。用户可进入查询统计系统,在通关状态订阅菜单内订阅农药进出口登记管理放行通知单、野生动植物进出口证书、有毒化学品环境管理放行通知单、机电产品自动进口许可证 4 种证件的短信或微信通知。订阅成功后,单一窗口将通过短信或微信方式第一时间将审批结果告知用户。

(10)状态和许可证联网状态微信小程序查询许可证。用户可在微信小程序中添加“掌上单一窗口”,无须登录单一窗口即可查询许可证状态和许可证联网状态。

(11)证书余量查询。在“机电产品自动进口许可证申请”和“野生动植物进出口证书申请”系统中可查询机电产品进口单证和物种证明的证书余量。

(12)批量申报。“机电产品自动进口许可证”“非机电产品自动进口许可证”“野生动植物进出口证书”系统实现了批量申报,提高了申报效率。

(13)批量打印。“机电产品自动进口许可证”和“非机电产品自动进口许可证”系统实现了批量打印,用户可选中多个单证,点击“批量打印”按钮,一次展示多个单证申请表,实现批量打印。

(14)支持导入。“机电产品自动进口许可证”和“非机电产品自动进口许可证”系统支持与企业 ERP 系统进行对接,企业可通过 ERP 系统将数据自动导入证件申请系统中,避免重复录入。同时,可接收监管部门的审批结果。

四、证件申领

(一)申领流程

企业用户在完成中国国际贸易“单一窗口”门户(https://www.singlewindow.cn)的注册和登录后,可通过以下步骤申领相关许可证件。

首先,登录中国国际贸易“单一窗口”门户网站,使用企业账号登录系统。

其次,登录后,点击“标准版应用—许可证件”图标,进入许可证件页面,选择需要申领的许可证类型,如“两用物项和技术进出口许可证”“技术出口许可证”“技术出口合同登记证”等。

再次,进入相应的许可证申请页面后,根据系统提示填写申请信息,确保填写的信息准确无误,包括企业信息、货物信息、贸易合同信息等。根据监管部门要求,上传电子版证明文件(支持 PDF、JPG 格式),证明文件应包括但不限于合同、发票、报关单等,具体要求见系统提示。检查申请信息和上传文件无误后,点击“提交”按钮,系统将自动将申请信息发送至相关监管部门进行审核。

最后,提交申请后,用户可进入“查询统计系统”,在“许可证状态查询”菜单中查询许可证状态,审核结果将通过短信或微信通知用户,用户也可通过微信小程序“掌上单一窗口”查询许可证状态和联网状态。

(二)注意事项

在申领许可证件时,企业用户需要注意以下几点:首先,确保填写的申请信息和上传的证明文件真实、准确、完整,信息不准确可能导致申请被退回或拒绝。其次,上传的证明文件应符合系统要求的格式(PDF、JPG 等),文件内容清晰可读。最后,尽量提前提交申请,避免因临近贸易合同执行日期而影响业务进度。同时,及时关注短信或微信通知,以便及时了解申请审核结果。

应知考核

一、单项选择题

1. 保障措施是对外贸易救济措施的一种方式,其实施期限最长不得超过(　　)。

A. 200 天　　B. 4 个月　　C. 4 年　　D. 10 天

2. 国务院商务主管部门应当自收到规定的文件之日起(　　)个工作日内,对技术进出口合同进行登记,颁发技术进出口合同登记证。

A. 2　　B. 3　　C. 5　　D. 7

3. 反补贴、反倾销是针对(　　)而采取的措施。

A. 进口产品激增的情况　　B. 价格歧视

C. 国别歧视　　D. 数量

4. 对于限制出口货物管理,国家规定有数量限制的出口货物,实行(　　)。

A. 许可证件管理　　B. 配额管理　　C. 自动出口管理　　D. 禁止出口管理

5. 自动进口许可证有效期为(　　)。原则上实行“一批一证”管理,对“非一批一证”管理,在有效期内,可以分批次累计报关使用,但累计使用不得超过(　　)。

A. 1 年;12 次　　B. 6 个月;6 次　　C. 6 个月;12 次　　D. 9 个月;6 次

6. 实行进口许可证管理的货物是(　　)。

A. 汽车及其底盘　　B. 易制毒化学品　　C. 消耗臭氧层物质　　D. 监控化学品

7. 任何单位以任何方式进出口列入《精神药品管制品种目录》的药品,均须取得(　　)核发的“精神药品进出口准许证”,该证实行“一批一证”制度。

A. 国家市场监督管理总局　　B. 商务部

C. 国家卫健委　　D. 生态环境部

8. 以下列入《自动进口许可管理货物目录》的货物中,可免交自动进口许可证的是(　　)。

A. 用于在北京开展的 6G 手机研讨会使用的从国外进口仪器、设备

B. 用于加工贸易项下进口并复出口的原油

C. 外商投资企业作为投资进口的旧机电产品

D. 每批次价值超过 5 000 元人民币的进口货样广告品

9. 下列选项中,(　　)属于我国限制进口商品。

A. 虎骨　　B. 成品油　　C. 汽车　　D. 抗生素

10. 下列进出口许可证中,实行“非一批一证”管理的是(　　)。

A.《濒危野生动植物国际贸易公约》允许进出口证明

B. 精神药品进口准许证

C. 两用物项和技术出口许可证

D. 进口废物批准证书

二、多项选择题

1. 下列选项中，属于对外贸易管制目的的有(　　)。

A. 实现国家政治目的或军事目标　　B. 推行本国的外交政策

C. 行使国家职能　　D. 保护发展本国经济

2. 下列选项中，属于贸易管制所涉及的法律渊源的有(　　)。

A. 宪法　　B. 行政法规

C. 地方性法规、规章　　D. 相关的国际条约

3. 下列选项中，属于国家禁止出口的有(　　)。

A. 犀牛角　　B. 发菜　　C. 麻黄草　　D. 麝香

4. 下列选项中，实行"非一批一证"的有(　　)。

A. 两用物项和技术进口许可证　　B. 两用物项和技术出口许可证

C. 非公约证明　　D. 废物进口许可证

5. 下列选项中，属于国家禁止进口的有(　　)。

A. 四氯化碳　　B. 犀牛角、虎骨　　C. 氯酸钾、硝酸铵　　D. 旧衣服

三、判断题

1.《货物自动进口许可管理办法》属于法律。(　　)

2. 属于禁止进口技术的，领取许可证后可以进口。(　　)

3. 我国货物限制出口按照其限制方式可划分为出口配额限制、出口非配额限制。(　　)

4. 我国限制出口技术实行目录管理和许可证管理。(　　)

5. 保障措施的对象是针对价格歧视这种不公平贸易行为。(　　)

6. 临时反补贴措施决定公告自规定实施之日起，不超过 4 个月。(　　)

7. 农药进出口通知单有效期为 3 个月。(　　)

8. 出口许可证最长不得超过 6 个月，且有效期截止时间不得超过当年 12 月 31 日。(　　)

9. 两用物项和技术进口许可证实行"一批一证"制和"一证一关"制。(　　)

10. 货样广告品、实验品进口，每批次价值不超过 5 000 元人民币的，可以免交自动进口许可证。(　　)

应会考核

■ 观念应用

某国内电子科技企业 A 公司，主要从事智能电子产品的研发、生产和销售。近年来，A 公司积极拓展国际市场，产品远销欧美、东南亚等多个国家和地区。然而，随着国际市场竞争的加剧，A 公司在进出口过程中遇到了诸多挑战，包括技术出口限制、关税壁垒、许可证管理等。为了更好地应对这些挑战，A 公司需要深入了解并遵守中国的对外贸易管制政策，同时充分利用政策红利，提升自身竞争力。

请问：

(1)A 公司在技术出口方面需要注意哪些管制措施？

(2)如何申请和办理进出口许可证，以确保货物顺利通关？

(3)在当前经济形势下,A公司应如何结合党的二十大和二十届二中、三中全会精神,以及习近平经济思想,制定对外贸易策略?

■ 技能应用

天津远洋进出口公司向美国某商行出口一批厚板材(HS编码4407999099),合同号为08-H-26-099,规格20mm×30mm×300mm,厚度大于6mm,总数量15m^3,单价是USD300.00/m^3,FOB天津新港,8月份装运,采用不可撤销即期信用证付款。企业代码:1201××××××。

任务一:根据上述条件填写出口许可证。

任务二:向发证机关申领上述出口许可证时,应提交哪些材料?

任务三:发证机关在确认材料无误的前提下,需要多少个工作日才发证?

中华人民共和国出口许可证

EXPORT LICENCE OF THE PEOPLE'S REPUBLIC OF CHINA No. 628765

1. 出口商(Exporter)			2. 出口许可证号(Export Licence No.)		
3. 发货人(Consignor)			4. 出口许可证有效期截止日期(Export Licence Expiry Date)		
5. 贸易方式(Terms of Trade)			6. 出口最终目的国(Country/Region of Purchase)		
7. 合同号(Contract No.)			8. 付款方式(Payment)		
9. 报关口岸(Place of Clearance)			10. 运输方式(Mode of Transport)		
11. 商品名称(Description of Goods)			商品编码(Code of Goods)		
12. 规格、等级(Specification)	13. 单位(Unit)	14. 数量(Quantity)	15. 单价(Unit Price)	16. 总价(Amount)	17. 总价折美元(Amount in USD)
18. 总计(Total)					
19. 备注(Supplementary Details)			20. 发证机关签章(Issuing Authority's Stamp & Signature)		
			21. 发证日期(Licence Date)		

中华人民共和国商务部监制

■ 案例分析

8月,广州同安医药进出口有限公司欲从德国进口一批去氧麻黄碱药品。通过查询得知该药品被列入《精神药品管制品种目录》。该公司在办理进口报关手续前应向哪些部门取得哪些特殊单证才能顺利报关?

本章实训

【实训项目】

初识报关与对外贸易管制。

【实训情境】

9月,大连嘉宏报关行收到辽宁省粮食进出公司出口500吨玉米(HS编码10059000)的报关委托,预计出口时间为当年年底。

【实训要求】

任务一:公司经理要求赵昂查证一下,玉米是否属于许可管理范围内的货物。如果是,要求辽宁省粮食进出口公司提供相关的许可证件。

任务二：出口许可证的管理方式和有效期。

任务三：向发证机构申请上述许可证时，应提交哪些材料？

请对上述任务做出操作分析。

【实训结果】

撰写“初识报关与对外贸易管制”的实训报告。

《初识报关与对外贸易管制》实训报告		
项目实训班级：	项目小组：	项目组成员：
实训时间：　年　月　日	实训地点：	实训成绩：
实训目的：		
实训步骤：		
实训结果：		
实训感言：		
不足与今后改进：		

项目组长评定签字：　　　　　　　　　　项目指导教师评定签字：

第三章　海关监管货物报关程序

● **知识目标**

理解：加工贸易“放管服”改革；加工贸易内销申报纳税。

熟知：转关运输货物申报单证的法律效力、转关程序；进出境快件的概念。

掌握：海关监管货物分类、报关的基本程序；一般进出口货物的报关程序；电子账册管理下保税加工货物的报关；减免税货物报关；暂时进出境货物报关；跨境贸易电子商务通关监管、跨境贸易电子商务企业通关流程指引；综合保税区货物报关。

● **技能目标**

能够准确区分海关监管货物的类型，并熟悉各类货物的监管要求和报关程序；熟练掌握进出口货物报关的各个环节，能够规范填写各类报关单证；熟悉海关特殊监管区域的政策优势和业务流程。能够熟练使用“单一窗口”等信息化系统进行报关单申报、数据传输、查询等操作。

● **素质目标**

培养严谨细致的工作态度，注重细节，认真核对各类单证信息，确保申报内容的真实性和准确性，避免因疏忽导致的报关错误或延误。提升沟通协调能力，能够清晰表达需求和问题，有效协调各方资源，确保报关工作的顺利进行。增强问题解决能力，面对报关过程中可能出现的各种问题，能够迅速分析原因，提出合理的解决方案，及时解决问题。提高学习与适应能力，针对海关政策法规和业务流程的不断更新变化，能够及时掌握新政策、新知识，灵活应用于实际工作中。

● **思政目标**

增强国家意识和法律观念，通过学习海关监管的相关法律法规，自觉遵守国家法律法规。培养诚信守法的职业道德，在报关工作中诚实守信、合法合规的重要性，树立正确的价值观和职业道德观，杜绝虚假申报、走私等违法违规行为，维护良好的贸易秩序。弘扬爱国主义精神，增强为国家经济建设和社会发展贡献力量的责任感和使命感。树立正确的国际视野，随着跨境电商等新兴贸易模式的发展，提高在全球经济格局中参与竞争和合作的能力，为推动我国对外贸易高质量发展贡献力量。

○ **课程引例**

“两步申报”改革——走你

在党中央、国务院的全面深化改革部署指导下，海关总署为有效维护国家安全同时促进贸易便利，决定自2025年5月6日起实施进口货物“两步申报”通关模式改革优化试点。此次改革是海关落实党的二十大精神和二十届三中全会要求，深化改革开放，推动高质量发展的具体行动，也是习近平总书记强调的推动形成全面开放新格局，提高开放型经济发展水平的实际体现。

(1)优化内容。首先，整合申报模式。在国际贸易“单一窗口”将现有的“两步申报”与“一次申报、分步处置”申报界面整合，形成统一的申报入口。企业可以在交通运输工具申报进境之日起14日内分两步填报全部申报项目，符合要求的进口货物可在概要申报后提离，完成全部申报项目填报并被海关接受视为完整申报。超过规定期限完整申报的，海关依法征收滞报金。其次，优化概要申报项目。取消勾选“涉检涉税涉证”项目，企业无须对进口货物是否属于禁限管制、是否依法需要检验或检疫、是否需要缴纳税款进行勾选。在原必填项目基础上，增加“规格型号”“币制”“成交方式”3个必填项目，将“商品编号”的填制要求从6位调整为10位。此外，概要申报可上传随附的单据，支持企业在概要申报阶段通过国际贸易“单一窗口”上传检验检疫证书等准入文件及合同、发票等单据。概要申报实施担保扣缴，企业进口应税货物，应当在货物申报进口前向所在地直属海关备案税款担保。最后，动态调整并公布“两步申报”负面清单。实施禁限管制措施，关税配额管理，贸易救济措施，中止关税减让义务、加征关税措施，为征收报复性关税而实施加征关税措施的货物，进境特殊物品，进境动植物及其产品，特定国家或地区进口食品，进口危险化学品列入“两步申报”负面清单，企业须填报全部申报项目，负面清单实施动态调整，企业可通过国际贸易“单一窗口”进行查询。

(2)试点海关范围。包括：北京海关所属北京朝阳海关；天津海关所属天津滨海机场海关；上海海关所属吴淞海关、外高桥港综合保税区海关；南京海关所属盐城海关；杭州海关所属钱江海关；宁波海关所属梅山海关；青岛海关所属烟台海关、海阳海关；广州海关所属南沙海关；黄埔海关所属东莞海关。

(3)“两步申报”企业适用范围。根据海关信用管理相关规定，适用企业范围调整为境内收货人信用等级为非失信企业。试点期间，仍保留原“两步申报”和“一次申报、分步处置”通关模式。

引例导学：在当前全球经济一体化和数字化转型的大背景下，海关“两步申报”改革是优化营商环境、提高通关效率的重要举措。这与二十大报告中提出的加快构建新发展格局，着力推动高质量发展的要求相契合。二十届三中全会强调了深化改革开放，推动高质量发展的重要性，而“两步申报”正是海关领域落实这些要求的具体行动。习近平总书记在多个场合强调，要推动形成全面开放新格局，提高开放型经济发展水平，这为海关改革提供了根本遵循和行动指南。通过这样的改革，不仅能够提升企业的获得感，而且能增强我国在全球经济中的竞争力，为构建新发展格局贡献力量。

○ **知识支撑**

第一节 海关监管货物概述

一、海关监管货物

“单一窗口”标准版用户手册（海关特殊监管区域）

海关监管货物是指应当接受海关监管的货物。①进口货物：进境—办结海关手续；②出口货物：申报—装运出境；③过境、转运、通运货物：进境—出境。

海关监管货物包括一般进出口货物、保税进出口货物、综合保税区货物、减免税货物、暂时进出境货物(原状复运进出境)和其他进出境货物(继续运往境外)。

为了"放管服"改革优化营商环境,推进"双随机、一公开"监管与信用监管、重点监管等结合,推行"互联网+监管"。信用监管是指以信用为基础的海关新型监管模式,是将企业信用管理嵌入海关监管全过程,使信用在海关监管中发挥引领作用。通过构建大数据平台,归集信用记录,建立完善的信用管理制度和标准,实现对企业信用状况的分级分类,并据此实施差别化管理,对诚信守法企业实施通关便利措施,对违法失信企业实施严密监管。建立以进出口企业为单元、以信用管理为基础的监管模式,实现海关监管工作由"以货物为单元"管理向"以企为本,由企及物"管理的历史性变革。

二、海关监管作业场所

知识链接

《监管区管理办法》

根据《中华人民共和国行政许可法》和《中华人民共和国海关行政许可管理办法》有关规定,制定《中华人民共和国海关监管区管理暂行办法》(以下简称《监管区管理办法》)自 2021 年 10 月 1 日起实施。

(1)申请经营海关监管作业场所的企业(以下称"申请人")应当符合《监管区管理办法》第十四、十五条的规定,并提交以下材料:①《经营海关监管作业场所企业注册申请书》(附件 1);②作业区域功能布局示意图(包括监管设施及其安装位置)。

【提示】由法人分支机构经营的,申请人应当提交企业法人授权文书。

知识链接

海关监管作业场所(场地)监控摄像头设置规范

海关监管作业场所(场地)监控摄像头设置要规范。

(2)申请人应当对所提交材料的真实性、合法性、有效性承担法律责任。主管海关可以通过信息化系统获取有关材料电子文本,申请人无须另行提交。

(3)主管海关受理行政许可申请后,应当对申请人提交的申请材料进行审查,并对其是否符合海关监管作业场所设置规范进行实地验核。

知识链接

海关指定监管场地管理规范

(4)经审核符合注册条件的,主管海关制发《中华人民共和国××海关经营海关监管作业场所企业注册登记证书》(以下简称《注册登记证书》,附件 2),自制发之日起生效。经审核不符合注册条件的,应当说明理由并制发《中华人民共和国××海关不予行政许可决定书》(以下简称《不予行政许可决定书》,附件 3)。

(5)海关监管作业场所经营企业(以下简称"经营企业")的注册资质不得转让、出租、出借。

知识链接

海关监管作业场所(场地)设置规范

(6)有下列情形之一的,经营企业应当向主管海关提交《经营海关监管作业场所企业变更申请书》(附件 4)以及相关材料,办理申请变更手续:①变更海关监管作业场所类型的;②变更海关监管作业场所面积的;③变更海关监管作业场所内功能作业区的;④变更海关监管作业场所名称或经营企业名称的;⑤海关监管作业场所换址新建的。

(7)经审核同意经营企业变更申请的,主管海关应当制发新的《注册登记证书》,经营企业应当交回原《注册登记证书》。经审核不同意变更的,主管海关应当制发《不予行政许可决定书》。

【提示】海关监管作业场所换址新建的,海关应当重新进行实地验核。

(8)经营企业的法定代表人或相关主管部门批准的营业期限、经营范围等事项发生变化的,应当及时向主管海关报备。

(9)经营企业申请注销海关监管作业场所的,应当向主管海关提交《经营海关监管作业场所企业注销申请书》(附件5)以及相关材料,并且满足以下条件:①场所内存放的海关监管货物已经全部依法处置完毕,相关海关手续也已经全部办结;②经营企业涉及走私案件或者违反海关监管规定案件的,相关案件已经结案;③场所内海关配备的监管设施设备已经按照海关要求妥善处置。

经审核符合注销条件的,主管海关应当制发《中华人民共和国××海关准予注销行政许可决定书》(附件6),经营企业应当交回《注册登记证书》。经审核不符合注销条件的,主管海关应当制发《不予行政许可决定书》。

(10)有下列情形之一的,主管海关应当注销经营企业的注册登记,并且制发《中华人民共和国××海关经营海关监管作业场所企业注销通知书》(附件7):①经营企业依法终止的;②经营企业注册登记依法被撤回、撤销的;③《注册登记证书》依法被吊销的;④由于不可抗力导致注册事项无法实施的;⑤依据法律、行政法规规定,注册应当注销的其他情形。

经营企业注册登记被海关注销的,经营企业或者有关当事人应当按照海关要求对场所内存放的海关监管货物、海关配备的监管设施做出妥善处置。

(11)存在《监管区管理办法》规定下列情形的,海关制发《中华人民共和国××海关责令整改通知书》(附件8),责令其改正并给予警告,情节严重的,海关可以暂停其相应海关监管作业场所6个月以内从事有关业务:一是未凭海关电子放行信息或者纸质放行凭证办理出入海关监管作业场所手续的;二是未依照本办法规定保存货物进出以及存储等情况的电子数据或者纸质单证的;三是海关监管作业场所出现与《场所设置规范》不相符情形未及时修复,影响海关监管的;四是未依照本办法规定装卸、储存、集拼、暂时存放海关监管货物的;五是未依照本办法规定将海关监管作业场所内存放超过3个月的海关监管货物情况向海关报告的。如果企业因上述第三项原因被暂停业务,且海关监管作业场所经整改符合要求,可以提前恢复业务。

海关监管作业场所附件1-8

(12)主管海关应当每年对其主管的海关监管作业场所开展1次年度审核,对于不再符合海关监管作业场所设置规范等规定及存在违反海关监管规定情形的,按照《监管区管理办法》和有关规定办理。

三、海关监管货物报关程序

动漫视频

报关流程

(一)报关程序的概念和程序

报关程序是指进出口货物收发货人、交通运输工具负责人、物品所有人或其代理人按照海关规定,办理货物、交通运输工具、物品进出境及相关海关事务的手续和步骤。不同类别进出境货物的报关程序如表3-1所示。

表3-1　不同类别进出境货物的报关程序

货物类别	前期阶段	进出境阶段	后续阶段
一般进出口货物	无	进出口申报 ↓ 配合查验 ↓ 缴纳税费 ↓ 提取或装运货物	无
保税进出口货物	加工贸易备案和申领登记手册		保税货物核销申请
减免税货物	减免税货物备案登记和申领减免税证明		解除海关监管申请
暂时进出境货物	暂时进出境备案申请		暂时进出境货物销案申请

(二)电子报关及电子通关系统

第一,电子报关。电子报关是指进出口货物收发货人或其代理人通过计算机系统,向海关传送报关单电子数据,并备齐随附单据的申报方式。一般情况下,采用纸质报关单和电子数据报关单形式向海关申报。先向海关计算机系统发送电子数据报关单，收到海关计算机系统返回的表示接受申报的信息后，打印纸质报关单。在特殊情况下，可以先纸质申报，后电子数据补报。此外，在特定条件下，也可以单独使用电子数据报关单向海关申报，同时保存纸质报关单证。

第二，电子通关系统。电子通关系统主要包括海关 H2000 通关系统、中国电子口岸系统（简称"电子口岸"）以及国际贸易"单一窗口"。

(1)海关 H2000 通关系统，是海关信息化建设的核心工程，通过该系统，海关建立起全国集中式的业务数据库，统一存放各地海关的各项业务数据。该系统涵盖了通关业务的各个环节，如审单、查验、征税、放行等，同时还有加工贸易、跨关区转关、风险管理、贸易统计等功能。

(2)中国电子口岸，是一个公众数据中心和数据交换平台，依托国家电信公网，实现市场监管、税务、海关、银行等部门以及进出口企业、加工贸易企业、外贸中介服务企业、外贸货代等之间的数据交换。企业可以通过电子口岸系统进行报关单提前申报和审单征税手续。此外，电子口岸还提供跨境快速通关系统，境外司机提前将载货清单电子数据通过中国电子口岸信息平台向内地海关申报，指运地海关即可办理相关手续。

(3)国际贸易"单一窗口"，是海关总署会同有关部门深化建设的平台，旨在提升"一站式"综合服务能力。2025 年 5 月 6 日起，国际贸易"单一窗口"将现有的"两步申报"与"一次申报、分步处置"申报界面整合形成统一的申报入口。企业可分两步在交通运输工具申报进境之日起 14 日内填报全部申报项目，符合要求的进口货物可在概要申报后提离，完成全部申报项目填报并被海关接受视为完整申报。超过规定期限完整申报的，海关依法征收滞报金。

四、金关工程二期

（一）金关工程二期简介

海关总署金关工程二期是国务院批准的"十二五"期间国家电子政务的重大信息化工程，主要包括通关管理系统、加工和保税管理系统、企业进出口信用管理系统等 20 个系统，为构建开放型国家经济新体制提供了有力支撑，为落实国家"一带一路"、跨境新政、全国一体化通关改革等重大决策提供了有力保障。2018 年 2 月 2 日起，在全国范围全面推广应用。2018 年 6 月 30 日，在全国所有海关特殊监管区域、保税监管场所已全面应用。

【提示】金关二期海关特殊监管区域系统是金关二期保税管理系统的组成部分，从功能上看涵盖现有 H2010 系统中的所有特殊区域相关功能，并增加了分送集报、保税货物流转等功能。

（二）金关二期海关特殊区域管理系统的内容

(1)进出区管理。①申报模式：使用核注清单管理。②核批模式：对各类货物调拨、保税展示交易、临时进出区等业务需要通过申报表进行业务核准和总量控制。③业务功能：具备分送集报、外发加工、简单加工、保税展示交易、出区检测、出区维修、模具外发等业务，其他功能待后期开发。④担保模式：支持企业或海关手工录入，但无"银行担保账户"功能。⑤跨关区保税货物流转：支持特殊区域、保税仓库、出口监管仓库、加工贸易手(账)册等各类保税监管账册间货物的流转。

(2)账册管理。①账册模式：物流账册为记账式＋累计式；加工账册为备案式。区内免税设备使用物流账册管理，上线后将取代 H 和 HD 账册。②备案模式：账册不区分项号级和料号级，可实现料号级备案。③核销模式：加工账册可以支持单耗式核销、工单式核销、耗料式核销三种方式。其中，耗料式核销、工单式核销功能尚未启用。④核注凭证：使用核注清单核注账册。

(3)卡口及风险管理。①过卡模式：支持单式卡口和复式卡口；支持车牌识别、集装箱号识别、IC 卡识别；支持一车一单、一单多车、一车多单。②过卡货物：一线、二线进出区货物，非报关货物

(主要指依靠核注清单进出区的监管货物),卡口登记货物(主要指放弃退税货物及基建物资等);空车须凭核放单过卡。③放行模式:二线入区货物可通过过卡动作触发报关单自动放行。④卡口控制:可使用总署统一版智能化卡口系统提供的插件模板控制卡口硬件设施,如抬杆等。

五、预约通关

为适应全国通关一体化改革,进一步落实企业通关便利优惠措施,营造良好的营商环境,在新的通关模式下,通过“互联网+海关”一体化网上办事平台 http://online.customs.gov.cn 或“中国国际贸易单一窗口”https://www.singlewindow.cn 提供更加便利的预约通关服务。

(一)受理情形

一般信用及以上信用级别的进出口收发货人或其代理人,遇下列情形之一,需在海关正常办公时间以外办理通关业务的,可向海关提出预约通关申请:①国家紧急救灾救援物资、危险货物;②鲜活、冷冻、易变质腐烂的需紧急通关的货物;③其他确有需要紧急验放的货物。

(二)预约时限

普通企业需提前 24 小时提出预约通关申请,而高级认证企业则可将预约申请时间缩短至提前 8 小时。如果申报地海关与进出口海关不同,企业应最迟在预约通关时间前的最后一个海关工作日下班前 24 小时提出预约申请,高级认证企业可放宽至 8 小时。若申报地海关与进出口海关相同,企业应最迟在预约通关时间前的最后一个海关工作日下班前 8 小时提出预约申请,高级认证企业可进一步放宽至 4 小时。此外,浙江省自 2025 年 4 月 15 日起实行全省口岸机场 24 小时预约通关政策,厦门海关也实施了 7×24 小时预约通关保障,以加快鲜活农产品的通关速度。海关同意预约通关申请后,企业若因故取消预约,需及时联系海关,并于事后 5 日内提交情况说明。

(三)办理流程

(1)企业提交申请。企业登录“互联网+海关”一体化网上办事平台或“中国国际贸易单一窗口”,进入预约通关功能模块,按要求填写“预约通关申请单”。

“单一窗口”标准版用户手册(预约通关)

(2)申请材料系统自动校验。企业提交申请后,由预约通关信息化系统自动校验申请。

(3)申请材料审核。系统自动校验通过后,将申请材料提交海关相关部门进行审核。各部门均审核通过后,企业预约通关即申请成功。

(4)申请结果查询。预约通关信息化系统通过短信的方式将海关审核意见通知企业联系人,同时企业也可登录预约通关信息化系统查询海关相关部门的审核意见。

(5)通关结果反馈。企业预约成功并顺利完成通关后,须在预约时间结束后的 5 日内通过预约通关信息化系统反馈本次预约通关的完成情况,逾期未反馈的将暂停该企业预约通关资质。

“单一窗口”标准版用户手册(通关无纸化协议签约)

第二节　一般进出口货物报关

一、一般进出口货物报关概述

(一)概念

一般进出口货物是指在进出口环节缴纳了应征的进出口税费并办结了所有必要的海关手续,海关放行后不再进行监管,可以直接进入生产和消费领域流通的进出口货物。一般贸易是国际贸易中的一种交易方式。以一般贸易方式进出口的货物可以是一般进出口货物,也可以是保税货物或减免税货物等。一般进出口货物可以一般贸易方式进口，也可以别的贸易方式进口。

（二）特征

一般进出口货物具有的基本特征：①进出境环节缴纳进出口税费；②进出口时提交相关的许可证件；③海关放行即办结海关手续。

（三）范围

实际进出口的货物（不再复出进口），除减免税货物外，都属于一般进出口货物。其主要包括以下货物：①一般贸易进出口货物。②转为实际进口的原保税货物、转为实际出进口暂时进出境货物、转为实际出口的暂时出境货物。③易货贸易、补偿贸易进出口货物。④不批准保税的寄售代销贸易货物。⑤因承包工程项目而进出口的货物。⑥驻华商业机构进出口陈列用的样品。⑦外国旅游者小批量订货出口的商品。⑧随展览品进出境的小卖品、展卖品。⑨免费提供的进口货物。其包括外商在经贸活动中赠送的物品、免费提供的试车材料，以及我国在境外的企业、机构向国内单位赠送的进口货物。

二、申报概述

（一）申报的概念

货物申报是指进出口货物的收发货人、受委托的报关企业，依照《中华人民共和国海关法》以及有关法律、行政法规和规章的要求，在规定的期限、地点，采用电子数据报关单或者纸质报关单形式，向海关报告实际进出口货物的情况，并且接受海关审核的行为。

（二）申报的基本要求

进出口货物的收发货人、受委托的报关企业应当依法如实向海关申报，对申报内容的真实性、准确性、完整性和规范性承担相应的法律责任。具体主要有以下几方面要求：

（1）申报主体及资质。进出口货物的收发货人，可以自行向海关申报，也可以委托报关企业向海关申报。向海关办理申报手续的进出口货物的收发货人、受委托的报关企业应当预先在海关依法办理登记注册。

【注意】办理申报手续的人员，应当是在海关备案的报关人员。

（2）申报时限。进口货物：自交通运输工具申报进境之日起 14 日内向海关申报。出口货物：应当在货物运抵海关监管区后、装货的 24 小时以前向海关申报。

【提示】转关货物，按照《中华人民共和国海关关于转关货物监管办法》执行。

【注意】超过规定时限未向海关申报的，海关按照《中华人民共和国海关征收进口货物滞报金办法》征收滞报金。

（3）申报形式。申报采用电子数据报关单申报形式或者纸质报关单申报形式。电子数据报关单和纸质报关单均具有法律效力。①电子数据报关单申报形式：企业通过电子系统按照《中华人民共和国海关进出口货物报关单填制规范》的要求向海关传送报关单电子数据并且备齐随附单证的申报方式。②纸质报关单申报形式：企业按照海关的规定填制纸质报关单，备齐随附单证，向海关当面递交的申报方式。

【注意】企业应当以电子数据报关单形式向海关申报，与随附单证一并递交的纸质报关单的内容应当与电子数据报关单一致；特殊情况下经海关同意，允许先采用纸质报关单形式申报，电子数据事后补报，补报的电子数据应当与纸质报关单内容一致。

（4）申报随附单证。包括合同、发票、装箱清单、提（运）单、进出口许可证件、载货清单（舱单）、代理报关授权委托协议、海关总署规定的其他进出口单证。

为进一步优化口岸营商环境，便利企业获取保管期限内的报关单证及数据，海关总署决定自2025年8月1日起，在北京、满洲里、福州、厦门、青岛、长沙、广州、黄埔、海口、南宁海关开展报关单证及数据自助查询打印试点。报关单证，是指已办结海关手续(以下简称结关)并经整理归档的《中华人民共和国海关进出口货物报关单》和《中华人民共和国海关进出境货物备案清单》，不包括随附的单证。报关单证保管期限为：①减免税、加工贸易不作价设备等报关单证结关后11年；②加工贸易(除不作价设备外)报关单证结关后5年；③除上述情况之外的报关单证结关后3年。除海关失信企业以及在海关备案的住所(主要经营场所)无法查找且通过在海关备案的联系方式无法与其取得联系的报关单位之外的进出口货物收发货人，可以通过国际贸易“单一窗口”中的“报关单证查询打印”功能自助查询打印在试点海关申报的保管期限内的报关单证，并可同步导出相应的报关单证数据。

【提示】自助查询打印的报关单证与海关单证档案管理部门出具的报关单证具有同等效力。导出的报关单证数据仅供企业内部管理使用，不作为企业进出口经营活动证明或其他证据、证明。

【注意】因采用有纸通关、无纸通关转有纸通关方式或其他原因导致无法自助查询打印报关单证的，可继续通过现行报关单证查阅渠道向申报地海关申请办理。

(5)申报日期。申报日期是指申报数据被海关接收的日期。

不论是以电子数据报关单方式申报还是以纸质报关单方式申报，海关均以接收申报数据的日期为接收申报的日期。①以电子数据报关单形式申报的，申报日期为海关计算机系统接收申报数据时记录的日期；②以纸质报关单形式申报的，申报日期为海关接收纸质报关单并且对报关单进行登记处理的日期。

(三)申报后续处理

(1)海关不接受申报的情形。电子数据报关单经过海关计算机检查被退回的，视为海关不接受申报，进出口货物收发货人、受委托的报关企业应当按照要求修改后重新申报。

(2)现场交单。海关审结电子数据报关单后，进出口货物的收发货人、受委托的报关企业应当自接到海关“现场交单”或者“放行交单”通知之日起，持打印出的纸质报关单，备齐规定的随附单证，到海关递交书面单证并且办理相关海关手续。

【提示】按照目前无纸化报关的推广范围和一体化申报模式，如无人工接单和查验的报关单，企业无须去现场提交纸本报关。

(3)报关单修撤。海关接受进出口货物的申报后，报关单证及其内容不得修改或者撤销；符合规定情形的，应当按照《中华人民共和国海关进出口货物报关单修改和撤销管理办法》的相关规定办理。

(4)报关单证明联问题。目前，海关已全面取消为企业打印纸质报关单证明联(含用于外汇服务的报关单收、付汇证明联以及用于加工贸易核销的海关核销联，出口退税专用的报关单证明联)。

(四)其他申报类型

(1)提前申报。经海关批准，进出口货物的收发货人、受委托的报关企业可以在取得提(运)单或者载货清单(舱单)数据后，向海关提前申报。

(2)集中申报。经海关批准，进出口货物的收发货人、受委托的报关企业可以自装载货物的交通运输工具申报进境之日起1个月内向指定海关办理集中申报手续。

(3)特殊运输方式申报。经电缆、管道、输送带或者其他特殊运输方式输送进出口的货物，经海关同意，可以定期向指定海关申报。

(4)知识产权申报。需要向海关申报知识产权状况的进出口货物，收发货人、受委托的报关企业应当按照海关要求向海关如实申报有关知识产权状况，并且提供能够证明申报内容真实的证明文件和相关单证。海关按规定实施保护措施。

(五)申报的其他规定

(1)自理报关。进出口货物的收发货人以自己的名义向海关申报的,报关单应当由进出口货物收发货人签名盖章,并且随附有关单证。

(2)委托报关。报关企业接受进出口货物的收发货人委托,以自己的名义或者以委托人的名义向海关申报的,应当向海关提交由委托人签署的授权委托书,并且按照委托书的授权范围办理有关海关手续。

报关企业接受进出口货物收发货人的委托,办理报关手续时,应当对委托人所提供情况的真实性、完整性进行合理审查,审查内容包括:①证明进出口货物的实际情况的资料,包括进出口货物的品名、规格、用途、产地、贸易方式等;②有关进出口货物的合同、发票、运输单据、装箱单等商业单据;③进出口所需的许可证件及随附单证;④海关总署规定的其他进出口单证。

报关企业未对进出口货物的收发货人提供情况的真实性、完整性履行合理审查义务或者违反海关规定申报的,应当承担相应的法律责任。

(3)申报前查看货物。进口货物的收货人,向海关申报前,因确定货物的品名、规格、型号、归类等原因,可以向海关提出查看货物或者提取货样的书面申请。海关审核同意的,派员到场实际监管并开具取样记录和取样清单。

提取货样后,到场监管的海关关员与进口货物的收货人在取样记录和取样清单上签字确认。

提取货样的货物涉及动植物及其产品以及其他须依法提供检疫证明的,应当在依法取得有关批准证明后提取。

(4)补充材料。海关审核电子数据报关单时,需要进出口货物的收发货人、受委托的报关企业解释、说明情况或者补充材料的,收发货人、受委托的报关企业应当在接到海关通知后及时进行说明或者提供完备材料。

三、滞报金

(一)滞报金的计算

第一,滞报日期。相关内容如表 3-2 所示。

表 3-2　　滞报日期

申报情况	起　征　日
申报成功	以交通运输工具申报进境日的第 15 天为起始日
计算机检查遭退单	经进口货物收货人申请并经海关同意,滞报金的征收以自撤销原电子数据报关单之日起第 15 天为起始日
超 3 个月未申报	海关作变卖处理,收货人申请发还余款的,要扣除相关的费用(如仓储费等),滞报金的征收以交通运输工具自申报进境日起第 15 天为起始日

动漫视频

若起征日遇节假日,则顺延至其后的第一个工作日。

第二,滞报金。按天 0.5‰(万分之五)计算到元,不足 1 元的部分免予征收,50 元起征。其公式为:

完税价格

$$滞报金=完税价格\times0.5‰\times滞报天数$$

【做中学 3-1】 国内某公司从法国购进瓶装葡萄酒一批,货物于 3 月 6 日(星期四)进境,该公司于 3 月 28 日向海关发送数据申报,同日,海关审核通过接受申报。已知该批货物的成交价格为 CIF 国内某口岸 852 636.00 欧元，其适用的外汇折算价为 1 欧元=7.660 4 元人民币。计算应征滞报金。

计算过程：

(1)运用货物完税价格审定的方法，结合合同及发票内容，按照成交价格的定义及条件所述要求全面对申报价格进行审查认定，经审查未发现不符合成交价格法规确定完税价格，审定 CIF 价格为 852 636.00 欧元。

(2)根据滞报金管理规定确定滞报天数。货物进境日期为 3 月 6 日(星期四)，法定申报时间 14 天，即 3 月 20 日(自 3 月 7 日起算含 3 月 7 日连加 14 天)前申报均不滞报。自 3 月 21 日(星期五)开始计算滞报期间，3 月 28 日海关接受申报，起、止日均计算为滞报期间，共滞报 8 天。

(3)根据汇率适用规定，计算完税价格：

完税价格=852 636.00×7.660 4=6 531 532.814 4(元)

(4)计算应征滞报金：

应征滞报金金额=进口货物完税价格×滞报天数×0.5‰

=6 531 532.814 4×8×0.5‰=26 126.131(元)

【提示】自 2020 年 1 月 17 日起，海关业务现场不再打印滞报金票据，进口货物收货人缴纳进口货物滞报金后可通过国际贸易“单一窗口”标准版、“互联网+海关”自行打印版式《中央非税收入统一票据》。

【同步案例 3-1】 进口货物滞报金计算与缴纳案例

西安某公司进口了一批价值 5 000 美元的货物，由法国巴黎的戴高乐机场启运，某年 10 月 3 日至西安申报进境。该公司 10 月 24 日去西安海关申报，并在当日收到回执。请问：该公司是否应该缴纳滞报金？如果需要缴纳，应缴纳多少？(假设：美元汇率为 1 美元=6.36 元人民币，18 日为周六。)

案例评析

(二)滞报金减免

为贯彻落实党中央、国务院关于深化“放管服”改革决策部署，持续推进“减证便民”行动，进一步优化营商环境，海关总署决定实施进口货物滞报金减免证明事项告知承诺制，自 2021 年 8 月 1 日起实施。

(1)滞报金减免证明事项告知承诺制，是指进口货物收货人(以下称“申请人”)依法提出滞报金减免申请时，海关一次告知其核批条件及所需提交的证明材料。申请人以书面形式承诺其符合申请条件，愿意承担不实承诺的法律责任，海关依据申请人承诺办理滞报金减免事项。

(2)《中华人民共和国海关征收进口货物滞报金办法》第 12 条中列明的以下情形适用告知承诺制：①“政府主管部门有关贸易管理规定变更，要求收货人补充办理有关手续或者政府主管部门延迟签发许可证件，导致进口货物产生滞报的”。②“产生滞报的进口货物属于政府间或者国际组织无偿援助和捐赠用于救灾、社会公益福利等方面的进口物资或者其他特殊货物的”。③“因相关司法、行政执法部门工作原因致使收货人无法在规定期限内申报，从而产生滞报的”。

知识链接

(3)根据现行规定，申请人向海关申请减免滞报金应当提交下列材料：①减免滞报金申请书；②有关主管部门证明材料；③有关证明文件及相关进口许可证件复印件(如配额证明、许可证、减免税证明、担保凭据等)；④进口货物报关单证；⑤滞报金缴款通知书复印件。

证明事项告知承诺书

申请人选择告知承诺方式的，应提交《证明事项告知承诺书(进口货物滞报金减免)》(以下简称《告知承诺书》)，并免于提交上述第②项有关主管部门证明材料。

(4)申请人选择告知承诺方式申请减免滞报金时,海关应当就以下事项进行告知:①滞报金减免所依据的法律、法规及相关条款;②滞报金减免申请及核批条件;③所需提交的相关材料;④告知承诺制适用范围及办理要求;⑤申请人义务,及虚假承诺、违反承诺的法律责任;⑥海关认为应当告知的其他事项。

(5)申请人选择告知承诺方式的,可从海关总署及各直属海关门户网站下载或在受理海关现场领取《告知承诺书》文本,并在《中华人民共和国海关征收进口货物滞报金办法》规定的滞报金减免申请时限内就下列事项作出确认和承诺:①无不良信用记录或曾作出虚假承诺;②已知晓海关告知的全部内容;③所提交的信息和材料真实、准确;④符合申请条件及告知承诺制适用范围;⑤能够在约定期限内提交办事所需相关材料;⑥愿意承担不实承诺、违反承诺的法律责任;⑦上述承诺意思表示真实。

(6)符合条件的申请人在办理滞报金减免申请时,按规定提交经法定代表人签章并加盖机构公章的《告知承诺书》(一式两份)及上述第(3)条所列明的第①③④⑤项申请材料。

(7)对申请人提出的滞报金减免申请,如相关资料不齐或不符合法定形式的,海关应当一次性告知需要补正的全部内容。

(8)申请人承诺内容与实际情况不符的,海关不予减免滞报金。该申请人 2 年内不再适用告知承诺制。

四、申报步骤

(一)准备申报单证

(1)报关单(证)。包括进出口报关单、ATA 单证册、保税区进出境货物核注清单等。

(2)基本单证。包括商业单据(如商业发票、装箱单等)和货运单据(如进口货物提货单、出口货物装货单等)。

(3)特殊单证。包括特定减免税证明、加工贸易登记手册、原产地证明、进出口许可证、贸易合同、进出口货物报关单等。

【提示】基本单证和特殊单证合称为随附单证。

(二)申报前看货取样

进口货物的收货人向海关申报前,因确定货物品名、规格、型号、归类等原因,可以书面向海关提出查看货物或提取货样,海关开具取样记录与清单,海关关员与取样人同时签字确认。法检货物,尚须取得检验检疫许可证明。

(三)申报

1. 报关单电子数据申报

企业在申报前应做如下准备:

第一,确认舱单信息。企业可在海关总署网站在线服务大厅查询(http://www.customs.gov.cn)。企业获得舱单后,通过申报平台,就可以按一体化方式进行报关。

第二,选择申报口岸。企业可以在自己的经营单位备案地申报,也可以到货物所在地申报。在货物所在地,可以到口岸申报,也可以到集中报关点申报。

(1)报关单电子数据预录入。

①预录入。报关单数据预录入是指报关人员按照《报关单填制规范》填制并复核完毕报关单草单后,自行或交由报关现场的预录入单位将报关单草单数据通过 QP 系统进行录入,形成电子数据报关单。

②预录入数据的审核。报关人员在报关单数据预录入后，应认真核查所申报的内容是否规范、准确，随附的单据、资料是否与所申报的内容相符，交验的各种单据是否正确、齐全、有效。

其审核步骤为：

a. 进入报关单申报系统后，按照报关单号码查找拟审核的报关单，打印报关单校对稿（报关单复核联），进行审核。

b. 报关单校对稿审核完成后，按照上述步骤进入报关单申报系统，查找拟审核报关单，并对审核出的错误点进行修改，确认无误后保存数据。

c. 报关单数据修改并保存后，单击审核申报按钮（或申报确认按钮），完成报关单审核申报（或确认填报）操作。

（2）报关单电子数据发送。报关单电子数据发送后，除接到海关不接受申报的信息外，申报单位原则上不能再对已发送电子数据作出修改。在报关电子数据发送前，需特别注意因电子数据申报不实而可能引起的有关法律责任。

（3）报关单电子数据申报结果查询。

①查询海关计算机系统发布的信息。在审单作业过程中，报关人员可以通过海关设置在报关或预录入大厅的显示屏幕和自助终端、短信息及 EDI 通关系统等手段了解审单等作业环节的处理过程及结果，以保证能及时办理通关手续。

海关计算机系统对报关单电子数据进行审核后，根据通道判别情况，自动对外发送处理结果，主要有：

a. 等待处理。通知报关人员审单中心正在对报关单数据进行审核或正在等待审核，请继续等待处理结果。

b. 现场交单。通知报关人员有关报关单电子数据已通过计算机审核，请报关人员立即向隶属海关现场接单审核/征收税费环节递交纸质报关单及随附单据。

c. 放行交单。通知报关人员有关报关单电子数据已通过计算机审核，请报关人员立即携带所有纸质单证前往隶属海关放行环节办理交单和放行手续。

对于未通过规范性审核的，海关将通知报关人员，并将电子报关单数据退回，请报关人员按海关要求修改报关单电子数据后重新进行电子申报。

企业电子申报后，系统按预先设定的参数设定、通道决策等控制条件，对电子数据报关单进行规范性、逻辑性审核。如进入专业审单通道的，由区域审单中心进行专业化审单作业。

如果不进入审单中心，或是已经审结的，进入“现场作业平台”，按照跨关区的流程进行报关作业，可以在属地完成所有的作业流程，或者企业选择到口岸完成所有的通关流程。

②查询海关审单中心发布的信息。报关人员在海关审单中心对报关单电子数据进行审核的过程中或审核结束后，可以查询其对外发送的处理结果，主要有：

a. 修改报关数据。通知报关人员申报有错误，按规定办理报关单数据修改、删除手续。

b. 等待处理。通知报关人员审单中心正在对有关数据进行审核或正在等待审核，请继续等待处理结果。

c. 与海关联系。通知报关人员审单中心需要进一步了解有关情况。

d. 现场交单。通知报关人员有关报关单电子数据已通过计算机审核，请报关人员立即向隶属海关现场接单审核/征收税费环节递交纸质报关单及随附单证。

e. 办理放行交单手续。通知报关人员有关报关单电子数据已通过审单中心审核，请报关人员立即携带所有纸质单证前往隶属海关放行环节办理交单和放行手续。

电子数据申报作业流程如图 3－1 所示。

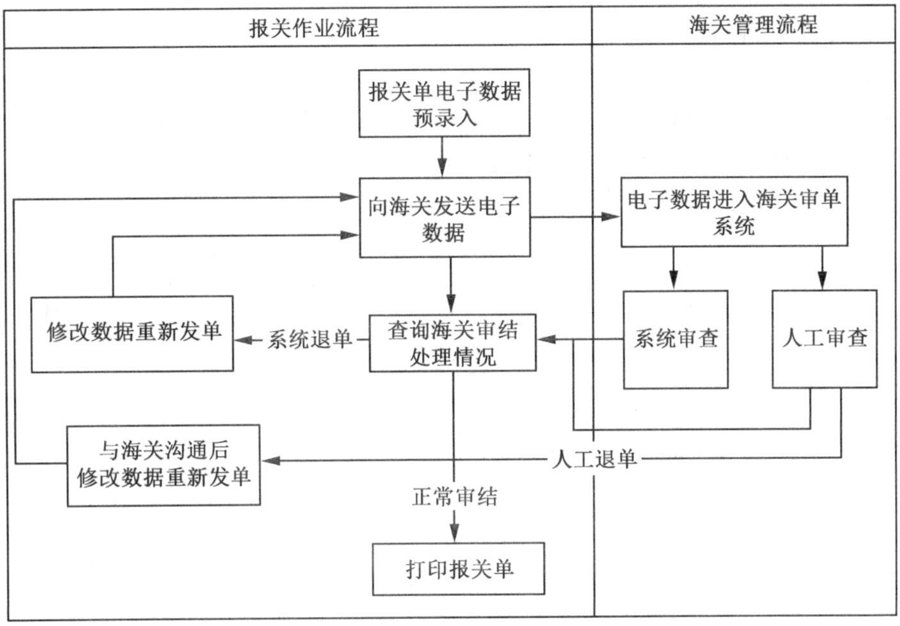

图 3—1 电子数据申报作业流程

2. 现场交单

(1)纸质单证的整理。审单中心通过电子数据报关单审核后，报关人员应打印纸质报关单，向海关递交的纸质报关单内容应当与电子数据报关单一致。每份正式的纸质“进(出)口货物报关单”下方加盖申报单位的报关专用章。应递交的报关单证主要有进(出)口货物报关单、运输单据、发票、装箱单、合同、许可证件、提货单、加工贸易手册、征免税证明等。

【注意】在实际工作中，纸质单证的装订看似简单，但需要注意文件顺序及便于放行后撤单等细节。例如，发票、箱单等文件页数较多时，需要注意每页文件的先后顺序，便于海关人工审单；如放行后，需要领取提货单或许可证等文件，要注意装订技巧便于撤回单证，避免重新装订文件造成的工作效率降低。

(2)递交纸质单证。

①正式递交。海关审结电子数据报关单后，报关人员应当自接到海关“现场交单”或“放行交单”通知之日起 10 日内，持打印的纸质报关单，备齐规定的随附单证并签名盖章，到海关递交书面单证办理相关海关手续。这里的“10 日内”是指 10 个自然日，非 10 个工作日。报关人员超过 10 日未到报关现场递交报关单证，电子数据报关单将被海关删除，原申报单据无效。货物如想继续通关，报关人员需重新进行电子数据报关单申报。如非必要，报关人员应尽可能在 10 日内交单，以免原申报单据被海关撤销后重新申报产生滞报。

②特殊情况逾期提交。在实际工作中，报关人员由于多种原因在接到交单通知后不能立即备好相关单证，出现延迟，若确因节假日或转关运输等其他特殊原因需要逾期向海关递交书面单证并办理相关海关手续的，报关人员应当事先向海关提出书面申请说明原因，经海关核准后在核准的期限内办理。

逾期交单需要具备两个条件：一是须事先申请并经海关核准。其中，进出口货物收发货人自行报关的，由收发货人在申请书上签章；委托报关企业报关的，由报关企业和进出口货物收发货人双方共同在申请书上签章。二是海关核准延期交单最长期限为 30 个自然日。超过海关核准时限仍不能完成交单的，海关将按照规定将该单删除。

③查询海关审单处理信息。

a. 接单处理完成。通知报关人员海关单证审核已完成，可以进入缴纳税费或放行流转环节。如接单处理完成后，长时间未进入下一环节，报关人员需要到海关现场查询原因。

b. 缴纳税费。通知报关人员到海关领取各类税费缴款书，并缴纳税费。

c. 已放行。通知报关人员到海关办理放行手续。现场交单作业流程如图 3—2 所示。

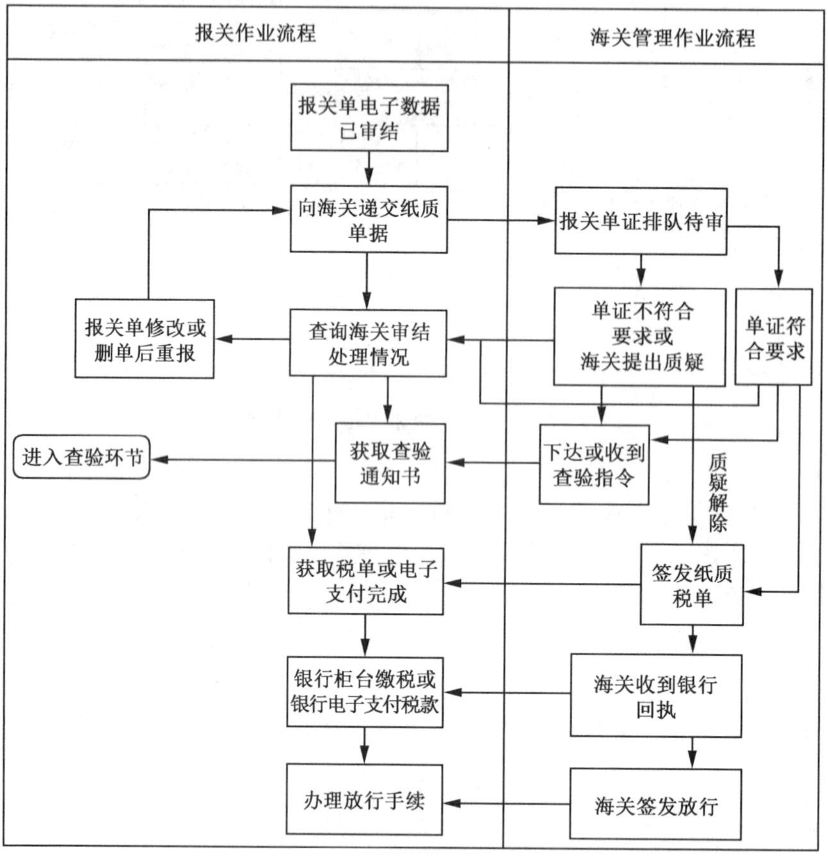

图 3—2 现场交单作业流程

(四)海关事务担保与放行前删、改单

进出境报关过程中海关事务担保[①]要包括以下两类：一是进出口货物收发货人或其代理人在办结商品归类、估价和提供有效报关单证等海关手续前，向海关提供与应纳税款相适应的担保，申请海关提前放行货物；二是进出口货物收发货人或其代理人申请办理特定海关业务的，应按照海关要求提供担保。

国家对进出境货物、物品有限定性规定，应当提供许可证件而不能提供的，以及法律、行政法规规定不得担保的其他情形，海关不予办理担保放行。

1. 申请提前放行货物的担保

在货物进出境通关过程中，海关对报关人的申报提出质疑或确认报关人申报需要补充相关单证，报关人无法在短期内满足海关要求但需要海关先行放行货物时，可向海关提出担保申请。其主

① 所谓海关事务担保，是指与海关管理有关的当事人在向海关申请从事特定的经营业务或者办理特定的海关手续时，其本人或海关认可的第三人以向海关提交现金、实物或者保证函等财产、权利，保证在一定期限内履行其承诺义务的法律行为。

要包括以下情形:①进出口货物的商品归类、完税价格、原产地尚未确定的;②有效报关单证尚未提供的;③在纳税期限内税款尚未缴纳的;④滞报金尚未缴纳的;⑤其他海关手续尚未办结的。

办理此类担保的作业流程如下:

(1)担保申请。报关人按照海关的要求,填写担保申请,并提供货物报关单证,包括发票装箱单合同、许可证件及相关说明材料。所有报关单证和担保申请,需要盖有经营单位公章,以保证文件的有效性。必要时,需要向海关提交真实、合法有效的财产,或者权利凭证及海关要求的其他材料。

“单一窗口”标准版用户手册(货物申报-上)

(2)海关审核。报关人向海关递交担保申请后,进入海关审核流程,如有不符合海关担保规定或需要补充提供单证或变更相关单证等情形,以及海关最终决定的担保方式及金额,海关审核将告知申请单位。

(3)办理担保验放手续。按照海关确定的担保方式及金额提供保证金或保证函后,即可办理货物放行手续。

2. 申请办理特定海关业务的担保

适用某些海关监管方式通关时,海关通关流程要求报关人先行办理担保手续。常见的情形主要包括:货物、物品暂时进出境,货物进境修理和出境加工,租赁货物进口,将海关监管货物暂时存放在海关监管区外等。

办理此类担保的作业流程基本同上。涉及行政许可的业务须先办理行政许可审批,海关核准后再进入正常的担保程序。

“单一窗口”标准版用户手册(货物申报-下)

3. 放行前删、改单

根据规定,海关接受进出口货物申报后,报关单证及其内容不得修改或者撤销,但符合规定条件的除外,进(出)口货物报关单的修改或者撤销,应当遵循修改优先原则;确实不能修改的,予以撤销。

(1)范围。在进出口货物放行前删、改单的主要情形如表 3—3 所示。

表 3—3　进出口货物报关单修改和撤销情形及相关规定

	进出口货物报关单修改或撤销的情形	向海关提供的材料	要　求
客观原因(进出口货物收发货人或其代理人申请修改或撤销)	出口货物放行后,由于装运、配载等原因造成原申报货物部分或者全部退关、变更交通运输工具的	进出口货物报关单修改/撤销表;退关、变更交通运输工具证明材料	
	进出口货物在装载、运输、存储过程中发生溢短装,或者由于不可抗力造成灭失、短损等,导致原申报数据与实际货物不符的	进出口货物报关单修改/撤销表;海关或者相关部门出具的证明材料	当事人向海关提交符合规定,并且齐全有效的,海关应当及时进行修改或者撤销
	由于办理退补税、海关事务担保等其他海关手续而需要修改或者撤销报关单数据的	进出口货物报关单修改/撤销表;签注海关意见的相关材料	
	根据贸易惯例先行采用暂时价格成交、实际结算时按商检品质认定或者国际市场实际价格付款方式需要修改申报内容的	进出口货物报关单修改/撤销表;全面反映贸易实际状况的发票、合同、提单、装箱单等单证,并如实提供与货物买卖有关的支付凭证以及证明申报价格真实、准确的其他商业单证、书面资料和电子数据	
	已申报进口货物办理直接退运手续,需要修改或者撤销原进口货物报关单的	进出口货物报关单修改/撤销表;进口货物直接退运表或者责令进口货物直接退运通知书	
	由于计算机、网络系统等技术原因导致电子数据申报错误的	进出口货物报关单修改/撤销表;计算机、网络系统运行管理方出具的说明材料	

续表

	进出口货物报关单修改或撤销的情形	向海关提供的材料	要　求
主观原因	由于报关人员操作或者书写失误造成申报内容需要修改或者撤销的	当事人应当向海关提交进出口货物报关单修改/撤销表和下列材料：(1)可以证明进出口货物实际情况的合同、发票、装箱单、提运单或者载货清单等相关单证、证明文书；(2)详细情况说明；(3)其他证明材料	海关未发现报关人员存在逃避海关监管行为的，可以修改或者撤销报关单。不予修改或者撤销的，海关应当及时通知当事人，并且说明理由(注：进出口货物报关单修改或者撤销后，纸质报关单和电子数据报关单要保持一致)
海关主动要求(海关发现并通知修改或撤销)	电子数据报关单退回，并详细说明修改的原因和要求	按照海关退单提示要求作业	报关人员应当按照海关要求进行修改后重新提交，不得对报关单其他内容进行变更
	向当事人制发“进出口货物报关单修改/撤销确认书”，通知当事人要求修改或者撤销的内容	按照海关制发确认书要求作业	报关人员应当在5日内对进出口货物报关单修改或者撤销的内容进行确认，确认后海关完成对报关单的修改或者撤销
海关直接撤销	(1)海关将电子数据报关单退回修改，当事人未在规定期限内重新发送的 (2)海关审结电子数据报关单后，当事人未在规定期限内递交纸质报关单的 (3)出口货物申报后未在规定期限内运抵海关监管场所的 (4)海关总署规定的其他情形		

(2)管辖。

①原则是“谁审结谁修撤”。②接单现场统一负责受理报关单数据修改、撤销的申请。③对红通道审结的报关单，由审单部门进行审批和修撤，涉及跨关区的，由接单现场负责联系异地审单中心。④绿通道报关单电子数据由接单现场处理。

(3)作业手续。

①当事人申请修改或撤销报关单的作业。当事人应填写“进(出)口货物报关单修改/撤销表”(见样例3—1)向海关提出申请，同时需要根据不同的情况提交相应的资料，申请经海关批准后即可进行报关单修改或撤销操作。

样例3—1　　**进出口货物报关单修改/撤销表**

编号：　　海关〔　年〕　号

报关单编号			报关单类别	□进口　□出口
经营单位名称			具体事项	□修改　□撤销
报关单位名称				
修改/撤销内容				
报关单数据项		项号	原填报内容	应填报内容
重点项目	商品编号			
	商品名称及规格型号			
	币制			
	单价			
	总价			
	原产国(地区)/最终目的国(地区)			
	贸易方式(监管方式)			
	成交方式			
其他项目				

续表

修改或者撤销原因： □出口货物放行后，由于装运、配载等原因造成原申报货物部分或者全部退关、变更交通运输工具的； □进出口货物在装载、运输、存储过程中因溢短装、不可抗力的灭失、短损等原因造成原申报数据与实际货物不符的； □由于办理退补税、海关事务担保等其他海关手续需要修改或者撤销的； □根据贸易惯例先行采用暂时价格成交、实际结算时按商检品质认定或者国际市场实际价格付款方式需要修改申报内容的； □已申报进口货物办理直接退运手续时，需要修改或者撤销原进口货物报关单的； □由于计算机、网络系统等方面的原因导致电子数据申报错误的； □由于报关人员操作或者书写失误造成所申报的报关单内容有误的。 其他需要说明的情况： 兹声明以上理由和内容无误，随附证明资料真实有效，如有虚假，愿承担法律责任。 单位印章 年 月 日
海关意见： 海关印章 年 月 日

②海关要求报关人修改或撤销报关单的作业。海关向经营单位或相关报关企业出具“进(出)口货物报关单修改/撤销确认书”(见样例3—2)，通知要求修改或者撤销的内容。报关人应在5日内对进(出)口货物报关单修改或者撤销的内容进行确认，确认后由海关完成对报关单的修改或撤销。

样例3—2 **进出口货物报关单修改/撤销确认书**

报关单编号		申报日期	
经营单位名称		报关单位名称	
修改或撤销原因			
原填报内容			
修改内容			
经营单位或报关单位确认： 同意 海关对上述报关单内容进行修改/撤销。 报关人员卡号： 报关人员签名： 经营单位或报关单位印章 年 月 日			

【经验小谈3—1】 **申请预裁定时间有何规定**

我司准备进口一批货物，听报关行说现在进口前可以向海关申请预裁定。请问：对于申请预裁定的时间，海关有何规定？

答：根据海关总署《中华人民共和国海关预裁定管理暂行办法》(2024)第七条的规定，申请人应当在货物拟进出口3个月之前向其备案地直属海关提出预裁定申请。特殊情况下，申请人确有正当理由的，可以在货物拟进出口前3个月内提出预裁定申请。

知识链接

中华人民共和国海关预裁定管理暂行办法

【经验小谈 3—2】 我司委托报关行申报了一批进口货物，但是我司发现申报的单价有误。请问：可以申请修改报关单吗？

答：根据《中华人民共和国海关进出口货物报关单修改和撤销管理办法》第七条的规定，由于报关人员操作或者书写失误造成申报内容需要修改或者撤销的，当事人应当向海关提交《进出口货物报关单修改/撤销表》和下列材料：①可以反映进出口货物实际情况的合同、发票、装箱单、提运单或者载货清单等相关单证；②详细情况说明以及相关证明材料。海关未发现报关人员存在逃避海关监管行为的，可以修改或者撤销报关单。不予修改或者撤销的，海关应当及时通知当事人，并且说明理由。

五、配合查验

(一)配合查验准备

1. 海关查验作业方式

海关实施查验可以全部查验，也可以抽查。按照操作方式，查验可以分为人工查验和机检查验、开箱查验等方式。

2. 企业选择查验地点

企业根据物流实际需求，在现场作业平台自主选择在口岸或属地海关监管场所实施查验。对选择在口岸海关查验的，口岸海关会依据申报地海关布控指令对货物实施查验，录入查验结果，查验结果信息口岸海关和属地海关互通共享。

对选择转运分流，在申报地海关实施查验的，企业获知查验后，应向申报地海关提出申请。

3. 海关查验时间与具体地点

(1)海关指定查验时间、地点的情形：此时海关查验一般安排在海关监管区内的指定场地进行。报关人员在接受海关查验前，应确认待查验货物的准确位置及堆放地点。当海关通知查验时，报关人员应及时到达指定的查验作业区配合海关查验。如果超过规定时间又无合理理由的，海关将径行查验。[①]

(2)企业预约查验时间地点的情形：报关人员收到查验通知后，应首先到查验场地办理查验货物进场手续，在确认货物抵达查验场地后，向海关预约查验时间。因货物易受温度、静电粉尘等自然因素的影响，或者对于拆装环境有特殊要求的货物(如食品、精密仪器等)，可向海关提出申请，要求海关关员到监管区外海关确认的地点实施查验。

【提示】 为便利企业，关检"三个"模式下进出口货物，可请海关及检验检疫人员同时进行查验。

4. 货物及装箱明细等信息

报关人员在配合海关实施查验前应与收发货人确认货物相关信息、装箱明细等内容。例如：①了解货物的包装、重量、体积情况，拆箱或开拆包装是否需要安排特殊机力设备或人力；②货物包装或标签是否印刷有货物成分含量组成、原产地信息等；③机械设备上是否有铭牌标识或技术参数；④装箱清单与实际货物对应的方式等。

5. 评估查验可能产生的货损风险

因进出口货物所具有的特殊属性，容易因开启、搬运不当等原因导致货物损毁，报关人员需要与收发货人在查验实施前详细确认。

---

① 必须有监管场所经营人或者交通运输工具负责人到场，并在查验记录上签名确认。可以径行查验的情形有：涉嫌违规走私的；查验时，收发货人或其代理人未到场的。

6. 其他准备

为确保查验过程中及时回答海关提出的询问，报关人员需要详细了解申报货物的结构组成、成分含量、工作原理等，并准备相关资料，如产品说明书、品牌授权书、预归类建议书等。

为了不延误取样送检货物的通关效率，报关人员应按照海关取样送检的有关规定，准备好有关产品的成分说明书等资料，以及符合取样准备的取样瓶、袋子、相应取样工具等并及时通知收发货人。如遇有危险品或不具备条件现场取样的，应及时向海关提出申请。

(二)配合查验实施

1. 提前向海关说明待查货物情况

因进出口货物所具有的特殊属性，容易因开启、搬运不当等原因导致货物损毁，需要查验人员在查验过程中予以特别注意，进出口货物收发货人成其代理人应当在海关实施查验前声明。

2. 搬移、开拆和重封查验货物

在配合海关查验的过程中，应负责完成查验货物的搬移、开拆和重封工作。

3. 提供资料、回答询问

如海关查验需要，报关人员应提供必要的资料并如实回答海关人员的询问。因此，当海关通知货物需要查验时，报关人员须提前备齐相关资料，如装箱单、产品说明书、品牌授权书或其他有助于说明货物性质、数(重)量、产地等的资料，向海关解释说明，如实回答海关的询问。

4. 协助海关取样

海关为了确定进出口货物的属性、成分、含量、结构、品质、规格等事项，而需要采取化验手段对进出口货物进行剖析或对其某些指标进行核验时，需要提取货物送验。货样的化验一般由海关化验中心和委托化验机构负责。

海关取样时，收发货人或者其代理人应当到场协助，负责搬移货物、开拆和重封货物的包装，并在“中华人民共和国海关进出口货物化验取样记录单”上签字确认。收发货人或者其代理人拒不到场或者海关认为必要时，可以径行取样，存放货物的海关监督场所经营人、交通运输工具负责人应当到场协助，并在取样记录单上签字确认。样品一式两份，一份送抵海关化验中心或者委托化验机构，另一份留存海关备查。

海关对进出口货物取样化验的，收发货人或者其代理人应当按照海关要求及时提供样品的相关单证和技术资料，并对其真实性和有效性负责。因货物取样送检而提供的技术资料涉及商业机密的，报关人员应事先声明，要求海关保守其商业秘密。

(三)确认查验记录

查验结束后，海关查验人员如实填写查验记录并签名。陪同查验的进出口货物收发货人或其代理人也应在查验记录单上签名确认。进出口货物收发货人对海关查验结论有异议的，经海关同意可提出货物复验要求。

对于查验实货与申报相符的货物，查验记录经海关关员和陪同人员签字后，已缴纳税费的货物可直接由海关查验部门放行，或将查验记录及报关单证转至现场通关部门放行。

海关在查验进出口货物时造成被查验货物损坏的，由海关按照相关规定承担赔偿责任。

(四)申请凭担保先予放行货物

对于已取样待送验的货物，若急于放行货物，可视情况向海关申请先期放行货物，由海关决定是否同意办理担保放行手续。如果同意，一般应采取保证金或保证函方式验放。

(五)化验证书出具

海关对进出口货物的属性、成分、含量、结构、品质、规格等进行测试化验后做出鉴定结论，除特殊情况外，海关化验中心和委托化验机构应当自收到送验样品之日起15日内做出鉴定结论，并出具“中华人民共和国海关进出口货物化验鉴定书”(以下简称“化验鉴定书”)。除特殊情况外,海关化验中心会在“化验鉴定书”签发次日,将“化验鉴定书”相关信息通过海关门户网站等途径对外公布。报关人员也可要求海关提供纸本“化验鉴定书”。

(六)化验复验申请

收发货人或其代理人对鉴定结论有异议的,可以自鉴定结论公布之日起15日内向送验海关提出复验①申请,并说明理由。送验海关将复验申请转送海关化验中心。海关化验中心应当在收到复验申请之日起15日内对送验样品重新化验,出具“中华人民共和国海关进出口货物鉴定书(复验)”,并按规定公布鉴定结论。收发货人或其代理人、送验海关对同一样品只能提出一次复验申请。配合查验作业流程如图3—3所示。

六、缴纳税费

目前,海关征收的税费以纳税义务人缴纳方式区分,主要有两种方式:柜台支付和电子支付。

(一)银行柜台缴纳作业

海关税款传统的缴纳方式为柜台支付。海关做出征税决定后,纳税义务人在指定银行通过柜台缴纳税款。流程如下:

1.签收海关填发的税款缴款书

海关填发税款缴款书后,纳税义务人或其代理报关人员办理签收手续。

【注意】海关税款缴款书一式六联。第一联为收据联,由银行收款签章后交缴款单位或者纳税义务人;第二联为付款凭证联,由缴款单位开户银行作为付出凭证;第三联为收款凭证联,由收款国库作为收入凭证;第四联为回执联,由国库盖章后退回海关财务部门;第五联为报查联,由国库收款后,关税专用缴款书退回海关,海关代征税专用缴款书送当地税务机关;第六联为存根联,由填发单位存查。

【提示】缴纳税款前不慎遗失税款缴款书的,可以向填发海关提出补发税款缴款书的书面申请。海关自接到纳税义务人的申请之日起2个工作日内审核确认并予以补发。

2.前往指定银行缴纳税款

相关人员盖妥已在银行备案的法人及财务负责人印鉴后,到银行柜台现场办理缴税手续。缴款期限为自海关填发税款缴款书之日起15日内。逾期缴纳税款的,海关将自缴款期限届满之日起至缴清税款之日止,按日加收滞纳税款万分之五的滞纳金。滞纳金缴款书的格式与税款缴款书相同。

3.税款缴款书送交填发海关验核

在指定银行缴纳税款后,相关人员应当及时将盖有证明银行已收讫税款的业务印章的税款缴款书第一联原件送交填发海关验核,海关据此办理核注及货物放行等后续手续。

报关人员缴纳税款后遗失税款缴款书的,可以自缴纳税款之日起一年内向填发海关提出确认其已缴清税款的书面申请,海关经审查核实后,将予以确认,但不再补发税款缴款书。

(二)电子支付系统缴纳作业

电子支付系统是由海关业务系统、中国电子口岸系统、商业银行系统和第三方支付系统四部分组成的进出口环节税费缴纳的信息化系统。

---

① 查验和复验不得为同一关员。有下列情况之一的,海关可以对已查验货物进行复验:①经初次查验未能查明货物的真实属性,需要对已查验货物的某些性状做进一步确认的;②货物涉嫌走私违规,需要重新查验的;③进出口货物收发货人对海关查验结论有异议,提出复验要求并经海关同意的;④其他海关认为必要的情形。

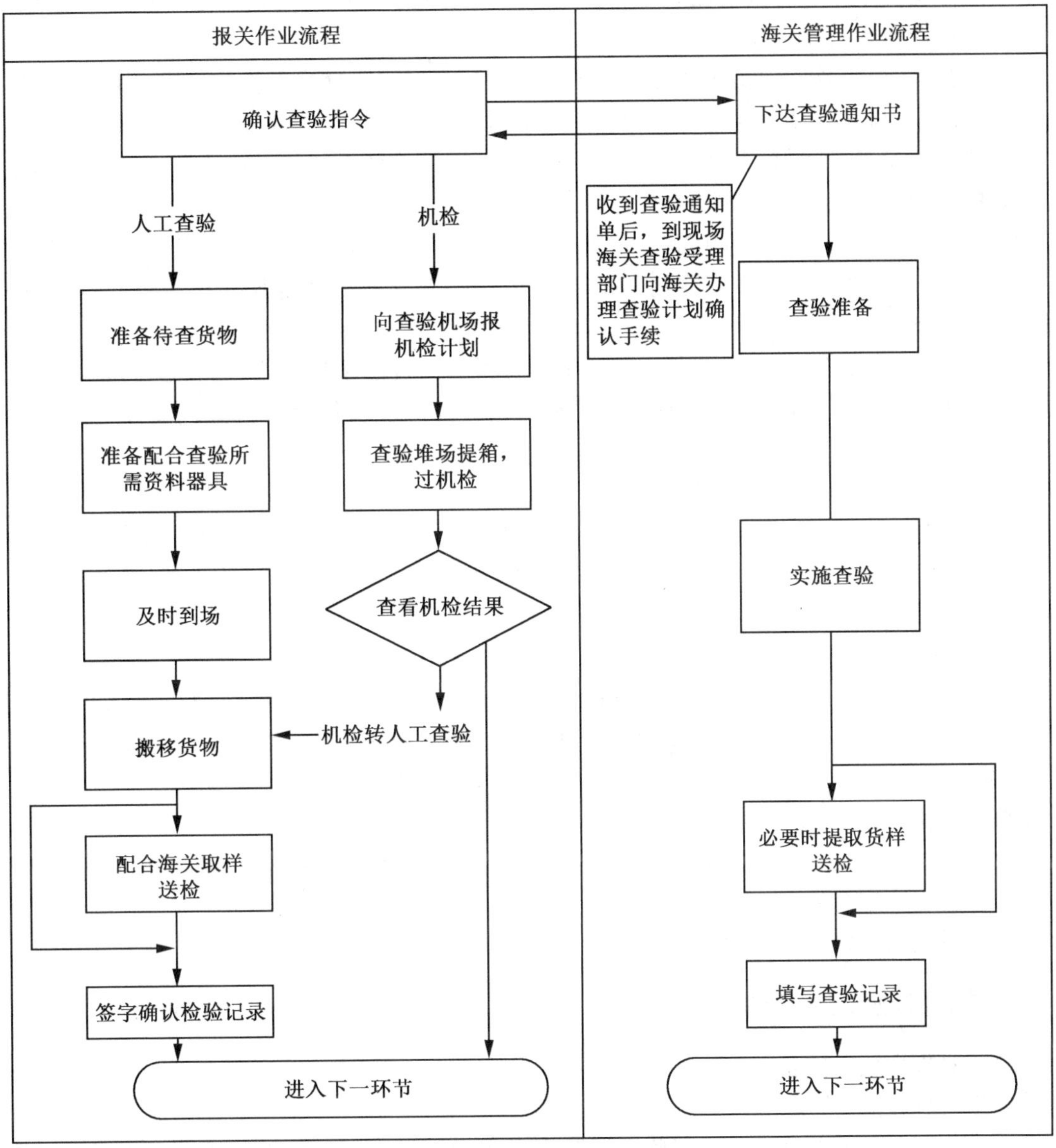

图 3—3　配合查验作业流程

1. 资格取得

参与电子支付业务的进出口企业，经直属海关关税部门在海关业务系统中备案后，可以参与电子支付业务。中国电子口岸的入网用户，取得企业法人卡及操作员卡，具备联网办理业务条件的报关人员，可以参与电子支付业务。

2. 支付税费种类

电子支付以税单为单位。对同份报关单所发生的税费，报关人员可全部选择电子支付，也可部分选择电子支付。通过电子支付可以缴纳进出口关税、反倾销税、反补贴税、进口环节代征税、缓税利息、滞纳金、保证金和滞报金。

3. 电子支付基本流程

(1)企业查询并发送预扣指令。进(出)口货物报关单通过电子审结后，海关业务系统自动向中国电子口岸和支付平台发送税费信息。企业可登录中国电子口岸或支付平台查询税费信息，并通过支付平台向商业银行发送税费预扣指令。

(2)海关打印税单并发送实扣通知。现场海关收到支付平台转发的银行税费预扣成功回执后，即为企业办理税单打印手续，同时海关业务系统通过支付平台自动向商业银行转发税费实扣通知。

在电子支付税单打印前，需复审重新计征税费的，海关业务系统自动向中国电子口岸和支付平台发送新的税费信息。

(3)银行实际扣款。税单打印成功后，银行接收支付平台转发的实扣通知并做实扣操作。

(4)海关核注税费。现场海关收到实扣成功回执后，海关业务系统自动核注税费，核注日期为税费实扣成功日期。

(5)海关放行。在现场海关放行环节，若电子支付的税费已预扣成功，且税单已打印，或在无纸化通关模式下，电子支付税费已预扣成功，现场海关即可办理放行手续，报关人员即可提取或装运进出口货物。

4. 电子支付下报关单修改及撤销处理

(1)报关单修改。①税单未打印的，可以修改报关单。若修改后税费产生变化的，应重新计算税费，海关业务系统自动发送新的税费信息及预扣撤销指令。②税单已打印未核注的，不能修改报关单。③税单已打印已核注的，可以修改报关单。

(2)报关单撤销。

①税单未打印的，可以撤销报关单，海关业务系统自动发送预扣撤销指令。②税单已打印的，原则上不能撤销报关单。确需撤销报关单的，直属海关应在税单核注后次日，在海关业务系统中对电子支付的税费信息进行异常数据处理，再进行报关单撤销操作。

5. 重复缴税处置

报关人员对同份税单采用了电子支付和柜台支付，造成重复支付的，在税单核注后，现场海关按退税(费)的程序进行处理。

电子支付缴纳税费作业流程如图3－4所示。

七、提取货物/装运货物

(一)获取货物放行信息

1. 货物放行凭证

报关人员在向海关办理进出口货物电子数据申报、纸质单证提交、配合海关查验货物、缴纳进出口税费(或提供担保)等手续后，在海关放行窗口领取加盖海关放行章的进口货物提货凭证或出口货物装运凭证，以及(或)通过电子口岸、报关现场电子信息系统等获取电子放行信息。

2. 场站放行信息

知识链接

知识产权海关备案流程

目前，全国主要港口海关与监管场站对进出口货物放行操作已逐步改为凭电子放行指令作业形式。以往传统放行模式有：纸质放行形式(监管场站凭签盖海关放行章的提货单或装运单作业)、双轨[①]放行形式(监管场站凭签盖海关放行章的提货单、装运单及电子放行指令操作)。

对于无须查验的货物，由申报地海关放行。对于海关确定查验的货物，查验情况正常的，由查验地海关放行；查验发现涉嫌侵犯知识产权的，由查验地海关放行；其他查验不正常需后续处理的，由申报地海关完成后续处理并放行。

---

① 双轨意为同时凭纸质及电子放行指令作业。

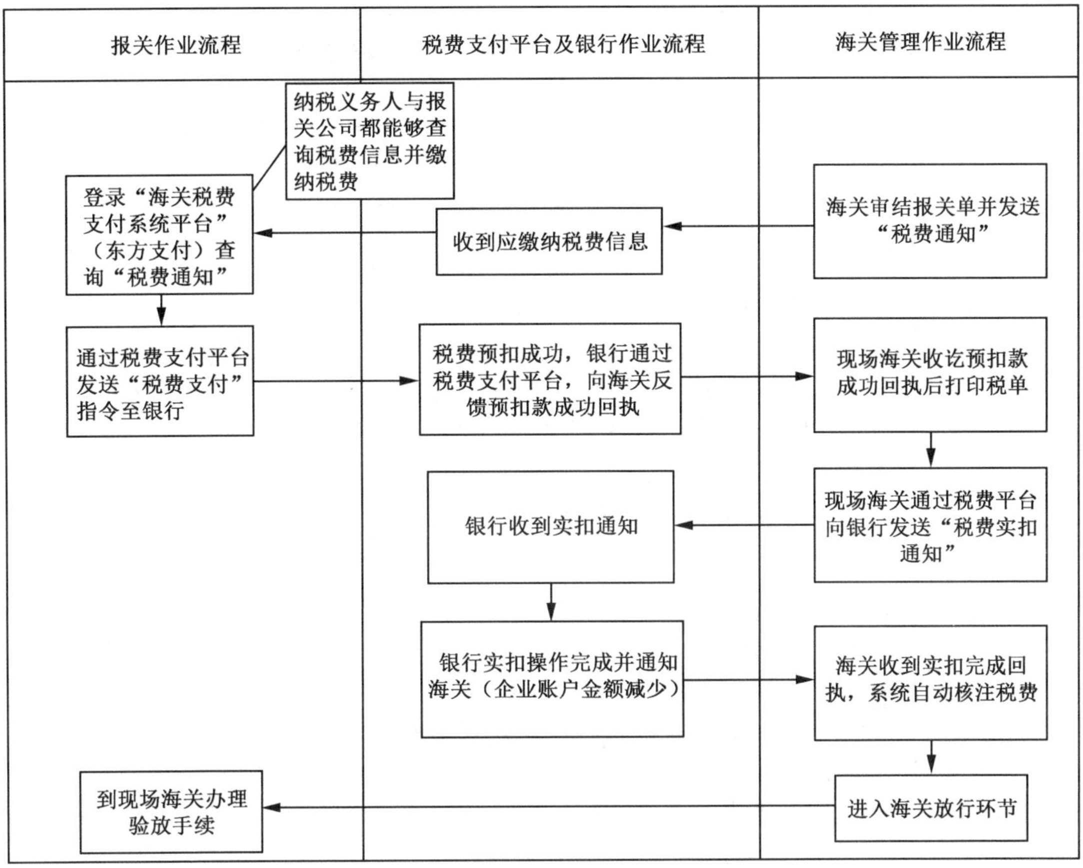

图 3—4　电子支付缴纳税费作业流程

（二）提取货物/装运货物作业

1. 进口提货作业

（1）确认船舶到港信息。确认船舶到港信息后，货主或其代理人方可持提货单交场站办理相应手续。

（2）码头交费。提取货物前，需按照要求缴纳相应费用，并办妥场站所有手续。同时，按照车辆情况和码头提货计划表，预约提货时间。

（3）持出卡口证明，将进口货物运离海关卡口。纸质放行模式下，报关人员凭盖有海关放行章的提货凭证，换发场站签发出卡口证明。凭出卡口证明，将进口货物运离海关监管卡口。在一体化通关方式下，凭属地海关电子放行信息办理货物出场（库、区）手续，实现卡口自动核放。

在办理上述手续过程中，如发现海关放行信息有误，应立即与验放海关联系，妥善解决。

如仅凭电子放行指令操作，上述操作将无须出示海关纸质放行单据。

进口货物提取作业流程如图 3—5 所示。

2. 出口装货作业

（1）获取海运出口货物运抵管理信息。根据海关规定，海关对申报出口货物实行运抵报告管理，否则不得办理货物放行手续。出口单位应向监管场所确认货物运抵报告已发送。

（2）场站实际装运货物。出口货物放行后，报关人员凭海关签发放行单（或电子放行指令）到场站，由场站安排出口货物装运。

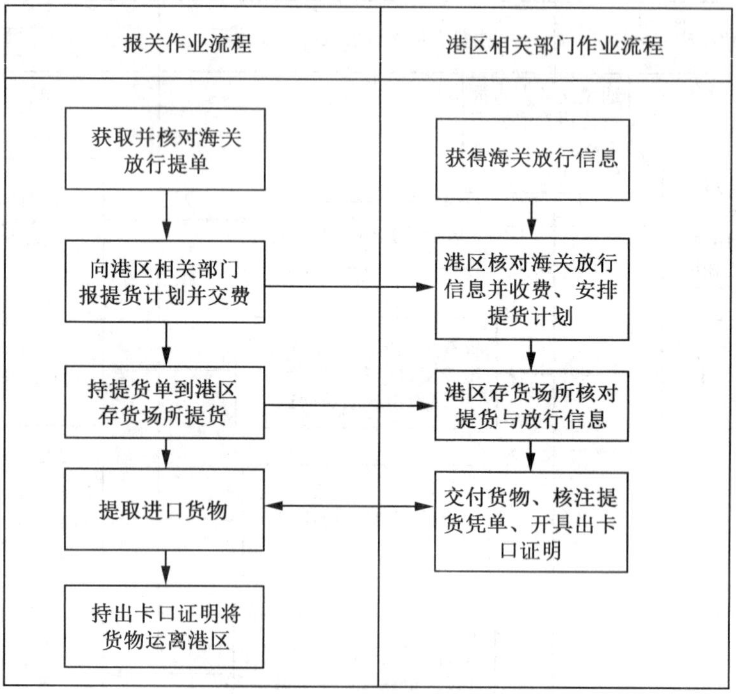

图 3—5 进口货物提取作业流程

【注意】海关放行后，因故未实际全部或部分装运，需到海关办理退关或报关单修改手续。

出口货物运抵、装货作业流程如图 3—6 所示。

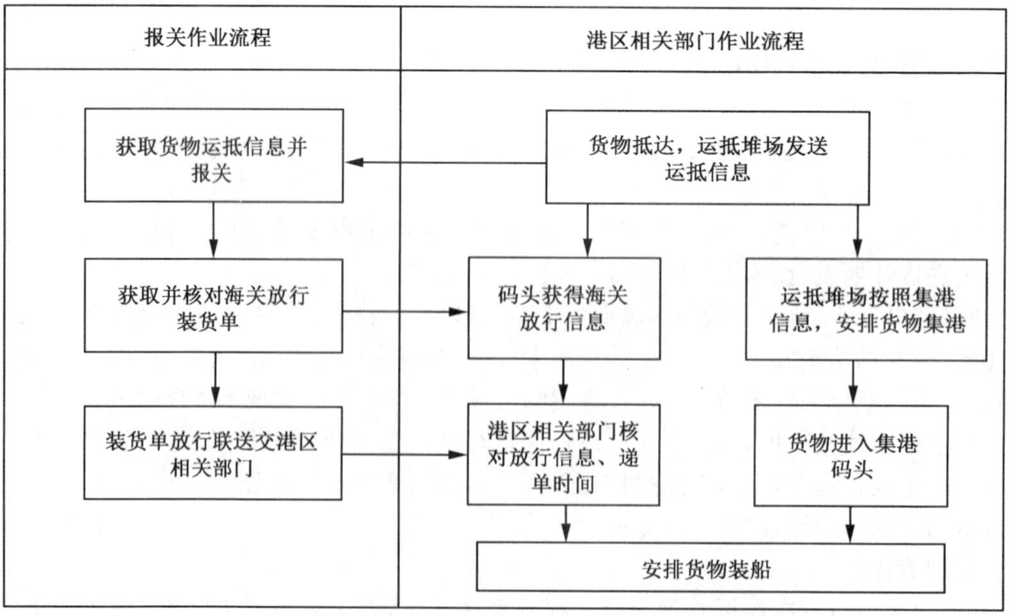

图 3—6 出口货物运抵、装货作业流程

【小贴士 3—1】　　海关放行与结关的区别，放行≠结关

海关放行是指海关对进出口货物做出结束海关进出境现场监管的决定。它分为结关式放行和非结关式放行。结关是指办结所有的海关手续，海关不再监管。

一般进出口货物放行即为结关。保税货物、减免税货物、暂时进出境货物、部分其他进出境货物放行时并未办完所有的海关手续，海关在一定期限内还需对其进行监管，这类货物进出境现场放行不等于结关。

【学思践悟】　　坚守诚信报关，弘扬法治精神

在国际贸易中，一般进出口货物的报关流程是确保货物合法、合规进入国内市场的关键环节。这一流程不仅关系到企业的经济利益，更关系到国家的经济安全和市场秩序。在执行报关流程时，我们必须严格遵守国家的法律法规，确保每一个环节的合法性和规范性。这不仅是对国家法律法规的尊重，更是对国家利益的忠诚捍卫。在报关过程中，企业需要如实申报货物信息，按照规定的时限和地点进行申报，并提交相关的许可证件。这一过程要求我们具备高度的责任感和使命感，以确保海关监管的有效性和税收政策的公正实施。通过准确无误的报关，我们展现了对国家法律法规的遵守，对社会责任的担当，以及对国家经济安全和市场秩序的维护。

此外，报关流程还要求我们具备一定的专业知识和操作技能，能够正确理解和运用《商品名称及编码协调制度》(HS 编码)，以及其他相关的海关规定。这需要我们不断学习和实践，提高自身的专业素养，以适应不断变化的国际贸易环境和海关政策。

【悟有所得】

通过一般进出口货物的报关流程，要认识到提升专业素养和服务国家发展的重要性。作为报关主体，我们肩负着重要的法律责任和社会责任，必须严格按照海关的规定和国家的法律法规进行操作，确保报关流程的合法性、准确性和完整性。这一过程也让我们意识到，提升专业能力的重要性。这就需要不断学习相关的法律法规，提高对 HS 编码的理解和应用能力，以及对报关流程的熟练掌握。只有这样，才能在复杂的国际贸易中游刃有余，确保企业利益的同时，也为国家的经济发展做出贡献。

在未来的工作中，应以更高的标准要求自己，不断学习和适应新的政策变化，提高报关效率和准确性。同时，应积极传播守法经营的理念，带动行业内外共同维护国家利益，为国家的经济安全和社会稳定贡献力量，更好地履行"为国把关"的职责，展现我们的专业素养和服务国家发展的决心，更好地服务于国家的发展大局，为国家的繁荣稳定贡献自己的力量。这既是作为报关主体的责任，更是作为国家公民的义务。

第三节　保税加工货物报关

一、保税加工货物报关概述

动漫视频

保税货物

(一)概念

保税加工货物是经海关批准，未办理纳税手续进境，在境内加工、装配后复运出境的货物。保税货物不完全等同于加工贸易货物，经海关批准准予保税进口的加工贸易货物才是保税加工货物。

（二）形式

动漫视频

海关加工贸易业务如何办理？

（1）来料加工：境外企业提供料件，经营企业无须付汇进口，按境外企业要求进行加工、装配，收取加工费，成品运出境。

（2）进料加工：经营企业付汇购买料件，成品复运出境。

来料加工与进料加工的区别如表 3－4 所示。

表 3－4　来料加工与进料加工的区别

项目＼形式	来料加工	进料加工
原料	由境外厂商提供，不需要通过外汇购买	由我方企业用外汇从国外购买原料
交易	进出口为一笔有关联的交易	两笔货，多笔交易
双方关系	双方为委托加工关系	双方为买卖关系
货物处理	货物未发生所有权的转移，由委托方决定加工品种和技术要求	货物发生了所有权的转移，企业自定加工要求
利润	企业不负责产品销售，只收取加工费	企业自行销售，自负盈亏

（三）特征

（1）料件进口。暂缓缴纳进口关税及进口环节海关代征税；除国家另有规定外，免予交验进口许可证。

（2）成品出口。如全部使用进口料件，成品出口无须缴纳关税；如使用国产料件，按国产料件比例征收关税；凡属许可证管理的，必须交验出口许可证。

（3）进出境海关现场放行但需后续监管。保税加工货物在进出境时，虽然海关现场放行，但海关仍需对其实施后续监管，直至货物最终完成加工、出口或内销等环节并经海关审核无误后，才视为结关。

（四）范围

（1）专为加工、装配出口产品而从国外进口且海关准予保税的原材料、零部件、元器件、包装物料、辅助材料（简称“料件”）。

（2）用进口保税料件生产的成品、半成品。

（3）在保税加工生产过程中产生的副产品、残次品、边角料和剩余料件。

（五）管理

1. 基本内容

海关对保税加工进口料件实施保税管理，建立了一整套管理制度对保税加工全过程进行管理。海关保税加工管理主要包括保税加工企业管理，保税加工电子化手册、电子账册设立管理，保税加工货物进出境通关管理，保税加工中后期核查管理，保税加工核销结案管理。

（1）保税加工企业管理。保税加工企业，包括保税加工经营企业和加工企业。经营企业是指负责对外签订加工贸易进出口合同的各类进出口企业和外商投资企业，以及经批准获得来料加工经营许可的对外加工装配服务公司；加工企业是指接受经营企业委托，负责对进口料件进行加工或者装配，并且具有法人资格的生产企业，以及由经营企业设立的虽不具有法人资格，但实行相对独立核算并已经办理工商营业证（执照）的工厂。开展保税加工业务，经营企业和加工企业必须向海关办理注册登记手续。除另有规定外，经营企业应按规定办理海关事务担保。

【提示】保税加工的经营企业与加工企业，可以是同一家企业，也可以不是同一家企业。

(2)保税加工电子化手册、电子账册设立管理。目前，海关对保税加工备案分为以加工贸易合同为单元的电子化手册和以企业为单元的电子账册两种形式。

根据我国相关规定，企业开展保税加工须经商务主管部门审批，商务主管部门审批后，保税加工经营企业须通过设立电子化手册或者电子账册等形式向海关报备，报备的内容主要包括进口料件、出口成品、加工单耗等数据。

(3)保税加工货物进出境通关管理。保税加工货物是指加工贸易项下适用保税制度进行管理的进口物料、生产制成品，以及加工过程中产生的边角料、残次品、副产品等。

①料件，即专为加工、装配出口产品而从境外进口且海关准予保税的原辅材料、零部件、元器件、包装物料。

②制成品，即用进口保税料件生产的成品、半成品等。

③边角料，即保税加工企业从事加工复出口业务，在海关核定的单位耗料量(以下简称"单耗")内、加工过程中产生的、无法再用于加工该合同项下出口制成品的数量合理的废、碎料及下脚料。例如，铁棒切削加工过程中产生的铁屑，服装裁剪加工过程中产生的布条，家具制造业及其他木材加工活动中产生的刨花、锯末及碎木片等。

④残次品，即保税加工企业从事加工复出口业务，在生产过程中产生的有严重缺陷或者达不到出口合同标准，无法复出口的制品(包括完成品和未完成品)。

⑤副产品，即保税加工企业从事加工复出口业务，在加工生产出口合同规定的制成品(即主产品)过程中同时产生的，且出口合同未规定应当复出口的一个或者一个以上的其他产品。

保税加工货物在进出境通关时，须向海关申报保税加工手册编号等备案信息。料件进境时无须办理缴纳税费手续，除国家另有规定外，属于国家对进口有限制性规定的，免予向海关提交进口许可证件，货物经海关放行可以提取。出口制成品属于应当征收出口关税的，应按照有关规定缴纳出口关税，属于国家对出口有限制性规定的，应当向海关提交出口许可证件。

(4)保税加工中后期核查管理。在保税加工货物生产过程中或生产完成后，海关按照相关规定到加工企业对保税加工货物的进、出、转、存及生产的全过程进行核查。

(5)保税加工核销结案管理。保税加工经营活动完成后，经营企业须在规定的时间内向海关申请报核，经海关核销，办结全部海关手续后，海关结束对保税加工货物的监管。

【小贴士 3－2】　　加工贸易单耗申报

加工贸易单耗申报是指加工贸易企业进行备案时，在货物出口、深加工结转、内销及报核前填写"中华人民共和国海关加工贸易单耗申报单"向海关如实申报加工贸易单耗的行为。

单耗是指加工贸易企业在正常加工条件下加工单位成品所耗用的料件量。单耗包括净耗和工艺损耗。

净耗是指在加工后，料件通过物理变化或者化学反应存在或者转化到单位成品中的量。

工艺损耗是指因加工工艺原因，料件在正常加工过程中除净耗外所必需的耗用，但不能存在或者转化到成品中的量，包括有形损耗和无形损耗。

工艺损耗率是指工艺损耗占所耗用料件的百分比。

上述几个概念之间的关系可用公式表示如下：

单耗＝净耗÷(1－工艺损耗率)

【经验小谈 3－3】　我司是加工贸易企业，由于企业内部整改，无法按时向海关申报单耗。请问：可以延后申报单耗吗？

答：根据《中华人民共和国海关加工贸易单耗管理办法》第十四条的规定，加工贸易企业应当在成品出口、深加工结转或者内销前如实向海关申报单耗。加工贸易企业确有正当理由无法按期申报单耗的，应当留存成品样品以及相关单证，并在成品出口、深加工结转或者内销前提出书面申请，经主管海关批准的，加工贸易企业可以在报核前申报单耗。

【经验小谈 3—4】 我司从事加工贸易，其中一部分材料在生产过程中由于破损而增加了损耗。请问：可以计入工艺损耗吗？

答：根据《中华人民共和国海关加工贸易单耗管理办法》第十六条的规定，下列情况不列入工艺损耗范围：

(1)因突发停电、停水、停气或者其他人为原因造成保税料件、半成品、成品的损耗；

(2)因丢失、破损等原因造成保税料件、半成品、成品的损耗；

(3)因不可抗力造成保税料件、半成品、成品灭失、损毁或者短少的损耗；

(4)因进口保税料件和出口成品的品质、规格不符合合同要求，造成用料量增加的损耗；

(5)因工艺性配料所用的非保税料件所产生的损耗；

(6)加工过程中消耗性材料的损耗。

【经验小谈 3—5】 我司是加工贸易企业，最近我司在整改过程中发现之前申报的一批货物单耗有问题，但是该批货物已经内销。请问：我司是否还可以申请单耗变更？

答：根据《中华人民共和国海关加工贸易单耗管理办法》第十七条的规定，变更或者撤销手续，但下列情形除外：①保税成品已经申报出口的；②保税成品已经办理深加工结转的；③保税成品已经申请内销的；④海关已经对单耗进行核定的；⑤海关已经对加工贸易企业立案调查的。

【经验小谈 3—6】 我司是加工贸易企业，我司加工的一批货物，海关给出了单耗核定，但是我司有不同意见。请问：可以向海关申请复核吗？

答：根据《中华人民共和国海关加工贸易单耗管理办法》第二十六条的规定，加工贸易企业对单耗核定结果有异议的，可以向作出单耗核定海关的上一级海关提出书面复核申请，上一级海关应当自收到复核申请后45日内作出复核决定。

【经验小谈 3—7】 我司是加工贸易企业，由于仓库发生火灾导致我司的部分边角料被烧毁。请问：如何向海关核销？

答：根据《中华人民共和国海关关于加工贸易边角料、剩余料件、残次品、副产品和受灾保税货物的管理办法》第九条的规定，加工贸易受灾保税货物(包括边角料、剩余料件、残次品、副产品)在运输、仓储、加工期间发生灭失、短少、损毁等情事的，加工贸易企业应当及时向主管海关报告，海关可以视情派员核查取证。除不可抗力因素外，加工贸易企业因其他经海关审核认可的正当理由导致加工贸易保税货物在运输、仓储、加工期间发生灭失、短少、损毁等情事的，海关凭有关主管部门出具的证明文件和保险公司出具的保险赔款通知书，按照规定予以计征税款和缓税利息后办理核销手续。本款所规定的受灾保税货物对应的原进口料件，属于进口许可证件管理范围的，企业应当按照规定取得有关进口许可证件。海关对有关进口许可证件电子数据进行系统自动比对验核。本办法第四条、第六条、第七条规定免于提交进口许可证件的除外。

2. 监管模式

海关对保税加工的监管实施“物理围网”和“非物理围网”两种监管模式。

(1)物理围网模式。物理围网是指由海关对专门划定区域内开展保税加工业务实施封闭式管理。目前，主要适用于综合保税区等海关监管的特殊区域企业开展加工贸易。在该模式下，海关对保税加工企业实行联网监管，以企业为海关监管单元，以核查企业电子底账作为海关监管的主要手段，不实行银行保证金台账管理等海关事务担保措施。

(2)非物理围网模式。非物理围网是指海关针对经营企业的不同情况分别以电子化手册和电子账册作为海关监管手段的管理模式。非物理围网相对于物理围网而言，也称为信息围网模式，该模式针对经营企业的不同情况分别实行“电子账册＋联网核查”管理或者电子化手册管理。

“单一窗口”标准版用户手册（加工贸易手册）

海关对符合联网监管条件的企业实施电子账册管理，以“电子底账＋联网核查”的模式进行管理，该模式以企业作为监管单元，按照生产能力备案。

海关对以电子化手册作为海关监管手段的保税加工企业，以“电子化手册＋自动核算”的模式进行管理，以保税加工手册作为监管单元，实行银行保证金台账管理等海关事务担保措施。

(3)电子化手册。电子化手册以合同管理为基础，实行电子身份认证，在加工贸易手册备案、通关、核销、结案等环节采用“电子手册＋自动核算”的模式取代纸质手册，并通过与其他相关管理部门的联网逐步取消其他的纸质单证作业，实现纸质手册电子化，最终实现“电子申报、网上备案、无纸通关、无纸报核”。

【提示】电子化手册备案的前提是海关建立以企业为单元的备案资料库，企业以备案资料库内的数据为基础进行电子化手册备案，这是电子化手册备案模式与传统纸质手册备案模式的主要区别。

(4)电子账册。电子账册是海关以企业为管理单元，为联网企业建立电子底账的一种新型监管模式。联网企业只设立一个电子账册。海关根据联网企业的生产情况和海关的监管需要确定核销周期，并按照该核销周期对实行电子账册管理的联网企业进行核销。当前，电子账册联网监管模式已成为加工贸易监管方式改革和创新的方向。

二、电子账册管理下的保税加工货物报关

(一)电子账册管理概述

1. 电子账册管理的概念

电子账册管理是加工贸易联网监管中海关以加工贸易企业整体加工贸易业务为单元对保税加工货物进行监管的一种模式。

【提示】海关为联网企业建立电子底账，联网企业只设立一个电子账册。根据联网企业的生产情况和海关的监管需要确定核销周期，并按照该核销周期对实行电子账册管理的联网企业进行核销。

2. 电子账册管理的特点

电子账册管理的特点：①一次审批，不对加工贸易合同逐票审批；②分段备案，先备案进口料件，生产成品出口前(包括深加工结转)再备案成品及申报实际损耗；③滚动核销，180天报核一次；④控制周转，根据企业能力控制总额；⑤联网核查，通过计算机网络办理审批、备案、变更等手续；⑥实行保证金台账制[①]；⑦全额保税；⑧凭电子身份认证卡实现全国口岸的通关。

3. 电子账册的建立

① 保证金台账是加工贸易保证金制度中的一部分，取消保证金台账后，加工贸易企业在大多数情况下无须到指定银行开设专门的保证金台账。保证金是法律规定的加工贸易担保形式之一，此次改革只是取消了保证金制度中的一个环节——设立保证金台账，并不是取消了保证金制度。法律规定，“海关按照国家规定对加工贸易货物实行担保制度”，海关接受的担保包括“保证金或者银行、非银行金融机构保函”两种形式，简称“保证金”和“保函”。

(1)联网监管的申请和审批。加工贸易经营企业申请联网监管须具备的条件有:①在中国境内具有独立法人资格,并具备加工贸易经营资格,在海关注册的生产型企业;②守法经营,资信可靠,内部管理规范,对采购、生产、库存、销售等实施全程计算机管理;③能按照海关监管要求提供真实、准确、完整并具有被核查功能的数据。联网监管的申请和审批步骤如图 3—7 所示。

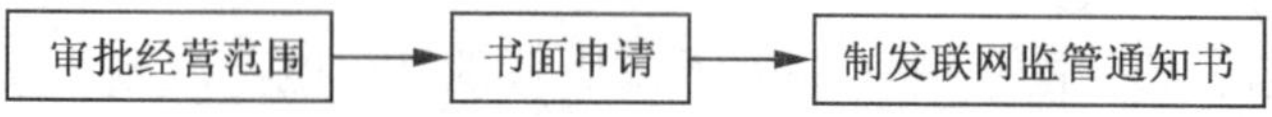

图 3—7 联网监管的申请和审批步骤

第一步:审批经营范围。企业在向海关申请联网监管前,应当先向企业所在地商务主管部门办理前置审批手续,由商务主管部门对申请联网监管企业的加工贸易经营范围依法进行审批。

第二步:书面申请。商务主管部门审批同意后,加工贸易企业向所在地直属海关提出书面申请,并提供联网监管申请表、企业进出口经营权批准文件、企业上一年度经审计的会计报表、工商营业执照复印件、经营范围清单(含进口料件和出口制成品的品名及 4 位数的 HS 编码)以及海关认为需要的其他单证。

第三步:制发联网监管通知书。主管海关在接到加工贸易企业电子账册管理模式的联网监管申请后,对申请实施联网监管企业的进口料件、出口成品的归类和商品归并关系进行预先审核和确认。经审核符合联网监管条件的,主管海关制发“海关实施加工贸易联网监管通知书”。

(2)加工贸易业务的申请和审批。联网企业的加工贸易业务由商务主管部门审批。商务主管部门总体审定联网企业的加工贸易资格、业务范围和加工生产能力。

商务主管部门收到联网企业的申请后,对非国家禁止开展的加工贸易业务予以批准,并签发“联网监管企业加工贸易业务批准证”。加工贸易业务的申请和审批步骤如图 3—8 所示。

图 3—8 加工贸易业务的申请和审批步骤

第一步:申请。加工贸易经营企业向商务部门提出申请。

第二步:商务部审定。商务部门审定加工贸易资格、业务范围和加工生产能力。

第三步:制发批准证。商务部门签发联网监管批准证。

(3)建立商品归并关系和电子账册。联网企业以商务主管部门批准的加工贸易经营范围、年生产能力等为依据,建立电子账册取代纸质手册。电子账册包括加工贸易“经营范围电子账册”和“便捷通关电子账册”。“经营范围电子账册”用于检查控制“便捷通关电子账册”进出口商品的范围,不能直接报关。“便捷通关电子账册”用于加工贸易货物的备案、通关和核销。电子账册编码为 12 位。“经营范围电子账册”第一、二位标记代码为“IT”,因此“经营范围电子账册”也称“IT 账册”;“便捷通关电子账册”第一位标记代码为“E”,因此“便捷通关电子账册”也称“E 账册”。

电子账册是在商品归并关系确定的基础上建立起来的,没有商品归并关系就不能建立电子账册,所以联网监管的实现依靠商品归并关系的确立。

建立商品归并关系是指海关与联网企业根据监管的需要按照中文品名、HS 编码、价格、贸易管制等条件,将联网企业内部管理的“料号级”商品与电子账册备案的“项号级”商品归并或拆分,建立一对多或多对一的对应关系(见表 3—5)。

表 3—5 商品归并关系

归并前料件				归并后料件			
货号	料件名称	HS 编码	计量单位	序号	料件名称	HS 编码	计量单位
screw1	1mm 螺丝	76161000	个	1	螺丝	76161000	个
screw2	5mm 螺丝	76161000	个				
screw3	7mm 螺丝	76161000	个				
screw4	8mm 螺丝	76161000	个				
screw5	8mm 铝螺丝	76161000	个	2	铝螺丝	76161000	个

资料来源：中国电子口岸数据中心。

(二)报关程序

1. 备案

备案内容如表 3—6 所示；备案变更如表 3—7 所示。

表 3—6 备案内容

备案账册	备案内容	备案方法
经营范围电子账册(IT)	(1)经营单位名称及代码；(2)加工单位名称及代码；(3)批准证件编号；(4)加工生产能力；(5)加工贸易进口料件和成品范围(商品编码前 4 位)	企业凭主管部门的批准件通过网络向海关办理手续
便捷通关电子账册(E)	(1)企业基本情况表，包括经营单位及代码、加工企业及代码、批准证编号、经营范围账册号、加工生产能力等 (2)料件、成品部分，包括归并后的料件、成品的名称、规格、商品编码、备案计量单位、币制、征免方式等 (3)单耗关系，包括成品版本号，对应料件的净耗、损耗等	企业通过网络向海关办理手续 备注：其他部分可同时申请备案，也可分阶段申请备案，但料件必须在进口前备案，成品和单耗关系最迟在相关成品出口前备案；电子账册进口料件加上剩余料件的金额、数量，不得超过最大周转金额和最大周转数量。一般每个企业只能申请建立一份

表 3—7 备案变更

备案账册	备案变更	备案方法
经营范围电子账册	经营范围、加工能力等变更	经商务主管部门批准后，企业可通过网络向海关申请，海关予以审核通过，并收取商务主管部门出具的“联网监管企业加工贸易业务批准证变更证明”等材料
便捷通关电子账册	最大周转金额、核销期限等变更	企业向海关提交申请，海关批准后直接变更；账册的基本情况表内容、料件成品等发生变化，未超出经营范围和加工能力的，可通过网络由海关直接审批

2. 进出口报关

(1)进出境货物报关。

①报关清单的生成。使用“便捷通关电子账册”办理报关手续，企业应先根据实际进出口情况，从企业管理系统导出料号级数据生成归并前的报关清单，通过网络发送到电子口岸。报关清单应按照加工贸易合同填报监管方式，进口报关清单填制的总金额不得超过电子账册最大周转金额的剩余值，其余项目的填制参照报关单填制规范。

②报关单的生成。联网企业进出口保税加工货物，应使用企业内部的计算机，采用计算机原始

数据形成报关清单，报送中国电子口岸。电子口岸将企业报送的报关清单根据归并原则进行归并，并分拆成报关单后发送回企业，由企业填报完整的报关单内容后，通过网络向海关正式申报。

③报关单的修改、撤销。不涉及报关清单的报关单内容可直接进行修改，涉及报关清单的报关单内容修改必须先修改报关清单，再重新进行归并。

报关单经海关审核通过后，一律不得修改，必须进行撤销重报。带报关清单的报关单撤销后，报关清单一并撤销，不得重复使用。报关单放行前进行修改，不涉及报关单表体内容的，经海关同意可直接修改报关单；涉及报关单表体内容的，企业必须撤销报关单重新申报。

【经验小谈 3－8】 我司申报了一批出口货物，申报后发现币值有错误，但是海关要布控。请问：我司还可以申请修改报关单吗？

答：根据《中华人民共和国海关进出口货物报关单修改和撤销管理办法》第十条的规定，海关已经决定布控、查验以及涉嫌走私或者违反海关监管规定的进出口货物，在办结相关手续前不得修改或者撤销报关单及其电子数据。

④填制报关单的要求。其包括：实际申报内容与备案底账一致；进口报关单总金额不得超过电子账册最大周转金额的剩余值；备案号为“便捷通关电子账册”号 E×××××；其他按保税加工货物来填。

⑤申报方式的选择。联网企业可以根据需要和海关规定分别选择有纸、无纸两种方式申报。

(2)深加工结转与纸质手册管理下的深加工结转一样。

(3)其他保税加工货物报关基本上同纸质手册。经主管海关批准，联网监管企业可按月度集中办理内销手续。缓税利息计息日为上次核销之日。

3. 报核和核销

实施滚动核销，以 180 天为一个报核周期。

(1)企业报核。其包括：①预报核。自电子账册本次核销周期到期之日起 30 天内，将本核销期内申报的所有电子账册进出口报关数据按海关要求的内容，包括报关单号、进出口岸、扣减方式、进出标志等以电子报文形式向海关申请报核。②正式报核。企业预报核通过海关审核后，以预报核海关核准的报关数据为基础，准确、详细地填报本期保税进口料件的应当留存数量、实际留存数量等内容，以电子数据形式向海关正式申请报核。

(2)海关核销。其目的是掌握企业在某个时段所进口的各项保税加工料件的使用、流转、损耗情况，确认是否符合以下平衡关系：

进口保税料件(含深加工结转)＝出口成品折料(含深加工结转出口)＋内销料件＋内销成品折料＋剩余料件＋损耗－退运成品折料

【经验小谈 3－9】 我司正在做申请出境加工账册的准备工作。请问：材料齐全递交给海关后，多长时间可以有审核结果？

答：根据海关总署公告 2016 年第 69 号《关于出境加工业务有关问题的公告》第六条第二款的规定，企业提交单证齐全有效的，主管海关应自接受企业账册设立申请之日起 5 个工作日内完成出境加工账册设立手续。账册核销期为 1 年。

“单一窗口”标准版用户手册(出境加工账册)

三、电子化手册管理下保税加工货物的报关程序

(一)电子化手册管理

电子化手册管理是以企业的单个加工贸易合同为单元实施联网监管的保税货物监管模式。

1. 特点

其包括：①以合同（订单）为单元进行管理；②企业通过计算机网络向商务主管部门和海关申请办理合同审批和备案、变更手续等；③实施银行保证金台账制度；④加工贸易货物进口时全额保税；⑤凭身份认证卡实现全国口岸报关。

2. 电子化手册的建立

其与电子账册建立的程序相同，同样要经过加工贸易经营企业的联网监管申请和审批、加工贸易业务的申请和审批、建立商品归并关系和电子化手册三个步骤。

（二）报关程序

1. 备案

电子化手册的备案分为按合同常规备案和分段式备案两种。按合同常规备案除不申领纸质手册以外，其他要求同纸质手册管理基本一样。分段式备案是指将电子化手册的相关内容分为合同备案和通关备案两部分分别备案，通关备案的数据建立在合同备案数据的基础上。合同备案的内容包括三部分：表头数据、料件表、成品表。

2. 进出口报关

(1)进出境报关。①报关清单的生成；②报关单的生成；③报关单的修改、撤销。异地报关的报关单被退单，且涉及修改表体商品信息的，应由本地企业从清单开始修改，并重新上传报关单，异地下载后重新申报；如仅需修改表头数据，则可在异地直接修改报关单表头信息后，直接向海关申报。

(2)深加工结转报关。深加工结转是指加工贸易企业将用保税进口料件加工的产品转至另一加工贸易企业进一步加工后复出口的经营活动。属于进口许可证件管理的，企业还应当按照规定取得有关进口许可证件。海关对有关进口许可证件电子数据进行系统自动比对验核。其程序包括计划备案、收发货登记、结转报关三个环节。

第一，计划备案——先出后入。其包括：①转出企业在申请表中填写本企业的转出计划并签章，向转出地海关备案；②转出地海关备案后，留存申请表第一联，其他三联退转出企业交转入企业；③转入企业自转出地海关备案之日起20日内，持其他三联填制本企业的内容，向转入地海关办理报备手续；④转入地海关审核后，将第二联留存，第三、四联交转入、转出企业凭以办理结转收发货登记及报关手续。

【做中学3—2】 北京加工贸易企业A进口料件生产半成品后转给南京加工贸易企业B继续深加工，最终产品由B企业出口。A、B企业都需要向海关提交加工贸易保税货物深加工结转申请表，办理计划备案。请问：该如何办理？

分析：第一步：应由A企业填写申请表向转出地海关办理备案。

第二步：A企业所在地海关备案后，留存申请表第一联，其他三联退给A企业，由其交B企业。

第三步：B企业自A企业所在地海关备案之日起20日内，持其他三联填制本企业的内容，向B企业所在地海关办理报备手续。

第四步：B企业所在地海关审核后，将第二联留存，第三、四联交转入、转出企业凭以办理结转收发货登记及报关手续。

第二，收发货登记。其包括：①转入、转出企业办理结转计划申报后，按照双方海关核准后的申请表进行实际收发货；②转入、转出企业每批次收发货记录应当在保税货物实际结转登记表上如实登记，并加盖企业结转专用名章；③结转货物退货的，转出、转入企业按实际退货情况在登记表中登记，同时注明“退货”字样，并各自加盖企业结转专用名章。

第三，结转报关——先入后出。转入、转出企业实际收发货后，应当按照规定办理结转报关手续：①转出、转入企业分别在转出地、转入地海关办理结转报关手续(实际收发货后的90天内)，可分批或集中报关；②转入企业凭申请表、登记表等单证向转入地海关办理结转进口报关手续，在结转报关后的第二个工作日内通知转出企业；③转出企业自接到通知之日起10日内，凭申请表、登记表等单证向转出地海关办理结转出口报关手续；④结转进口、出口报关的申报价格为结转货物的实际成交价格；⑤一份结转进口报关单对应一份结转出口报关单，两份报关单的申报序号、商品编号、数量、价格和手册号应当一致；⑥结转货物分批报关的，企业应同时提供申请表和登记表的原件和复印件。

(3)其他保税货物报关。其他保税货物是指履行加工贸易合同过程中产生的剩余料件、边角料、残次品、副产品、受灾保税货物。其处理方式包括内销、结转、退运、放弃、销毁等。除销毁处理外，其他处理方式都必须填制报关单报关。有关报关单是企业报核的必要单证。

第一，内销报关。海关特殊监管区域外加工贸易保税进口料件或者制成品如需转内销的，海关依法征收税款和缓税利息。进口料件涉及许可证件管理的，企业还应当向海关提交相关许可证件。

加工贸易项下关税配额农产品办理内销手续时，海关验核贸易方式为“一般贸易”的关税配额证原件或关税配额外优惠关税税率配额证原件(以下简称“一般贸易配额证”)，按关税配额税率或关税配额外暂定优惠关税税率计征税款和缓税利息。无一般贸易配额证的，按关税配额外税率计征税款和缓税利息。

根据国务院“放管服”工作部署和《国务院关于促进加工贸易创新发展的若干意见》精神，为深化加工贸易管理体制改革，进一步提高便利化水平，完善事中事后监管，在全国范围内取消《加工贸易企业经营状况及生产能力证明》(以下简称《生产能力证明》)，由加工贸易企业自主承诺具备相应生产经营能力。

自2019年1月1日起，企业从事加工贸易业务不再申领《生产能力证明》，商务主管部门不再为加工贸易企业出具《生产能力证明》。企业开展加工贸易业务，须具备相应生产经营能力。加工企业应具有与业务范围相适应的工厂、加工设备和工人，经营企业应具有进出口经营权。企业应自觉履行安全生产、节能低碳、环境保护等社会责任。

企业开展加工贸易业务，须登录进入“商务部业务系统统一平台(http://ecomp.mofcom.gov.cn)”企业端，先注册账号，在“加工贸易企业经营状况及生产能力信息系统”，自主填报《加工贸易企业经营状况及生产能力信息表》(以下简称《信息表》)，并对信息真实性作出承诺。《信息表》有效期为自填报(更新)之日起1年，到期后或相关信息发生变化，企业应及时更新《信息表》。已网上填报《信息表》的企业到主管海关办理加工贸易手(账)册设立(变更)手续，无须提交纸质《信息表》。企业作出不实承诺的，将被记入企业诚信记录，并依法采取降低海关信用等级等措施。

为进一步优化营商环境，便利优惠贸易协定项下自海关特殊监管区域和保税监管场所[以下统称“区域(场所)”]内销货物享受优惠关税待遇，自2020年1月1日起，海关总署决定调整优惠贸易协定项下进出区域(场所)货物申报要求：

①对于出区域(场所)内销时申请适用协定税率或者特惠税率的进口货物，在货物从境外入区域(场所)时，其收货人或者代理人(以下统称“进口人”)不再需要按照《中华人民共和国海关进出口货物报关单填制规范》中有关优惠贸易协定项下进口货物填制要求(以下简称“优惠贸易协定项下报关单填制要求”)填报进口报关单或者进境备案清单。

②上述货物出区域(场所)内销时，进口人应按照优惠贸易协定项下报关单填制要求填报进口报关单，并可自行选择“通关无纸化”或“有纸报关”方式申报原产地单证。选择“通关无纸化”方式申报的，进口人应当按照规定办理；选择“有纸报关”方式申报的，进口人应按现行规定提交纸质原产地证据文件。

③《中华人民共和国政府和新西兰政府自由贸易协定》《中华人民共和国政府和澳大利亚政府自由贸易协定》项下实施特殊保障措施的农产品出区域（场所）内销申请适用协定税率的，进口人仍应当在有关货物从境外首次入区域（场所）时按照优惠贸易协定项下报关单填制要求填报进口报关单或者进境备案清单，并以“通关无纸化”方式申报原产地单证。

④内销时货物实际报验状态与其从境外入区域（场所）时的状态相比，超出了相关优惠贸易协定所规定的微小加工或处理范围的，不得享受协定税率或者特惠税率。

原产地单证是指原产地证据文件、商业发票、运输单证和未再加工证明等单证。原产地证据文件是指相关优惠贸易协定原产地管理办法所规定的原产地证书和原产地声明。

为加强海关特殊监管区域、保税监管场所和区外加工贸易涉及实施关税配额管理，贸易救济措施，中止关税减让义务、加征关税措施，为征收报复性关税而实施加征关税措施（以下统称四类措施）等商品的管理，海关总署、国家发展和改革委、财政部、农业农村部、商务部、税务总局联合发布了《关于调整海关特殊监管区域、保税监管场所和区外加工贸易有关管理措施的公告》，自 2025 年 6 月 10 日起实施，主要对涉及“四类措施”商品的保税管理进行了调整。

商品范围包括：①实施关税配额管理商品。根据《中华人民共和国加入世界贸易组织议定书》及相关规定，我国实施关税配额管理的小麦、玉米、大米、棉花、食糖、羊毛、毛条、化肥。②实施贸易救济措施，中止关税减让义务、加征关税措施，为征收报复性关税而实施加征关税措施商品。实施上述措施的商品分别指根据我国有关法律法规规定，采取反倾销措施、反补贴措施和保障措施的商品，实施中止关税减让义务、加征关税措施的商品，为征收报复性关税而实施加征关税措施的商品。

具体管理措施包括：

①海关特殊监管区域、保税监管场所[①]和区外加工贸易企业开展保税业务涉及从境外进口四类措施商品的，应设立专用账册。境外进口的四类措施商品不进入专用账册的，不得保税。为征收报复性关税而实施加征关税措施的商品，适用相关排除措施且加征关税均获得排除后，可进口至现有保税账册（以下称普通账册），但该商品同时涉及其他措施的除外。

②境外进口四类措施商品及其保税加工后的成品，在专用账册之间可以保税流转，但不得保税流转至普通账册。境外进口四类措施商品未经加工的可以内销，按现行规定执行。使用境外进口四类措施商品保税加工后的成品未进行保税流转的可以内销，内销时按其全部保税进口料件征收关税，进口环节增值税、消费税按现行规定执行，执行四类措施；经保税流转的，不得内销，可出口至境外。

③境外进口四类措施商品加工过程中使用的非四类措施商品应纳入专用账册管理，未使用完毕的非四类措施商品可保税流转至普通账册。上述非四类措施商品包括从境外直接进口的不涉及四类措施的商品、从国内采购的已出口退税商品、从普通账册转入专用账册的商品等。

④专用账册项下的加工贸易边角料、残次品、副产品不得内销，可按现行规定复运出境或销毁。

⑤专用账册不得用于开展区内委托加工业务。

⑥跨境电商商品按现行规定适用跨境电商账册管理，但涉及四类措施的跨境电商商品不得转入非跨境电商类型的普通账册。

⑦对海关特殊监管区域内进口料件不属于四类措施商品、加工后成品属于四类措施商品的，内销时不适用选择性征收关税，一律按照货物实际状态（成品）征收进口关税，进口环节增值税、消费税按现行规定执行，执行四类措施。

---

① 海关特殊监管区域包括综合保税区、保税港区、保税区、珠澳跨境工业区珠海园区；所称保税监管场所包括保税物流中心、保税仓库、出口监管仓库。

【注意】对海关特殊监管区域内企业利用海关监管期限内的免税设备承接区外企业提供的玉米、小麦、大米、棉花入区开展委托加工业务，玉米、小麦、大米、棉花从境内区外入区时，无须验核出口许可证件。

【小贴士 3—3】 经批准允许转内销的保税加工货物属进口许可证管理的，企业还应按规定向海关补交进口许可证件；对于剩余料件，金额占实际进口料件总额 3%以下及总值在 1 万元人民币以下（含 1 万元）的，免审批、免许可证。

内销报关注意事项如表 3—8 所示。

表 3—8　　内销报关注意事项

货物类型	征税数量	完税价格	缓税利息
剩余料件	按申报数量计征	进料加工：以原进口成交价格为基础，原进口成交价不能确定的，以接受内销申报的同时或大约同时进口的、与料件相同或类似的货物的进口成交价格为参考 来料加工：以接受内销申报的同时或大约同时进口的、与料件相同或类似的货物的进口成交价格为基础	要征税的，需加征缓税利息 计息期限为：起始日为内销料件或制成品所对应的加工贸易合同项下首批料件进口之日，终止日为海关填发税款缴款书之日
制成品	根据单耗关系折算耗用掉的保税进口料件数量计征		
残次品			
副产品	申报时实际状态的数量计征	内销价	
边角料	按申报数量计征	内销价	免缓税利息

经批准正常的转内销征税，适用海关接受申报办理纳税手续之日实施的税率。内销商品属关税配额管理而在办理纳税手续时又没有配额证的，应当按该商品配额外适用的税率缴纳进口税。

第二，结转。加工贸易企业向海关申请将剩余料件结转到另一个加工贸易合同使用。结转的条件：同一经营单位、同样进口料件、同一加工形式。申请结转提交的单证：企业申请剩余料件结转书面材料、企业拟结转的剩余料件清单、海关按规定须收取的其他单证和材料。

【提示】符合规定的，海关做出准予结转的决定，并向企业签发加工贸易剩余料件结转联系单，由企业在转出手册的主管海关办理出口报关手续，在转入手册的主管海关办理进口报关手续。

第三，退运。加工贸易企业因故申请将剩余料件、边角料、残次品、副产品等保税加工货物退运出境的，应持登记手册等有关单证向口岸海关报关，办理出口手续，留存有关报关单证，准备报核。

第四，放弃。企业放弃剩余料件、边角料、残次品、副产品等交由海关处理，须提交书面申请。对符合规定的，海关将做出准予放弃的决定，开具加工贸易企业放弃加工贸易货物交接单，企业凭以在规定的时间内将放弃的货物运至指定仓库，并办理报关手续，留存有关报关单证以备报核。下列情形不准放弃：①申请放弃的货物属于国家禁止或限制进口的货物；②申请放弃的货物属于对环境造成污染的；③法律、行政法规、规章规定不予放弃的其他情形。

第五，销毁。被海关做出不予结转决定或不予放弃决定的加工贸易货物或因知识产权等原因企业要求销毁的加工贸易货物，企业可以向海关提出销毁申请，海关经核实同意销毁的，由企业按规定销毁，必要时海关可以派员监督销毁。货物销毁后，企业应当收取有关部门出具的销毁证明材料，以备报核。

第六，受灾保税加工货物的报关。加工贸易企业应在灾后 7 日内向海关书面报告，企业在规定的核销期内报核时，应当提供下列证明材料：

①商务主管部门的签注意见；

②有关检验检疫证明文件或者保险公司出具的保险赔款通知书；

③企业在规定的核销期内报核时，应当提供保险公司出具的保险赔款通知书和

“单一窗口”标准版用户手册（信用保险）

海关认可的其他有效证明文件。

受灾保税货物的处理如表 3—9 所示。

表 3—9　　受灾保税货物的处理

情　况		处　理　方　法
不可抗力	①货物灭失，无价值的	由海关审定，予以免税
	②货物失去原有价值，但可再利用的	按审定的货物价格纳税并交缓税利息，对应的进口料件属于关税配额管理的，按关税配额税率征收
	③受灾保税货物内销	如属进口许可证件管理的，免予交验许可证件
非不可抗力		按原进口货物成交价格审定完税价征税
		属于关税配额管理但无配额证的，按配额外税率征税
		原进口料件内销，属于许可证管理的，应交验进口许可证件

(4)报核和核销。电子化手册采用的是以合同为单元的管理方式，一个企业可以有多本电子化手册。海关根据加工贸易合同的有效期限确定核销日期，对实行电子手册管理的联网企业进行定期核销管理。

四、加工贸易“放管服”改革

“单一窗口”标准版用户手册(加工贸易账册)

为全面落实党中央、国务院关于扩大高水平开放、深化“放管服”改革的决策部署，海关总署研究决定对部分加工贸易业务办理手续进行精简和规范：

1. 手册设立(变更)一次申报，取消备案资料库申报

企业通过金关二期加工贸易管理系统办理加工贸易手册设立(变更)时，不再向海关申报设立备案资料库，直接发送手册设立(变更)数据，海关按规定对企业申报的手册设立(变更)数据进行审核并反馈。

2. 账册设立(变更)一次申报，取消商品归并关系申报

企业通过金关二期加工贸易管理系统办理加工贸易账册设立(变更)时，不再向海关申报归并关系，由企业根据自身管理实际，在满足海关规范申报和有关监管要求的前提下，自主向海关申报有关商品信息。企业内部管理商品与电子底账之间不是一一对应的，归并关系由企业自行留存备查。

3. 外发加工一次申报，取消外发加工收发货记录

简化外发加工业务申报手续，企业通过金关二期加工贸易管理系统办理加工贸易外发加工业务时，应在规定的时间内向海关申报“外发加工申报表”，不再向海关申报外发加工收发货登记，实现企业外发加工一次申报、收发货记录自行留存备查。企业应如实填写并向海关申报“外发加工申报表”，对全工序外发的，应在申报表中勾选“全工序外发”标志，并按规定提供担保后开展外发加工业务。

4. 深加工结转一次申报，取消事前申请和收发货记录

简化深加工结转业务申报手续，海关对加工贸易深加工结转业务不再进行事前审核。企业通过金关二期加工贸易管理系统办理加工贸易深加工结转业务时，不再向海关申报“深加工结转申报表”和收发货记录，应在规定的时间内直接向海关申报保税核注清单及报关单办理结转手续，实现企业深加工结转一次申报、收发货记录自行留存备查。企业应于每月 15 日前对上月深加工结转情况进行保税核注清单及报关单的集中申报，但集中申报不得超过手(账)册有效期或核销截止日期，且不得跨年申报。

5. 余料结转一次申报，不再征收风险担保金

简化余料结转业务申报手续，海关对加工贸易余料结转业务不再进行事前审核。企业通过金

关二期加工贸易管理系统办理加工贸易余料结转业务时，不再向海关申报“余料结转申报表”，企业应在规定的时间内向海关申报保税核注清单办理余料结转手续，实现企业余料结转一次申报。取消企业办理余料结转手续须征收担保的相关规定，对同一经营企业申报将剩余料件结转到另一加工企业的、剩余料件转出金额达到该加工贸易合同项下实际进口料件总额50%及以上的、剩余料件所属加工贸易合同办理两次及两次以上延期手续的等情形，企业不再提供担保。

6. 内销征税一次申报，统一内销征税申报时限

优化加工贸易货物内销征税手续，企业通过金关二期加工贸易管理系统办理加工贸易货物内销业务时，直接通过保税核注清单生成内销征税报关单，并办理内销征税手续，不再向海关申报“内销征税联系单”。统一区外加工贸易企业集中办理内销征税手续申报时限，符合条件集中办理内销征税手续的加工贸易企业，应于每月15日前对上月内销情况进行保税核注清单及报关单的集中申报，但集中申报不得超过手(账)册有效期或核销截止日期，且不得跨年申报。

7. 优化不作价设备监管，简化解除监管流程

企业通过金关二期加工贸易管理系统办理不作价设备手册设立等各项手续，根据规范申报要求上传随附单证进行在线申报。简化不作价设备解除监管流程，对于监管期限已满的不作价设备，企业不再向海关提交书面申请等纸质单证，通过申报监管方式为“BBBB”的设备解除监管专用保税核注清单，向主管海关办理设备解除监管手续。保税核注清单审核通过后，企业如有需要，可自行打印解除监管证明。不作价设备监管期限未满，企业申请提前解除监管的，由企业根据现有规定办理复运出境或内销手续。

8. 创新低值辅料监管，纳入保税料件统一管理

将低值辅料纳入加工贸易手(账)册统一管理。企业使用金关二期加工贸易管理系统，将低值辅料纳入进口保税料件申报和使用，适用加工贸易禁止类、限制类商品目录等相关管理政策，实现低值辅料无纸化、规范化管理。海关停止签发“低值辅料登记表”，之前已经签发的企业可正常执行完毕。

五、加工贸易内销申报纳税

(1)对符合条件按月办理内销申报纳税手续的海关特殊监管区域外加工贸易企业，在不超过手册有效期或账册核销截止日期的前提下，最迟可在季度结束后15天内完成申报纳税手续。

(2)海关特殊监管区域内加工贸易企业，采用“分送集报”方式办理出区进入中华人民共和国关境内(海关特殊监管区域外)手续的，在不超过账册核销截止日期的前提下，最迟可在季度结束后15天内完成申报纳税手续，或按照现行规定进行申报纳税。

(3)按季度申报纳税不得跨年操作，企业须在每年4月15日、7月15日、10月15日、12月31日前进行申报。

第四节　综合保税区货物报关

一、综合保税区的概念

动漫视频

综合保税区

综合保税区(Integrated Free Trade Zone，简称“综保区”)是设立在内陆地区的具有保税港区功能的海关特殊监管区域，由海关参照有关规定对综合保税区进行管理，执行保税港区的税收和外汇政策，集保税区、出口加工区、保税物流区、港口的功能于一身，可以发展国际中转、配送、采购、转口贸易和出口加工等业务。

【提示】2024 年全国海关特殊监管区域数量达到 175 个，涉及 31 个省份。其中综合保税区 167 个，保税区 6 个，保税港区 1 个，珠澳跨境工业区珠海园区 1 个。2024 年新增了 5 个综合保税区，分别是北京亦庄综合保税区、蚌埠综合保税区、上饶综合保税区、佛山综合保税区、成都天府国际空港综合保税区。全国综合保税区超过两位数的省份有 4 个，分别是江苏省(21 个)、山东省(14 个)、广东省(13 个)、浙江省(11 个)；仅有 1 个的省份有 5 个，分别是山西省、甘肃省、宁夏回族自治区、青海省和西藏自治区。

2019 年海关总署在综保区实施“四自一简”监管改革：①在综保区内实施“四自一简”监管制度，综保区内企业(以下简称“企业”)可自主备案、合理自定核销周期、自主核报、自主补缴税款，海关简化业务核准手续。②海关认定的企业信用状况为一般信用及以上的企业可适用“四自一简”模式。③企业设立电子账册时，可自主备案商品信息。除系统判别转由人工审核的，系统自动备案。④企业可根据实际经营情况，自主确定核销周期。核销周期原则上不超过一年，企业核销盘点前应当告知海关。⑤企业可自主核定保税货物耗用情况，并向海关如实申报，自主办理核销手续。企业对自主核报数据负责并承担相应法律责任。⑥企业可按照“自主申报、自行缴税(自报自缴)”方式对需要缴税的保税货物自主补缴税款。⑦简化业务核准手续，企业可一次性办理分送集报、设备检测、设备维修、模具外发等备案手续。须办理海关事务担保的业务，企业按照有关规定办理。⑧企业有下列情形之一的，海关可暂停其适用“四自一简”模式：不再符合②所述业务开展条件的；涉嫌走私被立案调查、侦查的。

二、综合保税区内业务及企业管理

(一)综合保税区内业务

为了规范海关对综合保税区的管理，促进综合保税区高水平开放、高质量发展，根据《中华人民共和国海关法》《中华人民共和国进出口商品检验法》《中华人民共和国进出境动植物检疫法》《中华人民共和国国境卫生检疫法》《中华人民共和国食品安全法》及有关法律、行政法规和国家相关规定，制定《中华人民共和国海关综合保税区管理办法》(2022 年 1 月 1 日海关总署令第 256 号公布，自 2022 年 4 月 1 日起施行)，依法对进出综合保税区的交通运输工具、货物及其外包装、集装箱、物品以及综合保税区内(以下简称“区内”)企业实施监督管理。

【提示】综合保税区实行封闭式管理。除安全保卫人员外，区内不得居住人员。综合保税区的基础和监管设施应当符合综合保税区基础和监管设施设置规范，并经海关会同有关部门验收合格。

区内企业可以依法开展以下业务：①研发、加工、制造、再制造；②检测、维修；③货物存储；④物流分拨；⑤融资租赁；⑥跨境电商；⑦商品展示；⑧国际转口贸易；⑨国际中转；⑩港口作业；⑪期货保税交割；⑫国家规定可以在区内开展的其他业务。

(二)综合保税区内企业管理

(1)区内企业及其分支机构应当取得市场主体资格，并依法向海关办理注册或者备案手续。

(2)区内从事食品生产的企业应当依法取得国内生产许可。

(3)区内企业应当依照法律法规的规定规范财务管理，并按照海关规定设立海关电子账册，电子账册的备案、变更、核销应当按照海关相关规定执行。

(4)海关对区内企业实行稽查、核查制度。

(5)区内企业应当配合海关的稽查、核查，如实提供相关账簿、单证等有关资料及电子数据。

(6)区内企业开展涉及海关事务担保业务的，按照海关事务担保相关规定执行。

【注意】海关对区内企业实行计算机联网管理，提升综合保税区信息化、智能化管理水平。

三、综合保税区内货物的管理

(1)区内企业转让、转移货物的,双方企业应当及时向海关报送转让、转移货物的品名、数量、金额等电子数据信息。

【注意】 综合保税区内货物可以自由流转。

(2)区内企业可以利用监管期限内的免税设备接受区外企业委托开展加工业务。

(3)区内企业开展委托加工业务,应当设立专用的委托加工电子账册。委托加工用料件需使用保税料件的,区内企业应当向海关报备。

区内企业按照海关规定将自用机器、设备及其零部件、模具或者办公用品运往区外进行检测、维修的,检测、维修期间不得在区外用于加工生产和使用,并且应当自运出之日起 60 日内运回综合保税区。因故不能如期运回的,区内企业应当在期限届满前 7 日内书面向海关申请延期,延长期限不得超过 30 日。

【注意】 货物因特殊情况无法在上述规定时间内完成检测、维修并运回综合保税区的,经海关同意,可以在检测、维修合同期限内运回综合保税区。

更换零配件的,原零配件应当一并运回综合保税区;确需在区外处置的,海关应当按照原零配件的实际状态征税;在区外更换的国产零配件,需要退税的,企业应当按照有关规定办理手续。

(4)区内企业按照海关规定将模具、原材料、半成品等运往区外进行外发加工的,外发加工期限不得超过合同有效期,加工完毕的货物应当按期运回综合保税区。

(5)外发加工产生的边角料、残次品、副产品不运回综合保税区的,海关应当按照货物实际状态征税;残次品、副产品属于关税配额、许可证件管理的,区内企业或者区外收发货人应当取得关税配额、许可证件;海关应当对有关关税配额进行验核、对许可证件电子数据进行系统自动比对验核。

(6)因不可抗力造成综合保税区内货物损毁、灭失的,区内企业应当及时报告海关。经海关核实后,区内企业可以按照下列规定办理:

①货物灭失,或者虽未灭失但完全失去使用价值的,办理核销和免税手续;

②境外进入综合保税区或者区外进入综合保税区且已办理出口退税手续的货物损毁,失去部分使用价值的,办理出区内销或者退运手续;

③区外进入综合保税区且未办理出口退税手续的货物损毁,失去部分使用价值,需要向出口企业进行退换的,办理退运手续。

(7)因保管不善等非不可抗力因素造成区内货物损毁、灭失的,区内企业应当及时报告海关并说明情况。经海关核实后,区内企业可以按照下列规定办理:

①区外进入综合保税区的货物,按照一般贸易进口货物的规定办理相关手续,并按照海关审定的货物损毁或灭失前的完税价格,以货物损毁或灭失之日适用的税率、汇率缴纳关税、进口环节税;

②区外进入综合保税区的货物,重新缴纳因出口而退还的国内环节有关税收,已缴纳出口关税的,不予退还。

(8)区内企业申请放弃的货物,经海关及有关主管部门核准后,由海关依法提取变卖,变卖收入按照国家有关规定处理,但法律法规规定不得放弃的除外。

【提示】 除法律法规另有规定外,区内货物不设存储期限。

【注意】 对境内入区的不涉及出口关税、不涉及许可证件、不要求退税且不纳入海关统计的货物，海关对其实施便捷进出区管理。

四、综合保税区开展保税研发业务

为贯彻落实加快综保区创新升级，促进综保区保税研发业态发展，综保区内企业(以下简称“区内企业”)以有形料件、试剂、耗材及样品(以下统称“研发料件”)等开展研发业务。

(1)区内企业具备以下条件的，可开展保税研发业务：①经国家有关部门或综保区行政管理机构批准开展保税研发业务；②海关认定的企业信用状况为一般信用及以上；③具备开展保税研发业务所需的场所和设备，能够对研发料件和研发成品实行专门管理。

(2)除法律、行政法规、国务院的规定或国务院有关部门依据法律、行政法规授权作出的规定准许外，不得开展国家禁止进出口货物的保税研发业务。

【注意】区内企业开展保税研发业务不按照加工贸易禁止类目录执行。

(3)区内企业开展保税研发业务，应当设立专门的保税研发电子账册，建立包含研发料件和研发成品等信息的电子底账。

(4)研发料件、研发成品及研发料件产生的边角料、坏件、废品等保税研发货物(以下简称“保税研发货物”)，区内企业按照以下方式申报：

①研发料件从境外入区，按照监管方式“特殊区域研发货物”(代码 5010)申报，运输方式按照实际进出境运输方式申报；研发料件从境内(区外)入区，按照监管方式“料件进出区”(代码 5000)申报，运输方式按照“其他”(代码 9)申报。

②研发成品出境，按照监管方式“特殊区域研发货物”(代码 5010)申报，运输方式按照实际进出境运输方式申报；研发成品进入境内(区外)，按照监管方式“成品进出区”(代码 5100)申报，运输方式按照“其他”(代码 9)申报。

③研发料件进入境内(区外)，按照监管方式“料件进出区”(代码 5000)申报，运输方式按照“其他”(代码 9)申报。

④研发料件产生的边角料、坏件、废品等，退运出境按照监管方式“进料边角料复出”(代码 0864)或“来料边角料复出”(代码 0865)申报，运输方式按照实际进出境运输方式申报；内销按照监管方式“进料边角料内销”(代码 0844)或“来料边角料内销”(代码 0845)申报，运输方式按照“其他”(代码 9)申报。

(5)保税研发货物销往境内(区外)的，区外企业按照实际监管方式申报，运输方式按照“综合保税区”(代码 Y)申报。企业应当按照实际报验状态申报纳税，完税价格按照《中华人民共和国海关审定内销保税货物完税价格办法》(海关总署令第 211 号)第九条、第十条的规定确定。

(6)研发料件产生的边角料、坏件、废品运往境内(区外)的，区内企业按照综保区关于边角料、废品、残次品的有关规定办理出区手续。属于固体废物的，区内企业应当按照《固体废物进口管理办法》(生态环境部、商务部、国家发改委、海关总署、质检总局联合令第 12 号)有关规定办理出区手续。

(7)区内企业可将研发成品运往境内(区外)进行检测。研发成品出区检测期间不得挪作他用，不得改变物理、化学形态，并应当自运出之日起 60 日内运回综保区。因特殊情况不能如期运回的，区内企业应当在期限届满前 7 日内向海关申请延期，延长期限不得超过 30 日。

(8)保税研发电子账册核销周期最长不超过一年，区内企业应当如实申报库存、研发耗用等海关需要的监管数据，并根据实际研发情况办理报核手续。

(9)区内企业有下列情形之一的，海关可暂停其保税研发业务：①不再符合②③所述业务开展条件的;②未能将出区检测的研发成品按期运回综保区的;③未能在规定期限内将保税研发货物按照有关规定处置的;④涉嫌走私被立案调查、侦查的。

五、综合保税区内企业承接境内(区外)企业委托加工业务

为贯彻落实综保区创新升级,支持在综保区内的企业(以下简称"区内企业")承接境内(区外)企业(以下简称"区外企业")委托加工业务,统筹利用国际国内两个市场、两种资源。

(1)"委托加工",是指区内企业利用监管期限内的免税设备接受区外企业委托,对区外企业提供的入区货物进行加工,加工后的产品全部运往境内(区外),收取加工费,并向海关缴纳税款的行为。

委托加工货物包括委托加工的料件(包括来自境内区外的非保税料件和区内企业保税料件)、成品、残次品、废品、副产品和边角料。

(2)除法律、行政法规、国务院的规定或国务院有关部门依据法律、行政法规授权作出的规定准许外,区内企业不得开展国家禁止进出口货物的委托加工业务。

(3)区内企业开展委托加工业务,应当具备以下条件:①海关认定的企业信用状况为一般信用及以上;②具备开展该项业务所需的场所和设备,对委托加工货物与其他保税货物分开管理、分别存放。

(4)区内企业开展委托加工业务,应当设立专用的委托加工电子账册。

(5)委托加工用料件原则上由区外企业提供,对需使用区内企业保税料件的,区内企业应当事先如实向海关报备。

(6)委托加工用非保税料件由境内(区外)入区时,区外企业申报监管方式为"出料加工"(代码1427),运输方式为"综合保税区"(代码Y);区内企业申报监管方式为"料件进出区"(代码5000),运输方式为"其他"(代码9)。

(7)境内(区外)入区的委托加工用料件属于征收出口关税商品的,区外企业应当按照海关规定办理税款担保事宜。

(8)委托加工成品运往境内(区外)时,区外企业申报监管方式为"出料加工"(代码1427),运输方式为"综合保税区"(代码Y)。委托加工成品和加工增值费用分列商品项,并按照以下要求填报:①商品名称与商品编号栏目均按照委托加工成品的实际名称与编码填报;②委托加工成品商品项数量为实际出区数量,征减免税方式为"全免";③加工增值费用商品项商品名称包含"加工增值费用",法定数量为0.1,征减免税方式为"照章征税"。

区内企业申报监管方式为"成品进出区"(代码5100),运输方式为"其他"(代码9),商品名称按照委托加工成品的实际名称填报。

加工增值费用完税价格应当以区内发生的加工费和保税料件费为基础确定。其中,保税料件费是指委托加工过程中所耗用全部保税料件的金额,包括成品、残次品、废品、副产品、边角料等。

(9)由境内(区外)入区的委托加工剩余料件运回境内(区外)时,区外企业申报监管方式为"出料加工"(代码1427),运输方式为"综合保税区"(代码Y),区内企业申报监管方式为"料件进出区"(代码5000),运输方式为"其他"(代码9)。

(10)委托加工产生的边角料、残次品、废品、副产品等应当运回境内(区外)。保税料件产生的边角料、残次品、废品、副产品属于固体废物的,应当按照《固体废物进口管理办法》(生态环境部、商务部、国家发改委、海关总署、质检总局联合令第12号)办理出区手续。

(11)委托加工电子账册核销周期最长不超过一年,区内企业应当按照海关监管要求,如实申报企业库存、加工耗用等数据,并根据实际加工情况办理报核手续。

(12)区内企业有下列情形之一的，海关可暂停其委托加工业务：①不再符合②③所述业务开展条件的；②未能在规定期限内将委托加工产生的边角料、残次品、废品、副产品等按照有关规定处置的；③涉嫌走私被立案调查、侦查的。

六、综合保税区与境外之间进出货物的管理

(1)除法律法规另有规定外，国家禁止进口、出口的货物、物品不得在综合保税区与境外之间进、出。

(2)综合保税区与境外之间进出的货物不实行关税配额、许可证件管理，但法律法规和我国缔结或者参加的国际条约、协定另有规定的除外。

(3)综合保税区与境外之间进出的货物，其收发货人或者代理人应当如实向海关申报，按照海关规定填写进出境货物备案清单并办理相关手续。

(4)境外进入综合保税区的货物及其外包装、集装箱，应当由海关依法在进境口岸实施检疫。因口岸条件限制等原因，海关可以在区内符合条件的场所(场地)实施检疫。

综合保税区运往境外的货物及其外包装、集装箱，应当由海关依法实施检疫。

综合保税区与境外之间进出的交通运输工具，由海关按照进出境交通运输工具有关规定实施检疫。

(5)境外进入综合保税区的货物予以保税，但(6)(8)规定的情形除外。

(6)除法律法规另有规定外，下列货物从境外进入综合保税区，海关免征进口关税和进口环节税：①区内生产性的基础设施建设项目所需的机器、设备和建设生产厂房、仓储设施所需的基建物资；②区内企业开展本办法第五条所列业务所需的机器、设备、模具及其维修用零配件；③综合保税区行政管理机构和区内企业自用合理数量的办公用品。

自国务院批准设立综合保税区之日起，从境外进入综合保税区的区内企业自用机器、设备按照前款规定执行。

【注意】综合保税区与区外之间进出的交通运输工具、人员应当通过指定通道进出，海关根据需要实施检查。综合保税区与境外之间进出的交通运输工具服务人员携带个人物品进出综合保税区的，海关按照进出境旅客行李物品的有关规定进行监管。

(7)上述第(6)条所列货物的监管年限，参照进口减免税货物的监管年限管理，监管年限届满的自动解除监管；监管年限未满企业申请提前解除监管的，参照进口减免税货物补缴税款的有关规定办理，属于许可证件管理的应当取得有关许可证件。

(8)境外进入综合保税区，供区内企业和行政管理机构自用的交通运输工具、生活消费用品，海关依法征收进口关税和进口环节税。

【注意】除法律法规另有规定外，综合保税区运往境外的货物免征出口关税。

【提示】除法律法规另有规定外，海关对境外与综合保税区之间进出的货物实施进出口货物贸易统计；对区外与综合保税区之间进出的货物，根据管理需要实施海关单项统计和海关业务统计；对与综合保税区相关的海关监督管理活动和内部管理事务实施海关业务统计。

七、综合保税区与区外之间进出货物的管理

综合保税区与中华人民共和国境内的其他地区(以下简称“区外”)之间进出的货物，区内企业或者区外收发货人应当按照规定向海关办理相关手续。

(1)货物属于关税配额、许可证件管理的,区内企业或者区外收发货人应当取得关税配额、许可证件;海关应当对关税配额进行验核,对许可证件电子数据进行系统自动比对验核。

【注意】 除法律法规另有规定外,海关对综合保税区与区外之间进出的货物及其外包装、集装箱不实施检疫。

(2)综合保税区与区外之间进出的货物,区内企业或者区外收发货人应当按照货物进出区时的实际状态依法缴纳关税和进口环节税。

(3)区内企业加工生产的货物出区内销时,区内企业或者区外收发货人可以选择按照其对应进口料件缴纳关税,并补缴关税税款缓税利息;进口环节税应当按照出区时货物实际状态照章缴纳。

(4)经综合保税区运往区外的优惠贸易协定项下的货物,符合相关原产地管理规定的,可以适用协定税率或者特惠税率。

(5)以出口报关方式进入综合保税区的货物予以保税;其中,区内企业从区外采购的机器、设备参照进口减免税货物的监管年限管理,监管年限届满的自动解除监管,免于提交许可证件;监管年限未满企业申请提前解除监管的,参照进口减免税货物补缴税款的有关规定办理相关手续,免于提交许可证件。

(6)区内企业在加工生产过程中使用保税料件产生的边角料、残次品、副产品以及加工生产、储存、运输等过程中产生的包装物料,运往区外销售时,区内企业应当按照货物出区时的实际状态缴纳税款;残次品、副产品属于关税配额、许可证件管理的,区内企业或者区外收发货人应当取得关税配额、许可证件;海关应当对关税配额进行验核、对许可证件电子数据进行系统自动比对验核。

(7)区内企业产生的未复运出境的固体废物,按照国内固体废物相关规定进行管理。需运往区外进行贮存、利用或者处置的,应按规定向海关办理出区手续。

(8)区内企业依法对区内货物采取销毁处置的,应当办理相关手续,销毁处置费用由区内企业承担。

(9)区内企业可以按照海关规定办理集中申报手续。

(10)除海关总署另有规定外,区内企业应当在每季度结束的次月 15 日前办理该季度货物集中申报手续,但不得晚于账册核销截止日期,且不得跨年度办理。

(11)集中申报适用海关接受集中申报之日实施的税率、汇率。

综合保税区与其他综合保税区等海关特殊监管区域、保税监管场所之间往来的货物予以保税。

【提示】 综合保税区与其他综合保税区等海关特殊监管区域或者保税监管场所之间流转的货物,不征收关税和进口环节税。

八、境外进入综合保税区食品检验放行

对境外进入综合保税区的食品实施“抽样后即放行”监管。

(1)综合保税区内进口的食品,需要进入境内的,可在综合保税区进行合格评定,分批放行。凡需要进行实验室检测的,可在满足以下条件的基础上抽样后即予以放行:①进口商承诺进口食品符合我国食品安全国家标准和相关检验要求(包括包装要求和储存、运输温度要求等);②进口商已建立完善的食品进口记录和销售记录制度并严格执行。

(2)经实验室检测发现安全卫生项目不合格的,进口商应按照《食品安全法》的规定采取主动召回措施,并承担相应的法律责任。

九、境外进入综合保税区动植物产品

动植物产品是指从境外进入综合保税区后再运往境内区外，及加工后再运往境内区外或出境，依据我国法律法规规定应当实施检验检疫的动植物产品(不包括食品)。境外进入综合保税区动植物产品检验项目实行"先入区、后检测"。

检验项目包括动植物产品涉及的农(兽)药残留、环境污染物、生物毒素、重金属等安全卫生项目。

【经验小谈3—10】 我司从事牛肉进出口业务，听同行说综合保税区动植物产品实行"先入区、后检测"。请问：是进入综保区后再进行检验检疫吗？

答："先入区、后检测"监管模式按以下规则执行：动植物产品在进境口岸完成动植物检疫程序后，对需要实施检验的项目，可先行进入综合保税区内的监管仓库，海关再进行有关检验项目的抽样检测和综合评定，并根据检测结果进行后续处置。

十、简化综合保税区进出区管理

简化综合保税区进出区管理是指允许对境内入区的不涉出口关税、不涉贸易管制证件、不要求退税且不纳入海关统计的货物、物品，实施便捷进出区管理模式。

(1)适用便捷进区管理模式的货物、物品具体范围如下：①区内的基础设施、生产厂房、仓储设施建设过程中所需的机器、设备、基建物资；②区内企业和行政管理机构自用的办公用品；③区内企业所需的劳保用品；④区内企业用于生产加工及设备维护的少量、急用物料；⑤区内企业使用的包装物料；⑥区内企业使用的样品；⑦区内企业生产经营使用的仪器、工具、机器、设备；⑧区内人员所需的生活消费品。

上述货物、物品可不采用报关单、核注清单方式办理进区手续；如需出区，实行与进区相同的便捷管理模式。区内企业做好便捷进出区的日常记录，相关情况可追溯。

(2)区内企业有下列情形之一的，海关可暂停办理上述货物、物品简化进出区手续：①超出规定范围，擅自通过便捷管理模式进出区的；②未如实办理货物、物品便捷进出区的；③涉嫌走私被立案调查、侦查的。

(3)区内增值税一般纳税人资格试点业务、区内企业承接境内(区外)企业委托加工业务、仓储货物按状态分类监管等业务，按照有关规定执行。

十一、综合保税区艺术品进出口审批及监管手续

艺术品是指《艺术品经营管理办法》(文化部令第56号)所规定的艺术品。所称艺术品展览、展示，是指以艺术品销售、商业宣传为目的的各类展示活动。所称艺术品进出口经营活动，是指艺术品从境内区外进出综合保税区的实质性进出口行为。

开展艺术品保税存储的，在综合保税区与境外之间进出货物的申报环节，文化和旅游行政部门不再核发批准文件，海关不再验核相关批准文件。

在区内外开展艺术品展览、展示及艺术品进出口等经营活动的，凭文化和旅游行政部门核发的批准文件办理海关监管手续。对同一批艺术品，文化和旅游行政部门核发的批准文件可以多次使用。

十二、综合保税区内开展保税货物租赁和期货保税交割业务

(一)保税货物租赁

租赁企业是指在综合保税区内设立的开展租赁业务的企业或者其设立的项目子公司。

承租企业是指与租赁企业签订租赁合同,并按照合同约定向租赁企业支付租金的境内区外企业。

【提示】租赁企业应当设立电子账册,如实申报租赁货物进、出、转、存等情况。

租赁货物进出综合保税区时,租赁企业和承租企业应当按照现行规定向海关申报。承租企业对租赁货物的进口、租金申报纳税、续租、留购、租赁合同变更等相关手续应当在同一海关办理。

租赁货物自进入境内(区外)之日起至租赁结束办结海关手续之日止,应当接受海关监管。

租赁进口货物需要退回租赁企业的,承租企业应当将租赁货物复运至综合保税区内,并按照下列要求申报:

①原申报监管方式为"租赁贸易"(代码"1523")的租赁进口货物,期满复运至综合保税区时,监管方式申报为"退运货物"(代码"4561");

②原申报监管方式为"租赁不满一年"(代码"1500")的租赁进口货物,期满复运至综合保税区时,监管方式申报为"租赁不满一年"(代码"1500");

③运输方式按照现行规定申报。

租赁进口货物需要办理留购的,承租企业应当申报进口货物报关单。对同一企业提交的同一许可证件项下的租赁进口货物,企业可不再重新出具许可证件。

租赁企业发生租赁资产交易且承租企业不发生变化的,承租企业应当凭租赁变更合同等相关资料向海关办理合同备案变更、担保变更等相关手续。

企业可以根据需要,向综合保税区海关按照以下方式办理申报手续:

①综合保税区内租赁企业间发生资产交易的情况:承租企业及变更前的租赁企业向海关申报办理退运回区相关手续;租赁企业按照相关管理规定办理保税货物流转手续;承租企业及变更后的租赁企业向海关申报租赁进口货物出区手续。

"单一窗口"标准版用户手册(保税货物流转)

②租赁企业与境外企业发生资产交易的情况:承租企业或租赁企业可以采取形式申报、租赁货物不实际进出境的通关方式办理进出境申报手续,运输方式填报"其他"(代码"9")。

③对同一许可证件项下的租赁进口货物,企业可不再重新出具许可证件。

保税货物由综合保税区租赁至境外时,租赁企业应当向海关申报出境备案清单,监管方式为"租赁贸易"(代码"1523")或者"租赁不满一年"(代码"1500"),运输方式按实际运输方式填报。

租赁货物由境外退运至综合保税区时,租赁企业应当向海关申报进境备案清单,监管方式为"退运货物"(代码"4561")或者"租赁不满一年"(代码"1500"),运输方式按实际运输方式填报。

租赁企业开展进出口租赁业务时,租赁货物应当实际进出综合保税区。对注册在综合保税区内的租赁企业进出口飞机、船舶和海洋工程结构物等不具备实际入区条件的大型设备,可予以保税,由海关实施异地委托监管。

租赁货物进入境内(区外)时,海关认为必要的,承租企业应当提供税款担保。经海关核准,承租企业可以使用"海关租赁货物保证书"(参考模板详见附件1)办理租赁进口货物海关担保手续。

(二)期货保税交割

期货保税交割是指指定交割仓库内处于保税监管状态的货物作为交割标的物的一种销售方式。

综合保税区内的期货保税交割业务应当在国务院或国务院期货相关管理机构批准设立的交易场所(以下简称"期交所")开展。期交所开展期货保税交割业务应当与海关实现计算机联网,并实时向海关提供保税交割结算单、保税标准仓单、保税标准仓单质押等电子信息。

【**提示**】开展期货保税交割业务的货物品种应当为经国务院期货相关管理机构批准开展期货保税交割业务的期交所上市品种。

综合保税区内仓储企业开展期货保税交割业务,应当具备以下条件:①具备期交所认可的交割仓库资质;②海关认定的企业信用状况为一般信用及以上;③建立符合海关监管要求的管理制度和计算机管理系统,能够对期货保税交割有关的采购、存储、使用、损耗和进出口等信息实现全程跟踪,并如实向海关联网报送物流、仓储、损耗及满足海关监管要求的其他数据;④具备开展该项业务所需的场所和设备,能够对期货保税交割货物实施专门管理。

期交所应当将开展期货保税交割业务的货物品种及指定交割仓库向海关总署备案。

交割仓库应当通过设立电子账册开展期货保税交割业务。

综合保税区内货物参与期货保税交割的,应当按照规定向海关申报,并在进出口货物报关单、进出境货物备案清单、保税核注清单的备注栏注明"期货保税交割货物"。

期货保税交割完成后,应当按照以下要求进行申报:

①需提货出境的,交割仓库应当凭期交所出具或授权出具的"保税交割结算单"(参考模板详见附件 2)和"保税标准仓单清单"(参考模板详见附件 3)等交割单证(以下简称"交割单证")作为随附单证向海关办理货物出境申报手续。

②需提货至境内(区外)的,进口货物的收货人或者其代理人应当凭期交所出具或授权出具的交割单证等作为随附单证向海关办理货物进口申报手续,并按照规定缴纳进口环节税款。

③需提货至其他海关特殊监管区域或保税监管场所的,按照保税间货物流转向海关办理申报手续。

申报时应当在进出口货物报关单、进出境货物备案清单、保税核注清单的备注栏注明"期货保税交割货物"及保税交割结算单号。

保税标准仓单持有人(以下简称"仓单持有人")需要开展保税标准仓单质押业务的,仓单持有人应当委托交割仓库向主管海关办理仓单质押备案手续,并提供"保税标准仓单质押业务备案表"(详见附件 4)。

交割仓库应当对货物做好质押标记。

仓单持有人需要解除质押的,应当委托交割仓库向主管海关申请办理仓单质押解除手续,并提交解除质押协议和"保税标准仓单质押业务解除备案表"(详见附件 5)。解除质押时,同一质押合同项下的仓单不得分批解除。

附件1 海关租赁货物保证书	附件2 保税交割结算单	附件3 保税标准仓单清单	附件4 保税标准仓单质押业务备案表	附件5 保税标准仓单质押业务解除备案表

十三、综合保税区维修产品

综合保税区内企业(以下简称“区内企业”)可开展航空器内燃引擎、飞机用起落架、无人机、B型超声波诊断仪等产品的维修业务。目录中B型超声波诊断仪、彩色超声波诊断仪、无创呼吸机等产品暂限于综合保税区开展集团自产产品的保税维修,数码相机、飞行眼镜、AR眼镜、VR眼镜、智能机器人、无人机、电脑娱乐机、掌上游戏机、遥控手柄等产品暂限于综合保税区开展保税维修。

根据《机电产品进口管理办法》,在符合环境保护、安全生产的条件下,区内企业可开展列入维修产品目录的禁止进口旧机电产品的保税维修业务。

综合保税区内企业自用设备和维修目录内货物可参照保税维修方式发至本区域或其他综合保税区维修企业进行维修,维修后按原路径返回。维修产品在进出境或进出区环节涉及许可证件管理的,企业应当向海关如实申报并交验许可证件。

【注意】允许自贸试验区内的综合保税区企业开展本集团国内自产产品的维修,不受维修产品目录限制。

第五节 减免税货物报关

一、减免税货物概述

(一)概念

减免税货物是指海关根据国家的政策规定准予减免税进境,使用于特定地区、特定企业、特定用途的货物。

(二)范围

减免税货物的范围如表3—10所示。

表3—10 减免税货物的范围

货物类型	概念	举例
特定地区	我国关境内由行政法规规定的某一特别限定区域,享受减免税优惠的进口货物只能在这一特别限定的区域内使用	保税区、出口加工区等特定区域进口生产性的基础设施建设项目所需的机器、设备和其他基建物资等予以免税
特定企业	由国务院制定的行政法规专门规定的企业,享受减免税优惠的进口货物只能由这些专门规定的企业使用	外商投资企业进口减免税货物
特定用途	国家规定可以享受减免税优惠的进口货物只能用于行政法规专门规定的用途	外商投资项目投资额度内进口的自用设备;国内属国家重点鼓励发展产业的投资项目进口的自用设备;科研机构及学校进口的专用科研用品;残疾人专用品及残疾人组织和单位进口的货物

(三)基本特征

(1)特定条件下减免关税。

(2)进口申报应当提交进口许可证件。外资企业和香港、澳门、台湾地区同胞及华侨的投资企业,进口本企业自用的机器设备,免交许可证;外商投资企业在投资总额内进口,涉及机电产品自动进口许可管理的,免交许可证。

(3)进口后在特定的海关监管期限内接受海关监管。① 其包括:①船舶、飞机为8年;②机动车辆为6年;③其他货物为3年。减免税货物在海关监管年限内为海关监管货物。除自用外,未经海关允许,不得以任何形式转让、出售、出租或移作他用。

【注意】监管年限自货物进口放行之日起计算。除海关总署另有规定外,在海关监管年限内,减免税申请人应当按照海关规定保管、使用进口减免税货物,并依法接受海关监管。

【经验小谈3-11】 我司有一批减免税设备已经过了海关监管期限。请问:我司需不需要到海关申请解除监管的证明?

答:根据《海关进出口货物减免税管理办法》第四十二条的规定,减免税货物海关监管年限届满的,自动解除监管。减免税申请人需要海关出具解除监管证明的,可以自办结补缴税款和解除监管等相关手续之日或者自海关监管年限届满之日起1年内,向主管海关申请领取解除监管证明。海关审核同意后出具"中华人民共和国海关进口减免税货物解除监管证明"。

二、减免税管理

为了规范海关进出口货物减免税管理工作,保障行政相对人合法权益,优化营商环境,根据《海关法》《关税法》及有关法律和行政法规的规定,制定《中华人民共和国海关进出口货物减免税管理办法》,自2021年3月1日起施行。

(一)减免税审核确认

(1)减免税申请人按照有关进出口税收优惠政策的规定申请减免税进出口相关货物,应当在货物申报进出口前,取得相关政策规定的享受进出口税收优惠政策资格的证明材料,并凭以下材料向主管海关申请办理减免税审核、确认手续:①《进出口货物征免税申请表》;②事业单位法人证书或者国家机关设立文件、社会团体法人登记证书、民办非企业单位法人登记证书、基金会法人登记证书等证明材料;③进出口合同、发票以及相关货物的产品情况资料。

(2)主管海关应当自受理减免税审核确认申请之日起10个工作日内,对减免税申请人主体资格、投资项目和进出口货物相关情况是否符合有关进出口税收优惠政策规定等情况进行审核,并出具进出口货物征税、减税或者免税的确认意见,制发《中华人民共和国海关进出口货物征免税确认通知书》(以下简称《征免税确认通知书》)。

有下列情形之一,主管海关不能在规定期限内出具确认意见的,应当向减免税申请人说明理由:①有关进出口税收优惠政策规定不明确或者涉及其他部门管理职责,需要与相关部门进一步协商、核实有关情况的;②需要对货物进行化验、鉴定等,以确定其是否符合有关进出口税收优惠政策规定的。

【注意】有上述②规定情形的,主管海关应当自情形消除之日起10个工作日内,出具进出口货物征税、减税或者免税的确认意见,并制发《征免税确认通知书》。

(3)减免税申请人需要变更或者撤销已出具的《征免税确认通知书》的,应当在《征免税确认通知书》有效期内向主管海关提出申请,并随附相关材料。

经审核符合规定的,主管海关应当予以变更或者撤销。予以变更的,主管海关应当重新制发《征免税确认通知书》。

(4)《征免税确认通知书》有效期限不超过6个月,减免税申请人应当在有效期内向申报地海关

---

① 海关总署公告2017年第51号《关于调整进口减免税货物监管年限的公告》规定,监管年限自货物进口放行之日起计算。

办理有关进出口货物申报手续；不能在有效期内办理，需要延期的，应当在有效期内向主管海关申请办理延期手续。《征免税确认通知书》可以延期一次，延长期限不得超过 6 个月。

《征免税确认通知书》有效期限届满仍未使用的，其效力终止。减免税申请人需要减免税进出口该《征免税确认通知书》所列货物的，应当重新向主管海关申请办理减免税审核确认手续。

（5）除有关进出口税收优惠政策或者其实施措施另有规定外，进出口货物征税放行后，减免税申请人申请补办减免税审核确认手续的，海关不予受理。

（二）减免税货物税款担保

（1）有下列情形之一的，减免税申请人可以向海关申请办理有关货物凭税款担保先予放行手续：①有关进出口税收优惠政策或者其实施措施明确规定的；②主管海关已经受理减免税审核确认申请，尚未办理完毕的；③有关进出口税收优惠政策已经国务院批准，具体实施措施尚未明确，主管海关能够确认减免税申请人属于享受该政策范围的；④其他经海关总署核准的情形。

（2）减免税申请人需要办理有关货物凭税款担保先予放行手续的，应当在货物申报进出口前向主管海关提出申请，并随附相关材料。

主管海关应当自受理申请之日起 5 个工作日内出具是否准予办理担保的意见。符合本办法第九条规定情形的，主管海关应当制发《中华人民共和国海关准予办理减免税货物税款担保通知书》（以下简称《准予办理担保通知书》），并通知申报地海关；不符合有关规定情形的，制发《中华人民共和国海关不准予办理减免税货物税款担保通知书》。

（3）申报地海关凭主管海关制发的《准予办理担保通知书》，以及减免税申请人提供的海关依法认可的财产、权利，按照规定办理减免税货物的税款担保手续。

（4）《准予办理担保通知书》确定的减免税货物税款担保期限不超过 6 个月，主管海关可以延期 1 次，延长期限不得超过 6 个月。特殊情况仍需要延期的，应当经直属海关审核同意。

【提示】减免税货物税款担保期限届满，仍然延续的，主管海关可以根据有关情形可能延续的时间等情况，相应延长税款担保期限，并向减免税申请人告知有关情况，同时通知申报地海关为减免税申请人办理税款担保延期手续。

（5）减免税申请人在减免税货物税款担保期限届满前取得《征免税确认通知书》，并已向海关办理征税、减税或者免税相关手续的，申报地海关应当解除税款担保。

（三）减免税货物的管理

（1）在海关监管年限内，减免税申请人应当于每年 6 月 30 日（含当日）以前向主管海关提交《减免税货物使用状况报告书》，报告减免税货物使用状况。超过规定期限未提交的，海关按照有关规定将其列入信用信息异常名录。

【提示】减免税申请人未按照前款规定报告其减免税货物使用状况，向海关申请办理减免税审核确认、减免税货物税款担保、减免税货物后续管理等相关业务的，海关不予受理。减免税申请人补报后，海关可以受理。

（2）在海关监管年限内，减免税货物应当在主管海关审核同意的地点使用。除有关进出口税收优惠政策实施措施另有规定外，减免税货物需要变更使用地点的，减免税申请人应当向主管海关提出申请，并说明理由；经主管海关审核同意的，可以变更使用地点。

【提示】减免税货物需要移出主管海关管辖地使用的，减免税申请人应当向主管海关申请办理异地监管手续，并随附相关材料。经主管海关审核同意并通知转入地海关后，减免税申请人可以将减免税货物运至转入地海关管辖地，并接受转入地海关监管。

【注意】减免税货物在异地使用结束后，减免税申请人应当及时向转入地海关申请办结异地监管手续。经转入地海关审核同意并通知主管海关后，减免税申请人应当将减免税货物运回主管海关管辖地。

(3)在海关监管年限内，减免税申请人发生分立、合并、股东变更、改制等主体变更情形的，权利义务承受人应当自变更登记之日起 30 日内，向原减免税申请人的主管海关报告主体变更情况以及有关减免税货物的情况。

经原减免税申请人主管海关审核，需要补征税款的，权利义务承受人应当向原减免税申请人主管海关办理补税手续；可以继续享受减免税待遇的，权利义务承受人应当按照规定申请办理减免税货物结转等相关手续。

(4)在海关监管年限内，因破产、撤销、解散、改制或者其他情形导致减免税申请人终止，有权利义务承受人的，按规定办理有关手续；没有权利义务承受人的，原减免税申请人或者其他依法应当承担关税及进口环节税缴纳义务的当事人，应当自资产清算之日起 30 日内，向原减免税申请人主管海关申请办理减免税货物的补缴税款手续。进口时免予提交许可证件的减免税货物，按照国家有关规定需要补办许可证件的，减免税申请人在办理补缴税款手续时还应当补交有关许可证件。有关减免税货物自办结上述手续之日起，解除海关监管。

(5)在海关监管年限内，减免税申请人要求将减免税货物退运出境或者出口的，应当经主管海关审核同意，并办理相关手续。

减免税货物自退运出境或者出口之日起，解除海关监管，海关不再对退运出境或者出口的减免税货物补征相关税款。

(6)减免税货物海关监管年限届满的，自动解除监管。

对海关监管年限内的减免税货物，减免税申请人要求提前解除监管的，应当向主管海关提出申请，并办理补缴税款手续。进口时免予提交许可证件的减免税货物，按照国家有关规定需要补办许可证件的，减免税申请人在办理补缴税款手续时还应当补交有关许可证件。有关减免税货物自办结上述手续之日起，解除海关监管。

【提示】减免税申请人可以自减免税货物解除监管之日起 1 年内，向主管海关申领《中华人民共和国海关进口减免税货物解除监管证明》。

(7)在海关监管年限内及其后 3 年内，海关依照《海关法》《中华人民共和国海关稽查条例》等有关规定，对有关企业、单位进口和使用减免税货物情况实施稽查。

(四)减免税货物的抵押、转让、移作他用

(1)在减免税货物的海关监管年限内，经主管海关审核同意，并办理有关手续，减免税申请人可以将减免税货物抵押、转让、移作他用或者进行其他处置。

(2)在海关监管年限内，进口时免予提交许可证件的减免税货物，减免税申请人向主管海关申请办理抵押、转让、移作他用或者其他处置手续时，按照国家有关规定需要补办许可证件的，应当补办相关手续。

(3)在海关监管年限内，减免税申请人要求以减免税货物向银行或者非银行金融机构办理贷款抵押的，应当向主管海关提出申请，随附相关材料，并以海关依法认可的财产、权利提供税款担保。

主管海关应当对减免税申请人提交的申请材料是否齐全、有效，填报是否规范等进行审核，必要时可以实地了解减免税申请人经营状况、减免税货物使用状况等相关情况。经审核符合规定的，主管海关应当制发《中华人民共和国海关准予办理减免税货物贷款抵押通知书》；不符合规定的，应当制发《中华人民共和国海关不准予办理减免税货物贷款抵押通知书》。

【注意】减免税申请人不得以减免税货物向银行或者非银行金融机构以外的自然人、法人或者非法人组织办理贷款抵押。

(4)主管海关同意以减免税货物办理贷款抵押的,减免税申请人应当自签订抵押合同、贷款合同之日起30日内,将抵押合同、贷款合同提交主管海关备案。

抵押合同、贷款合同的签订日期不是同一日的,按照后签订的日期计算前款规定的备案时限。

(5)减免税货物贷款抵押需要延期的,减免税申请人应当在贷款抵押期限届满前,向主管海关申请办理贷款抵押的延期手续。

经审核符合规定的,主管海关应当制发《中华人民共和国海关准予办理减免税货物贷款抵押延期通知书》;不符合规定的,应当制发《中华人民共和国海关不准予办理减免税货物贷款抵押延期通知书》。

(6)在海关监管年限内,减免税申请人需要将减免税货物转让给进口同一货物享受同等减免税优惠待遇的其他单位的,应当按照下列规定办理减免税货物结转手续:

①减免税货物的转出申请人向转出地主管海关提出申请,并随附相关材料。转出地主管海关审核同意后,通知转入地主管海关。

②减免税货物的转入申请人向转入地主管海关申请办理减免税审核确认手续。转入地主管海关审核同意后,制发《征免税确认通知书》。

③结转减免税货物的监管年限应当连续计算,转入地主管海关在剩余监管年限内对结转减免税货物继续实施后续监管。

(7)在海关监管年限内,减免税申请人需要将减免税货物转让给不享受进口税收优惠政策或者进口同一货物不享受同等减免税优惠待遇的其他单位的,应当事先向主管海关申请办理减免税货物补缴税款手续。进口时免予提交许可证件的减免税货物,按照国家有关规定需要补办许可证件的,减免税申请人在办理补缴税款手续时还应当补交有关许可证件。有关减免税货物自办结上述手续之日起,解除海关监管。

(8)减免税货物因转让、提前解除监管以及减免税申请人发生主体变更、依法终止情形或者其他原因需要补征税款的,补税的完税价格以货物原进口时的完税价格为基础,按照减免税货物已进口时间与监管年限的比率进行折旧,其计算公式如下:

$$补税的完税价格=减免税货物原进口时的完税价格\times\left(1-\frac{减免税货物已进口时间}{监管年限\times 12}\right)$$

【注意】减免税货物已进口时间自货物放行之日起按月计算。不足1个月但超过15日的,按1个月计算;不超过15日的,不予计算。

(9)按照规定计算减免税货物补税的完税价格的,应当按以下情形确定货物已进口时间的截止日期:

①转让减免税货物的,应当以主管海关接受减免税申请人申请办理补税手续之日作为截止之日。

②减免税申请人未经海关批准,擅自转让减免税货物的,应当以货物实际转让之日作为截止之日;实际转让之日不能确定的,应当以海关发现之日作为截止之日。

③在海关监管年限内,减免税申请人发生主体变更情形的,应当以变更登记之日作为截止之日。

④在海关监管年限内,减免税申请人发生破产、撤销、解散或者其他依法终止经营情形的,应当以人民法院宣告减免税申请人破产之日或者减免税申请人被依法认定终止生产经营活动之日作为截止之日。

⑤减免税货物提前解除监管的,应当以主管海关接受减免税申请人申请办理补缴税款手续之

日作为截止之日。

(10)在海关监管年限内，减免税申请人需要将减免税货物移作他用的，应当事先向主管海关提出申请。经主管海关审核同意，减免税申请人可以按照海关批准的使用单位、用途、地区将减免税货物移作他用。

【提示】 所称移作他用包括以下情形：①将减免税货物交给减免税申请人以外的其他单位使用；②未按照原定用途使用减免税货物；③未按照原定地区使用减免税货物。

除海关总署另有规定外，按照本条第一款规定将减免税货物移作他用的，减免税申请人应当事先按照移作他用的时间补缴相应税款；移作他用时间不能确定的，应当提供税款担保，税款担保金额不得超过减免税货物剩余监管年限可能需要补缴的最高税款总额。

(11)减免税申请人将减免税货物移作他用，需要补缴税款的，补税的完税价格以货物原进口时的完税价格为基础，按照需要补缴税款的时间与监管年限的比率进行折旧，其计算公式如下：

$$\text{补税的完税价格}=\text{免税货物原进口时的完税价格}\times\frac{\text{需要补缴税款的时间}}{\text{监管年限}\times 365}$$

上述计算公式中需要补缴税款的时间为减免税货物移作他用的实际时间，按日计算，每日实际使用不满 8 小时或者超过 8 小时的均按 1 日计算。

(12)海关在办理减免税货物贷款抵押、结转、移作他用、异地监管、主体变更、退运出境或者出口、提前解除监管等后续管理业务时，应当自受理减免税申请人的申请之日起 10 个工作日内作出是否同意的决定。

【提示】 因特殊情形不能在前款规定期限内作出决定的，海关应当向申请人说明理由，并自特殊情形消除之日起 10 个工作日内作出是否同意的决定。

三、减免税货物的报关程序

(一)“单一窗口”申报

第一步：登录系统

1. 登录“单一窗口”标准版(见图 3—9)

网址：https://www.singlewindow.cn。

图 3—9　“单一窗口”标准版登录界面

(1)建议使用谷歌浏览器或 IE11，win7 及以上操作系统。

(2)客户端控件下载。

【注意】 首次使用“卡介质”方式登录“单一窗口”，需下载安装客户端控件；安装过程中，需关闭 360 安全管家、防火墙、杀毒软件等，安装完成后重启计算机，开机时注意计算机屏幕右下角是否有“服务启动成功”的提示。

(3)选择“卡介质”登录/账号登录。

①在减免税模块中，如用户需上传随附单据或进行申报，则须使用操作员 IC 卡；仅查询或录入暂存可不插卡。

②在减免税后续模块中，仅查询或录入暂存可不插卡，但为了保证正常操作减免税后续业务数据，登录的用户账号必须已经成功绑定电子口岸 IC 卡，否则系统可能给出“您无权限操作该数据”等提示；连接的电子口岸 IC 卡或 Ukey 必须与当前登录使用的用户账号所绑定 IC 卡一致，否则系统可能给出“当前卡号××××与用户注册信息卡号××××不一致，无法进行申报”等提示。

2. 选择功能模块

选择“标准版应用”功能中可以看到“货物申报”模块。点击下面的“减免税”(见图 3—10)。

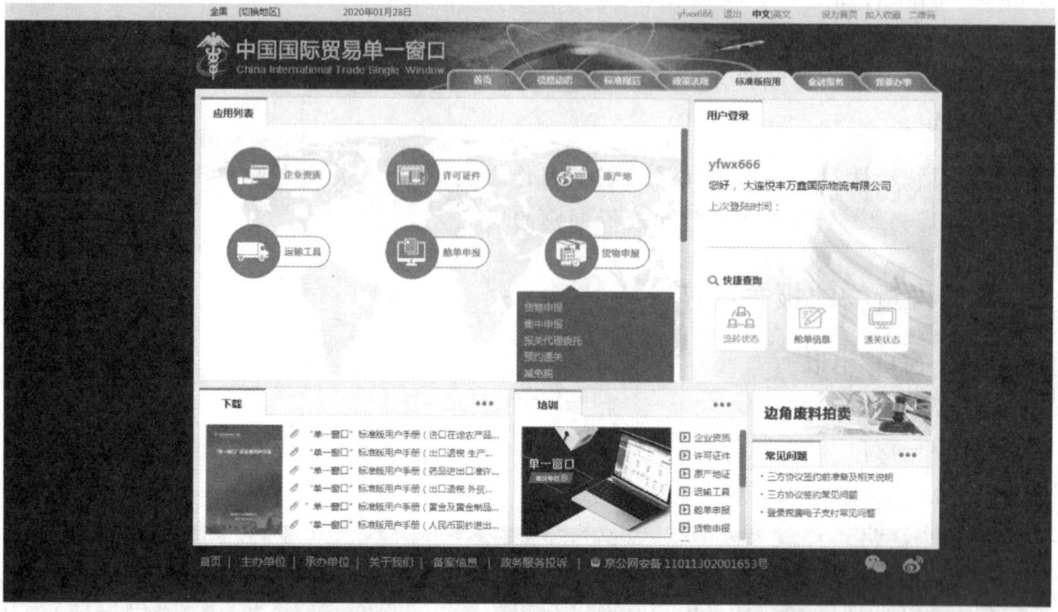

图 3—10 货物申报界面

第二步：减免税业务的办理

1. 减免税申请(见图 3—11、图 3—12)

该菜单下可进行项目和免表[①]的录入，申报完毕后点击“申报”，等待海关审核。

【注意】 申报方式为无纸时，需要上传随附单据。点击减免税申报界面上方“随附单据”按钮，系统将会提示上传随附单据。只允许上传后缀名为 PDF 的文件，单个文件大小不能超过 4MB，每页不能超过 200KB。

---

① 减免税申请：一次录入的征免税备案和免表的申请数据。征免税备案申请(项目)：减免税申请中的征免税备案数据。征免税备案申请(备案)：减免税申请中的征免税备案数据。征免税证明申请(免表)：减免税申请中的征免税证明申请。

图 3—11 减免税申请界面一

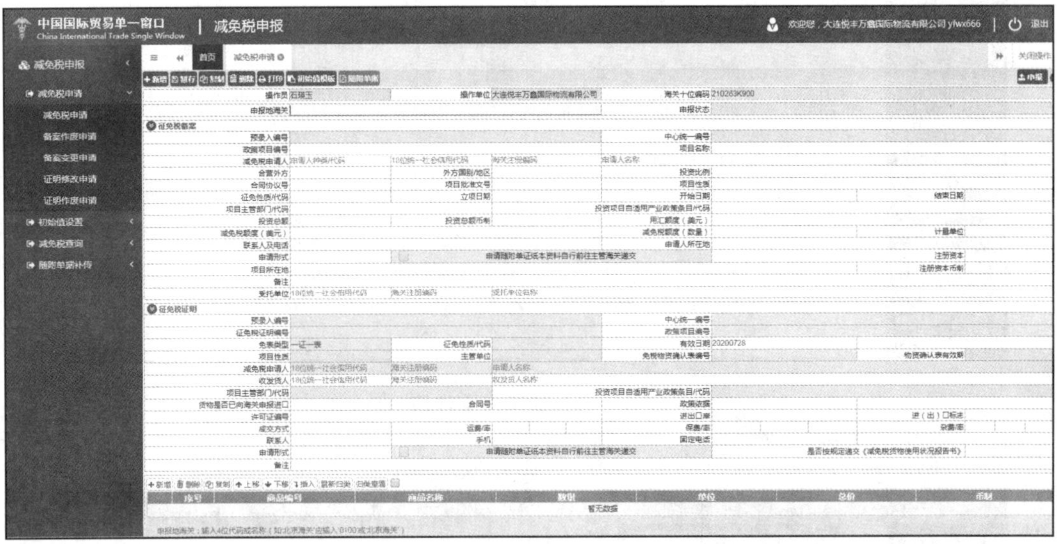

图 3—12 减免税申报界面二

用户可以对当前暂存状态的减免税申请进行打印操作。

打印之前用户可以对填写的信息进行预览，点击“打印预览”按钮，将会跳转至预览界面。

【注意】 记录所填的预录入编号，可在减免税查询模块查询使用。

2.减免税查询

实现减免税申请、征免税备案变更申请、征免税备案作废申请、征免税证明修改申请、征免税证明作废申请、数据的状态查询、查看明细、打印功能及补传政策项目和征免税证明附件功能（见图 3—13 至图 3—17）。

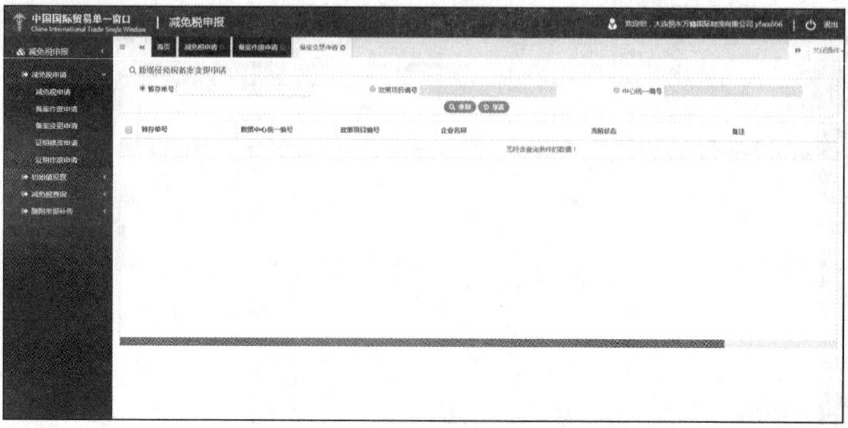

图 3－13 备案变更申请

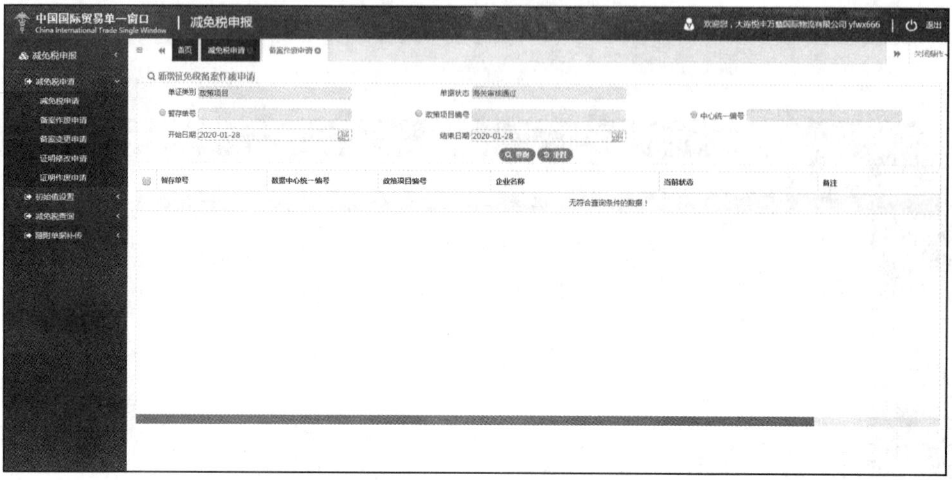

图 3－14 备案作废申请

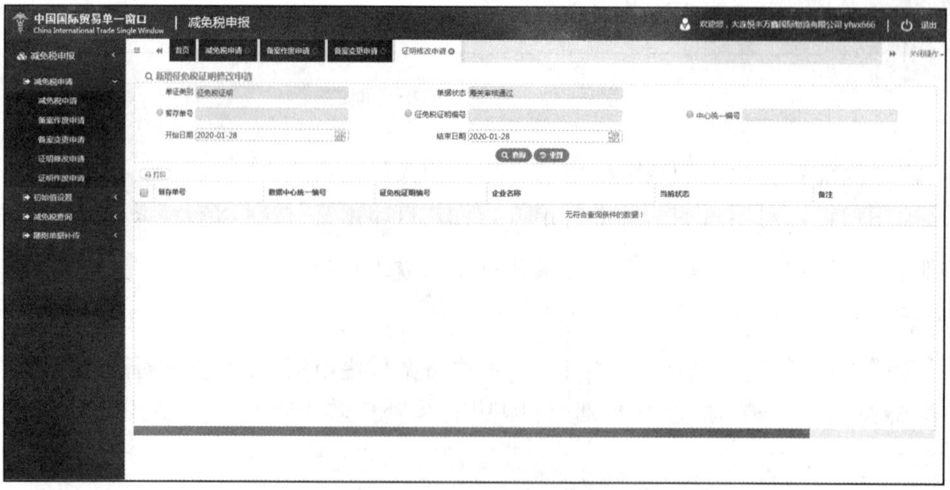

图 3－15 证明修改申请

图 3—16　证明作废申请

图 3—17　备案数据查询

3. 随附单据补传

实现企业政策项目补传随附单据的功能(见图 3—18),在客户端提供政策项目补传界面,由用户查询到待补传的政策项目后,补传随附单据向海关申报。

图 3—18　补传随附单据

第三步：减免税后续业务办理

1. 减免税后续申请

它包括减免税后续管理工作中的贷款抵押、异地监管、解除监管、货物结转、货物退运、年报管理、主体变更、货物补税和税款担保等功能模块的录入、申报、打印等功能。

2. 减免税后续查询

可查询减免税后续管理的贷款抵押、贷款抵押延期、异地监管、解除监管、货物结转、货物退运、年报管理、主体变更、货物补税和税款担保等功能模块的数据。注意开始日期和结束日期期间范围不能超过 30 天。

3. 减免税后续下载

可将减免税后续管理的抵押贷款、贷款抵押延期、异地监管、解除监管、货物结转、货物退运、年报管理、主体变更、货物补税和税款担保等数据下载到“单一窗口”系统内。

功能亮点：可下载“单一窗口”与原预录入系统[①]（QP）内申报过的减免税后续管理数据。录入上述条件后，直接点击“开始下载”按钮，系统查找并下载数据后弹出成功的提示。下载完毕，用户可进入减免税后续查询菜单进行查询等操作。

减免税货物的报关程序包括三个阶段：减免税备案和审批（货物进口之前的前期阶段）；进出口报关；后续处理和解除监管（后续阶段）。

（二）减免税备案和审批

1. 减免税申请无纸化

（1）除海关总署有明确规定外，减免税申请人或者其代理人（以下简称“申请人”）可通过“单一窗口”客户端减免税申报系统向海关提交减免税申请表及随附单证资料电子数据，无须以纸质形式提交。

①海关根据审核需要要求提供纸质单证资料的，申请人应予提供。

②随附单证资料的电子扫描或转换文件要符合格式标准。

③办理减免税申请无纸化操作的规范见相应的文件说明。

“单一窗口”标准版用户手册（减免税）

（2）申请人可在首次办理进口货物减免税手续时一并向海关提交涉及主体资格、项目资质、免税进口额度（数量）等信息（以下简称“政策项目信息”）相关材料，无须提前单独向海关办理政策项目备案。

①申请人登录“单一窗口”向海关提交申请材料时，应通过“减免税申请”功能模块提交。

②申请人首次填报政策项目信息时，对征免性质为 789 的，应将“国家鼓励发展的内外资项目确认书”（以下简称“项目确认书”）中编号填入申请表；无项目确认书的，将海关提供的项目编号填入。

其他征免性质的政策项目编号由系统自动生成。

③申请人为同一政策或项目进口货物办理减免税手续时，应将该政策项目信息编号填入所有申请表中。

2. 办理减免税申请无纸化操作的规范

（1）在满足海关减免税确认的前提下，申请人可简化上传随附单证：

①随附单证中涉及申请人主体资格、免税额度（数量）以及进口商业发票等，应全文上传。

---

① 2021 年 11 月 30 日全面停止 QP 预录入系统服务，请登录中国国际贸易单一窗口（https://www.singlewindow.cn）或互联网＋海关一体化平台（http://online.customs.gov.cn）进行业务办理。

②进口合同页数较多的，含有买卖双方及进口代理人的基本信息，进口货物的名称、规格型号、技术参数、单价及总价、生产国别，合同随附的供货清单，运输方式及付款条件，价格组成条款，双方签字等内容的页面应当上传。

进口合同有电子文本的，可上传合同的 PDF 格式文件，同时上传纸质合同的第一页和所有签章页。

进口合同为外文的，应将以下条款翻译成中文，并将翻译文本签章扫描上传：合同或协议标题；买卖双方、进口代理人的名称及相互之间关系；买卖双方的权利及义务；货物的名称、规格型号及技术参数、数量、单价、总价、生产国别或制造商、包装等；与货物价格及运输相关的条款（如采购条款、定价及支付条款、运输交付条款、保险条款等）；合同或协议授权事项（如经销协议的授权经销区域及授权范围、合同或协议授予的权利及义务）；合同或协议的终止条款；与商品数量及其价格有关的合同附件（如各型号零部件等的数量及价格清单等）；买卖双方、代理人的签字人及签字日期；其他与减免税审核确认有关的条款。

③进口货物相关技术资料和说明文件中，属于判定该货物能否享受优惠政策的内容应当上传。

（2）通过“无纸申报”方式办理减免税手续的，申请人应按以下要求妥善保管纸质单证资料备海关核查：①有专用库房或者独立区域；②有专门的档案管理人员；③按照征免税证明编号单独成档，分年度保存；④建立索引，便于查找。

有关纸质单证资料的保管期限，为自向海关申请之日起，至进口货物海关监管年限结束再延长 3 年；与政策项目信息有关纸质单证资料的保管期限，为自向海关申请之日起，至该政策或项目最后一批进口货物海关监管年限结束再延长 3 年。

申请人以“无纸申报”方式办理减免税手续，有遗失、伪造、变造相关单证档案等情形的，暂停申请人“无纸申报”。

（三）进出口报关

其包括进出口货物征免税证明和许可证件（特殊情况除外）。

【做中学 3－3】　　海关拒绝减免税申报是否合理？

中日合资某北方纺织品公司委托大连某贸易公司进口清纱器 20 台，总值 1 000 万元。其中，投资建厂用 10 台，转售给国内某国有企业 10 台。清纱器运至进口口岸后，大连该贸易公司按外商投资企业进口物资进行减免税申报，但遭到海关的拒绝。请问：海关拒绝是否合理，为什么？

分析：海关拒绝大连贸易公司的减免税申报是合理的。根据《中华人民共和国海关进出口货物减免税管理办法》，减免税申请人需要在货物申报进出口前取得相关政策规定的享受进出口税收优惠政策资格的证明材料。在本案例中，大连贸易公司未能提供足够的证明材料来证明其符合减免税政策的规定。此外，减免税政策通常适用于特定用途的货物，如投资建厂等，而该公司计划将其中 10 台清纱器转售给国内其他企业，这不符合减免税政策中关于货物用途的规定。申报人还需要保证申报文件填写完整、规范，并提供齐全、有效的申请材料。如果申报信息不准确或不完整，海关有权拒绝受理减免税申请。海关在受理减免税审核确认申请后，需要对减免税申请人主体资格、投资项目和进出口货物相关情况进行审核。如果发现申请不符合规定，海关有权拒绝申请。综上所述，海关拒绝大连贸易公司的减免税申报是合理的，因为该公司未能提供符合减免税政策要求的证明材料，且货物的用途不符合减免税条件。

“单一窗口”标准版用户手册（减免税后续）

（四）后续处理和解除监管

1. 后续处理

（1）变更使用地点。在海关监管期限内，减免税货物应当在主管海关核准的地点使用。变更需申请办理异地监管手续,海关批准后才可以移出主管海关管辖地。

(2)结转。在海关监管期限内,减免税申请人将进口减免税货物转让给进口同一货物享受同等减免税优惠待遇的其他单位的,应当按照规定办理减免税货物结转手续(见图 3—19)。

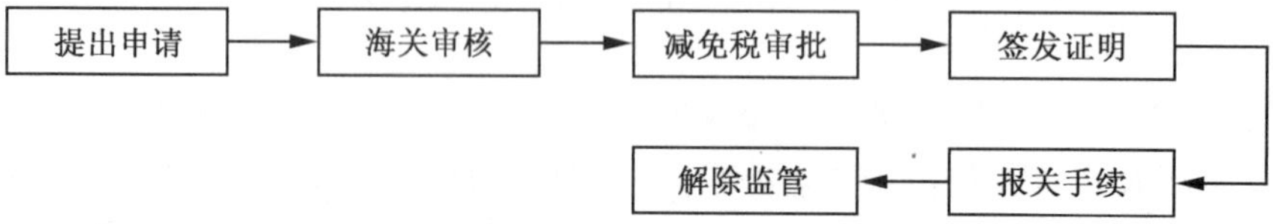

图 3—19 减免税货物结转手续办理步骤

第一步:提出申请。转出申请人向转出地海关提出申请。

第二步:海关审核。转出地海关审核同意后,通知转入地主管海关。

第三步:减免税审批。转入申请人向转入地海关申请办理减免税审批手续。

第四步:签发证明。转入地海关审核无误后,签发征免税证明。

第五步:报关手续。转出、转入申请人分别在主管海关办理出口、进口报关手续。

第六步:解除监管。转出地海关办理转出减免税货物的解除监管手续;转入地主管海关在剩余监管年限内对结转减免税货物继续实施后续监管,监管期满后申请解除监管,签发"减免税进口货物解除监管证明"。

(3)转让。在海关监管年限内,减免税申请人将进口减免税货物转让给不享受进口税收优惠政策或者进口同一货物不享受同等减免税优惠待遇的其他单位的,应当事先向减免税申请人主管海关申请办理减免税货物补缴税款和解除监管手续。

(4)移作他用。在海关监管年限内,减免税申请人需要将减免税货物移作他用的,应当事先向主管海关提出申请。经海关批准,减免税申请人可以按照海关批准的使用地区、用途、企业将减免税货物移作他用。其包括以下情形:①将减免税货物交给减免税申请人以外的其他单位使用的;②未按照原定用途、地区使用减免税货物的;③未按照特定地区、特定企业或者特定用途使用减免税货物的其他情形。

除海关总署另有规定外,按照上述第一款规定将减免税货物移作他用的,减免税申请人还应当按照移作他用的时间补缴相应税款。移作他用时间不能确定的,应当提交相应的税款担保,税款担保不得低于剩余监管年限应补缴税款总额。

(5)变更、终止。在海关监管年限内,减免税申请人发生分立、合并、股东变更、改制等情形的,权利、义务承受人应当自营业执照颁发之日起 30 日内,向原减免税申请人的主管海关报告主体变更情况及原减免税申请人进口减免税货物的情况。经海关审核,需要补征税款的,承受人应当向原减免税申请人主管海关办理补税手续;可以继续享受减免税待遇的,承受人应当按照规定申请办理减免税备案变更或者减免税货物结转手续。

在海关监管年限内,因破产、改制或者其他情形导致减免税申请人终止,没有承受人的,原减免税申请人或者其他依法应当承担关税及进口环节海关代征税缴纳义务的主体应当自资产清算之日起 30 日内向海关申请办理补税和解除监管手续。

(6)退运、出口。减免税申请人持出口货物报关单向主管海关办理原减免税货物的解除监管手续。办理步骤如图 3—20 所示。

(7)贷款抵押。在海关监管年限内,减免税申请人要求以减免税货物向金融机构办理贷款抵押的,应当向主管海关提出书面申请,不得以减免税货物向金融机构以外的公民、法人或其他组织办

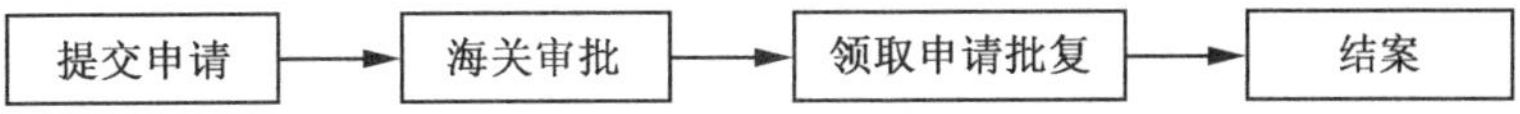

图 3—20　减免税货物解除监管手续的办理步骤

理贷款抵押。减免税申请人以减免税货物向境内金融机构办理贷款抵押的，应当向海关提供下列形式的担保：①与货物应缴纳税款等值的担保金；②境内金融机构提供的相当于货物应缴税款的保函；③减免税申请人、境内金融机构共同向海关提交的“进口减免税货物贷款抵押承诺保证书”。

减免税申请人以减免税货物向境外金融机构抵押的，应提交与货物应缴纳税款等值的保证金或者境内金融机构提供的相当于货物应缴税款的保函。

减免税申请人以减免税货物向金融机构办理贷款抵押的步骤如图 3—21 所示。

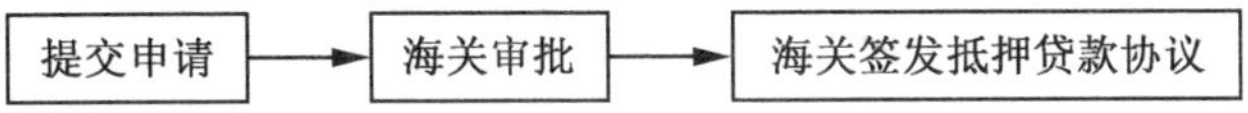

图 3—21　以减免税货物向金融机构办理贷款抵押的步骤

2. 解除监管

(1) 自动解除监管。特定减免税进口货物监管期届满时，减免税申请人不必向海关申领“减免税进口货物解除监管证明”，有关减免税货物自动解除监管，可以自行处理。

(2) 申请解除监管。

①期满申请解除监管。监管期届满，减免税申请人需要“减免税进口货物解除监管证明”的，可以自监管年限届满之日起 1 年内，持有关单证向海关申请领取。海关应当自接到特定减免税申请人的申请之日起 20 日内核实情况，并填发“减免税进口货物解除监管证明”。办理步骤如图 3—22 所示。

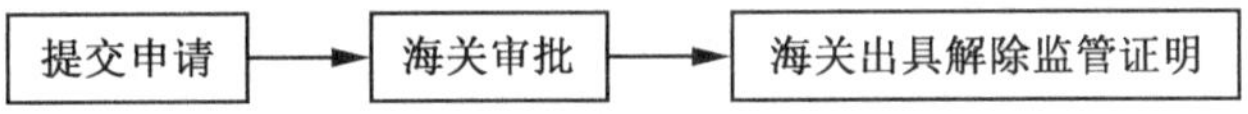

图 3—22　期满申请解除监管的办理步骤

②监管期限内申请解除监管。减免税货物在海关监管期限内，因特殊原因出售、转让、放弃或者企业破产清算的，原“进出口货物征免税证明”的申请人办理有关进口货物的结关手续后，应当向原签发征免税证明的海关提出解除监管申请，主管海关经审核批准后，签发“减免税进口货物解除监管证明”。

知识链接

减免税货物相关附件

【经验小谈 3—12】　我司是纺织类生产型企业，有一批减免税设备还在海关监管年限内，想将这批设备抵押给银行贷款。请问：是否需经海关同意？

答：根据《海关进出口货物减免税管理办法》第三十一条的规定，在海关监管年限内，减免税申请人要求以减免税货物向金融机构办理贷款抵押的，应当向主管海关提出书面申请。经审核符合有关规定的，主管海关可以批准其办理贷款抵押手续。减免税申请人不得以减免税货物向金融机构以外的公民、法人或者其他组织办理贷款抵押。

【注意】 ①《海关法》第五十七条：特定地区、特定企业或者有特定用途的进出口货物，可以减征或者免征关税；依照前款规定减征或者免征关税进口的货物，只能用于特定地区、特定企业或者特定用途，未经海关核准并补缴关税，不得移作他用。

②《进出口货物减免税管理办法》第二十六条：在进口减免税货物的海关监管年限内，未经海关许可，减免税申请人不得擅自将减免税货物转让、抵押、质押、移作他用或者进行其他处置。

③《中华人民共和国海关行政处罚实施条例》第十八条第一款：未经海关许可，擅自将海关监管货物开拆、提取、交付、发运、调换、改装、抵押、质押、留置、转让、更换标记、移作他用或者进行其他处置的，处货物价值5%以上30%以下罚款，有违法所得的，没收违法所得。

④由于《海关法》和《进出口货物减免税管理办法》等相关法律法规中并没有针对何谓"移作他用"或者"进行其他处置"行为作具体的阐述，导致实践中许多企业对此问题产生了不同的认识和误解，以致在使用特定减免税设备时，经常发生被海关认定为构成"移作他用"或者"进行其他处置"行为。这些行为多表现为未经海关批准，擅自将特定减免税设备进行对外出租、出借，或在集团公司内部企业之间调拨、挪用，或将减免税设备由总公司调入分公司使用等。

【小贴士3—4】　擅自改变特定减免税设备的用途

某外商投资饮料生产企业拟定了以生产果汁饮料、茶饮料和饮用水为主要产品的《可行性研究报告》，报主管商务部门审批后，取得《国家鼓励发展的内外资项目确认书》中的"项目产业政策审批条目"核定为"果蔬饮料的开发、加工"。此后，该企业以特定减免税方式进口了价值近400万美元的灌装生产设备。上述设备投产后，由于果蔬类饮料国内市场销路不畅，该企业在未经海关批准的情况下，将灌装设备用于生产瓶装纯净水。随后，海关稽查部门在对该企业特定减免税设备使用情况核查过程中发现上述问题，遂对其立案调查，并认定该企业的转产行为已构成将特定减免税设备"移作他用"的违规行为，依照《海关行政处罚实施条例》作出了罚款的处罚决定，同时责令其补缴设备"移作他用"期间的应缴税款。

企业在使用特定减免税货物进行生产经营时，一定要严格遵守《国家鼓励发展的内外资项目确认书》中核定的"项目产业政策审批条目"相关内容，否则很可能会因违反"特定用途"原则，而被海关认定为将特定减免税货物"移作他用"。

【小贴士3—5】　擅自改变使用主体和使用地区

某境外企业先后在上海、宁波等地设立10家外商投资企业。2023年7月至2025年8月间，其中的4家外商投资企业根据国外母公司的统一部署，在未经海关许可的情况下，将合计79台特定减免税食品加工设备调拨给其他6家子公司使用。最终，上述行为被海关认定为构成将特定减免税设备移作他用的违规行为，对上述4家公司处以罚款并责令其补办结转手续。

类似的案例还经常发生于企业及其分支机构之间，例如企业因各种原因，未经海关许可，将特定减免税货物交由其设立的分公司使用。在海关执法实践中，企业的上述擅自调拨、挪用特定减免税货物的行为，通常会涉嫌违反"特定地区"或者"特定企业"的原则，进而被海关认定为构成将特定减免税货物"移作他用"而加以处罚。

【小贴士3—6】　涉嫌"进行其他处置"的情形

从海关的执法实践来看，未经海关批准，擅自将特定减免税货物进行改装、报废、毁损等行为，都可能会被海关认定为构成"进行其他处置"。此外，在实践中还有一些较为特殊的问题，也存在被认定为构成"进行其他处置"的风险。

例如，某中外合资企业在投资总额内进口了一批免税设备，该批设备处于海关监管期限内。随后，该企业申请减少投资总额和注册资本并获得审批机关批准，并随之办理了变更登记手续。但在后来的海关稽查中，认定该企业减少投资总额的行为导致其之前免税进口的设备价值超出了现有的投资总额，超出部分不符合享受减免税政策的有关规定，从而要求企业针对超出部分，按照审批部门批复其减少投资总额的日期确定折旧年限补缴税款，并办理解除监管手续。

【学中做 3－1】　心怀天下，严守国门——减免税货物报关与监管

某外资企业，位于中国某高新技术产业开发区，专注于电子产品的研发与生产。该企业计划进口一批价值500万元人民币的电子元件生产设备，用于提升生产线的自动化和精确度。该企业依据国家对外商投资的优惠政策，申请了减免税进口先进的生产设备。此举措不仅体现了国家对外资企业的扶持，而且彰显了企业对促进地方经济发展、科技创新的承诺。企业深知，正确使用及管理这些减免税货物，是其对国家信任的回馈，也是展现企业社会责任的重要途径。为了确保合规并充分利用国家给予的税收优惠，企业需要遵循以下步骤：①通过"单一窗口"标准版进行减免税申报，获取《征免税确认通知书》。②凭借《征免税确认通知书》进行货物的进口报关。③设备进口后，在海关规定的监管期限内（通常为3年），定期向海关提交设备使用情况报告。④确保设备严格用于原申请项目，不得擅自转让、出售、出租或移作他用。

请问：该外资企业应如何规范操作减免税货物的报关流程，并在海关监管期限内确保设备用于原申请项目，展现企业的社会责任？

第六节　暂时进出境货物报关

一、暂时进出境货物概述

（一）概念

暂时进境货物是指为了特定的目的，经海关批准暂时进境，按规定的期限原状复运出境的货物。暂时出境货物是指为了特定的目的，经海关批准暂时出境，按规定的期限原状复运进境的货物。

（二）特征

（1）有条件暂时免予缴纳税费。暂时进出境货物在向海关申报进出境时，不必缴纳进出口税费，但收发货人需要向海关提供担保。

（2）免予提交进出口许可证件。但是，涉及公共道德、公共安全、公共卫生所实施的进出境管理制度的暂时进出境货物应当凭许可证件进出境。

（3）规定期限内按原状复运进出境。暂时进出境货物应自进境或者出境之日起6个月内复运出境或者复运进境；经收发货人申请，海关可以延长期限。

（4）按货物实际使用情况办结海关手续。在规定期限内，由货物的收发货人根据货物的不同情况向海关办理核销结关手续。

（三）范围

第一类：经海关批准暂时进出境时，纳税义务人应缴纳税款的保证金或提供其他担保暂不纳税，并按规定期限复运进境（出境）的暂时进出境货物。其范围如下：①在展览会、交易会、会议及类似活动中展示或者使用的货物；②文化、体育交流活动中使用的表演、比赛用品；③进行新闻报道或者摄制电影、电视节目使用的仪器、设备及用品；④开展科研、教学、医疗活动使用的仪器、设备及用品；⑤上述四项所列活动中使用的交通工具及特种车辆；⑥货样；⑦慈善活动使用的仪器、设备及用品；⑧供安装、调试、检测设备时使用的仪器及工具；⑨盛装货物的容器；旅游用自驾交通工具及用品；工程施工中使用的设备、仪器及用品；海关批准的其他暂时进出境货物。

第二类：指除第一类以外的暂时进出境货物。

二、暂时进出境货物报关程序

(一)使用暂准进口(ATA)单证册的暂时进出境货物

1. 暂准进口(ATA)单证册概述(见表3—11)

表3—11　ATA单证册概述

项　目	内　　容
概念	暂准进口单证册,简称ATA单证册,是指世界海关组织通过的《货物暂准进口公约》及其附约A和《ATA公约》中规定使用的、用于替代各缔约方海关暂准进出口货物报关单和税费担保的国际性通关文件
格式	一份ATA单证册一般由8页ATA单证组成:一页绿色封面单证、一页黄色出口单证、一页白色进口单证、一页白色复出口单证、两页蓝色过境单证、一页黄色复进口单证、一页绿色封底
适用	按照进口目的划分,适用ATA单证册的货物有以下几类:①在各类国际博览会、交易会、展览会、国际会议及类似活动上陈列或使用的物品;②以寻求境外供货订单为目的向客户展示或演示的商业样品;③各类专业人员使用的专业设备,例如赴境外报道、录制节目、摄制影片所需的出版、音像广播、摄影设备,赴境外安装、调试机器所需的各种测量仪器,医务人员所需的医疗器械,演员、乐团、剧团所需的演出服装、道具等;④用于货物内外包裹,或用于货物卷绕、系缚及其他目的已经使用或准备使用的包装物品;⑤海员在履行海上任务时使用的物品,包括文化、体育、休养、宗教或体育活动的用品;⑥用于科学研究和教育的仪器装置、设备及其配件等;⑦用于教学或职业培训的各种设置、仪器、设备及其零配件等;⑧各类私人车辆;⑨私用航空器和游艇;⑩各种促进旅游的宣传物品、小礼品、音像制品等;⑪货运集装箱;⑫各类商用车辆。 不适用ATA单证册的货物一般有:①易腐烂或易消耗的物品;②以销售为进口目的的货物;③打算赠送的货物;④以加工或维修为进口目的的货物。 为支持我国举办北京2022年冬奥会和冬残奥会等体育活动,依据有关货物暂准进口的国际公约规定,海关自2020年1月1日起,接受"体育用品"用途的暂时进境ATA单证册。对用于体育比赛、体育表演及训练等所必需的体育用品,可以使用ATA单证册办理暂时进境海关手续。
语言	我国海关只接受中文或者英文填写的ATA单证册
出证担保	中国国际商会是我国ATA单证册的担保协会和出证协会
管理机构	海关总署在北京设立ATA单证册核销中心,负责对ATA单证册的进出境凭证进行核销、统计和追索
有效期限	ATA单证册有效期是指ATA单证册本身持续有效的期限。该期限由出证机构打印在ATA单证册封面和各式凭证的G栏c)项内。 一般情况下,ATA单证册自签发之日起1年内有效,但这并不是单证册项下货物可以在境外停留的时间。 ATA单证册项下暂时进境货物申请延长期限超过ATA单证册有效期的,ATA单证册持证人应当向原出证机构申请续签ATA单证册。
追索	未能按照规定复运出境或过境的,ATA单证册核销中心向中国国际商会提出追索

2. 报关程序

动漫视频
ATA单证册

(1)进出口申报。持ATA单证册向海关申报进出境货物(展览品),不需要向海关提交进出口许可证件,也不需要另外提供担保。但进出境货物受公共道德、公共安全、公共卫生、动植物检疫、濒危野生动植物保护、知识产权保护等限制的,收发货人或其代理人应当向海关提交相关的进出口许可证件。申报步骤如图3—23所示。

图3—23　持ATA单证册向海关申报进出境货物的步骤

第一步:进境申报。中国国际商会出证,收货人或其代理人向展会主管海关提交 ATA 单证册、提货单等资料。海关签注白色进口单证,留存白色正联,其余退还。

第二步:出境申报。发货人或其代理人向出境地海关提交国家主管部门的批准文件、ATA 单证册、装货单等单证。海关签注绿色封面单证和黄色出口单证,留存黄色单证正联,其余退还。

第三步:异地复运进出境申报。持证人持主管地海关签章的海关单证向复运出境、进境地海关办理手续。货物复运出境、进境后,主管地海关凭复运出境、进境地海关签章的单证办理核销结案。

第四步:过境申报。过境货物承运人或其代理人持 ATA 单证册向海关申报将货物通过我国转运至第三国参展的,不填报关单。海关签注两份蓝色过境单证,留存蓝色单证正联,其余退还。

(2)结关。其包括:①正常结关。持证人在规定期限内将进境展览品、出境展览品复运出境、进境,海关在白色复出口单证和黄色复进口单证上分别签注,留存单证正联,退还其存根联和 ATA 单证册其他各联给持证人,正式核销结关。②非正常结关。其管理办法如表 3—12 所示。

表 3—12 非正常结关管理办法

情 况	管 理 办 法
复运出境时,未核销、签注的	ATA 单证册核销中心凭另一缔约国海关在 ATA 单证上签注的该批货物从该国进境或复运进境的证明,或者我国海关认可的能够证明该批货物已经实际离开我国境内的其他文件,作为货物已经从我国复运出境的证明,对 ATA 单证册予以核销
	持证人向海关缴纳调整费。但在我国海关发出"ATA 单证册追索通知书"前,持证人凭其他国海关出具的货物已运离我国关境的证明,要求予以核销单证册的,海关免收调整费
因不可抗力受损	无法原状复运出境、进境的,持证人应及时向主管海关报告,凭有关部门出具的材料办理复运出境、进境手续
	灭失或失去使用价值,经海关核实后可以视为货物已经复运出境、进境
因非不可抗力受损	灭失或受损,持证人应当按照货物进出口地有关规定办理海关手续

(二)其他暂时进出境货物

1. 范围

上述的 12 项暂时进出境货物,除使用 ATA 单证册报关的货物、不使用 ATA 单证册报关的展览品、集装箱箱体外,其余均按照其他暂时进出境货物监管。

2. 期限

有效期为 6 个月,经主管海关批准可延期,延期最多不超过 3 次,每次不超过 6 个月。国家重点工程、国家科研项目使用的暂时进出境货物,在 18 个月延长期届满后仍需要延期的,由主管地直属海关报海关总署审批。

3. 管理

第一,暂准进出境申请和审批(由货物收发货人提出,见图 3—24)。"货物暂时进/出境申请批准决定书"见样例 3—3。

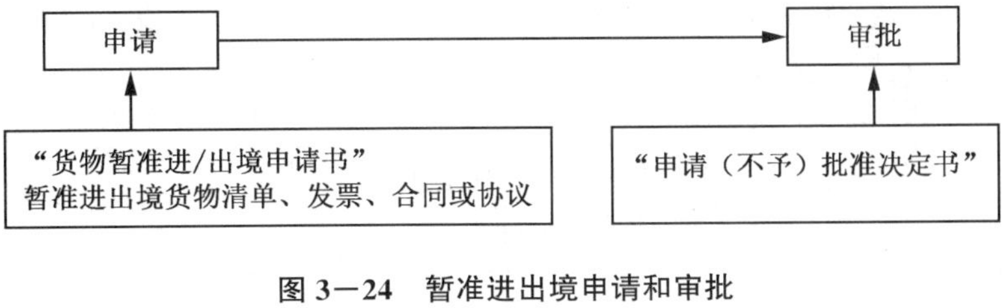

图 3—24 暂准进出境申请和审批

样例 3—3

中华人民共和国海关

货物暂时进/出境申请批准决定书

(1)________________

经审核,你单位“货物暂时进/出境申请书”(2)__________的申请,符合《中华人民共和国海关法》及《中华人民共和国海关暂时进出境货物管理办法》的有关规定,决定予以批准。

________(3)海关(盖章)

______年____月____日

填写规范说明:(1)被告知单位名称;(2)单位暂时进出境申请书编号;(3)海关名称。

第二,延期申请和审批(见图 3—25)。

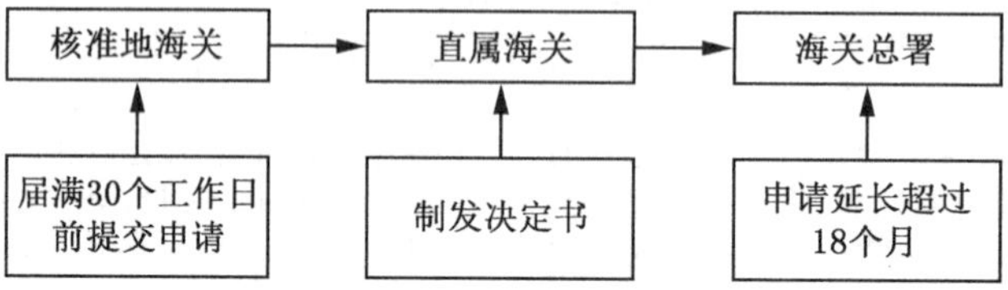

图 3—25 暂准进出境延期申请和审批

4. 进出境申报

第一,进境申报。单证:主管部门签发的暂时进境的批准文件、进口货物报关单、商业及货运单据。许可证:除特殊情况外,一般可以豁免进口许可证件。税款:免缴纳进口税,但要提供担保。

第二,出境申报。单证:主管部门签发的暂时出境的批准文件、出口货物报关单、货运及商业单据等。许可证:除了易制毒化学品、监控化学品、消耗臭氧层物质、有关核出口等属出口管制条例管制的商品或国际公约管制商品外,不需交验许可证件。

第三,异地复运出境、进境申报。货物复运出境、进境后,主管地海关凭复运出境、进境地海关签章的海关单证办理核销结案手续。

第四,结关。不同情况下的结关管理如表 3—13 所示。

表 3—13 不同情况下的结关管理

情 况	管 理
复运进出境	收发货人或其代理人留存由海关签章的复运进出境的报关单准备报核
转为正式进出口	收发货人在货物复运出境、进境期限届满 30 个工作日前向主管地海关申请,经主管地直属海关批准,按规定办理正式进口或出口报关纳税手续
放弃	货物所有人向海关声明放弃的,由海关按规定处理
不可抗力	无法原状复运出境、进境的,收发货人应及时向主管海关报告,凭证明文件办理复运出境、进境手续
	灭失或者失去使用价值的,经海关核实后可以视为货物已经复运出境、进境
非不可抗力	展品收发货人按货物进出口有关规定办理海关手续
丢失、被窃	海关按照进口同类货物征收进口税

收发货人向海关提交经海关签章的进出口货物报关单,或者处理放弃货物的有关单据,以及有关

其他单证，申请报核。海关经审核，情况正常的，退还保证金或办理其他担保销案手续，予以结关。

(1)收发货人或其代理人申报货物暂时进出境的报关单填制规范。

①“监管方式”栏。应当填报“暂时进出货物(2600)”或者“展览品(2700)”。

②“标记唛码及备注”栏。

a. 根据《管理办法》第三条第一款所列项目，应当填报暂时进出境货物类别，如：暂进六，暂出九。

b. 根据《管理办法》第十条的规定，应当填报复运出境或者复运进境日期，期限应当在货物进出境之日起6个月内，如：20250815前复运进境，20251020前复运出境。

“单一窗口”标准版用户手册(暂时进出境货物管理系统)

c. 根据《管理办法》第七条的规定，向海关申请对有关货物是否属于暂时进出境货物进行审核确认的，应当填报“中华人民共和国××海关暂时进出境货物审核确认书”编号，如：＜ZS海关审核确认书编号＞，其中英文为大写字母，＜＞为英文半角；无此项目的，无须填写。

上述内容在“标记唛码及备注”栏内依次填报，项目间用“/”分隔，前后均不加空格。

(2)收发货人或其代理人申报货物复运进境或者复运出境的报关单填制规范。

货物办理过延期的，应当在报关单“标记唛码及备注”栏填报“货物暂时进/出境延期办理单”的海关回执编号，如：＜ZS海关回执编号＞，其中英文为大写字母，＜＞为英文半角；无此项目的，无须填写。

第七节　其他进出境货物报关

一、过境、转运、通运货物

(一)过境货物

1. 概念

它是指从境外启运，在我国不论是否换装交通运输工具，通过陆路运输，继续运往境外的货物。

2. 范围

它包括：①准予过境的货物：与我国签有过境货物协议、铁路联运协议的国家的过境货物；与我国签有过境货物协定的国家收、发货的过境货物；未与我国签有过境货物协定但经国家商务、运输主管部门批准，并向入境地海关备案后准予过境的货物。②禁止过境的货物：来自或运往我国停止或禁止贸易的国家和地区的货物；各种武器、弹药、爆炸物及军需品；各种烈性毒药、麻醉品和毒品；我国法律、行政法规禁止过境的货物、物品。

3. 海关对过境货物的监管要求

第一，海关对过境货物监管的目的：防止过境货物滞留境内，或将境内货物混装出境，以及防止禁止过境货物从我国过境。

第二，海关对过境货物经营人的要求：①过境货物经营人应当持主管部门的批准文件和市场监管部门颁发的营业执照向海关主管部门申请办理注册登记手续；②交通运输工具具有海关认可的加封条件或装置；③应当保护海关封志完整，不得开启或损毁。

第三，海关对过境货物监管的其他规定：①民用爆炸品、医用麻醉品应取得海关总署的批准；②伪报货名、国名，运输我国禁止货物的，依法扣留；③海关可以实施检查，相关人员应到场；④如果在境内发生毁损或灭失(不可抗力除外)，必须向出境地海关补交进口关税。

4. 过境货物报关程序

(1)进出境报关。过境货物经营人或报关企业的报关步骤如图3—26所示。

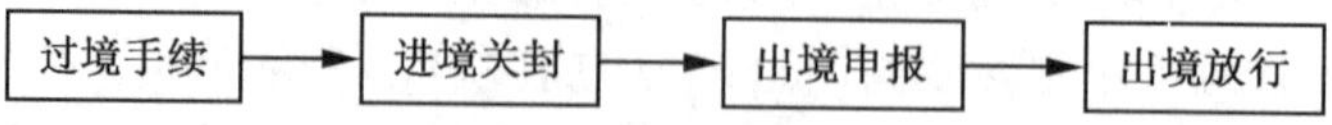

图 3－26 过境货物经营人或报关企业的报关步骤

第一步：过境手续。向海关提交过境货物报关单、运单、转载清单、载货清单、发票和装箱单等。

第二步：进境关封。进境地海关审核无误后，在提运单上加盖“海关监管货物”戳记，将报关单和过境清单制作关封后加盖“海关监管货物”专用章，并把上述单证退还给企业。

第三步：出境申报。货物出境需要向出境地海关申报，递交关封和其他单证。

第四步：出境放行。出境地海关审核单证、关封和货物，确认无误后，加盖放行章，监管货物出境。

(2)过境期限。过境货物的过境期限为 6 个月，因特殊原因，可以向海关申请延期，经海关同意后，最长可延长 3 个月，超过规定期限 3 个月不过境的，海关可提取变卖。

(3)境内暂存和运输。①过境货物进境后因换装交通运输工具等原因需卸下储存时，应经海关批准并在监管下入海关指定或同意的仓库或场所。②过境货物应当按照运输主管部门规定的线路运输；没有规定的，由海关指定。③海关可根据情况派员押运过境。

(二)转运货物

1. 概念

它是指由境外启运，通过我国境内设立海关的地点换装交通运输工具，直接继续运往境外，不通过境内陆路运输的货物。

2. 条件

它包括：①持转运或联运提货单的；②载货清单上注明是转运货物的；③持普通提货单，但启运前向海关声明转运的；④误卸进口货物，承运方提供证明的；⑤因特殊原因申请转运，获海关批准的。

3. 海关对转运货物的监管要点

它包括：①目的：防止混卸进口和混装出口。②处理：存放期间不得开拆、改换包装或进行加工。③期限：3 个月，超过规定期限的，海关可提取变卖。④海关有权进行查验。

4. 转运货物的报关程序

它包括：①承运人持进口载货清单申报进境；②经海关同意，在指定地点换装交通运输工具；③在规定时间内出境。

(三)通运货物

1. 概念

它是指从境外启运，不通过我国境内陆路运输，运进境后由原交通运输工具载运出境的货物。

2. 通运货物的报关程序

它包括：①交通运输工具的负责人持“船舶进口报告书”或“进口载货舱单”申报；②在交通运输工具抵、离境时对申报的货物予以核查，需倒装货物时，应向海关申请并在其监管下进行。

过境、转运、通运货物的区别如表 3－14 所示。

表 3－14　　过境、转运、通运货物的区别

货物 项目	过境货物	转运货物	通运货物
运输形式	通过我国境内陆路运输	不通过我国境内陆路运输	原装载交通运输工具进出境
是否换装交通运输工具	不论是否换装	换装	不换装

续表

项目 \ 货物	过境货物	转运货物	通运货物
期限	6个月，可延长3个月	3个月	无表述

【经验小谈3－13】 我司网络出现故障，导致无法向海关报送电子舱单信息。请问：可以向海关申请提交纸质材料吗？

答：根据《中华人民共和国海关进出境交通运输工具舱单管理办法》第四条的规定，进出境交通运输工具负责人、无船承运业务经营人、货运代理企业、船舶代理企业、邮政企业以及快件经营人等舱单电子数据传输义务人（以下统称“舱单传输人”）应当按照海关备案的范围在规定时限向海关传输舱单电子数据。海关监管作业场所经营人、理货部门、出口货物发货人等舱单相关电子数据传输义务人应当在规定时限向海关传输舱单相关电子数据。对未按照本办法规定传输舱单及相关电子数据的，海关可以暂不予办理交通运输工具进出境申报手续。因计算机故障等特殊情况无法向海关传输舱单及相关电子数据的，经海关同意，可以采用纸质形式在规定时限向海关递交有关单证。

二、货样、广告品

（一）概述

1. 概念

货样是指专供订货参考的进出口货物样品；广告品是指进出口用以宣传有关商品内容的广告宣传品。

2. 分类

货样、广告品包括：①有进出口经营权的企业购买或售出的货样、广告品。②没有进出口经营权的企业（单位）进出口及免费提供进出口的货样、广告品。

（二）报关程序

1. 货样、广告品报关的证件管理（见表3－15）

表3－15 **货样、广告品报关的证件管理**

货物项目	管　理	条　　件
进口	非许可证	货样、广告品A凭经营权申报
		1 000元人民币以下的货样、广告品B，凭其主管司局级以上单位证明申报；1 000元人民币以上的，凭省级商务主管部门审批证件申报
	许可证	进口属于许可证管理的货样、广告品，凭许可证申报
	自动进口许可证	属于自动进口许可证管理的机电产品和一般商品，每批次价值5 000元人民币以下的，免领自动进口许可证
		旧机电产品按旧机电产品进口规定办理
	入境货物通关单	列入《法检目录》的货物需要处理
	出口许可证	免交：货样每批次3万元人民币以下 交：货样每批次3万元人民币以上；两用物项和技术的货样或试验用样品
	出境货物通关单	列入《法检目录》的货物需要处理

2. 货样、广告品报关的税收管理

每次总值在400元人民币及以下的，免征；400元人民币以上的，超出部分征收超出部分关税和进口环节代征税。

三、租赁货物

（一）租赁货物概述

1. 概念

租赁是指所有权与使用权之间的一种借贷关系，即由资产所有者（出租人）按合同规定，将租赁物件租给使用人（承租人），使用人在规定期限内支付租金并享有租赁物件使用权的一种经济行为。跨越国境（地区）的租赁就是国际租赁，而以国际租赁方式进出境的货物，即为租赁进出口货物。

2. 范围

租赁分为金融租赁和经营租赁。这两种租赁货物的区别如表3—16所示。

表3—16　　两种租赁货物的区别

方　式	性　质	最终流向	期满处置方式	租金和总价关系
金融租赁	融资性质	不复运出境	届满转让给承租人	大于货价
经营租赁	服务性质	复运出境	归原所有人	小于货价

（二）租赁货物的报关程序

《关税法》规定，对于租赁货物，以海关审定的租金作为完税价格缴税。纳税人可选择分期按租金缴税，也可选择一次性缴税。租赁进口货物一次性支付租金的，纳税人应当在申报租赁货物进口时办理纳税手续，缴纳税款。一次性缴税可以海关审定的租金总额作为完税价格，也可以把审定的货价作为完税价格，计税方式有三种：分期租金、货价、租金总额。

1. 金融租赁进口货物的报关程序

金融租赁进口货物由于租金大于货价，所以纳税义务人会选择一次性按货价缴纳税款或者按租金分期缴纳税款，不可能选择按租金总额缴纳税款。

第一，按货物的完税价格缴纳税款。进口时，收货人或其代理人按进口货物的实际价格向海关申报。①单证：租赁合同、相关的进口许可证和其他单证。②税款：按海关审查确定的货物完税价格计算税款数额，缴纳进口关税和进口环节海关代征税。③监管：海关现场放行后，不再对货物进行监管。

第二，按租金分期交税。收货人或其代理人在租赁货物进口时按照第一期应当支付的租金和货物的实际价格分别填制报关单向海关报关。①单证：租赁合同、相关的进口许可证和其他单证。②税款：按海关审查确定的第一期租金的完税价格计算税款数额，缴纳进口关税和进口环节海关代征税。每期付租金后15日内按支付的租金提交各种单证申报缴税，直到最后一期租金支付完毕。③监管：海关现场放行后，对货物继续监管。届满前30日，办理结关手续，将租赁进口货物退运出境；如不退运出境，以残值转让，则应当按照转让价格审查确定完税价格计征进口关税和进口环节海关代征税。

2. 经营租赁进口货物的报关程序

经营租赁进口货物由于租金小于货价，货物在租赁期期满后应当返还出境，纳税义务人往往会选择按租金缴纳税款，不会选择按货物的实际价格缴纳税款。

纳税人未在规定的期限内办理留购租赁进口货物的相关手续的，海关除按照确定进口货物计税价格的有关规定和租期届满之日起第30日该货物适用的税率、计征汇率，确定其计税价格、计征应缴纳的税款外，还应当按规定办理留购手续期限届满之日起至纳税人申报纳税之日止按日加收应缴纳税款0.5‰的滞纳金。

【提示】租赁进口货物租赁期未满终止租赁的，其租期届满之日为租赁终止日。

四、加工贸易不作价设备

（一）概述

1. 概念

加工贸易不作价设备是指与加工贸易经营企业开展加工贸易（包括来料加工、进料加工及外商投资企业履行产品出口合同）的境外厂商，免费（无须境内加工贸易经营企业付汇，也无须用加工费或差价偿还）向经营单位提供的加工生产所需设备。

加工贸易不作价设备既包括来料加工项下进口的不作价设备，也包括进料加工项下进口的不作价设备。

【注意】加工贸易进口设备必须是不作价的，可以由境外厂商免费提供，也可以向境外厂商免费借用（临时进口不超过半年的单件的模具、机器除外）。进口设备的一方不能以任何方式、任何途径，包括用加工费扣付、出口产品减价等来偿付提供设备的一方设备价款或租金。

2. 范围

加工贸易境外厂商免费提供的不作价设备，如果属于国家禁止进口商品和《外商投资项目不予免税的进口商品目录》所列商品，海关不能受理加工贸易不作价设备申请。除此以外的其他商品，加工贸易企业可以向海关提出加工贸易不作价设备免税进口的申请。

3. 特征

加工贸易不作价设备与保税加工货物进境后虽然都用于加工贸易生产，但有明显的区别：前者是加工贸易生产设备，进境后使用时一般不改变形态，国家政策不强调复运出境；后者是加工贸易生产料件，进境后使用时一般会改变形态，国家政策强调加工后复运出境。

【注意】加工贸易不作价设备与特定减免税设备虽然都是免税进境的生产设备，但在海关管理上有明显的区别：前者按保税货物管理，后者按减免税货物管理。加工贸易不作价设备与保税加工货物、减免税货物一样，在进口放行后需要继续监管。

（二）程序

加工贸易不作价设备的报关程序，与保税货物、减免税货物的报关程序一样，包括备案、进口、核销三个阶段。

1. 备案

加工贸易不作价设备的备案合同应当是订有加工贸易不作价设备条款的加工贸易合同或者加工贸易协议，单独的进口设备合同不能办理加工贸易不作价设备的合同备案。为加工贸易不作价设备备案的加工贸易经营企业应当符合下列条件之一：①设立独立、专门从事加工贸易（不从事内销产品加工生产）的工厂或车间，并且不作价设备仅限在该工厂或车间使用；②对于未设立独立专门从事加工贸易的工厂或车间、以现有加工生产能力为基础开展加工贸易的项目，使用不作价设备的加工生产企业，在加工贸易合同（协议）期限内，其每年加工的产品必须是70%以上属出口产品。

加工贸易不作价设备的备案手续如下：①凭商务主管部门批准的加工贸易合同（协议）和批准件及“加工贸易不作价设备申请核注清单”到加工贸易合同备案地主管海关办理合同备案申请手续；②主管海关根据加工贸易合同（协议）、批准件和“加工贸易不作价设备申请核注清单”及其他有关单证，对照《外商投资项目不予免税的进口商品目录》，审核准予备案后，核发登记手册。

海关核发的加工贸易登记手册的有效期一般为1年，到期前，加工贸易经营企业可以向海关提出延期申请，延长期一般为1年，可以申请延长4次。加工贸易不作价设备不纳入加工贸易银行保证金台账管理的范围，因此不需要设立台账。海关可以根据情况对加工贸易不作价设备收取相当于进口设备应纳进口关税和进口环节海关代征税税款金额的保证金或者银行或非银行金融机构的保证函。不在加工贸易合同或者协议中订明的单独进口的不作价设备及其零配件、零部件，海关不予备案。

2.进口

企业凭登记手册向口岸海关办理进口报关手续，口岸海关凭登记手册验放。除国家另有规定外，加工贸易不作价设备进境时免进口关税，不免进口环节增值税，如有涉及进口许可证件管理的，可免交进口许可证件。

加工贸易不作价设备进口申报时，报关单的“贸易方式”栏填“不作价设备”(代码0320)；对于临时进口(期限在6个月以内)的加工贸易生产所需的不作价模具、单台设备，按暂时进境货物办理进口手续。

3.核销

加工贸易不作价设备自进口之日起至退运出口并按海关规定解除监管止，属海关监管货物，企业应按海关的规定保管、使用。加工贸易不作价设备的海关监管期限是根据减免税货物的海关监管期限来规定的。加工贸易不作价设备海关监管期限一般是5年。申请解除海关监管有以下两种情况：

(1)监管期内。监管期限未满，企业申请提前解除监管，主要有以下五种情况：

①结转。加工贸易不作价设备在享受同等待遇的不同企业之间结转，以及转为减免税设备的，转入和转出企业分别填制进、出口货物报关单。报关单“贸易方式”栏根据报关企业所持加工贸易登记手册或征免税证明，分别选择填报“加工贸易设备结转”“减免税设备结转”；报关单“备案号”栏分别填报加工贸易登记手册编号、征免税证明编号或为空；报关单其他栏目按现行《报关单填制规范》关于结转货物的要求填报。

②转让。加工贸易不作价设备转让给不能享受减免税优惠或者不能进口加工贸易不作价设备的企业，必须由原备案加工贸易合同或者协议的商务主管部门审批，并按照规定办理进口海关手续，填制进口货物报关单，提供相关的许可证件，按照以下计算公式确定完税价格，缴纳进口关税：

完税价格＝转让设备进口完税价格(CIF)×[按加工贸易不作价设备规定条件使用月数÷(5×12)]

【提示】 不足15天的，不计月数；超过或者等于15天的，按1个月计算。

③留用。监管期未满企业将加工贸易不作价设备移作他用或者虽未满监管期但加工贸易合同已经履约本企业留用的，必须由原备案加工贸易合同或者协议的商务主管部门审批，并按照规定办理进口海关手续，填制进口货物报关单，提供相关的许可证件，按照上述计算公式确定完税价格，缴纳进口关税。

④修理、替换。进境的加工贸易不作价设备需要出境修理或者由于质量或规格不符需要出境替换的，既可以使用加工贸易不作价设备登记手册申报出境和进境，也可以按照出境修理货物或者无代价抵偿货物办理海关进出境手续。

⑤退运。监管期内退运应当由原备案加工贸易合同或者协议的商务主管部门审批，凭批准件和加工贸易不作价设备登记手册到海关办理退运出境手续。

(2)监管期满。加工贸易不作价设备5年监管期满，如不退运出境，可以留用，也可以向海关申请放弃。

①留用。监管期限已满的不作价设备，要求留在境内继续使用的，企业既可以向海关申请解除

监管，也可以自动解除海关监管。

②放弃。监管期满既不退运也不留用的加工贸易不作价设备，可以向海关申请放弃，海关比照放弃货物办理有关手续。放弃货物要填制进口货物报关单。

五、出料加工货物

（一）概念

出料加工货物是指我国境内企业运到境外进行技术加工后复运进境的货物。

（二）原则

只有在国内现有的技术手段无法或难以达到产品质量要求而必须运到境外进行某项工序加工的情况下，才可以开展出料加工业务；出料加工原则上不能改变原出口货物的物理形态。完全改变原出口货物物理形态的出口加工，属于一般出口。

（三）管理

出料加工货物 6 个月内应当复运进境；经海关批准可以延期，延长的期限最长不得超过 3 个月。

（四）报关程序

第一，备案。开展出料加工的经营企业应当到主管海关办理出料加工合同的备案申请手续。海关根据出料加工的有关规定审核决定是否受理备案，受理备案的应当核发"出料加工登记手册"。

第二，进出口。①出境申报。单证：手册、出口货物报关单、货运单据及其他单证。属许可证管理的，免交许可证件。缴税：应征出口税，应提供担保。监管：海关可以对出料加工货物附加标志、标记或留取货样。②进境申报。单证：手册、进口货物报关单、货运单据及其他单证。缴税：以境外加工费、材料费、复运进境的运输及相关费用和保险费审查确定完税价格，征收进口关税和进口环节海关代征税。③核销。出料加工货物全部复运进境后，经营人应当向海关报核，海关进行核销，提供担保的，应当退还保证金或者撤销担保。

【提示】出料加工未在海关允许期限内复运进境的，海关按照一般进出口货物办理，将货物出境时收取的税款保证金转为税款，货物进境时按一般进出口货物征收进口关税和进口环节海关代征税。

六、无代价抵偿货物

（一）概念

无代价抵偿货物是指进出口货物在海关放行后，因残损、短少、品质不良、规格不符等原因，由进出口货物的收发货人、承运人或者保险公司免费补偿或者更换的与原货物相同或者与合同规定相符的货物。收发货人申报进出口的无代价抵偿货物，与退运出境或者退运进境的原货物不完全相符或者与合同规定不完全相符的，经收发货人说明理由，海关审核认为理由正当且税则号列未发生改变的，仍属于无代价抵偿货物的范围。

申报进出口的免费更换的货物与被免费更换的货物税则号列未发生改变的，纳税人应当按照确定进出口货物计税价格的有关规定和被免费更换的货物进出口时适用的税率、计征汇率，确定其计税价格、计算并申报纳税。应纳税额高于被免费更换的货物已缴纳税款的，纳税人应当补缴税款的差额部分。应纳税额低于被免费更换的货物已缴纳税款，且被免费更换的货物的发货人、承运人或者保险公司同时补偿货款的，海关应当退还补偿货款部分的相应税款；未补偿货款的，税款的差额部分不予退还。

纳税人申报进出口的免费更换的货物与被免费更换的货物的税则号列不一致的，不适用无代价抵偿货物的有关规定，海关对其按照一般进出口货物的征税管理规定征收税款。

【提示】 收发货人申报进出口的免费补偿或者更换的货物，其税则号列与原进出口货物的税则号列不一致的，不属于无代价抵偿货物的范围，属于一般进出口货物。也就是说，前后更换的货物税则号列必须相同。

（二）特征

许可证：免证。税费：进出口不征收关税；进出口与原货物或合同规定不完全相符的无代价抵偿货物，应按规定计算与原进出口货物的税款差额，多退少补。其中，低于原征收税款，且原进出口货物的发货人、承运人或者保险公司同时补偿货款的，海关应当退还补偿货款部分的相应税款；未补偿货款的，不予退还。

（三）报关程序

1. 因残损、品质不良或规格不符引起的无代价抵偿货物的进出口报关手续

第一，原进口货物退运出境。税费：不征收出口关税。

第二，原进口货物不退运出境，放弃交由海关处理。原进口货物的收货人愿意放弃，交由海关处理的，海关应当依法处理并向收货人提供依据，凭以申报进口无代价抵偿货物。

第三，原进口货物不退运出境也不放弃，交由海关处理的，原进口货物的收货人应当按照海关接受无代价抵偿货物申报进口之日适用的有关规定申报进口，并按照海关对原进口货物重新估定的价格计算的税额缴纳进口关税和进口环节海关代征税，属于许可证管理的商品应提交许可证。

第四，原出口货物退运进境。原出口货物的发货人或其代理人应当办理被更换的原出口货物中残损、品质不良或规格不符货物退运进境的报关手续。被更换的原出口货物退运进境时不征收进口关税和进口环节海关代征税。

第五，原出口货物不退运进境。原出口货物的发货人应当按照海关接受无代价抵偿货物申报出口之日适用的有关规定申报出口，并按照海关对原出口货物重新估定的价格计算的税额缴纳出口关税，属于许可证管理的商品应提交许可证。

【做中学 3－4】 大连某船运公司完税进口一批驳船，使用不久后发现大部分驳船油漆剥落，于是向境外供应商提出索赔。供应商同意减价 50 万美元，并应进口方的要求以等值的驳船用润滑油补偿。该批润滑油进口时应当办理的海关手续有哪些？

分析：本题需判断润滑油进口时应适用的海关手续类型，关键在于判断其是否符合“无代价抵偿货物”的认定条件。无代价抵偿货物的认定标准为，①基础条件：货物需在海关放行后，因残损、短少、品质不良或规格不符等原因，由发货人、承运人或保险公司免费补偿或更换。②关键限制：补偿货物必须与原货物“相同”或“与合同规定相符”。若申报货物与退运货物不完全相同或合同规定不符，需满足两个条件方可按无代价抵偿货物处理：一是发货人或代理人说明理由且海关审核理由正当，二是税则号列未发生改变。若税则号列改变，则必须按一般进出口货物申报并缴纳税款。

本题中，原进口货物为驳船，补偿货物为润滑油，两者属于不同类别的商品，税则号列必然不同。补偿行为虽因驳船质量问题引发，但润滑油并非对驳船的直接更换或补偿，而是作为减价的经济补偿形式。由于税则号列改变且货物性质不同，该批润滑油不符合无代价抵偿货物的认定条件。必须按照一般进口货物的规定办理报关手续，并依法缴纳进口税。

2. 申报期限

纳税人应当在原进出口合同约定的请求赔偿期限内且不超过原货物进出口放行之日起 3 年，向海关申报办理无代价抵偿货物的进出口手续。纳税人申报进出口无代价抵偿货物，应当提交买卖双方签订的赔偿协议。海关认为需要时，纳税人还应当提交具有资质的商品检验机构出具的原

进出口货物残损、短少、品质不良或者规格不符的检验证明书或者其他有关证明文件。

3. 无代价抵偿货物报关应提供的单证

除提交报关单和基本单证外，还需提供其他特殊单证。具体包括：(1)进口特殊单证，包括原进口货物报关单、原退运报关单或放弃证明或缴税证明(补偿的货物)、原进口货物缴税证明或征免税证明、索赔协议；(2)出口特殊单证，包括原出口货物报关单、原退运报关单或缴税证明(补偿的货物)、原出口货物税款缴款书、索赔协议。同时，也需要提供商品检验机构出具的原出口货物残损、短少、品质不良或规格不符的检验证明书或者其他有关证明文件。

七、进出境修理货物

(一)概念

进境修理货物是指运进境进行维护修理后复运出境的机械器具、交通运输工具或其他货物，以及维修这些货物需要进口的原材料、零部件。出境修理货物是指运出境进行维护修理后复运进境的机械器具、交通运输工具或其他货物，以及维修这些货物需要出口的原材料、零部件。原进口货物出境维修包括原进口货物在保修期内运出境修理和在保修期外运出境修理。

(二)特征

1. 进境修理货物

税费：免予缴纳进口关税和进口环节海关代征税。担保：提供担保。监管：接受海关后续监管。许可证：免予交验许可证。受理部门：海关通关管理部门。其办理步骤如图 3－27 所示。

图 3－27　进境修理货物报关办理步骤

第一步：三级审批。递交以下单证：运单、发票、箱单、与供货商签订的合同、关于暂时进出口原因的详细说明、关于暂时进出口货物的技术资料与详细解释。

第二步：电子申报。

第三步：现场交单。如果审核通过，海关将制发“暂时进/出境申请批准决定书”；如果审核不通过，海关将制发“暂时进/出境申请不予批准决定书”。

第四步：查验货物。

第五步：提交担保。在货物收发货人向海关缴纳相当于税款的保证金或海关依法认可的其他担保后，准予暂时免缴关税。对于不涉税的货物，可凭收发货人或其代理人的保证函放行。

第六步：放行货物。对于保证金担保的，足额保证金到账后，海关制发海关保证金、风险担保金、抵押金专用收据，并放行货物。

2. 出境修理货物

税费：在保修期内且免费维修的，免征税；在保修期外、收费维修的，按修理费和所需材料费审定完税价格后征税。许可证：免予交验许可证。

(三)报关程序

1. 进境修理货物

(1)进境时。单证：维修合同或原出口合同、税款担保及其他单证。期限：自进口之日起 6 个月内，可以申请延长，最长不超过 6 个月。海关全程监管。

(2)复出境时。单证：原修理货物进口报关单(留存联或复印件)。

(3)销案时。正常销案,退还保证金或撤销担保;未复运出境的,正常进口。

2.出境修复货物

(1)出境时。单证:维修合同或原出口合同及其他单证。期限:在境外维修期限为自出境之日起6个月,可以申请延长,延长期限最长不超过6个月。

(2)复进境时。税费:申报境外实际支付的修理费和材料费,按此征收税费;超过规定期限复运进境的,按一般进口货物办理征税。

八、集装箱箱体

(一)概念

集装箱既是一种运输设备,又是一种货物。当货物用集装箱装载进出口时,集装箱箱体就作为一种运输设备;当一个企业购买进口或销售出口集装箱时,集装箱箱体就是普通的进出口货物。集装箱作为货物的进口是一次性的,作为运输设备是暂时进出境的。这里介绍的是通常作为运输设备暂时进出境的情况。

(二)报关

境内生产的集装箱及我国营运人购买进口的集装箱在投入国际运输前,营运人应当向其所在地海关办理登记手续。海关准予登记并符合规定的集装箱箱体,无论是否装载货物,海关都准予暂时进境和异地出境,营运人或其代理人无须对箱体单独向海关办理报关手续,进出境时也不受规定的期限限制。

境外集装箱箱体暂准进境的,无论是否装载货物,承运人或其代理人都应当对箱体单独向海关申报,并应当于入境之日起6个月内复运出境。如因特殊情况不能按期复运出境的,营运人应当向"暂准进境地"海关提出延期申请,经海关核准后可以延期,但不得超过3个月,逾期应向海关办理进口报关纳税手续。

九、溢卸和误卸货物

(一)概念

溢卸货物是指未列入进口载货清单、运单的货物,或者多于进口载货清单、提单或运单所列数量的货物。误卸货物是指将运往境外港口、车站或境内其他港口、车站而在本港(站)卸下的货物。

【注意】对于溢卸、误卸货物,应自交通运输工具卸货之日起3个月内办理海关手续,经申请可延期3个月办理。超出上述期限,海关可以依法提取作变卖处理。

(二)溢卸、误卸货物的处理方法

处理方法如表3-17所示。

表3-17 溢卸、误卸货物的处理方法

方式	办理人	处理方法
退运境外	当事人	能够提供发货人或承运人书面证明的,可以向海关申请办理直接退运。当事人免予填报报关单,凭决定书或通知书向海关办理直接退运手续
溢短相补	原收货人或其代理人	交通运输工具负责人或其代理人要求溢短相补的,应与短卸货物原收货人协商同意,并限于同一运输公司、同一发货人、同一品种的进口货物;非同一交通运输工具或非同一航次之间抵补的,限于同一运输公司、同一发货人、同一品种。其适用于无代价抵偿货物

续表

方　式	办理人	处理方法
物归“原主”	交通运输工具负责人或其代理人	指运境外港口、车站的误卸货物，交通运输工具负责人或其代理人要求运往境外的，经海关核实后按照转运货物的报关程序办理海关手续，转运境外
	原收货人或其代理人	指运境内其他港口、车站的误卸货物，既可以由原收货人或其代理人向进境地海关办理申报进境手续，也可以经进境地海关同意办理转关运输手续
就地进口	原收货人或其代理人	原收货人接受的，按一般进口货物申报，提供溢卸货物证明(属于许可证件管理的，应交验许可证件)征税放行
境内销售	购货单位	原收货人不接受、交通运输工具负责人或其代理人要求国内销售的，办理进口申报手续

十、退运货物

退运货物是指原进出口货物因各种原因造成退运进口或退运出口的货物。它包括一般退运货物和直接退运货物。

(一)一般退运货物

一般退运货物是指已办理进出口申报手续且海关已放行出口或进口，因各种原因造成退运进口或退运出口的货物。

1. 一般退运进口货物的海关手续

第一，报关。①原出口货物已收汇。原出口货物退运进境时，已收汇，已核销：原发货人或其代理人应填写进口货物报关单向进境地海关申报，并提供原出口货物报关单、“出口商品退运已补税证明”(税务部门出具)、保险公司证明，或承运人溢装、漏卸的证明等。②原出口货物未收汇。原出口货物退运进境时，若未收汇，原发货人或其代理人在办理退运手续时，应提交原出口货物报关单、外汇核销单、报关单退税证明联，同时填写进口货物报关单；若部分退运进口，海关则须在原出口货物报关单上批注退运的实际数量、金额后退回企业并留存复印件，海关核实无误后，验放有关货物进境。

第二，税收。出口货物自出口之日起1年内原状退货复运进境的，海关核实后，不予征收进口税。原出口时，已征收出口税，重新缴纳因出口而退还的国内环节税的，自缴纳出口税款之日起1年内准予退还。

2. 一般退运出口货物的海关手续

因故退运出口的进口货物，原收货人或其代理人应填写出口货物报关单，并提供原进口货物报关单、保险公司证明或承运人的证明。因品质或规格原因1年内退运出境的，免征出口关税，已收取的进口关税，1年内予以退还。

(二)直接退运货物

直接退运货物是指在进境后、办结海关放行手续前，进口货物收发货人、原交通运输工具负责人或其代理人(以下称“当事人”)申请退运境外，或者海关根据国家有关规定责令直接退运境外的全部或者部分货物。

1. 当事人申请直接退运

(1)可以退运的范围。包括：①合同执行期间国家贸易政策调整，收货人无法提供相关证件的；②属于错发、误卸货物，并且能够提供相关证明的；③收发货人一致同意退运，并能够提供双方同意退运的书面证明的；④发生贸易纠纷，能够提供法院判决书、仲裁机构仲裁决定书或者无争议的有效货物所有权凭证的；⑤货物残损或者国家检验检疫不合格，能够提供有关证明文件的。

在当事人申请直接退运前，海关已经确定查验或者认为有走私违规嫌疑的货物，不予办理退运。

(2)报关程序。

①单证："进口货物直接退运申请书"(见样例3—4)及申请表(见样例3—5)、合同、发票、装箱清单、原报关单、提运单或载货清单。海关按照行政许可程序受理或者不予受理，受理并批准直接退运的，制发"准予直接退运决定书"(见样例3—6)。

样例3—4

进口货物直接退运申请书

海关退申(   )号

__________海关：

我(单位)拟对进口的________货物(详见附表)办理直接退运手续，特向贵关提出申请，请予批准。

附：进口货物直接退运申请表

(印)

年 月 日

样例3—5 **进口货物直接退运申请表**

申请单位：	联系人及电话：
申请日期：	货物进口日期：
货物品名：	需何种许可证件：
数(重)量：	申请退运数(重)量：
货物查验情况：	货物存放地点：
运单号：	是否已申报(报关单号)：
申请直接退运原因：	
现场通关部门关员审核意见： 签名： 年 月 日	现场通关部门科长审核意见： 签名： 年 月 日
物流监控/查验部门意见： 签名： 年 月 日	缉私部门意见： 签名： 年 月 日
关长(或其授权人)审批意见： 签名： 年 月 日	

样例3—6

中华人民共和国______海关

进口货物直接退运申请受理决定书

海关许可(   )直退 号

你(单位)关于______的行政许可申请，我关于____年____月____日收悉。经审查，根据《中华人民共和国海关法》和《中华人民共和国海关进口货物直接退运管理办法》的规定，我关予以受理。

注：行政许可申请受理序号为______号。

(印)

年 月 日

②报关单填制：当事人办理进口货物直接退运的申报手续时，应当先填写出口货物报关单向海关申报，再填写进口货物报关单。因进口货物收发货人或承运人责任造成的错发、误卸或者溢卸，

经海关批准的，免填报关单，凭决定书直接办理退运手续。许可证：经海关批准直接退运的货物，不需要交验进出口许可证或者其他监管证件。

③税费：免征各种税费及滞报金。进口货物直接退运的，应当从原进境地口岸退运出境，因运输原因需要改变运输方式或者由另一口岸退运出境的，应当经由原进境地海关批准后，以转关运输的方式出境。

2.海关责令直接退运的货物

(1)范围。①进口国家禁止进口的货物，经海关依法处理后的；②违反国家检验检疫政策法规，经国家检验检疫部门处理并出具"检验检疫处理通知书"的；③未经许可擅自进口属于限制进口的固体废物原料，经海关依法处理后的；④违反国家法律法规，应当责令直接退运的其他情形。海关责令进口货物直接退运通知书如样例 3－7 所示。

样例 3－7

中华人民共和国海关
责令进口货物直接退运通知书
关退〔 〕号

________：

你(单位)进口的________存在以下第________项情形，根据《中华人民共和国海关进出口货物直接退运管理办法》的有关规定，应当将上述货物直接退运至境外。

(一)货物属于国家禁止进口的货物，已经海关依法处理的；

(二)违反国家检验检疫政策法规，已经国家检验检疫部门处理并且出具"检验检疫处理通知书"或者其他证明文书的；

(三)未经许可擅自进口属于限制进口的固体废物，已经海关依法处理的；

(四)违反国家有关法律、行政法规，应当责令直接退运的其他情形。

当事人陈述、申辩情况：________________________________

当事人签章：

海关审查意见：________________________________

经审查，你(单位)陈述、申辩意见、理由________，根据《中华人民共和国海关进口货物直接退运管理办法》的有关规定，现责令你(单位)在收到该通知书之日起 30 日内持有关材料到海关办理该货物的直接退运手续。

当事人不服本通知的，依照《中华人民共和国行政复议法》第九条、第十二条，《中华人民共和国行政诉讼法》第四十六条的规定，可自本通知送达之日起 60 日内向________申请行政复议，或自本通知送达之日起 6 个月内，向________人民法院起诉。

特此通知。

(印)

年 月 日

(2)报关手续。

①报关单填制：因进口货物收发货人或承运人责任造成的错发、误卸或者溢卸，经海关责令退运的，免填报关单，凭通知书直接办理退运手续。

②税费：免税、免滞报金，不列入海关统计。

【经验小谈 3－14】 我司从国外进口了一批铁粉，货物到港后海关说要查验，并且已经取样了。我司觉得很麻烦，想申请直接退运。请问：可以申请直接退运吗？

答：根据《海关进口货物直接退运管理办法》第五条第三款的规定，对海关已经确定布控、查验或者认为有走私违规嫌疑的货物，不予办理直接退运。布控、查验或者案件处理完毕后，按照海关有关规定处理。

十一、退关货物

（一）概念

退关货物又称出口退关货物，是指出口货物在向海关申报出口后被海关放行，因故未能装上交通运输工具，发货单位请求将货物退运出海关监管区域不再出口的行为。

（二）报关程序

退关货物的报关程序为：①出口货物的发货人及其代理人应当在得知出口货物未装上交通运输工具，并决定不再出口之日起 3 天内，向海关申请退关；②经海关核准且撤销出口申报后方能将货物运出海关监管场所；③已缴纳出口税的退关货物，可以自缴纳税款之日起 1 年内，提出书面申请，向海关申请退税；④出口货物的发货人及其代理人办理出口货物退关手续后，海关应对所有单证予以注销，并删除有关报关电子数据。

十二、放弃货物

（一）概念

放弃货物是指进口货物收货人或其代理人声明放弃，由海关提取依法变卖处理的货物。

（二）范围

放弃货物的范围包括：①没有办结海关手续的一般进口货物；②保税货物；③在监管期内的特定减免税货物；④暂时进境货物；⑤其他没有办结海关手续的进境货物。国家禁止或限制进口的废物、对环境造成污染的货物不得声明放弃。

（三）处理

由海关提取依法变卖处理的放弃进口货物的所得价款，在优先拨付变卖处理实际支出的费用后，再扣除运输、装卸、储存等费用。所得价款不足以支付运输、装卸、储存等费用的，按比例支付。

十三、超期未报关货物

（一）概念

超期未报关货物是指在规定期限内未办结海关手续的海关监管货物。

（二）范围

超期未报关货物的范围包括：①自交通运输工具申报进境之日起，超过 3 个月未向海关申报的进口货物；②在海关批准的延长期满仍未办结海关手续的溢装、误卸货物；③超过规定期限 3 个月未向海关办理复运出境或者其他海关手续的保税货物；④超过规定期限 3 个月未向海关办理复运出境或者其他海关手续的暂时进境货物；⑤超过规定期限 3 个月未运输出境的过境、转运和通运货物。

【经验小谈 3－15】 进口的货物被误卸了，我司跟外商还没有达成一致意见。该批货物在境内已经被搁置了两个多月。请问：我司可以向海关申请延期申报吗？

答：根据《中华人民共和国海关关于超期未报关进口货物、误卸或者溢卸的进境货物和放弃进口货物的处理办法》第三条的规定，由进境交通运输工具载运进境并且因故卸至海关监管区或者其他经海关批准的场所，未列入进口载货清单、运单向海关申报进境的误卸或者溢卸的进境货物，经海关审定确实的，由载运该货物的原交通运输工具负责人，自该交通运输工具卸货之日起三个月内，向海关办理直接退运出境手续；或者由该货物的收发货人，自该交通运输工具卸货之日起三个月内，向海关办理退运或者申报进口手续。前款所列货物，经载运该货物的原交通运输工具负责人，或者该货物的收发货人申请，海关批准，可以延期三个月办理退运出境或者申报进口手续。本条第一款所列货物，超过前两款规定的期限，未向海关办理退运出境或申报进口手续的，由海关提取依法变卖处理。

（三）处理

超期未报关进口货物由海关提取依法变卖处理。

第一，超期未报关进口货物、误卸或者溢卸的进境货物和放弃进口货物属于海关实施检验检疫的进出境商品目录范围的，海关应当在变卖前进行检验、检疫，检验、检疫的费用与其他变卖处理实际支出的费用从变卖款中支付。

第二，变卖所得价款，在优先拨付变卖处理实际支出的费用后，按照运输、装卸、储存等费用，进口关税，进口环节海关代征税，滞报金的顺序扣除相关费用和税款。所得价款并不足以支付同一顺序的相关费用的，按照比例支付。

第三，申请发还余款的，申请人应当提供证明其为该进口货物收货人的相关资料。经海关审核同意后，申请人应当按照海关对进口货物的申报规定，取得有关进口许可证件，凭有关单证补办进口申报手续。海关对有关进口许可证件电子数据进行系统自动比对验核。申报时没有有效进口许可证件的，由海关按照《中华人民共和国海关行政处罚实施条例》的规定处理。

【经验小谈 3－16】 我司进口的一批货物，外商发错货。由于物流原因，外商想放弃该批货物。请问：我司可否申请放弃该货物？

答：根据《中华人民共和国海关关于超期未报关进口货物、误卸或者溢卸的进境货物和放弃进口货物的处理办法》第四条的规定，进口货物的收货人或者其所有人声明放弃的进口货物，由海关提取依法变卖处理。国家禁止或者限制进口的废物、对环境造成污染的货物不得声明放弃。除符合国家规定，并且办理申报进口手续，准予进口的外，由海关责令货物的收货人或者其所有人、载运该货物进境的交通运输工具负责人退运出境；无法退运的，由海关责令其在海关和有关主管部门监督下予以销毁或者进行其他妥善处理，销毁和处理的费用由收货人承担，收货人无法确认的，由相关交通运输工具负责人及承运人承担；违反国家有关法律法规的，由海关依法予以处罚，构成犯罪的，依法追究刑事责任。

第八节　海关监管货物特殊申报

一、进出境快件申报程序

（一）概述

进出境快件是指进出境快件运营人以向客户承诺的快速商业运作方式承揽、承运的进出境货物、物品。进出境快件运营人，是指依法注册并在海关登记备案的从事进出境快件运营业务的国际货物运输代理企业。

（二）分类

进出境快件包括：①文件类，包括免税且无商业价值的文件、单证、单据等；②个人物品类，包括自用、合理数量范围内的进出境旅客分离运输的行李和个人物品；③货物类，即除文件和个人物品以外的其他进出境快件。

“单一窗口”标准版用户手册（快件通关系统）

（三）申报程序

1. 申报方式

按照海关的要求，采用电子数据交换方式向海关办理报关手续。

2. 申报时效

进境的快件，应该自交通运输工具申报进境之日起14日内向海关办理报关手续；出境的快件，应该在交通运输工具离境3小时之前向海关申报。

3. 单证

(1)文件类。运营人需要提供“进出境快件KJ1报关单”(见样例3—8)、总运单副本和其他单证等。

样例3—8　　中华人民共和国海关进出境快件KJ1报关单

运营人名称：			进/出口岸：		交通运输工具航次：	
进/出口日期：			总运单号码：			
序号	分运单号码	名称	件数	重量(KG)	收/发件人名称	验放代码
本运营人保证：　年　月　日向　海关申报的上述货物为《中华人民共和国海关对进出境快件监管办法》中的文件类范围内的货物，并就申报的真实性和合法性向你关负法律责任。 (运营人报关专用章)　报关员：　申报日期：						
以下由海关填写						
海关签章：　经办关员：　日期：　查验关员：　日期：						

(2)个人物品类。运营人需要提供“进出境快件个人物品申报单”(见样例3—9)、每一进出境快件的分运单、进境快件收件人或出境快件发件人身份证复印件和其他单证等。

样例3—9　　中华人民共和国海关进出境快件个人物品申报单

报关单编号：

运营人名称：　进/出口岸：　交通运输工具航次：　进/出口日期：　总运单号码：										
序号	分运单号码	物品名称	价值(RMB)	件数	税率	税额	收/发件人姓名	国别/地区	证件号码	验放代码
本运营人保证：　年　月　日向　海关申报的上述物品为《中华人民共和国海关对进出境快件监管办法》中的个人物品类范围内的物品，并就申报的真实性和合法性向你关负法律责任。 (运营人报关专用章)　报关员：　申报日期：										
以下由海关填写										
海关签章：　经办关员：　日期：　查验关员：　日期：										

(3)货物类。运营人需要提交的单证如表3—18、样例3—10和样例3—11所示。

表3—18　　货物类快件申报需要提交的单证

条　件	单　证
关税税额50元以下及海关准予免税的货样、广告品	提交“进出境快件KJ2报关单”(见样例3—11)
征税进境的货样、广告品	提交“进出境快件KJ3报关单”(见样例3—12)
其他进境的货物类快件	按进口货物的报关程序报关

续表

条 件	单 证
出境的货样、广告品（法律、行政法规规定实行许可证管理的、应征出口关税的、需出口收汇的、需出口退税的除外）	提交 KJ2 报关单、每一出境快件的分运单、发票和海关需要的其他单证
其他出境的货物类快件	按出口货物相应的报关程序提交申报单证

样例 3—10 **中华人民共和国海关进出境快件 KJ2 报关单**

报关单编号：

运营人名称：	进/出口岸：		交通运输工具航次：		进/出境日期：			总运单号码：		
序号	分运单号码	经营单位编码	经营单位名称	货物名称	价值(RMB)	重量(KG)	件数	商品编码(HS)	收/发件人名称	验放代码
本运营人保证： 年 月 日向 海关申报的上述货物为《中华人民共和国海关对进出境快件监管办法》中的关税税额在关税起征数额以下的进境货物和海关规定准予免税的进境货样、广告品或出境货样、广告品，并就申报的真实性和合法性向你关负法律责任。 (运营人报关专用章) 报关员： 申报日期：										
以下由海关填写										
海关签章：		经办关员：		日期：			查验关员：		日期：	

样例 3—11 **中华人民共和国海关进出境快件 KJ3 报关单**

报关单编号：

运营人名称：	进/出口岸：		交通运输工具航次：			进/出境日期：			总运单号码：						
序号	分运单号码	经营单位编码	经营单位名称	货物名称	价值(RMB)	重量(KG)	件数	商品编码(HS)	关税税率	关税税额	增值税税率	增值税税额	消费税税率	消费税税额	收/发件人名称	验放代码
本运营人保证： 年 月 日向 海关申报的上述货物为《中华人民共和国海关对进出境快件监管办法》中的应予征税的进境货样、广告品，并就申报的真实性和合法性向你关负法律责任。 (运营人报关专用章) 报关员： 申报日期：																
以下由海关填写																
海关签章：			经办关员：			日期：			查验关员：				日期：			

4. 查验

海关查验进出境快件时，运营人应派员到场，并负责进出境快件的搬移、开拆、封装。海关对进出境快件中的个人物品实施开拆查验时，运营人应通知进境快件的收件人或出境快件的发件人到场。收件人或发件人不能到场的，运营人应向海关提交其委托书，代理其履行义务，并承担相应的法律责任。海关认为必要时，可对进出境快件径行开验、复验或提取货样。

二、进出境货物集中申报程序

(一)概述

1. 概念

进出境货物集中申报是指经海关备案,进出口货物收发货人在同一口岸多批次进出口规定范围内的货物,可以先以进出口货物集中申报清单申报货物进出口,再以报关单集中办理海关手续的特殊通关方式。

2. 范围(见表 3—19)

表 3—19　　集中申报的货物范围

适用集中申报的货物	不适用集中申报的收发货人	停止适用集中申报的情形
1. 图书、报纸、期刊类出版物等时效性较强的货物 2. 危险品或者鲜活、易腐、易失效等不宜长期保存的货物 3. 公路口岸进出境的保税货物	1. 涉嫌走私或者违规,正在被海关立案调查的收发货人 2. 因进出口侵犯知识产权货物被海关依法给予行政处罚的收发货人 3. 适用 C 类或者 D 类管理类别的收发货人	1. 担保情况发生变更,不能继续提供有效担保的 2. 涉嫌走私或者违规,正在被海关立案调查的 3. 进出口侵犯知识产权的货物,被海关依法给予行政处罚的 4. 海关分类管理类别被降为 C 类或者 D 类的

3. 管理

其包括:①备案地点。收发货人:货物所在地海关。加工贸易企业:主管地海关。②备案单证。“适用集中申报通关方式备案表”。③备案担保。收发货人申请办理集中申报备案手续的,应同时提供符合海关要求的担保,担保有效期最短不得少于 3 个月。④备案有效期。按照收发货人提交的担保有效期核定。⑤备案的变更、延期和终止。申请适用集中申报通关方式的货物、担保情况等发生变更时,收发货人应当向原备案地海关书面申请变更。

备案有效期届满可以延续。收发货人需要继续适用集中申报方式办理通关手续的,应当在备案有效期届满 10 日前向原备案地海关书面申请延期。收发货人在备案有效期届满前未向原备案地海关申请延期的,备案表效力终止。收发货人需要继续按照集中申报方式办理通关手续的,应当重新申请备案。

(二)申报程序

1. 电子申报(见表 3—20)

表 3—20　　集中申报货物电子申报

流向	申报时间	申报单证	退　单
进口	自载运进口货物的交通运输工具申报进境之日起 14 日内	中华人民共和国海关进口货物集中申报清单	海关审核集中申报清单电子数据时,对保税货物核扣加工贸易手册(账册)或电子账册数据;对一般贸易货物核对集中申报备案数据经审核,海关发现集中申报清单电子数据与集中申报备案数据不一致的,应当予以退单
出口	在运抵海关监管区后、装货的 24 小时前	中华人民共和国海关出口货物集中申报清单	

2. 纸质单证申报

(1)提交集中申报清单及随附单证。

①提交纸质单证的期限。收发货人应当自海关审结集中申报清单电子数据之日起 3 日内，持“集中申报清单”及随附单证到货物所在地海关办理交单验放手续。属于许可证件管理的，收发货人还应当提交相应的许可证件，海关应当在相关证件上批注并留存复印件。

【注意】收发货人未在规定期限办理相关海关手续的，海关删除集中申报清单电子数据，收发货人应当重新向海关申报。重新申报日期超过自交通运输工具申报进境之日起 14 日的，应当以报关单申报。

②修改或撤销集中申报清单。收发货人在以清单申报后申请修改或者撤销“集中申报清单”的，比照报关单修改和撤销的相关规定办理。

(2)报关单集中申报。

①集中申报的期限。收发货人应当对一个月内以“集中申报清单”申报的数据进行归并，填制进出口货物报关单，一般贸易货物在次月 10 日之前、保税货物在次月底之前到海关办理集中申报手续。一般贸易货物集中申报手续不得跨年度办理。

②报关单填制要求。集中申报清单归并为同一份报关单的，各清单中的进出境口岸、经营单位、境内收发货人、贸易方式(监管方式)、启运国(地区)、装货港、运抵国(地区)、运输方式栏目以及适用的税率、汇率必须一致。

“单一窗口”标准版用户手册(集中申报)

【提示】①各清单中规定项目不一致的，收发货人应当分别归并为不同的报关单进行申报。②对确实不能归并的，应当填写单独的报关单进行申报。③各清单归并为同一份报关单时，各清单中载明的商品项在商品编号、商品名称、规格型号、单位、原产国(地区)、单价和币制均一致的情况下可以进行数量和总价的合并。

③办理相应的手续。收发货人对集中申报清单申报的货物以报关单方式办理海关手续时，应当按照海关规定对涉税的货物办理税款缴纳手续。涉及许可证件管理的，应当提交海关批注过的相应许可证件。对于适用集中申报通关方式的货物，海关按照接受清单申报之日实施的税率、汇率计征税费。

④申领报关单证明联。收发货人办结集中申报海关手续后，海关按集中申报进出口货物报关单签发报关单证明联。“进出口日期”以海关接受报关单申报的日期为准。

三、海关监管货物转关申报程序

(一)转关概念

进口转关是指货物从进境地入境后，企业向海关申请转关，将货物运往另一个设有关口的地点进行进口报关。出口转关则是货物在启运地办理出口报关手续后，运往出境地，由出境地海关监管出境。

为进一步规范和简化转关货物海关监管手续，海关总署决定全面推行转关作业无纸化。转关作业无纸化是指海关运用信息化技术，对企业向海关申报的转关申报单或者汽车载货清单电子数据进行审核、放行、核销，无须收取纸质单证、签发纸质关封、签注相关监管簿，实现全流程无纸化管理的转关作业方式。企业无须再以纸质提交转关申报单或者汽车载货清单，交验《汽车载货登记簿》《中国籍国际航行船舶进出境(港)海关监管簿》《司机签证簿》。海关需要验核相关纸质单证资料的，企业应当按照要求提供。

(二)海关不再接受办理转关运输的情形

除以下 4 种情况外，海关不再接受办理转关运输：①多式联运货物，以及具有全程提(运)单需要在境内换装交通运输工具的进出口货物；②满足相关条件的进口固体废物；③易受温度、静电、粉尘等自然因素影响或者其他特殊原因，不宜在口岸海关监管区实施查验，且满足相关条件的进出口货物；④邮件、快件、暂时进出口货物（含 ATA 单证册项下货物）、过境货物、中欧班列载运货物、市场采购方式出口货物、跨境电子商务零售进出口商品、免税品，以及外交、常驻机构和人员公自用物品。

（三）转关运输的方式

转关运输的方式，包括提前报关转关、直转、中转（见表 3—21）。转关货物的收发货人或者代理人，可以采取以下三种方式办理转关手续：①在指运地或者启运地海关以提前报关方式办理；②在进境地或者启运地海关以直接填报转关货物申报单的直转方式办理；③以由境内承运人或者其代理人统一向进境地或者启运地海关申报的中转方式办理。

表 3—21　　转关运输的方式

转关方式	流向	申报地	办报关手续地
提前报关转关	进口	指运地先申报	再到进境地办理转关
	出口	货未到启运地先申报	货到监管场所后再办理转关
直转	进口	进境地办理转关	指运地办理报关
	出口	启运地报关	启运地办理转关
中转	进口	指运地办理报关	进境地办理转关
	出口	启运地办理报关	启运地办理转关

（四）转关管理

1. 转关运输的期限

第一，直转方式转关的期限。以直转方式转关的进口货物应当自交通运输工具申报进境之日起 14 日内向进境地海关办理转关手续，在海关限定期限内自运抵指运地之日起 14 日内，向指运地海关办理报关手续，逾期按规定征收滞报金。

第二，提前报关方式转关的期限。其包括：①提前报关的进口转关货物应自电子数据申报之日起 5 日内，向进境地海关办理转关手续；超过期限仍未到进境地海关办理转关手续的，指运地海关撤销提前报关的电子数据。②出口转关货物应于电子数据申报之日起 5 日内，运抵启运地海关监管场所，办理转关和验放等手续；超过期限的，启运地海关撤销提前报关的电子数据。

2. 转关申报单证的法律效力

转关货物申报的电子数据与书面单证具有同等的法律效力，对确实因为填报或传输错误的数据，有正当的理由并经海关同意，可做适当的修改或者撤销。对海关已决定查验的转关货物，则不再允许修改或撤销申报内容。转关货物在国内储运中发生损坏、短少、灭失情事时，除不可抗力外，承运人、货物所有人、存放场所负责人应承担税赋责任。

【注意】如遇网络故障或其他不可抗力因素，企业无法向海关申报转关货物电子数据的，经海关同意，可以凭相关纸质单证材料办理转关手续；待故障排除后，企业应当及时向海关补充传输相关电子数据。

转关申报单或者汽车载货清单已通过系统放行后，无法修改变更转关电子数据或者因故不开展转关运输的，企业应当向海关申请办理转关退运或者作废手续。

（五）报关程序

1. 进出口口岸

进口口岸：填货物实际进入我国关境的口岸海关的名称及代码。出口口岸：填货物实际运出我国关境的口岸海关的名称及代码。

2. 运输方式

进口转关运输货物，按载运货物抵达进境地的交通运输工具填报；出口转关运输货物，按载运货物驶离出境地的交通运输工具填报。

3. 交通运输工具名称

(1)进口转关货物交通运输工具名称(见表3—22)。

表3—22　　进口转关货物交通运输工具名称填报方法

运输方式		交通运输工具名称	航次号
水路运输	①直转、提前报关	“@”+16位转关申报单预录入号(或13位载货清单号)	免予填报
	②中转	进境英文船名	“@”+进境干线船舶航次
航空运输	①直转、提前报关	同水路运输①	免予填报
	②中转	“@”	免予填报
铁路运输	①直转、提前报关	“@”+16位转关申报单预录入号	“@”+进出境日期[8位数字：顺序为年(4位)、月(2位)、日(2位)]
	②中转	车厢编号	同上
公路及其他运输		同水路运输①	免予填报
以上各种运输方式		如使用广东地区载货清单转关的提前报关货物，填报“@”+13位载货清单号	免予填报
		其他地区提前报关货物免予填报	免予填报

(2)出口转关货物交通运输工具名称(见表3—23)。

表3—23　　出口转关货物交通运输工具名称填报方法

运输方式			交通运输工具名称	航次号
水路运输	①非中转的		“@”+16位转关申报单预录入号(或13位载货清单号) 注：多张报关单需要通过一张转关单转关的，交通运输工具名称字段填报“@”	免予填报
	②中转	境内水路运输	填报驳船船名	填报驳船航次号
		境内铁路运输	填报车名(主管海关4位关别代码+“TRAIN”)	填报6位启运日期，顺序为年(2位)、月(2位)、日(2位)
		境内公路运输	填报车名(主管海关4位关别代码+“TRUCK”)	
铁路运输			同水路运输①的填报情况	铁路拼车拼箱捆绑出口：免予填报
航空运输			同水路运输①的填报情况	免予填报
其他			“@”+16位转关申报单预录入号(或13位载货清单号)	免予填报

上述规定以外无实际进出境的，免予填报。

【提示】 承运转关货物的厢式货车车厢或者集装箱箱门施加有完整商业封志的，企业应当在转关申报单或者汽车载货清单电子数据“关锁号”数据项中填入商业封志号，并在“关锁个数”数据项中填入商业封志个数。承运转关货物的厢式货车车厢或者集装箱箱门施加有安全智能锁的，企业应当在转关申报单或者汽车载货清单电子数据“安全智能锁号”数据项中填入安全智能锁号。

【注意】 转关货物是海关监管货物，海关对进出口转关货物施加海关封志。对商业封志完好的内支线船舶和铁路承运的转关货物，海关可以不施加海关封志。

4. 提运单号

(1)进口报关单“提运单号”栏应填报为：①水路运输：直转、中转填报提单号，提前报关免予填报。②铁路运输：直转、中转填报铁路运单号，提前报关免予填报。③航空运输：直转、中转填报总运单号＋“_”(下划线)＋分运单号，提前报关免予填报。④其他运输方式，本栏为空。

【注意】 以上各种运输方式进境货物，在广东省内用公路运输转关的，填报车牌号。

(2)出口报关单“提运单号”栏应填报为：①水路运输：中转货物填报运单号；非中转免予填报；广东省内提前报关的转关货物填报车牌号。②其他运输方式：广东省内提前报关的转关货物填报车牌号；其他地区免予填报。

(六)进口货物的转关

1. 提前报关的转关(先在指运地报关后在进境地转关)

其包括：①进口货物收货人或其代理人(货主)在进境地海关办理进口货物转关手续前，向指运地海关传送《进口货物报关单》电子数据；②指运地海关提前受理电子申报，接受申报后，计算机自动生成进口转关货物申报单，传输至进境地海关；③收货人或其代理人在进行电子数据申报后，5日内向进境地海关申请办理转关手续，提交进口转关货物申报单编号。

提交单证：进口转关货物核放单(在广东省内公路运输的，提交“进境汽车载货清单”，见样例3—12)、汽车载货登记簿或船舶监管簿、提货单。

样例3—12 **中华人民共和国海关进境汽车载货清单**

(编号条形码)进境日期： 清单编号：××××××××××××××

<table>
<tr><td colspan="3">发货人：(盖章)</td><td colspan="4">贸易性质：</td></tr>
<tr><td colspan="3">收货人：</td><td colspan="4">贸易国别(地区)：</td></tr>
<tr><td colspan="3">合同(协议)号：</td><td colspan="4">原产国别(地区)：</td></tr>
<tr><td colspan="2" rowspan="2">货名及规格</td><td rowspan="2">件数</td><td rowspan="2">重量</td><td colspan="2">成交价格</td><td rowspan="2">进境地/指运地</td></tr>
<tr><td>单价</td><td>价值</td></tr>
<tr><td colspan="2"></td><td></td><td></td><td></td><td></td><td></td></tr>
<tr><td colspan="2"></td><td></td><td></td><td></td><td></td><td></td></tr>
<tr><td rowspan="2">车辆牌号</td><td colspan="2">境内：</td><td colspan="4" rowspan="3">海关关锁号(条形码)No.：</td></tr>
<tr><td colspan="2">境外：</td></tr>
<tr><td colspan="3">货柜箱体号 No.：</td></tr>
<tr><td colspan="3">上列货物总计______件______千克，由______公司委托我公司承运，保证无误。
此致
______海关
驾驶员：　　运输公司(盖章)
海关编号______</td><td colspan="4">海关批注：

关员签名：
海关签章：
年　月　日</td></tr>
</table>

第一联 指运地海关存

为促进内港两地经济发展，方便两地经贸往来，进一步简化海关监管手续，自 2024 年 2 月 1 日起，企业在向内地海关办理内地、香港陆路货运车辆（含货运空车）和所载货物各项通关监管手续时，无须提交纸质《内地海关及香港海关陆路进/出境载货清单》。

2. 直转方式转关（先在进境地办转关后在指运地办报关）

其包括：①货物的收货人或其代理人自交通运输工具申报进境之日起 14 日内在进境地海关录入转关申报数据，持有关单证直接办理转关手续。提交的单证有：进口转关运输货物申报单（在广东省内公路运输的，提交"进境汽车载货清单"）和汽车载货登记簿或船舶监管簿。②在海关指定的时间内运抵指运地，自货物到达指运地之日起 14 日内，进口货物的收货人或代理人向指运地海关办理申报。

3. 中转转关

其包括：①具有全程提运单、需换装境内交通运输工具的中转转关货物，其收货人或其代理人向指运地海关办理进口报关手续。②中转的转关货物，运输工具代理人应当凭以下单证向进境地海关办理转关手续：《进口转关货物申报单》；进口中转货物的按指运地目的港分列的舱单；以空运方式进境的中转货物，提交联程运单。

【提示】进口转关货物运抵指运地海关监管作业场所、出口转关货物运抵启运地海关监管作业场所后，监管作业场所经营人应当向海关申报转关运抵报告电子数据。

（七）出口货物的转关

1. 提前报关

其包括：①发货人或其代理人在货物运抵启运地海关监管场所前，先向启运地海关传送《出口货物报关单》电子数据，由启运地海关提前受理电子申报，生成出口转关货物申报单数据，传输至出境地海关。②货物自电子申报之日起 5 日内，运抵启运地海关的监管场所并办理转关手续。超过期限的，启运地海关撤销提前报关的电子数据。提交的单证包括出口货物报关单、汽车载货登记簿或船舶监管簿；在广东省内公路运输的，提交"出境汽车载货清单"。③货物运抵出境地，办理出境手续。提交的单证包括启运地海关签发的出口货物报关单、出口转关货物申报单、汽车载货登记簿或船舶监管簿。

2. 直转方式转关

其包括：①发货人或其代理人在货物运抵启运地海关监管场所后，向启运地海关申报录入出口货物报关单电子数据，由启运地海关提前受理电子申报，生成出口转关货物申报单数据，传送到出境地海关。②在启运地办理转关手续。提交的单证包括出口货物报关单、汽车载货登记簿或船舶监管簿；在广东省内公路运输的，还应提交"出境汽车载货清单"。③货物到达出境地时，办理出境手续。提交的单证包括出口货物报关单、出口转关货物申报单、汽车载货登记簿或船舶监管簿。

3. 中转方式转关

其包括：①具有全程提运单、需换装境内交通运输工具的出口中转转关货物，其发货人或代理人向启运地海关办理出口报关手续；②由承运人或其代理人向启运地海关传送并提交《出口转关货物申报单》及其他单证，办理货物出口转关手续；③启运地海关核准后，签发"出口货物中转通知书"，承运人或其代理人凭以办理出境手续。

【提示】出口转关货物运抵出境地海关监管作业场所后，出境运输工具名称、航次（班）、提/运单号待定或者已发生变化时，企业可以向海关申请将相关电子数据数据项变更为实际出境的运输工具名称、航次（班）、提/运单号。

（八）境内监管货物的转关

1. 提前申报转关

提前申报转关包括：①由转入地货物收货人向转入地海关提前传送进口货物报关单电子数据报关；②转入地海关提前接受电子申报，并生成“进口转关货物申报单”，向转出地海关传输；③收货人向转出地海关办理转关手续，提交进口转关货物核放单、汽车载货登记簿或船舶监管簿，并提供进口转关货物申报单编号。

“单一窗口”标准版用户手册（转关单）

2. 直接转关

直接转关包括：①转入地货物收货人在转出地海关录入转关申报数据，直接向转出地海关办理转关手续，并提交进口转关货物申报单、汽车载货登记簿或船舶监管簿；②货物运抵转入地后，转入地货物收货人向转入地海关办理货物的报关手续。

第九节　跨境贸易货物电子报关

一、跨境贸易电子通关监管要求

电子商务企业或个人通过经海关认可并且与海关联网的电子商务交易平台实现跨境交易进出境货物、物品的，接受海关监管。

电子商务企业是指通过自建或者利用第三方电子商务交易平台开展跨境贸易电子商务业务的境内企业，以及提供交易服务的跨境贸易电子商务第三方平台提供企业。

电子商务企业应提交“中华人民共和国海关跨境贸易电子商务进出境货物申报清单”（以下简称“货物清单”，见样例3－13），采取“清单核放、汇总申报”的方式办理电子商务进出境货物报关手续；个人应提交“中华人民共和国海关跨境贸易电子商务进出境物品申报清单”（以下简称“物品清单”，见样例3－14），采取“清单核放”的方式办理电子商务进出境物品报关手续。“货物清单”“物品清单”与“进出口货物报关单”等具有同等法律效力。

样例3－13　　**中华人民共和国海关跨境贸易电子商务进出境货物申报清单**

清单编号：××××－××××－I－×××××××××

订单编号：	进/出口口岸代码：	进/出口日期：	申报日期：
报关企业名称：	报关企业代码：	启运国/运抵国（地区）：	指运港代码：
收发货人名称：	收发货人代码：	运费：	保费：
经营单位名称：	经营单位代码：	监管场所代码：	航班、航次号：
提（运）单号：	运输方式：	运输工具名称：	包装种类代码：
许可证号：	件数：	毛重（千克）：	净重（千克）：
备注：			

项号	海关商品备案编号	商品编码（税号）	商品名称/规格型号	条形码	申报数量/法定数量	申报计量单位/法定计量单位	原产国（地区）/最终目的国（地区）代码	单价	总价	币制

录入员： 录入单位：	兹声明以上申报无误并承担法律责任 申报单位（签章） 填制日期	海关审单批注及放行日期 （签章） 审单
报关员： 单位地址： 电话： 邮编：		查验
		放行

样例 3—14 **中华人民共和国海关跨境贸易电子商务进出境物品申报清单**

清单编号：××××－××××－I－××××××××××

订单编号：			进/出境日期：	申报日期：
进/出境口岸：	申报口岸：	运输方式：	运输工具名称：	包装种类：
发件人：	发件人国别：		启运国/运抵国(地区)：	
收件人：	发件人城市：		件数：	重量(千克)：
收件人国别：	收件人城市：		收件人身份证信息：	收件人电话：
备注：				

项号	税号	商品名称	规格型号	数量及单位	原产国(地区)	单价	总价	币制

录入员： 录入单位：	兹声明以上申报无误并承担法律责任 申报单位(签章) 填制日期	海关审单批注及放行日期 (签章) 审单
报关员： 单位地址： 电话： 邮编：		查验
		放行

备注：个人自行向海关申报时，“录入员”“录入单位”“报关员”“单位地址”“邮编”“电话”无须填写。

存放电子商务进出境货物、物品的海关监管场所的经营人，应向海关办理开展电子商务业务的备案手续，并接受海关监管。未办理备案手续的，不得开展电子商务业务。

电子商务企业或个人、支付企业、海关监管场所经营人、物流企业等，应按照规定通过电子商务通关服务平台适时向电子商务通关管理平台传送交易、支付、仓储和物流等数据。

二、跨境贸易电子通关企业注册登记及备案管理

开展电子商务业务的企业，如需向海关办理报关业务，应按照海关对报关单位注册登记管理的相关规定，在海关办理注册登记。企业需要变更注册登记信息、注销的，应按照注册登记管理的规定办理。

开展电子商务业务的海关监管场所经营人应建立完善的电子仓储管理系统，将电子仓储管理系统的底账数据通过电子商务通关服务平台与海关联网对接；电子商务交易平台应将平台交易电子底账数据通过电子商务通关服务平台与海关联网对接；电子商务企业、支付企业、物流企业应将电子商务进出境货物、物品交易原始数据通过电子商务通关服务平台与海关联网对接。

【提示】电子商务企业应将电子商务进出境货物、物品信息提前向海关备案，货物、物品信息应包括海关认可的货物 10 位海关商品编码及物品 8 位税号。

三、跨境贸易电子商务进出境货物、物品通关管理

(1)电子商务企业或个人、支付企业、物流企业应在电子商务进出境货物、物品申报前，分别向海关提交订单、支付、物流等信息。

(2)电子商务企业或其代理人应在运载电子商务进境货物的交通运输工具申报进境之日起 14 日内，电子商务出境货物运抵海关监管场所后、装货 24 小时前，按照已向海关发送的订单、支付、物

流等信息，如实填报“货物清单”，逐票办理货物通关手续。个人进出境物品，应由本人或其代理人如实填报“物品清单”，逐票办理物品通关手续。

【注意】除特殊情况外，“货物清单”“物品清单”“进出口货物报关单”应采取通关无纸化作业方式进行申报。

(3)电子商务企业或其代理人应于每月10日前(当月10日是法定节假日或者法定休息日的，顺延至其后的第一个工作日，第12个月的清单汇总应于当月最后一个工作日前完成)，将上月结关的“货物清单”依据清单表头同一经营单位、同一运输方式、同一启运国/运抵国、同一进出境口岸，以及清单表体同一10位海关商品编码、同一申报计量单位、同一法定计量单位、同一币制规则进行归并，按照进、出境分别汇总形成“进出口货物报关单”向海关申报。

(4)电子商务企业或其代理人未能按规定将“货物清单”汇总形成“进出口货物报关单”向海关申报的，海关将不再接受相关企业以“清单核放、汇总申报”方式办理电子商务进出境货物报关手续，直至其完成相应汇总申报工作。

(5)电子商务企业在以“货物清单”方式办理申报手续时，应按照一般进出口货物有关规定办理征免税手续，并提交相关许可证件；在汇总形成“进出口货物报关单”向海关申报时，无须再次办理相关征免税手续及提交许可证件。

(6)个人在以“物品清单”方式办理申报手续时，应按照进出境个人邮递物品有关规定办理征免税手续，属于进出境管制的物品，须提交相关部门的批准文件。

(7)电子商务企业或个人修改或者撤销“货物清单”“物品清单”，应参照现行海关进出口货物报关单修改或者撤销等有关规定办理，其中“货物清单”修改或者撤销后，对应的“进出口货物报关单”也应作相应修改或者撤销。

【提示】“进出口货物报关单”上的进出口日期以海关接受“进出口货物报关单”申报的日期为准。

【注意】电子商务进出境货物、物品放行后，电子商务企业应按有关规定接受海关开展后续监管。

四、跨境贸易电子商务进出境货物、物品物流监控

(1)电子商务进出境货物、物品的查验、放行均应在海关监管场所内完成。

(2)海关监管场所经营人应通过已建立的电子仓储管理系统，对电子商务进出境货物、物品进行管理，并于每月10日前(当月10日是法定节假日或者法定休息日的，顺延至其后的第一个工作日)向海关传送上月进出海关监管场所的电子商务货物、物品总单和明细单等数据。

(3)海关按规定对电子商务进出境货物、物品进行风险布控和查验。海关实施查验时，电子商务企业、个人、海关监管场所经营人应按照现行海关进出口货物查验等有关规定提供便利，电子商务企业或个人应到场或委托他人到场配合海关查验。

(4)电子商务企业、物流企业、海关监管场所经营人发现涉嫌违规或走私行为的，应主动报告海关。

【提示】电子商务进出境货物、物品需转至其他海关监管场所验放的，应按照现行海关关于转关货物有关管理规定办理手续。

五、跨境贸易电子商务进口业务通关模式

(一)快件清关

确认订单后，国外供应商通过国际快递将商品直接从境外邮寄至消费者手中。无海关单据。

优点：灵活，有业务时才发货，不需要提前备货。

缺点：与其他邮快件混在一起，物流通关效率较低，量大时成本会迅速上升。

适用范围：业务量较少，偶尔有零星订单的阶段。

（二）集货清关（先有订单，再发货）

商家将多个已售出商品统一打包，通过国际物流运至国内的保税仓库，电商企业为每件商品办理海关通关手续，经海关查验放行后，由电商企业委托国内快递派送至消费者手中。每笔订单均附有海关单据。

优点：灵活，不需要提前备货，相对于邮快件清关而言，物流通关效率较高，整体物流成本有所降低（对郑州来说，集货模式不需要商检）。

缺点：需在海外完成打包操作，海外操作成本高，且从海外发货，物流时间稍长。

适用范围：业务量迅速增长的阶段，每周都有多笔订单。

（三）备货清关（先备货，后有订单）

商家将境外商品批量备货至海关监管下的保税仓库。消费者下单后，电商企业根据订单为每件商品办理海关通关手续，在保税仓库完成贴面单和打包。经海关查验放行后，由电商企业委托国内快递派送至消费者手中。每笔订单均附有海关单据。

优点：提前批量备货至保税仓库，国际物流成本最低，有订单后，可立即从保税仓库发货，通关效率最高，可及时响应售后服务要求，用户体验最佳。可通过大批量订货或提前订货降低采购成本，可逐步从空运过渡到海运以降低国际物流成本，或采用质押监管融资来解决备货引起的资金占用问题。

缺点：使用保税仓库有仓储成本，备货会占用资金。

适用范围：业务规模较大、业务量稳定的阶段。

视频

跨境电商保税进口

六、跨境电子商务零售进口税收政策

跨境电子商务零售进口商品按照货物征收关税和进口环节增值税、消费税，购买跨境电子商务零售进口商品的个人作为纳税义务人，实际交易价格（包括货物零售价格、运费和保险费）作为完税价格，电子商务企业、电子商务交易平台企业或物流企业可作为代收代缴义务人。

跨境电子商务零售进口税收政策适用于从其他国家或地区进口的、属于“跨境电子商务零售进口商品清单”范围内的以下商品：①所有通过与海关联网的电子商务交易平台交易，能够实现交易、支付、物流电子信息“三单”比对的跨境电子商务零售进口商品；②未通过与海关联网的电子商务交易平台交易，但快递、邮政企业能够统一提供交易、支付、物流等电子信息，并承诺承担相应法律责任进境的跨境电子商务零售进口商品。

【注意】不属于跨境电子商务零售进口的个人物品以及无法提供交易、支付、物流等电子信息的跨境电子商务零售进口商品，按现行有关规定执行。

跨境电子商务零售进口商品的单次交易限值为人民币 2 000 元，个人年度交易限值为人民币 20 000 元。在限值以内进口的跨境电子商务零售进口商品，关税税率暂设为 0%；进口环节增值税、消费税取消免征税额，暂按法定应纳税额的 70%征收。超过单次限值、累加后超过个人年度限值的单次交易，以及完税价格超过 2 000 元限值的单个不可分割商品，均按照一般贸易方式全额征税。

跨境电子商务零售进口商品自海关放行之日起 30 日内退货的，可申请退税，并相应调整个人年度交易总额。

跨境电子商务零售进口商品购买人(订购人)的身份信息应进行认证;未进行认证的,购买人(订购人)身份信息应与付款人一致。

七、跨境贸易电子商务出口业务通关模式

跨境电商零售出口是人们常说的 B2C(Business to Customer)出口,监管代码 9610,是指企业直接面向境外消费者开展在线销售产品和服务。

符合条件的电子商务企业或平台与海关联网,境外个人跨境网购后,电子商务企业或平台将电子订单、支付凭证、电子运单等传输给海关,电子商务企业或其代理人向海关提交申报清单,商品出境(通过海关特殊监管区域或保税监管场所一线的电子商务零售进出口商品除外)。

(一)企业管理

跨境电子商务企业、物流企业等参与跨境电子商务零售出口业务的企业,应当向所在地海关办理信息登记;如需办理报关业务,向所在地海关办理注册登记。

(二)通关管理

(1)数据传输。跨境电子商务零售出口商品申报前,跨境电子商务企业或其代理人、物流企业应当分别通过国际贸易"单一窗口"或跨境电子商务通关服务平台向海关传输交易、收款、物流等电子信息,并对数据真实性承担相应法律责任。

(2)报关手续。跨境电子商务零售商品出口时,跨境电子商务企业或其代理人应提交"申报清单",采取"清单核放,汇总申报"方式办理报关手续;跨境电子商务综合试验区内符合条件的跨境电子商务零售商品出口,可采取"清单核放,汇总统计"方式办理报关手续。

"单一窗口"标准版用户手册(跨境电商出口)

(3)清单核放,汇总申报。跨境电子商务零售商品出口后,跨境电子商务企业或其代理人应当于每月 15 日前(当月 15 日是法定节假日或者法定休息日的,顺延至其后的第一个工作日),将上月结关的"申报清单"依据清单表头"八个同一"规则进行归并,汇总形成"中华人民共和国海关出口货物报关单"向海关申报。

(4)八个同一。按同一收发货人、同一运输方式、同一生产销售单位、同一运抵国、同一出境关别,以及清单表体同一最终目的国、同一 10 位海关商品编码、同一币制的规则进行归并。

(5)清单核放,汇总统计。允许以"清单核放,汇总统计"方式办理报关手续的,不再汇总形成"中华人民共和国海关出口货物报关单"。

(6)适用汇总统计的商品。不涉及出口征税、出口退税、许可证件管理,且单票价值在人民币 5 000 元以内的跨境电子商务 B2C 出口商品。

(三)企业主体责任

(1)从事跨境电子商务零售进出口业务的企业应向海关实时传输真实的业务相关电子数据和电子信息,并开放物流实时跟踪等信息共享接口,加强对海关风险防控方面的信息和数据支持,配合海关进行有效管理。

(2)跨境电子商务企业及其代理人、跨境电子商务平台企业应建立商品质量安全等风险防控机制,加强对商品质量安全以及虚假交易、二次销售等非正常交易行为的监控,并采取相应处置措施。

(3)跨境电子商务企业不得进出口涉及危害口岸公共卫生安全、生物安全、进出口食品和商品安全、侵犯知识产权的商品以及其他禁限商品,同时应当建立健全商品溯源机制并承担质量安全主体责任。

(4)跨境电子商务平台企业、跨境电子商务企业或其代理人、物流企业、跨境电子商务监管作业场所经营人、仓储企业发现涉嫌违规或走私行为的,应当及时主动告知海关。

【提示】为认真落实全国深化“放管服”改革，进一步促进跨境电子商务(以下简称“跨境电商”)健康有序发展，助力企业更好开拓国际市场，在全国海关复制推广跨境电商 B2B 出口监管试点。跨境电商企业、跨境电商平台企业、物流企业等参与跨境电商 B2B 出口业务的境内企业，应当依据海关报关单位备案有关规定，向所在地海关办理备案。自 2021 年 7 月 1 日起施行。

八、跨境电子商务零售进出口商品监管

(一)适用范围

跨境电子商务企业①、消费者(订购人)②通过跨境电子商务交易平台实现零售进出口商品交易，并根据海关要求传输相关交易电子数据的，接受海关监管。跨境电商零售进口，单次交易限值从人民币 2 000 元提高至 5 000 元，年度交易限值从人民币 20 000 元提高至 26 000 元。

【注意】已经购买的电商进口商品属于消费者个人使用的最终商品，不得进入国内市场再次销售。

(1)禁止进境物品：①各种武器、仿真武器、弹药及爆炸物品；②伪造的货币及伪造的有价证券；③有害印刷品、数字存储内容等，如涉政治刊物、问题地图、赌博筹码等；④各种烈性毒药；⑤毒品以及其他能使人成瘾的麻醉品、精神药物；⑥带有危险性病菌、害虫及其他有害生物的动物、植物及其产品，如燕窝(罐头装燕窝除外)；⑦有碍人畜健康的、来自疫区的以及其他能传播疾病的食品、药品或其他物品，如动物源性猫粮、狗粮。

(2)禁止出境物品：①列入禁止进境范围的所有物品；②内容涉及国家秘密的各种物品；③珍贵文物及其他禁止出境的文物；④濒危的和珍贵的动植物及其种子和繁殖材料。

(二)企业管理

(1)跨境电子商务平台企业③、物流企业④、支付企业⑤等参与跨境电子商务零售进口业务的企业，应当依据海关报关单位注册登记管理相关规定，向所在地海关办理注册登记；境外跨境电子商务企业应委托境内代理人(以下称“跨境电子商务企业境内代理人”)向该代理人所在地海关办理注册登记。

【提示】企业申请流程：通过“单一窗口”申请，并向所在地海关提交“报关单位情况登记表”或“跨境电商信息登记表”，注册登记为报关企业或进出口货物收发货人。

跨境电子商务企业、物流企业等参与跨境电子商务零售出口业务的企业，应当向所在地海关办理信息登记；如需办理报关业务，向所在地海关办理注册登记。

【注意】物流企业应获得国家邮政管理部门颁发的“快递业务经营许可证”。直购进口模式下，物流企业应为邮政企业或者已向海关办理代理报关登记手续的进出境快件运营人。

“单一窗口”标准版用户手册(跨境电商进口)

支付企业为银行机构的，应具备银保监会或者原银监会颁发的“金融许可证”；支付企业为非银行支付机构的，应具备中国人民银行颁发的“支付业务许可证”，支付业

---

① “跨境电子商务企业”是指自境外向境内消费者销售跨境电子商务零售进口商品的境外注册企业(不包括在海关特殊监管区域或保税物流中心内注册的企业)，或者境内向境外消费者销售跨境电子商务零售出口商品的企业，为商品的货权所有人。

② “消费者(订购人)”是指跨境电子商务零售进口商品的境内购买人。

③ “跨境电子商务平台企业”是指在境内办理工商登记，为交易双方(消费者和跨境电子商务企业)提供网页空间、虚拟经营场所、交易规则、信息发布等服务，设立供交易双方独立开展交易活动的信息网络系统的经营者。

④ “物流企业”是指在境内办理工商登记，接受跨境电子商务平台企业、跨境电子商务企业或其代理人委托为其提供跨境电子商务零售进出口物流服务的企业。

⑤ “支付企业”是指在境内办理工商登记，接受跨境电子商务平台企业或跨境电子商务企业境内代理人委托为其提供跨境电子商务零售进口支付服务的银行、非银行支付机构以及银联等。

务范围应当包括“互联网支付”。

(2)参与跨境电子商务零售进出口业务并在海关注册登记的企业，纳入海关信用管理，海关根据信用等级实施差异化的通关管理措施。

(三)通关管理

(1)对跨境电子商务直购进口商品及适用“网购保税进口”(监管方式代码 1210)进口政策的商品，按照个人自用进境物品监管，不执行有关商品首次进口许可批件、注册或备案要求。但对相关部门明令暂停进口的疫区商品和对出现重大质量安全风险的商品启动风险应急处置时除外。

【提示】适用“网购保税进口 A”(监管方式代码 1239)进口政策的商品，按《跨境电子商务零售进口商品清单》(2018 版)尾注中的监管要求执行。

(2)海关对跨境电子商务零售进出口商品及其装载容器、包装物按照相关法律法规实施检疫，并根据相关规定实施必要的监管措施。

(3)跨境电子商务零售进口商品申报前，跨境电子商务平台企业或跨境电子商务企业境内代理人、支付企业、物流企业应当分别通过国际贸易“单一窗口”或跨境电子商务通关服务平台向海关传输交易、支付、物流等电子信息，并对数据真实性承担相应责任。

直购进口模式下，邮政企业、进出境快件运营人可以接受跨境电子商务平台企业或跨境电子商务企业境内代理人、支付企业的委托，在承诺承担相应法律责任的前提下，向海关传输交易、支付等电子信息。

(4)跨境电子商务零售出口商品申报前，跨境电子商务企业或其代理人、物流企业应当分别通过国际贸易“单一窗口”[①]或跨境电子商务通关服务平台[②]向海关传输交易、收款、物流等电子信息，并对数据真实性承担相应法律责任。

按照上述第(3)至(4)条要求传输、提交的电子信息应施加电子签名。

(5)跨境电子商务零售商品进口时，跨境电子商务企业境内代理人或其委托的报关企业应提交“中华人民共和国海关跨境电子商务零售进出口商品申报清单”(以下简称“申报清单”)，采取“清单核放”方式办理报关手续。

跨境电子商务零售商品出口时，跨境电子商务企业或其代理人应提交“申报清单”，采取“清单核放、汇总申报”方式办理报关手续；跨境电子商务综合试验区内符合条件的跨境电子商务零售商品出口，可采取“清单核放、汇总统计”方式办理报关手续。

【注意】“申报清单”与“中华人民共和国海关进(出)口货物报关单”具有同等法律效力。

(6)开展跨境电子商务零售进口业务的跨境电子商务平台企业、跨境电子商务企业境内代理人应对交易真实性和消费者(订购人)身份信息真实性进行审核，并承担相应责任；身份信息未经国家主管部门或其授权的机构认证的，订购人与支付人应当为同一人。

(7)跨境电子商务零售商品出口后，跨境电子商务企业或其代理人应当于每月 15 日前(当月 15 日是法定节假日或者法定休息日的，顺延至其后的第一个工作日)，将上月结关的“申报清单”依据清单表头同一收发货人、同一运输方式、同一生产销售单位、同一运抵国、同一出境关别，以及清单表体同一最终目的国、同一 10 位海关商品编码、同一币制的规则进行归并，汇总形成“中华人民共和国海关出口货物报关单”向海关申报。

---

① “国际贸易‘单一窗口’”是指由国务院口岸工作部际联席会议统筹推进，依托电子口岸公共平台建设的一站式贸易服务平台。申报人(包括参与跨境电子商务的企业)通过“单一窗口”向海关等口岸管理相关部门一次性申报，口岸管理相关部门通过电子口岸平台共享信息数据，实施职能管理，将执法结果通过“单一窗口”反馈给申报人。

② “跨境电子商务通关服务平台”是指由电子口岸搭建，实现企业、海关以及相关管理部门之间数据交换与信息共享的平台。

B. 救灾捐赠物资

C. 外国驻华商业机构进出口陈列用的样品

D. 随展览品进境的小卖品

2. 出口货物的申报期限为货物运抵海关监管后（　　）。

A. 装货前的 24 小时　B. 装货的 24 小时前　C. 装货前的 48 小时　D. 装货的 48 小时前

3. 进口货物的收货人超过规定期限向海关申报的，滞报金的征收，以交通运输工具申报进境之日起（　　）为起始日，以（　　）为截止日。起始日和截止日均计入滞报期间。

A. 第 14 日；收货人申报之日　　B. 第 15 日；收货人申报之日

C. 第 14 日；海关接受申报之日　　D. 第 15 日；海关接受申报之日

4. 某公司生产 A 型号的显示器外壳，每个显示器外壳中所含 ABS 塑料粒子的重量为 1 千克，在生产过程中的工艺损耗率为 20%，该公司据此向海关进行单耗申报，则单耗值应报为（　　）。

A. 0.80 千克/个　B. 1.00 千克/个　C. 1.20 千克/个　D. 1.25 千克/个

5. 海关对加工贸易联网企业（电子账册模式）进行盘库核对后，发现该企业实际库存量少于电子底账核算结果，但企业提供了短缺的正当理由。对短缺部分，海关应当（　　）。

A. 通过正式报核审核

B. 按照实际库存量调整电子底账的当期结余数量

C. 按照内销处理

D. 移交缉私部门处理

6. 下列货物中，不存入保税仓库的是（　　）。

A. 加工贸易出口货物　　B. 进境转口货物

C. 供应国际航行船舶的进口油料　　D. 外商进境暂存货物

7. 从境内运入物流中心的原进口货物，应当（　　）。

A. 办理出口报关手续，退还原进口税

B. 办理出口报关手续，不退还原进口税

C. 办理进口报关手续，退还原进口税

D. 办理进口报关手续，不退还原进口税

8. 东部地区 A 企业特定减免税进口飞机设备一套，2 年后经批准按折旧价格将其转让给同样享受特定减免税待遇的西部地区 B 企业。海关对 B 企业的这套飞机制造设备的监管期限是（　　）。

A. 8 年　B. 6 年　C. 5 年　D. 3 年

9. 使用 ATA 单证册报关的展览品，暂准进出境期限为自进口之日起（　　），超过期限，ATA 单证册持证人可以向海关申请延期，参加展期 24 个月以上展览会的展览品，在 18 个月延长期后仍需要延期的，由（　　）审批。

A. 6 个月；主管地直属海关　　B. 6 个月；海关总署

C. 12 个月；主管地直属海关　　D. 12 个月；海关总署

10. 从境外启运，在我国境内设立海关的地点换装交通运输工具，不通过境内陆路运输，继续运往境外的货物是（　　）。

A. 通运货物　B. 转口货物　C. 过境货物　D. 转运货物

二、多项选择题

1. 货物报关的进口阶段是指进口货物收货人或其代理人根据海关对进境货物的监管要求

【提示】允许以"清单核放、汇总统计"方式办理报关手续的，不再汇总形成"中华人民共和国海关出口货物报关单"。

（8）"申报清单"的修改或者撤销，参照海关"中华人民共和国海关进（出）口货物报关单"修改或者撤销有关规定办理。

除特殊情况外，"申报清单""中华人民共和国海关进（出）口货物报关单"应当采取通关无纸化作业方式进行申报。

（四）税收征管

（1）对跨境电子商务零售进口商品，海关按照国家关于跨境电子商务零售进口税收政策征收关税和进口环节增值税、消费税，完税价格为实际交易价格，包括商品零售价格、运费和保险费。

（2）跨境电子商务零售进口商品消费者（订购人）为纳税义务人。在海关注册登记的跨境电子商务平台企业、物流企业或申报企业作为税款的代收代缴义务人，代为履行纳税义务，并承担相应的补税义务及相关法律责任。

（3）代收代缴义务人应当如实、准确向海关申报跨境电子商务零售进口商品的商品名称、规格型号、税则号列、实际交易价格及相关费用等税收征管要素。

跨境电子商务零售进口商品的申报币制为人民币。

（4）为审核确定跨境电子商务零售进口商品的归类、完税价格等，海关可以要求代收代缴义务人按照有关规定进行补充申报。

（5）海关对符合监管规定的跨境电子商务零售进口商品按时段汇总计征税款，代收代缴义务人应当依法向海关提交足额有效的税款担保。

海关放行后 30 日内未发生退货或修撤单的，代收代缴义务人在放行后第 31 日至第 45 日内向海关办理纳税手续。

（五）场所管理

（1）跨境电子商务零售进出口商品监管作业场所必须符合海关相关规定。跨境电子商务监管作业场所经营人、仓储企业应当建立符合海关监管要求的计算机管理系统，并按照海关要求交换电子数据。其中，开展跨境电子商务直购进口或一般出口业务的监管作业场所应按照快递类或者邮递类海关监管作业场所规范设置。

（2）跨境电子商务网购保税进口业务应当在海关特殊监管区域或保税物流中心（B 型）内开展。除另有规定外，参照本规定监管。

（六）检疫、查验和物流管理

（1）对需在进境口岸实施的检疫及检疫处理工作，应在完成后方可运至跨境电子商务监管作业场所。

（2）网购保税进口业务：一线入区时以报关单方式进行申报，海关可以采取视频监控、联网核查、实地巡查、库存核对等方式加强对网购保税进口商品的实货监管。

（3）海关实施查验时，跨境电子商务企业或其代理人、跨境电子商务监管作业场所经营人、仓储企业应当按照有关规定提供便利，配合海关查验。

（4）跨境电子商务零售进出口商品可采用"跨境电商"模式进行转关。其中，跨境电子商务综合试验区所在地海关可将转关商品品名以总运单形式录入"跨境电子商务商品一批"，并随附转关商品详细电子清单。

（5）网购保税进口商品可在海关特殊监管区域或保税物流中心（B 型）间流转，按有关规定办理流转手续。以"网购保税进口"(监管方式代码 1210)[①]海关监管方式进境的商品,不得转入适用"网购保税进口 A"(监管方式代码 1239)的城市继续开展跨境电子商务零售进口业务。网购保税进口商品可在同一区域(中心)内的企业间进行流转。

(七)跨境电子商务零售进口退货中心仓模式

(1)退货中心仓模式是指在跨境电商零售进口模式下,跨境电商企业境内代理人或其委托的海关特殊监管区域内仓储企业(以下简称"退货中心仓企业")可在海关特殊监管区域内设置跨境电商零售进口商品退货专用存储地点,将退货商品的接收、分拣等流程在原海关特殊监管区域内开展的海关监管制度。

(2)海关特殊监管区域内开展的跨境电子商务网购保税零售进口(监管方式代码 1210)商品的退货。

(3)申请设置退货中心仓并据此开展退货管理业务的退货中心仓企业,其海关信用等级不得为失信企业。

(4)退货中心仓企业开展退货业务时,应划定专门区位,配备与海关联网的视频监控系统,使用计算机仓储管理系统(WMS)对退货中心仓内商品的分拣、理货等作业进行信息化管理,并按照海关规定的方式与海关信息化监管系统联网,向海关报送能够满足监管要求的相关数据,接受海关监管。

(5)退货中心仓企业应当建立退货流程监控体系、商品溯源体系和相关管理制度,保证退货商品为原出区域商品,向海关如实申报,接受海关监管,并承担相应法律责任。

(6)退货中心仓企业在退货中心仓内完成退货商品分拣后:对于符合退货监管要求的商品,按现行规定向海关信息化监管系统正式申报退货;对于不符合退货监管要求的商品,由退货中心仓企业复运出区域进行相应处置。

(7)退货中心仓企业应注重安全生产,做好退货风险防控,从退货揽收、卡口入区域、消费者管理等方面完善管理制度,规范操作,遵守区域管理制度并配合海关强化对退货中心仓内商品的实货监管。

(8)在跨境电子商务零售进口模式下,允许跨境电子商务企业境内代理人或其委托的报关企业申请退货,退回的商品应当符合二次销售要求并在海关放行之日起 30 日内以原状运抵原监管作业场所,相应税款不予征收,并调整个人年度交易累计金额。

在跨境电子商务零售出口模式下,退回的商品按照有关规定办理有关手续。

(9)对超过保质期或有效期、商品或包装损毁、不符合我国有关监管政策等不适合境内销售的跨境电子商务零售进口商品,以及海关责令退运的跨境电子商务零售进口商品,按照有关规定退运出境或销毁。

(八)其他事项

(1)从事跨境电子商务零售进出口业务的企业应向海关实时传输真实的业务相关电子数据和电子信息,并开放物流实时跟踪等信息共享接口,加强对海关风险防控方面的信息和数据支持,配合海关进行有效管理。

跨境电子商务企业及其代理人、跨境电子商务平台企业应建立商品质量安全等风险防控机制,加强对商品质量安全以及虚假交易、二次销售等非正常交易行为的监控,并采取相应处置措施。

跨境电子商务企业不得进出口涉及危害口岸公共卫生安全、生物安全、进出口食品和商品安全、侵犯知识产权的商品以及其他禁限商品,同时应当建立健全商品溯源机制并承担质量安全主体

---

① 适用"网购保税进口"(监管方式代码 1210)进口政策的城市:天津、上海、重庆、大连、杭州、宁波、青岛、广州、深圳、成都、苏州、合肥、福州、郑州、平潭、北京、呼和浩特、沈阳、长春、哈尔滨、南京、南昌、武汉、长沙、南宁、海口、贵阳、昆明、西安、兰州、厦门、唐山、无锡、威海、珠海、东莞、义乌 37 个城市(地区)。

责任。鼓励跨境电子商务平台企业建立并完善进出口商品安全自律监管体系。

消费者(订购人)对于已购买的跨境电子商务零售进口商品不得再次销售。

(2)海关对跨境电子商务零售进口商品实施质量安全风险监测,责令相关企业对不合格或存在质量安全问题的商品采取风险削减措施,对尚未销售的按货物实施监管,并依法追究相关经营主体责任;对监测发现的质量安全高风险商品发布风险警示并采取相应管控措施。海关对跨境电子商务零售进口商品在商品销售前按照法律法规实施必要的检疫,并视情发布风险警示。

(3)跨境电子商务平台企业、跨境电子商务企业或其代理人、物流企业、跨境电子商务监管作业场所经营人、仓储企业发现涉嫌违规或走私行为的,应当及时主动告知海关。

(4)涉嫌走私或违反海关监管规定的参与跨境电子商务业务的企业,应配合海关调查,开放交易生产数据或原始记录数据。

海关对违反规定,参与制造或传输虚假交易、支付、物流"三单"信息、为二次销售提供便利、未尽责审核消费者(订购人)身份信息真实性等,导致出现个人身份信息或年度购买额度被盗用、进行二次销售及其他违反海关监管规定情况的企业依法进行处罚。对涉嫌走私或违规的,由海关依法处理;构成犯罪的,依法追究刑事责任。对利用其他公民身份信息非法从事跨境电子商务零售进口业务的,海关按走私违规处理,并按违法利用公民信息的有关法律规定移交相关部门处理。对不涉嫌走私违规、首次发现的,进行约谈或暂停业务责令整改;再次发现的,一定时期内不允许其从事跨境电子商务零售进口业务,并交由其他行业主管部门按规定实施查处。

(5)在海关注册登记的跨境电子商务企业及其境内代理人、跨境电子商务平台企业、支付企业、物流企业等应当接受海关稽核检查。

【经验小谈 3—17】 跨境电子商务零售统一版信息化系统

我司是一家跨境电子商务企业,已接入跨境电子商务零售统一版信息化系统。请问:该系统中清单录入功能应如何操作?

答:根据海关总署公告 2018 年第 56 号《关于跨境电子商务统一版信息化系统企业接入事宜的公告》第一条的规定,支持提供跨境统一版系统清单录入功能。电子商务企业或其代理人可登录"互联网+海关"一体化网上办事服务平台,使用"跨境电子商务"功能进行清单录入、修改、申报、查询等操作。

【经验小谈 3—18】 网购保税进口的优势

现在"网购保税进口"很流行。请问:"网购保税进口"比传统进口后再销售的模式有什么优势吗?

答:根据海关总署公告 2018 年第 194 号《关于跨境电子商务零售进出口商品有关监管事宜的公告》的规定,对跨境电子商务直购进口商品及适用"网购保税进口"(监管方式代码 1210)进口政策的商品,按照个人自用进境物品监管,不执行有关商品首次进口许可批件、注册或备案要求。对相关部门明令暂停进口的疫区商品和对出现重大质量安全风险的商品启动风险应急处置时外。适用"网购保税进口 A"(监管方式代码 1239)进口政策的商品,按《跨境电子商务零售进口商品清单》(2018 版)尾注中的监管要求执行。

应知考核

一、单项选择题

1. 在以下进出口货物中,不属于一般进出口货物的是(　　)。

A. 不批准保税的寄售供销贸易货物

货物进境时，向海关办理相关手续的过程，包括(　　)环节。

A. 进口申报　　B. 配合查验　　C. 缴纳税费　　D. 提取货物

2. 目前，我国已经公布的《加工贸易禁止类商品目录》中包括的商品有(　　)。

A. 国家明令禁止进出口的商品　　B. 为种植、养殖而进口的商品

C. 引起高能耗、高污染的商品　　D. 高附加值、高技术含量的商品

3. 保税区进境的(　　)使用进出境货物核注清单报关。

A. 加工贸易料件　　B. 加工贸易设备

C. 转口贸易货物　　D. 仓储货物

4. 保税港区可以开展(　　)业务。

A. 对外贸易、国际采购、分销和配送　　B. 商品加工、制造

C. 商品展示与商业零售　　D. 港口作业

5. 因品质或者规格原因，出口货物自出口之日起 1 年内原状退货复运进境，纳税义务人在办理进口申报手续时，应当按照规定提交有关单证和证明文件。经海关确认后，对退运进境的原出口货物(　　)。

A. 不予征收进口关税　　B. 不予征收进口环节增值税

C. 不予征收进口环节消费税　　D. 不予退还原征收的出口关税

三、判断题

1. 减免税货物以外的实际进出口货物都属于一般进出口货物的范围。(　　)

2. 涉及动植物及其产品以及其他需依法提供检疫证明的货物，如需在申报前提取货样，应当按照国家的有关法律规定，向主管海关书面申请，并提供事先由检验检疫部门签发的书面批准证明。(　　)

3. 外发加工的成品必须运回本企业。(　　)

4. 电子化手册管理是海关以企业为单元对加工贸易进行联网监管的方式。(　　)

5. 对已存入出口监管仓库因质量等原因要求更换的货物，经仓库所在地海关批准，可以更换，更换货物入仓前，被更换货物应当先行出仓。(　　)

6. 出口货物的发货人及其代理人应当在得知出口货物未装上交通运输工具，并决定不再出口之日起 6 天内，向海关申请退关。(　　)

7. 自交通运输工具申报进境之日起，超过 1 个月未向海关申报的进口货物属于超期未报的范围。(　　)

8. 个人进出境物品，应由本人或其代理人如实填报“物品清单”，逐票办理物品通关手续。(　　)

9. 跨境贸易电子商务出口适用汇总统计的商品不涉及出口征税、出口退税、许可证件管理，且单票价值在人民币 5 000 元以内的跨境电子商务 B2C 出口商品。(　　)

10. 网购保税进口业务中一线入区时以报关单方式进行申报，海关可以采取视频监控、联网核查、实地巡查、库存核对等方式加强对网购保税进口商品的实货监管。(　　)

应会考核

■ 观念应用

河北大海成衣有限公司(海关管理类企业)从境外购进一批棉坯布(加工贸易限制类商品)，用

于加工出口衬衣(加工贸易允许类商品)。该企业为此向主管海关办理了电子化手册备案。由于该企业某项工艺不能达到出口合同要求,经海关批准,将半成品运至天津大益制衣公司(海关A类管理企业)加工成成品后直接由天津口岸出口。

根据上述案例,回答下列问题:

1. 海关对大海公司加工贸易业务实行电子化手册管理,其管理特点是(　　)。

A. 以合同(订单)为管理单元

B. 企业通过计算机网络向商务主管部门和海关申请办理合同审批、合同备案及备案变更等手续

C. 无须调度手册,凭身份证卡实现全国口岸的报关

D. 由于企业与海关实现了计算机联网,在口岸实行"无纸化"报关

2. 企业在办理电子化手册备案时,银行保证金台账应按照(　　)规定办理。

A. 由大海公司在大益公司所在地中国银行或者中国工商银行设立银行保证金台账

B. 由大海公司在所在地中国银行或中国工商银行设立银行保证金台账

C. 无须缴付保证金

D. 须缴付保证金,台账保证金=(进口料件关税+进口料件增值税)×50%

3. 大海公司将半成品交给大益公司加工成成品后直接出口的行为,在海关管理上称为(　　)。

A. 异地加工　　B. 外发加工　　C. 深加工结转　　D. 料件结转

4. 下列关于出口衬衣报关手续的表述中,正确的是(　　)。

A. 大海公司或其代理人在出口报关时必须持有纸质加工贸易手册

B. 出口报关单贸易方式代码为"0615",征免性质为"503"

C. 应向海关提交棉坯布的原进口报关单

D. 货物出口后,应向海关领取出口报关单加工贸易核销联

■ 技能应用

1. 某家纺织品加工贸易企业,从境外进口纺织用棉花,储存于本企业的保税仓库中。2022年3月,因棉花自燃引起火灾烧毁库房的保税货物一批,且火灾原因已经公安部门认定。

问题:

(1)加工贸易企业应当如何办理该批货物的海关手续?该批棉花的加工贸易手册是否可以办理免税核销手续?

(2)棉花自燃能否构成不可抗力?如果不构成不可抗力,什么条件可免税核销?

2. 2022年4月,大连经济技术开发区某外商投资企业终止合同或宣告破产,清算企业对仍在监管年限内的减免税进口物资决定留给合营中方继续使用。该外商投资企业的处理是否符合海关规定?为什么?

■ 案例分析

某中外合资经营企业为生产内销产品,从德国购进生产设备一批,在海关依法查验该批进口设备时,陪同查验人员开拆包装不慎,将其中一台设备的某一部件损坏。该损坏部件海关是否予以赔偿?为什么?

本章实训

【实训项目】

保税货物报关。

【实训情境】

大连保税区某企业进料加工，生产激光光盘出口，其中部分料件为进区国产料件。因外商要求变更合同，减少光盘出口数量，部分产品未能如约出口而出区进入国内市场或出区移作他用，在加工过程中产生的残次品、边角料也运往区外。

【实训要求】

(1)国内料件进区应如何办理？

(2)部分产品出境应如何办理？

(3)部分产品、残次品、边角料出区内销应如何办理？

【实训结果】

根据上述实训项目，撰写“保税货物报关”的实训报告。

<table>
<tr><td colspan="3">《保税货物报关》实训报告</td></tr>
<tr><td>项目实训班级：</td><td>项目小组：</td><td>项目组成员：</td></tr>
<tr><td>实训时间：　　年　　月　　日</td><td>实训地点：</td><td>实训成绩：</td></tr>
<tr><td colspan="3">实训目的：</td></tr>
<tr><td colspan="3">实训步骤：</td></tr>
<tr><td colspan="3">实训结果：</td></tr>
<tr><td colspan="3">实训感言：</td></tr>
<tr><td colspan="3">不足与今后改进：</td></tr>
</table>

项目组长评定签字：　　　　　　　　　　项目指导教师评定签字：

第四章　进出口货物商品归类

● 知识目标

理解:HS编码的定义、作用及其在国际贸易中的重要性。

熟知:《协调制度》归类总规则;规则一至规则六的具体内容及其在商品归类中的应用。

掌握:进出口货物商品归类方法技巧;海关进出口货物商品归类管理。

● 技能目标

能够准确地根据《协调制度》和中国海关的分类标准,对常见进出口商品进行准确的归类,确定其对应的HS编码。熟练掌握商品归类的步骤,包括确定商品所属的类、章,查阅类注、章注,查找品目条文和注释,以及确定子目等,能够运用这些步骤和方法解决实际商品归类问题。具备处理复杂商品归类问题的能力,找到合理的归类依据。

● 素质目标

培养严谨细致的工作态度,商品归类工作要求高度的准确性和细致性,确保每一个商品编码的准确无误。增强法律意识和合规意识,使学生充分认识到遵守国家法律法规和海关规定的重要性,自觉遵守相关规定。增强责任感和使命感,认识到商品归类工作不仅是技术性任务,更是承载着重大政治意义与社会责任的关键工作,自觉履行"为国把关"的职责。

● 思政目标

深入贯彻党的二十大精神,引导学生深刻领会党的二十大报告中关于"推进高水平对外开放""制度型开放"等重要思想,将其作为开展商品归类工作的指导思想。培养学生的爱国情怀和国家意识,强调商品归类工作对国家经济安全和市场秩序维护的重要作用,使其在工作中自觉维护国家利益。弘扬"信义忠诚"的价值观,将其作为行为准则,培养学生诚实守信、忠诚敬业的职业道德,使其在工作中做到真实申报、准确归类。促进学生对社会主义核心价值观的践行,将其融入实际工作中,做到敬业、诚信、友善,为推动国家的高水平对外开放和经济高质量发展贡献自己的力量。

○ **课程引例**

强化合规意识,守护国家经济安全——从 HDPE 塑料桶归类错误案例谈起

2020 年 4 月 1 日至 2022 年 6 月 13 日期间,浙江某化学有限公司在宁波海关以一般贸易方式、其他进出口免费方式、暂时进出口货物方式申报进出口 HDPE 塑料桶时,存在商品编码申报错误的行为。这一行为不仅影响了海关统计的准确性,而且导致国家税款的漏缴,同时扰乱了海关监管秩序。具体来看:

(1)申报不实影响海关统计准确性。2021 年 1 月 4 日至 2022 年 6 月 13 日,当事人以一般贸易方式在宁波海关申报进口容积为 500ML、3.8L、5L 的 HDPE 塑料桶,申报商品编码 3923900000,涉及报关单号 310120221019948937 等 10 票报关单货物。根据归类总规则一、六及《税则注释》品目 39.23 的注释说明,上述 HDPE 塑料桶应归入商品编码 3923300000。当事人上述商品编码申报不实影响海关统计准确性。

(2)申报不实影响国家税款征收。2020 年 12 月 15 日,当事人以一般贸易方式在宁波海关申报进口容积为 200L 的 HDPE 塑料桶,申报商品编码 3923300000,报关单号 310420201049894488。根据归类总规则一、六及《税则注释》品目 39.23 的注释说明,上述 HDPE 塑料桶应归入商品编码 3923900000。上述商品编码申报不实影响税款征收,经海关计核,当事人漏缴税款人民币 2 620.36 元。

(3)申报不实影响海关监管秩序。2020 年 8 月 6 日至 2021 年 10 月 11 日,当事人以暂时进出口货物方式在宁波海关申报进口、出口容积为 20L、200L 的 HDPE 塑料桶,申报商品编码 3923300000,涉及报关单号 310120211019920461 等 13 票报关单货物。根据归类总规则一、六及《税则注释》品目 39.23 的注释说明,上述 HDPE 塑料桶应归入商品编码 3923900000。上述商品编码申报不实影响海关监管秩序。

(4)二年内未被发现的申报不实行为。2020 年 4 月 1 日至 2020 年 8 月 1 日,当事人以一般贸易方式、其他进出口免费方式、暂时进出货物方式在宁波海关申报进口容积为 20L、200L 的 HDPE 塑料桶,申报商品编码 3923300000,根据归类总规则一、六及《税则注释》品目 39.23 的注释说明,上述 HDPE 塑料桶应归入商品编码 3923900000,其中报关单号 310120201019943553 等 4 票报关单商品编码申报不实影响国家税款征收,漏缴税款人民币 11 115.52 元;报关单号 310120200517936471 等 4 票报关单商品编码申报不实影响海关统计准确性。该部分违法行为在二年内未被海关发现。

以上行为有《税款计核证明书》、涉案报关单及随附单证复印件、产品说明、营业执照、查问笔录、情况说明为证。对当事人申报不实影响海关统计准确性、申报不实影响国家税款征收两个违法行为,根据《中华人民共和国行政处罚法》第三十三条的规定,对当事人不予处罚;对二年内未被发现的申报不实行为,根据《中华人民共和国行政处罚法》第三十六条的规定,当事人不再给予处罚。对当事人申报不实影响海关监管秩序的行为,根据《中华人民共和国海关行政处罚实施条例》第十五条第二项规定,决定对当事人作出如下行政处罚:科处罚款人民币 5 000 元整。

引例导学:这一案例深刻警示我们,商品归类是进出口贸易中的关键环节,其准确性直接关系到国家经济安全和市场秩序的稳定。准确的商品归类不仅是企业合规经营的基本要求,更是企业履行社会责任、维护国家利益的重要体现。企业作为进出口贸易的主体,必须增强合规意识,认真学习并严格遵守海关法律法规及相关归类规则,确保申报信息的真实性和准确性。同时,企业也应积极与海关部门沟通协作,主动配合监管工作,共同构建诚信、规范的贸易环境。这不仅是对企业自身长远发展的保障,更是对国家经济安全和市场公平竞争环境的有力守护,体现了企业的社会责任感和爱国情怀。

○ 知识支撑

第一节 商品名称及编码协调制度

一、《商品名称及编码协调制度》概述

动漫视频

HS编码

《商品名称及编码协调制度》(The Harmonized Commodity Description and Coding System)简称"协调制度",又称"HS"。它是在《海关合作理事会商品分类目录》(CCCN)和联合国《国际贸易标准分类目录》(SITC)的基础上,协调国际上多种商品分类目录而制定的一部多用途的国际贸易商品分类目录。它是一个完整、系统、通用、准确的国际贸易商品分类体系,具有严密的逻辑性和科学性。它广泛应用于海关征税、国际贸易统计、原产地规则、国际贸易谈判(如 WTO 关税减让表)、运输税费及统计、贸易管制(如对废物、麻醉药物、化学武器等的管制)、风险管理等领域。

协调制度作为"国际贸易语言",其目录被大多数国家和地区采用作为本国和本地区的海关税则与贸易统计目录。

二、《协调制度》的基本结构

《协调制度》将国际贸易涉及的各种商品按照生产类别、自然属性和不同用途(功能)等分为 21 类 97 章(其中第 77 章为保留章)。其中,第 1～24 章为农业品,第 25～97 章为工业品;有的章,如第 28、29、36、63、72 章内设有分章。

HS 的总体结构由三部分组成:

一是归类总规则,共六条。它规定了分类原则和方法,以保证对 HS 使用和解释的一致性,使某一具体商品能够始终归入一个唯一编码。

二是类注释、章注释及子目注释。协调制度将商品根据不同的生产部门(行业)分成不同的类,类下又根据商品的自然属性或用途(功能)分成不同的章。章的序号是用阿拉伯数字表示,如第一章写成"01"、第二章写成"02"、第二十五章写成"25"。各章分为不同的品目,同样用两位阿拉伯数字表示所在章的位置,如第一章的第 1 个品目写成"0101",表示马、驴、骡;第八章的第 5 个品目写成"0805",表示鲜或干的柑橘属水果。品目下分为不同的一杠子目(又称一级子目),用一位阿拉伯数字表示所在品目下的位置,子目的最重要的结构特点是分级,如品目 0805 下的第一个一杠子目写成"08051",表示橙;第四个一杠子目写成"08054",表示柚。

至于那些兜底的一杠子目("其他")则尽量以数字"9"表示,如品目 0805 兜底的一杠子目(其他)写成"08059"。

采用以上编排方式的好处是可以在不改变现行子目编码(结构)的情况下加入新的子目。同理,一杠子目下分为不同的二杠子目,二杠子目的编码方式同一杠子目。品目下或子目下若没有再细分,则用数字"0"表示。

【注意】 协调制度最多分为二杠子目,加上前面的品目号,商品编码共有六位。我国税则根据本国的实际情况在二杠子目的基础上又细分为三杠子目和四杠子目,最后的商品编码由八位组成。

三是按系统顺序排列的商品编码表。该表有商品名称和商品编码两部分,一般商品编码排列在左侧,商品名称排列在右侧。

三、《商品名称及编码协调制度》在我国的应用

我国海关自1983年开始研究协调制度，并参与了对协调制度的制定工作。1987年，我国海关将协调制度译成中文，并着手进行将原海关税则目录和海关统计商品目录向HS编码转换的工作，在转换过程中广泛征求了贸易管理部门和产业部门的意见。

1992年1月1日，我国海关正式开始采用《协调制度》，进出口商品归类工作成为我国海关最早实现与国际接轨的执法项目之一，并于1996年1月1日按时实施了1996年版的HS编码。

根据海关征税和海关统计工作的需要，我国在《协调制度》的基础上增设本国子目（三级子目和四级子目），形成了我国海关进出口商品分类目录，然后分别编制出《进出口税则》和《统计商品目录》。

我国海关采用的HS分类目录，前6位数是HS国际标准编码，第7、8两位是根据我国关税、统计和贸易管理的需要加列的本国子目。为满足中央及国务院各主管部门对海关监管工作的要求，提高海关监管的计算机管理水平，在8位数分类编码的基础上，根据实际工作需要对部分税号又进一步分出了第9、10位数编码的HS编码制度。

目前，我国海关通关系统使用的《商品综合分类表》中使用的商品编码为10位数码编号，前8位代码与《进出口税则》中的税则列号和《统计目录》中的商品编号一致。第9、10位代码是根据进口环节税、进口暂定税和贸易管制的需要而增设的。

例如：鲜、冷小虾

编码：	0　3	0　6	2	3	9	9	0	1
位数：	1　2	3　4	5	6	7	8	9	10
含义：	章号	顺序号	一级子目	二级子目	三级子目	四级子目		

第5位数码代表一级子目，表示它所在税目下所含商品一级子目的顺序号；第6位数码代表二级子目，表示在一级子目下所含商品的顺序号；我国本国子目的7、8位数码代表三级子目和四级子目，其含义与前面5、6位数码含义相同。

【注意】在6位或8位数码编号中，若在第5位至第8位数码中出现数字“9”，一般情况下代表未具体列明的商品，而不一定是表示在该子目下的实际顺序号。

【同步案例4－1】　　　　合理准确地用好海关HS编码

解析

案例评析4-1

马来西亚一客户订购了2个20英尺集装箱豆奶粉，业务员小王在填写海关HS编码时，填写1208.1000（大豆粉。注：需办理商检和动植物检疫，增值税为3%），而没有填写2106.1000（其他，税号未列名食品……浓缩蛋白质及人造蛋白物质。注：增值税为13%，只需办理商检产品）。同样，在对方按样订货，未要求办理动植物检疫的情况下，业务员小王办理了动植物检疫。当时HS编码为1208.1000下的产品退税税率为3%，而HS编码为2106.1000下的产品退税税率为13%。这样因没有填写正确的HS编码，在出口退税的环节上遭受了很大损失。

问题：

（1）业务员小王在填写海关HS编码时，应如何确保填写的准确性？

（2）在实际工作中，如何避免因HS编码填写错误导致的出口退税损失？

（3）如何正确理解和应用《商品名称及编码协调制度》（HS编码）？

第二节 《协调制度》归类总规则

一、规则一

（一）条文内容

类、章及分章的标题，仅为查找方便而设。具有法律效力的归类，应按品目条文和有关类注或章注确定。如果品目、类注或章注无其他规定，按以下规则确定。

（二）条文解释

1. 类、章及分章的标题，仅为查找方便而设

类、章及分章的标题不具有法律效力，仅提供一种方便，但仍有一定的法律意义。例如，第 15 类的标题为“贱金属及其制品”，但许多贱金属制品，如铜纽扣（归入品目 9606）、铝制的拉链（归入品目 9607）均不归入第 15 类；有些针织制品如针织的紧身胸衣、束腰带等不按针织制品归入第 61 章（针织的服装及衣着附件），而要归入第 62 章的品目 6212；贱金属制的机械设备归入第 84 章“核反应堆、锅炉、机器、机械器具及其零件”；第 1 章的标题为“活动物”，但并不是所有的活动物都归入第 1 章，如活鱼归入第 3 章、流动马戏团的活动物则应归入第 95 章。

2. 具有法律效力的归类，应按品目条文和有关类注或章注确定

这里有两层含义：第一，具有法律效力的商品归类，是按品目名称和有关类注或章注确定商品编码的；第二，许多商品可直接按目录规定进行归类。注释的作用在于限定品目、类、章商品的准确范围。其常用的方法有：①以定义形式来界定类、章或品目的商品范围及对某些商品的定义作出解释；②列举典型例子的方法；③用详列具体商品名称来定义品目的商品范围；④用排他条款列举若干不能归入某一类、章或品目的商品。

3. 如品目、类注或章注无其他规定

品目条文及与其相关的类、章注释是非常重要的。换言之，它们是在确定归类时应首先考虑的规定。例如，第 31 章的注释规定该章某些品目仅包括特定的货品，因此这些品目就不能够根据规则二（二）扩大为包括该章注释规定不包括的商品。这里需注意的是，不能因为品目条文不明确，不论类注、章注有无规定，就按规则二归类，而必须是在品目条文、类注、章注都无其他规定的条件下才能按规则二归类。

二、规则二

（一）条文内容

（1）品目所列货品，应视为包括该项货品的不完整品或未制成品，只要在进口或出口时该项不完整品或未制成品具有完整品或制成品的基本特征；同时，还应视为包括该项货品的完整品或制成品（或按本款可作为完整品或制成品归类的货品）在进口或出口时的未组装件或拆散件。

（2）品目中所列材料或物质，应视为包括该种材料或物质与其他材料或物质混合或组合的物品；品目所列某种材料或物质构成的货品，应视为包括全部或部分由该种材料或物质构成的货品；由一种以上材料或物质构成的货品，应按规则三归类。

（二）条文解释

这一规则主要是为扩大商品范围而设的。

（1）规则二（一）的主要含义：品目所列商品包括不完整品或未制成品，但必须具有完整品或制成品的基本特征；同时，还包括该项货品的完整品或制成品在进出口时的未组装件或拆散件。

“不完整品”是指具有货品的形状、特征，但缺少一些非关键性零配件的货品，如没有车座的自行车、缺少车门的汽车、缺少轮胎或倒车镜的汽车按整车归类。

“未制成品”是指具有货品的形状、特征，但还缺少几道工序才能制成的货品，如已剪成形还未缝制的手套、未上油漆的桌椅等按制成品归类。

“未组装件或拆散件”是指其零件经简单加工(简单的紧固、焊接)便可装配起来的货品，如一套散装收音机零件按整机归类。这一规则只适用于第 6 类以后的商品。

(2)规则二(二)的主要含义：品目中所列的某种材料包括了该种材料的混合物或组合物，但加进去的材料或组合起来的东西不能失去原来商品的特征(即不存在看起来可归入两个以上品目的问题)，如加入少量糖或掺加维生素、矿泉水的牛奶仍按牛奶归入 0401，皮衣在袖口上装饰点人造毛仍不影响归入皮衣类。

对于混合或组合后的材料或物质，以及由一种以上的材料或物质构成的货品，若看起来可归入两个或两个以上品目时，必须按规则三进行归类。

【做中学 4—1】　　　　应该怎样归类

小王是大连保税区某服装公司的报关员，在一次对“饰有兔毛皮(做袖口)的男士呢大衣”与“衬里为兔毛皮的男士呢大衣”两种商品进行归类时，将两种商品都归入第 11 类纺织品。小王的归类正确吗?

分析：不正确。“饰有兔毛皮(做袖口)的男士呢大衣”的“兔毛皮”只用于大衣袖口起装饰作用，未构成呢大衣的基本特征，所以按纺织品归入第 11 类；“衬里为兔毛皮的男士呢大衣”的“兔毛皮”用作大衣的衬里已起到毛皮衣服的基本特征，符合第 43 章章注 4 的说明，应按毛皮制品归入第 43 章。

三、规则三

(一)条文内容

当货品按规则二(二)或由于其他任何原因看起来可归入两个或两个以上品目时，应按以下规则归类：

(1)列名比较具体的品目，优先于列名一般的品目。但是，如果两个或两个以上品目都仅述及混合或组合货品所含的某部分材料或物质，或零售的成套货品中的某些货品，即使其中某个品目对该货品描述得更为全面、详细，这些货品在有关品目的列名应视为同样具体。

(2)混合物、不同材料构成或不同部件组成的组合物及零售的成套货品，如果不能按照规则三(一)归类时，在本款可适用的条件下，应按构成货品基本特征的材料或部件归类。

(3)货品不能按照规则三(一)或(二)归类时，应按号列顺序归入其可归入的最末一个品目。

(二)条文解释

此规则适用于似乎可以归入两个或两个以上编码的商品，有三个归类标准：

规则三(一)：具体列名的归类原则。

规则三(二)：基本特征的归类原则。

规则三(三)：从后归类的归类原则。

这三个标准的归类原则必须依次使用，即运用规则三时，必须首先考虑规则三(一)，其次是规则三(二)，最后才是规则三(三)。

1. 规则三(一)

规则三(一)是指当一种商品似乎在两个或更多的品目涉及的情况下，比较这些品目，哪个品目的描述更为详细、更为接近要归类的商品，将更具体或比较具体的品目视为优先于列名一般的品目。有时候，商品的具体名称比商品的类别名称更具体，如汽车用电动雨刮器既可按汽车零件归入品目 8708(类别名称)，又可按电气设备中的风挡刮水器归入品目 8512(具体名称)，比较这两个品目，品目 8512 比 8708 更为具体；钟表玻璃可按玻璃制品中的钟表用玻璃归入品目 7015(具体名称)或钟表零件归入品目 9114(类别名称)，比较这两个品目，前者更具体；紧身胸衣是一种女式内衣，有两个编码可归，一个是 6208 女内衣(类别名称)，另一个是 6212 妇女紧身胸衣(具体名称)，故应归入 6212.3000。

2. 规则三(二)

规则三(二)适用于不能按以上规则归类的混合物、组合物和零售成套货品的归类情况。对于这些货品如能确定构成其主要特征的材料或部件，应按这种材料或部件归类。但是，要确定商品的主要特征，不应只有一个标准，要根据其各种构成材料或部件的价值、重量、体积、商品的用途等来确定，如方便面由一块速食面(归入品目 1902)和一小包调味料(归入品目 2103)组成，其主要特征是速食面，所以仍要按面食归入品目 1902。

零售成套货品是指为了某种需要将可归入不同品目的两种或以上货品包装在一起无须重新包装就可直接零售的成套货品。它必须同时符合以下三个条件：①至少由两种看起来可归入不同品目的货品组成；②为了适应某一项活动的特别需要而将几件产品或物品包装在一起，在用途上互相补足配合使用的；③其包装形式适用于直接销售给用户而无须重新包装的。例如，含有电动理发推子(品目 8510)、剪子(品目 8213)、梳子(品目 9615)、刷子(品目 9603)及毛巾(品目 6302)的成套理发用具的主要特征是电动理发推子，故要将成套的理发用具按电动理发推子归入品目 8510。

但是，不符合以上条件而包装在一起的混合货品不能应用规则三(二)的原则来归类，如一只塑料盒内装有一支圆珠笔(编码 9608.1000)、一块电子表(编码 9102.1200)、一条贱金属制的项链(编码 7117.1900)组成的成套货品，只是以销售为目的而不能在功能上互补或是为某种目的，此时应将它们分别归类。

3. 规则三(三)

规则三(三)采用的是从后归类的原则。如果按规则三(一)或规则三(二)都不能解决归类问题，即在三(一)和三(二)不适用的情况下，则应按规则三(三)进行。具体过程是将某个商品似乎可归入的编码加以比较，然后按排列在最后的品目进行归类，但相互比较的编码或品目只能同级比较，如①25%的牛肉(0201)、25%的猪肉(0203)、25%的羊肉(0204)和 25%的鸡肉(0207)组成的肉馅归入 0207；②30%的牛肉(0202)、30%的猪肉(0203)、30%的羊肉(0204)和 10%的鸡肉(0207)组成的肉馅归入 0204。

四、规则四

(一)条文内容

根据上述规则无法归类的货品，应归入与其最相类似的品目。

(二)条文解释

在无法预见的情况下，按以上规则一至规则三仍无法归类的货品，只能用最相类似的货品的品目来替代，即将报验货品与类似货品加以比较确定其与哪些货品最相类似，然后将所报验的货品归入与其最相类似的货品的同一品目。这里的“最相类似”是指名称、特征、功能、用途、结构等因素，需要综合考虑才能确定。

五、规则五

(一)条文内容

除上述规则外,本规则适用于下列货品的归类。

(1)制成特殊形状仅适用于盛装某个或某套物品并适合长期使用的,如照相机套、乐器盒、枪套、绘图仪器盒、项链盒及类似容器,如果与所装物品同时进口或出口,并通常与所装物品一同出售的,应与所装物品一并归类。但本款不适用于本身构成整个货品基本特征的容器。

(2)除规则五(一)规定的以外,与所装货品同时进口或出口的包装材料或包装容器,如果通常是用来包装这类货品的,应与所装货品一并归类,但明显可重复使用的包装材料和包装容器不受本款限制。

(二)条文解释

此规则是关于包装物归类的专门条款。

(1)规则五(一)主要适用于供长期使用的包装容器,只要它们同时符合规则五(一)所提的条件(制成特殊形状,适合长期使用,与所装物品一同报验,与所装物品一同出售,不构成整个物品的基本特征)就可与所装物品一并归类,如装有茶叶的铁制茶叶罐与茶叶一并归入品目 0902;装有望远镜的望远镜盒一并与望远镜归入品目 9005;内装镶嵌钻石铂金戒指的首饰盒应按铂金戒指归入品目 7113。但有时若包装物已超出了所包装物品的基本特征,此时要分别归类,如装有茶叶的银制茶叶罐,因银制茶叶罐的价格已远远超出茶叶的价格,已构成整个容器的基本特征,不能与茶叶一并归类,要分别归类。

(2)规则五(二)适用于明显不能重复使用的包装材料和容器的归类。在这种情况下,往往是货物的一次性包装物,当货物开拆后,包装材料和容器一般不能够再作原用途使用。对于这种包装容器,应与货品一起归类,如包装大型机器的木箱,由于明显不能重复使用,就把它与货品一起归类;内装电视机的纸箱,应按电视机归入品目 8528,而不是按纸箱归入品目 4819.0。但明显能重复使用的,就不把它与货品一并归类,而应分别归类,如装液化气体的钢瓶要与液化气体分别归类。

六、规则六

(一)条文内容

货品在某一品目项下各子目的法定归类,应按子目条文或有关的子目注释及以上各条规则确定,但子目的比较只能在同一数级上进行。除《协调制度》条文另有规定的以外,有关的类注、章注也适用于本规则。

(二)条文解释

此规则是关于子目如何确定的一条原则,子目归类首先按子目条文和子目注释确定;若按子目条文和子目注释无法确定归类,则上述各规则的原则同样适用于子目的确定;除条文另有规定的外,有关的类注、章注也适用于子目的确定。

在具体确定子目时,应注意以下两点:

(1)确定子目时,一定要按先确定一级子目,再确定二级子目,然后确定三级子目,最后确定四级子目的顺序进行。

(2)确定子目时,应遵循“同级比较”的原则,即一级子目与一级子目比较、二级与二级子目比较,以此类推。

例如,“中华绒螯蟹”在归入子目 0306 下子目时,应按以下步骤进行:

①先确定一级子目,即将两个一级子目“冻的”与“未冻的”进行比较后归入“未冻的”。

②再确定二级子目，即将二级子目“龙虾”“大螯虾”“小虾及对虾”“蟹”“其他”进行比较后归入“蟹”。

③然后确定三级子目，即将两个三级子目“种苗”与“其他”进行比较后归入“种苗”。最后，“中华绒螯蟹”归入子目 0306.2410。

【学中做 4—1】 **海关商品归类实战演练**

解析

学中做4-1

在进行进出口贸易时，正确的商品归类不仅确保了合规性和效率，而且是履行国家经济安全和市场秩序维护的重要职责。在党的二十大精神指导下，我们应以“信义忠诚”为准则，严格遵守国家法律法规，确保每一个商品编码的准确无误，这不仅是对个人职业素养的要求，更是对国家利益的忠诚守护，是对社会公德的积极践行。

(1)耐热玻璃盖。把手可为多种材质，可带有蒸汽喷口和不锈钢边缘，同一盖子可用于平底锅或煎锅，用于防灰尘或减少食物的水分蒸发。该产品单独报验，未与厨具一起报验。

(2)多地形土壤切割机或松土机。主要用于清理农田和森林及准备种植土壤，还可用于清理建筑工地、维护森林或农场的道路，以及破碎或清除道路上的冰。

(3)LED 灯带。可用于如橱柜、背光区域和难以触及区域的工作照明和重点照明。

问题：请根据《中华人民共和国进出口税则》(2025)和《协调制度》归类总规则，为上述三个商品各提供一个合适的海关编码，并解释归类依据。

第三节 进出口货物商品归类方法和技巧

一、商品归类的步骤

第一步：确定所给出的商品名称的中心词，判断所归入的类、章(共 21 类 97 章)。

第二步：查阅类注、章注。

第三步：查阅相应章中品目条文和注释。

第四步：查找相应的子目。如果有二级子目则继续往下查，那么依次确定二、三、四级子目。

【做中学 4—2】

重量为 150 克的活火鸡，供改良种用。

分析：(1)找到所在的类、章。火鸡是活动物，归入第一类第 1 章。

(2)查阅第一类的类注和第 1 章的章注，不属于本章不包括的情形，因此可归入第 1 章。

(3)查阅第 1 章四位数品目号列及其黑体字。活火鸡属于家禽类，在 0105 就可以找到家禽。

(4)再进一步确定它的 8 位数编码，0105.1290。

二、进出口商品归类的要点

(一)第一、二类(第 1～14 章)

要注意加工方式，依据“加工方式”确定商品是归入第一类、第二类还是第四类。

(1)动物产品。活动物(第 1 章和第 3 章)经过简单加工后分别归入可食用动物产品(第 2、3、4 章)和非食用动物产品(第 5 章)，可食用动物产品经过进一步加工后归入动物油脂及其产品(第 15 章)和食品类(第 16 章)。

(2)植物产品。活植物(第 6 章)经过简单加工归入植物产品(第 7～14 章)，可食用植物产品中的蔬菜、水果、坚果经过进一步加工则归入蔬菜、水果、坚果制食品(第 20 章)。

(3)谷物(第 10 章)。经过简单加工归入制粉工业产品(第 11 章),谷物和制粉工业产品经过进一步加工则归入谷物、粉类食品(第 19 章)。

(4)干蔬菜归类(第 7 章章注三);混合调味香料归类(第 9 章章注一);种植用种子归类(第 12 章章注三)。

超过了本类加工程度允许范围的非食用植物产品主要归入第四类和第二十类。例如,豆饼应归入第 23 章,已切割成圆形的供雕刻用象牙果归入第 96 章等。其中,最容易与本类的非食用植物产品发生归类混淆的是第 96 章的商品。

【做中学 4—3】

1. 水煮小虾虾仁

分析:该商品经过水煮加工,经查并不符合 0306 的税(品)目条文及章注、类注规定,因此视为其加工程度已超过第 3 章的范围,应归入第 16 章的 1605.2000。

2. 浸泡在亚硫酸水中的黄瓜

分析:该商品经过亚硫酸浸泡加工,经查符合 0711 的税(品)目条文与章注、类注规定,所以应视为是一种简单加工,可归入 0711.4000。

(二)第三类(第 15 章)

(1)未炼制的猪脂肪及家禽脂肪。其应归入品目 02.09。

(2)从乳中提取的黄油及其他油、脂。其应归入品目 04.05(与 1517 人造黄油区别开)。

(3)可可油、可可脂。其应归入品目 18.04。

(4)粗甘油。纯度在 95%以下,归入 1520;若纯度在 95%以上,则归入 2905.4500 丙三醇(甘油)。

(三)第四类(第 16～24 章)

(1)均化食品、均化混合食品、混合食品。均化食品的满足条件:精细均化、零售包装食品(每件净重不超过 250 克);为了调味、保藏或其他目的,可以加入少量其他配料,还可以含少量的粒或食用杂碎粒。均化肉类归入 1602.1000(全部由肉类组成);均化蔬菜归入 2005.1000(全部由蔬菜组成);均化果实归入 2007.1000(全部由植物果实组成);均化混合食品归入 2104.2000(由肉和蔬菜、肉和果实、蔬菜和果实等混合组成)。

(2)各种酒。应注意区别是发酵酒还是蒸馏酒。普通红葡萄酒是发酵酒,应归入 2204,而威士忌酒属于蒸馏酒,应归入 2208。

(3)水果汁、蔬菜汁。纯的(不加任何其他物质)归入 2009;加入了其他物质,则成了饮料,归入 2202。

【做中学 4—4】

一种用微波炉加热的方便快餐食品,净含量 250 克,其中面条 150 克、鸡腿块 50 克、卷心菜 30 克、鱿鱼丝 20 克,食品已预先烧制过,装于一次性塑料泡沫盒内。

分析:本题商品属于混合食品,根据第 16 章章注二的规定,由于本题商品中鸡和鱿鱼的含量超过了 20%,因此,本题商品应归入第 16 章,又由于鸡块的重量超过了鱿鱼丝的重量,故应按制作的鸡块归入品目 16.02,则本题商品应归入商品编码 1602.3290。

(四)第五类(第 25～27 章)

(1)只能经过有限的简单加工。简单加工是指洗涤、磨碎、研粉、淘洗、筛选和其他机械物理方法精选。如果超出这个限度而进行了进一步的深加工,则应该归入后面的章节。

(2)第 26 章归类要注意的地方。包括:①第 26 章的加工程度与第 25 章相似,只能进行有限的简单加工。除煅烧、焙烧或燃烧引起的变化外，这些加工不得改变所要提炼金属的基本化合物的化学成分。改变了矿物的基本化学成分的产品则不能归入本章，一般归入第28章。②矿砂应归入第26章，放射性矿砂仍归入第26章。

【做中学4－5】

煤油。

分析：本题未说明煤油的用途，可按一般列名归入其他煤油馏分，商品编码为2710.1919。

（五）第六类（第28～38章）

(1)第一部分（第28、29章）与第二部分（第30～38章）归类时的区别。其包括：①一般情况下，如果一种化工品是单独的化学元素及单独的已有化学定义的化合物（包括有机化合物和无机化合物），应归入第一部分（第28、29章）；②如果不符合，而是由几种不同化学成分混合配置而成的，按照其用途归入第二部分（第30～38章）。

(2)归类时的步骤。其包括：①判断商品是否符合类注一（一）的规定。如果一种化工品属于放射性化学元素、放射性同位素及它们的无机或有机化合物，应优先归入2844、2845。放射性矿砂除外，其仍按矿砂来归类。②判断商品是否属于类注一（二）的情形。除放射性化学物质（28.44）及非放射性同位素（28.45）外，凡符合品目28.43、28.46、28.52所述货品，应优先归入此品目。③判断商品是否属于类注二的情形。如果一种化工品被制成一定剂量或制成零售包装而且同时符合3004、3005、3006、3212、3303、3304、3305、3306、3307、3506、3707、3808税目的，应优先归入上述品目。

【做中学4－6】

500毫升瓶装化学纯级乙酸乙酯。

分析：纯级乙酸乙酯是纯净的有机化学品，归类时应按有机化学品归入第29章。乙酸乙酯是由第29章的乙酸和第22章的乙醇经反应所生成的酯，根据第29章章注五（二）的规定，应按有关酸基化合物（即应按乙酸基化合物）归入第七分章，并按饱和无环一元羧酸归入第29章的品目29.15。本题商品应按具体列名归入商品编码2915.3100。

（六）第七类（第39～40章）

(1)共聚物的归类方法。其包括：①确定品目。首先，根据其形状确定是否属于3901～3914范围；其次，将属于同一品目（4位数）下的单体单元的含量相加；再次，按含量高的品目归类，如果含量相等，则"从后归类"；最后，在归入子目时注意第39章子目注释一的规定。②确定子目。重点解析子目注释一。

(2)化学改性聚合物应按相应的未改性聚合物的子目归类。聚合物混合体应按单体单元比例相等、种类相同的聚合物归入相应子目。

(3)塑料在加工过程和使用过程中产生的废碎料和下脚料一般情况下可按品目条文的列名归入3915，但是根据第39章章注七的规定，如果其同时符合初级形状、单一种类、热塑性这三个条件，则不能归入3915，而要比照正常的塑料原料归入3901～3914的相应品目。例如，"粒状聚乙烯（密度0.93）下脚料"应归入3901.1000。

【做中学4－7】　　正确归入商品编码

(1)由20%氯乙烯、20%醋酸乙烯、30%丙烯、30%异丁烯的单体单元组成的共聚物（粉末状）。

分析：本题商品为粉末状，属于初级形态的聚合物，归类时应按聚合物归入第39章。在该商品的单体单元中，氯乙烯单体单元属于品目39.04的商品范围，醋酸乙烯单体单元属于品目39.05的商品范围，丙烯和异丁烯单体单元属于品目 39.02 的商品范围。根据第 39 章子目注释一(四)的规定，归入同一子目的聚合物单体单元应作为一种单体单元对待。由于归入同一子目的丙烯和异丁烯含量最高，所以应归入品目 39.02。同时，根据归类总规则三(三)的从后归类原则，本题商品应归入商品编码 3902.9000。

(2)聚乙烯(比重 0.92)与聚乙酸乙烯酯组成的聚合物混合体(颗粒状)，按占聚合物混合体总重量计算：乙烯单体单元为 50%、乙酸乙烯酯单体单元为 50%

分析：本题商品是由聚乙烯与聚乙酸乙烯酯组成的聚合物，归类时应按塑料归入第 39 章，在本章中，本题商品似可按乙烯聚合物归入品目 39.01，又可按乙酸乙烯酯聚合物归入品目 39.05。根据第 39 章章注四的规定，共聚物及聚合物混合体如果没有任何一种共聚单体单元重量为最大，则应按号列顺序归入其可归入的最后一个品目。因此，本题商品应从后归入品目 39.05，并归入商品编码 3905.2900。

(七)第八、九、十类(第 41～49 章)

(1)第 41 章结构按其加工程度由低到高排列。生皮归入 4101～4103；经鞣制但未经进一步加工的皮及其坯革归入 4104～4106；经鞣制或半硝处理后进一步加工的皮革归入 4107、4112、4113；特种皮革(油鞣皮革、漆皮及层压漆皮和镀金属皮革)归入 4114；再生皮革及皮革边角废料归入 4115。

(2)容易混淆的含有皮、革制品的归类。以皮革或再生皮革制成的服装归入 4203；以毛皮制成的服装归入 4303；以毛皮做面或毛皮作里衬的服装归入 4303；人造毛皮服装归入 4304；毛皮或人造毛皮仅作为装饰用的服装按服装面料归类。

(3)第 44 章结构按加工程度由低到高排列。木制原料(不包括竹的原料)归入 4401～4406；经简单锯、削、刨平、端接及制成连接形状的木材归入 4407～4409；木质碎料板、纤维板、胶合板及强化木等归入 4410～4413；木制品归入 4414～4421。

(4)纸张的归类。未涂布的机器或手工纸归入 4801～4805；经进一步加工但未涂布的纸归入 4806～4808；经涂布的纸归入 4809～4811；特定用途的纸及其制品归入 4812～4823。

(5)木制品的归类。其大部分归入第 44 章，部分归入其他章。木制的家具和活动房屋归入第 94 章；木制的衣箱归入第 42 章；木制的刷子归入第 96 章；木制的积木归入第 95 章；木制的手杖归入第 66 章。

(6)木地板的归类。天然木地板(又称实木地板)归入 4409；碎料板制木地板归入 4410；纤维板制木地板归入 4411；胶合板制木地板归入 4412；拼花木地板归入 4418。

(八)第十一类(第 50～63 章)

第十一类分为四种商品，归类时首先判断商品的具体归属：

(1)纺织纤维(纺织品的原料，如毛、丝、棉花、化纤)。其包括：①单一纤维的归类。纤维是纺织原料，除 56.01 的纤维外，其他纺织纤维归入第一部分(第 50～55 章)，直接根据纤维的属性就可以来判断其可归入具体的章节和品目。②混纺纤维的归类。先确定混纺纤维中的各个纤维属于哪一章的纤维，将属于同一章的不同纺织材料的重量相加后进行比较，归入重量大的那一章。如果重量相等，则根据归类总规则三，按从后归类的原则归类。

(2)纱线(用纺织纤维制成的线)。由于第一部分(第 50～55 章)包括纱线的品目，第二部分的第 56 章也包括纱线的品目，因此对纱线进行归类的时候，要先确定纱线是特种纱线还是普通纱线。如果是特种纱线，则归入第 56 章的相应品目；如果是普通纱线，要先判断纱线是由一种纤维制成的还是多种纤维制成的。由一种纤维制成，按纱线原料的性质归入相应章(第 50～55 章)的品目；由多种纤维制成的混纺纱线，则根据混纺纺织品的归类步骤来归类。

(3)织物(属于半制成品)。织物的归类与纱线的归类一样,先确定品目是特种织物还是普通织物。特种织物归入第58章,普通织物按纤维的种类归入第50～55章,针织物归入第60章。普通织物为平纹、染色、色织、漂白、印花;特种织物为起绒织物、绳绒织物、毛巾织物、纱罗织物、网眼织物、金属线织物等。

(4)服装(制成品)。

第一,制成品中重点掌握的是服装和衣着附件的归类。

第一步:判断应归入第61章还是归入第62章。针织服装归入第61章(6212商品除外),非针织(即机织)服装归入第62章。

第二步:判断是不是婴儿服装。婴儿服装应优先归入品目6111(针织)或者6209(非针织)。

第三步:判断是否为特殊材料制成的服装。比如,用塑料、橡胶或其他材料处理过的织物制成的服装,优先归入6113(针织)或6210(机织)。

第四步:根据性别、服装款式(大衣、西服、衬衣、内衣等)、纤维的种类归入相应的编码。

第二,地毯、工业用纺织制品、成套物品等按照标题查找,再根据章注和类注是否有规定,按照查找商品的步骤来归类就可以确定其品目。

【做中学4—8】

涤纶制针织紧身胸衣。

分析:本题商品是以针织布做面料制成的紧身胸衣,属于衣着附件,归类时似应按针织衣着附件归入第61章。但根据第61章章注二(一)的规定,第61章不包括品目62.12的货品,因此,本题商品不能归入第61章,只能归入第62章,即本题商品应归入品目62.12,并归入商品编码6212.3010。

(九)第十二、十三、十四类(第64～71章)

(1)鞋靴归类。鞋靴应按其外底和鞋面的材料归入不同的品目。确定鞋面和外底材料的原则如下:①鞋面的材料应以占表面面积最大的那种材料为准;外底的主要材料应以与地面接触最广的那种材料为准。②在其他类已列名的鞋则不应归入第64章,如明显已穿用的旧鞋要归入品目6309,玩具鞋及装有冰刀或轮子的滑冰鞋要归入第95章。

(2)第68章。其货品大多是第25章的货品经过进一步加工所得的。第68章货品的加工范围已经超出了第25章所允许的范围。在第68章中,注意6812.9100这个品目,即用石棉制成的服装、衣着附件、帽类及鞋靴。以石棉为原料的制成品,应归入第68章。

(3)贵金属合金的归类原则。只要其中一种贵金属含量达到合金重量的2%,便视为贵金属合金;不适用于后面贱金属合金归类时按含量较高的金属进行归类的原则。应用第71章注时应注意先后顺序,即首先是章注五(一),其次是章注五(二),最后是章注五(三)。

【做中学4—9】

按重量计含铁80%、含铜15%、含银3%、含金2%的金属合金(未经锻造,非货币用)。

分析:根据第71章章注五(二),只要金含量达到2%(铂含量未达到2%),便满足金合金的定义,就应该按金合金归类,而不管其他金属的含量多少,本例应归入7108.1200。

(十)第十六类(第90章)

1.第十六类归类方法

(1)机械、电气设备的零部件归类的步骤(参见第十六类类注二)。

(2)家用电动器具的归类。品目85.09的家用器具通常是指任何重量的真空吸尘器、地板打蜡机、食品研磨机及食品搅拌器、水果或蔬菜榨汁器。但有部分品目是受重量限制的(这个标准是重量不超过 20 千克)。另外,还要注意,虽然称为家用电器,但是归类的时候,其他的品目有具体列名的,不按家用电器归类。

(3)干燥机、干衣机的归类。其包括:①只有明显用于干燥纺织品的干燥机才能归入 84.51;②用于干燥非纺织品的干燥机应归入 84.19;③离心式的干燥机应归入 84.21;④干洗机不论其洗衣容量大小,均归入 8451.10。

(4)液体泵、气泵和压缩机的归类。其包括:①液体泵归入品目 8413,这个液体泵可以是带有计量装置或计价装置的,不要将计量泵按仪器归入第 90 章;②气泵和压缩机归入品目 8414,除了真空泵以及各种压缩机外,还包括手动或动力驱动的用以压缩空气或其他气体的设备,如风扇、吊扇、排风扇和手动的打气筒。

(5)自动数据处理设备及其零件的归类。其包括:①一起报验的中央处理部件(含 CPU、主板、硬盘等)、输入部件(键盘或扫描仪)和一个输出部件(显示器或打印机),进口时按"系统"归入 8471.49;②单独报验的电脑主机,归入 8471.50;③单独报验的键盘,归入 8471.6071;④单独报验的内存条,归入 8473.3090;⑤单独报验的显示器,归入 8528。

2.第 90 章归类方法

(1)仪器装置的零件、附件归类。其详见第 90 章章注二,首先看是否属于"通用类",其次考虑是否属于"具体列名",再次看是否为"专用零件",最后看是否为"未列名的零件"。

(2)光学元件的归类。未加工的光学元件(玻璃材料)见第 70 章;已加工但未装配的光学元件归入 9001;已装配(即带有镜筒或框架)的光学元件归入 9002。

(3)医疗器械及器具的归类。其一般归入 9018～9022。要准确归类,必须了解它的工作原理、特性及用途:①用于诊断的医疗器械归入 9018;②用于 X 射线或其他射线进行扫描成像的归入 9022(冶金工业中的 X 射线);③机械疗法、氧疗法、臭氧疗法、吸入疗法、人工呼吸及按摩等用的设备及装置归入 9019;④矫形及弥补人体生理缺陷的器具归入 9021;⑤X 射线和其他放射线的应用设备(不仅包括用于医疗上的,而且包括用于其他行业上的)归入 9022;⑥用于探测 X 射线等放射性射线的设备归入 9030。

【学思践悟】　　学思悟道,忠义把关,公德同行

在进出口商品归类过程中,商品归类绝非单纯的技术性任务,而是承载着重大政治意义与社会责任的关键工作。习近平总书记在党的二十大报告中着重强调了"推进高水平对外开放"以及"制度型开放"的重要性,这无疑为商品归类工作指明了清晰的方向。

商品归类作为国际贸易的基础性工作,是保障国际贸易顺畅开展、维护国家经济安全与市场秩序的核心环节。每一个商品编码的精准归类,都是对国家法律法规的敬重,更是对国家利益的忠诚捍卫。在实际工作场景里,报关员及相关从业者需秉持"信义忠诚"的原则,保证所申报的商品信息真实无误、准确无误。这既是对海关工作的有力支持,更是对国家利益的切实维护,是对社会公德的积极践行。商品归类工作是"为国把关"的关键环节。海关作为国家的门户,肩负着维护国家经济安全、守护国家利益的神圣使命。每一个商品编码的正确归类,都是对国家经济秩序的有力维护,是对国家利益的忠诚守护。这不仅是从业者应尽的职责,更是对国家作出的庄严承诺。商品归类工作要求从业者具备高度的责任感与使命感。应以党的二十大精神为指引,以"信义忠诚"为行为准则,以"为国把关"为自身使命,严格遵循国家法律法规,确保每一个商品编码的准确无误。这不仅是对个人职业素养的基本要求,更是对国家利益的忠诚守护,是对社会公德的积极践行。

【悟有所得】

商品归类工作不仅是技术性任务,更是一项具有重大政治意义与社会责任的工作。在今后的工作中,从业者应以更高标准要求自己,不断提升专业素养,确保商品归类的准确性。同时,积极传播“信义忠诚”的理念，带动身边的人共同维护国家利益，为国家的经济安全和社会稳定贡献力量。此外，我们还应注重与海关等相关部门的沟通与协作，及时了解最新的政策法规和归类标准，确保工作符合国家要求。通过持续学习和实践，能够更好地履行“为国把关”的职责，为推动国家的高水平对外开放和经济高质量发展贡献自己的力量。

第四节 海关进出口货物商品归类管理

为了规范进出口货物的商品归类，保证商品归类的准确性和统一性，根据《海关法》《关税法》以及其他有关法律、行政法规的规定，制定了《中华人民共和国海关进出口货物商品归类管理规定》（海关总署令第252号），自2021年11月1日起施行。

一、商品归类的当事人及原则

商品归类是指在《商品名称及编码协调制度公约》商品分类目录体系下，以《中华人民共和国进出口税则》为基础，按照《进出口税则商品及品目注释》《中华人民共和国进出口税则本国子目注释》以及海关总署发布的关于商品归类的行政裁定、商品归类决定的规定，确定进出口货物商品编码的行为。[①]

【提示】进出口货物相关的国家标准、行业标准等可以作为商品归类的参考。

进出口货物收发货人或者其代理人（以下简称“收发货人或者其代理人”）对进出口货物进行商品归类，以及海关依法审核确定商品归类。

进出口货物的商品归类应当遵循客观、准确、统一的原则。

进出口货物的商品归类应当按照收发货人或者其代理人向海关申报时货物的实际状态确定。以提前申报方式进出口的货物，商品归类应当按照货物运抵海关监管区时的实际状态确定。

二、海关进出口货物商品归类管理规定

（1）由同一交通运输工具同时运抵同一口岸并且属于同一收货人、使用同一提单的多种进口货物，按照商品归类规则应当归入同一商品编码的，该收货人或者其代理人应当将有关商品一并归入该商品编码向海关申报。法律、行政法规和海关总署规章另有规定的，依照有关规定办理。

（2）收发货人或者其代理人应当依照法律、行政法规以及其他相关规定，如实、准确申报其进出口货物的商品名称、规格型号等事项，并且对其申报的进出口货物进行商品归类，确定相应的商品编码。

（3）海关在审核确定收发货人或者其代理人申报的商品归类事项时，可以依照《海关法》和《关税法》的规定行使下列权力，收发货人或者其代理人应当予以配合：①查阅、复制有关单证、资料；②要求收发货人或者其代理人提供必要的样品及相关商品资料，包括外文资料的中文译文并且对译文内容负责；③组织对进出口货物实施化验、检验。

【注意】收发货人或者其代理人隐瞒有关情况，或者拖延、拒绝提供有关单证、资料的，海关可以依法审核确定进出口货物的商品归类。

【提示】必要时，海关可以要求收发货人或者其代理人补充申报。

---

① 商品编码是指《中华人民共和国进出口税则》商品分类目录中的编码。同一商品编码项下其他商品编号的确定，按照相关规定办理。

(4)收发货人或者其代理人向海关提供的资料涉及商业秘密、未披露信息或者保密商务信息，要求海关予以保密的，应当以书面方式向海关提出保密要求，并且具体列明需要保密的内容。收发货人或者其代理人不得以商业秘密为理由拒绝向海关提供有关资料。海关按照国家有关规定承担保密义务。

(5)必要时，海关可以依据《中华人民共和国进出口税则》《进出口税则商品及品目注释》《中华人民共和国进出口税则本国子目注释》和国家标准、行业标准，以及海关化验方法等，对进出口货物的属性、成分、含量、结构、品质、规格等进行化验、检验，并将化验、检验结果作为商品归类的依据。

(6)海关对进出口货物实施取样化验、检验的，收发货人或者其代理人应当到场协助，负责搬移货物，开拆和重封货物的包装，并按照海关要求签字确认。

收发货人或者其代理人拒不到场，或者海关认为必要时，海关可以径行取样，并通知货物存放场所的经营人或者交通运输工具负责人签字确认。

(7)收发货人或者其代理人应当及时提供化验、检验样品的相关单证和技术资料，并对其真实性和有效性负责。

(8)除特殊情况外，海关技术机构应当自收到送检样品之日起 15 日内作出化验、检验结果。

(9)除特殊情况外，海关应当在化验、检验结果作出后的 1 个工作日内，将相关信息通知收发货人或者其代理人。收发货人或者其代理人要求提供化验、检验结果纸本的，海关应当提供。

(10)其他化验、检验机构作出的化验、检验结果与海关技术机构或者海关委托的化验、检验机构作出的化验、检验结果不一致的，以海关认定的化验、检验结果为准。

(11)收发货人或者其代理人对化验、检验结果有异议的，可以在收到化验、检验结果之日起 15 日内向海关提出书面复验申请，海关应当组织复验。

【注意】已经复验的，收发货人或者其代理人不得对同一样品再次申请复验。

(12)海关发现收发货人或者其代理人申报的商品归类不准确的，按照商品归类的有关规定予以重新确定，并且按照报关单修改和撤销有关规定予以办理。

收发货人或者其代理人发现其申报的商品归类需要修改的，应当按照报关单修改和撤销有关规定向海关提出申请。

(13)海关对货物的商品归类审核确定前，收发货人或者其代理人要求放行货物的，应当按照海关事务担保的有关规定提供担保。

【注意】国家对进出境货物有限制性规定，应当提供许可证件而不能提供的，以及法律、行政法规规定不得担保的其他情形，海关不得办理担保放行。

(14)收发货人或者其代理人就其进出口货物的商品归类提出行政裁定、预裁定申请的，应当按照行政裁定、预裁定管理的有关规定办理。

(15)海关总署可以依据有关法律、行政法规规定，对进出口货物作出具有普遍约束力的商品归类决定，并对外公布。

【提示】进出口相同货物，应当适用相同的商品归类决定。

(15)作出商品归类决定所依据的法律、行政法规以及其他相关规定发生变化的，商品归类决定同时失效。商品归类决定失效的，应当由海关总署对外公布。

(16)海关总署发现商品归类决定需要修改的，应当及时予以修改并对外公布。

(17)海关总署发现商品归类决定存在错误的，应当及时予以撤销并对外公布。

(18)因商品归类引起退税或者补征、追征税款以及征收滞纳金的,依照有关法律、行政法规以及海关总署规章的规定办理。

(19)违反规定,构成走私行为、违反海关监管规定行为或者其他违反《海关法》行为的,由海关依照《海关法》《中华人民共和国海关行政处罚实施条例》等有关规定予以处理;构成犯罪的,依法追究刑事责任。

应知考核

一、单项选择题

1. 0103　　猪:

01031000　　——改良种用

　　　　　　——其他

　　　　　　——重量在50千克以下

01039110　　——重量在10千克以下

关于上面的商品编码"0103 9110"说法中不正确的是(　　)。

A. 该商品在第1章

B. 它表示重量在10千克以下的活猪

C. 商品编码中的第5位"9"代表除改良种用以外的其他活猪

D. 商品编码中的第8位"0"表示在3级子目下未设4级子目

2. 由30%的牛肉(0202)、30%的猪肉(0203)、30%的羊肉(0204)和10%的鸡肉(0207)组成的肉馅应归入(　　)。

A. 0201　　B. 0202　　C. 0203　　D. 0204

3. 下列关于HS编码书写正确的是(　　)。

A. 0306 2399. 09　　B. 0306. 2399 09　　C. 0306. 2399. 09　　D. 0306 2399 09

4. 塑料盥洗盆的HS编码是(　　)。

A. 3922　　B. 3924　　C. 6901　　D. 6911

5. 下列不属于HS编码设立品目依据的是(　　)。

A. 产品的用途　　B. 产品生产类别　　C. 产品的自然属性　　D. 产品的加工工艺

6. 进口一辆缺少轮子的汽车,在进行该商品的海关税则归类时,应按(　　)归类。

A. 汽车的零部件　　B. 汽车底盘　　C. 汽车车身　　D. 汽车整车

7. 按照商品归类总规则,下列叙述中正确的是(　　)。

A. 在进行商品归类时,商品的包装容器应单独进行税则归类

B. 在进行商品归类时,混合物可以按照其中一种成分进行税则归类

C. 在进行商品归类时,列明比较具体的税目优先于一般的税目

D. 从后归类的原则是商品税则归类的普遍适用原则

8. 冷冻香菇的商品编码和检验检疫类别分别是(　　)。

A. 0710809020 和 A/　　B. B0710809020 和 PR/QS

C. 0712391000 和 A/　　D. D0712391000 和 PR/QS

9. 在进行商品税则分类时,对看起来可归入两个或以上税号的商品,在税目条文和注释均无规定时,其归类次序为(　　)。

A. 基本特征、最相类似、具体列名、从后归类

B. 具体列名、基本特征、从后归类、最相类似

C. 最相类似、具体列名、从后归类、基本特征

D. 具体列名、最相类似、基本特征、从后归类

10. 下列叙述正确的是(　　)。

A. 在进行商品税则分类时,列名比较具体的税目优先于一般税目

B. 在进行商品税则分类时,混合物可以按照其中的一种成分进行税则归类

C 在进行商品税则分类时,商品的包装容器应该单独进行税则归类。

D. 从后归类的原则是商品税则归类的普遍适用的原则。

二、多项选择题

1. HS 中的税(品)目中所列货品,除完整品和制成品外,还应包括(　　)。

A. 在进出口时具有完整品基本特征的不完整品

B. 在进出口中具有制成品基本特征的未制成品

C. 完整品或制成品在进出口时的未组装件或拆散件

D. 具有完整品或制成品基本特征的不完整品或未制成品在进出口时的未组装件或拆散件

2. 下列货品属于 HS 归类总规则所规定的"零售的成套货品"的有(　　)。

A. 一个礼盒,内有咖啡一瓶、咖啡伴侣一瓶、杯子两只

B. 一个礼盒,内有白兰地酒一瓶、打火机一只

C. 一包方便面、两包调料包、一把叉子

D. 一个礼盒、一块巧克力、一个塑料玩具

3. 关于商品编码 6107110000 和 6107120000,以下表述中正确的有(　　)。

A. 均属于 HS 的第 11 类　　B. 均属于 HS 的第 61 章

C. 两者的品目号相同　　D. 两者的子目号不同

4. 下面对协调制度归类总规则正确理解的有(　　)。

A. 品目所列货品,仅包括该项货品的完整品

B. 品目所列货品,包括该项货品的完整品在进口或出口时的未组装件或拆散件

C. 品目所列某种材料构成的货品,包括全部或部分由该种材料构成的货品

D. 品目所列某种材料 构成的货品,仅包括全部由该种材料构成的货品

5. 下列货品进出口时,包装物与所装物品应分别归类的有(　　)。

A. 40 升专用钢瓶装液化氮气　　B. 25 千克桶(塑料桶)装涂料

C. 纸箱包装的彩色电视机　　D. 分别进口的照相机和照相机套

三、判断题

1. 每一种商品都能明确地、准确地归入一个 HS 编码的品目号下。(　　)

2. 对进出口商品进行归类时,如果该商品在品目条文上具体列名可以直接查到,则无须运用归类总规则。(　　)

3. HS 分类目录的类注释、章注释和子目注释中 HS 不可分割的部分,与 HS 品目条文具有同等效力。(　　)

4. 进出口商品在品目项下各子目的归类应当按照品目条文和类注、章注确定。(　　)

5. HS 类注释、章注释和子目注释与 HS 税目条文具有同等法律效力。(　　)

6. 当货品看起来可归入两个或两个以上税目时,应按"从后归类"的原则归类。(　　)

7.“从后归类”的原则是进行商品归类时优先使用的原则。 （ ）

8. 凡符合归类总规则三(二)中的三个条件的零售成套商品，都应按构成该套货品基本特征的货品归类。 （ ）

9. 已具有成品零件的大概形状特征，但是还不能直接使用的毛坯件，可按成品零件归类(除另有规定外)。 （ ）

10. 不同材料构成的成套货品应按构成货品基本特征的材料或部件归类。 （ ）

应会考核

■ 观念应用

资料：某报关人向海关申报进出口商品名称时使用了方言，如将“变压器”申报为“火牛”，将“拖拉机”申报为“铁牛”等。

讨论：如果真的将“变压器”申报为“火牛”，将“拖拉机”申报为“铁牛”，你还能归类吗？这给你什么启发？

■ 技能应用

“银发经济”是向老年人提供产品或服务，以及为老龄阶段做准备等一系列经济活动的总和。2024 年 3 月 5 日，《2024 年国务院政府工作报告》中提出：加强老年用品和服务供给，大力发展银发经济。2025 年 3 月 5 日，《2025 年国务院政府工作报告》显示，积极应对人口老龄化，完善发展养老事业和养老产业政策机制，大力发展银发经济。国家统计局数据显示，截至 2024 年底，我国 60 岁及以上人口 3.1 亿人，占全国人口的 22.0%，其中 65 岁及以上人口 2.2 亿人，占全国人口的 15.6%。需求催生市场，“银发经济”商品涉及老年群体的衣、食、住、行、医等方面。请对下列“银发经济”中的部分商品进行归类。

(1)健康管理器械

①血压计。用于测量老年人等的收缩压、舒张压及脉率。

②制氧机。主要由制氧主机、流量指示器、潮化瓶等部件组成，能够直接连接吸氧管、氧气面罩使用，可以改善身体的供氧状况。

(2)营养补充食品

①中老年高钙配方奶粉(调制乳粉)。用于中老年人补充营养，主要成分为脱脂奶粉、膳食纤维、牛初乳粉、矿物质、维生素等，粉状，浓缩干法工艺制造。

②鱼油胶囊。成分为深海鱼油(EPA、二十五碳五烯酸、DHA、二十二碳六烯酸)，由明胶胶囊包裹。EPA 和 DHA 均为鱼油本身所含脂肪酸。

(3)居家护理设备

①智能跌倒报警器。该产品是一款保护老年人安全的紧急呼救设备，具备一键紧急呼救、跌倒检测自动报警、自动语音提示等功能，穿戴后可在紧急情况下第一时间一键呼叫联系人。

②护理床。一般为动力床，由头板架、脚板架、床框、背位床面、固定床面、大腿位床面等组合而成。

(4)出行辅助工具

①助行车。也被称为“助行器”，一种辅助行走的工具。一般有金属框架、扶手，配备三个或四个轮子，在扶手之间可装有座椅和金属篮筐，配有手刹车和驻车制动。

②老年人代步车。由可折叠车架、电机、控制器组成，由电池提供电力驱动。

■ 案例分析

2025 年 3 月，浙江华通机电进出口公司为杭州瑞丰混凝土公司代理进口 10 辆机动混凝土搅拌车。浙江华通机电进出口公司委托汉德报关行办理商品归类并确定海关监管条件。

任务 1：要认知，要“识货”。

任务 2：套用六大归类总规则。

任务 3：找出税则号。

任务 4：利用互联网途径确定海关监管条件。

本章实训

【实训项目】

商品归类查询。

【实训情境】

请快速查询下列商品的 HS 编码，并求和。

举例，冷冻大马哈鱼，编码为 0302.1220。

将这八位数字相加，就是 0+3+0+2+1+2+2+0=10。

【注意】 在考试的时候，用 2B 铅笔将答题卡上面的 0～9 行的数字框涂黑，就可以了，即上一栏将数字“1”涂黑，下一栏将数字“0”涂黑。

0　1　2　3　4　5　6　7　8　9

0　1　2　3　4　5　6　7　8　9

1. 东北福黑猪猪蹄，冷冻，450 克塑料盒装，超市专供。

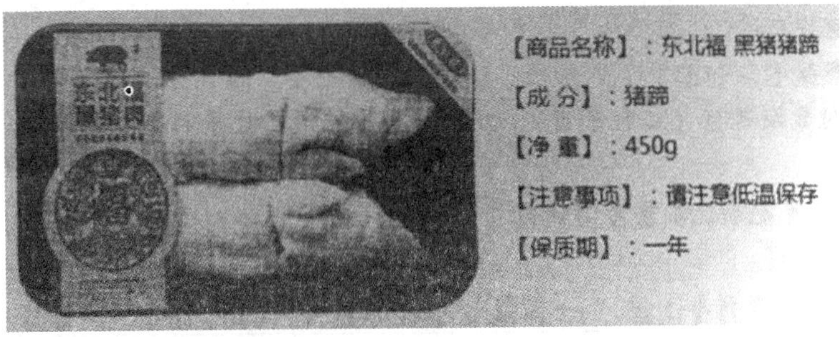

2. 冬季保暖女士羊皮手套，内衬獭兔毛皮。

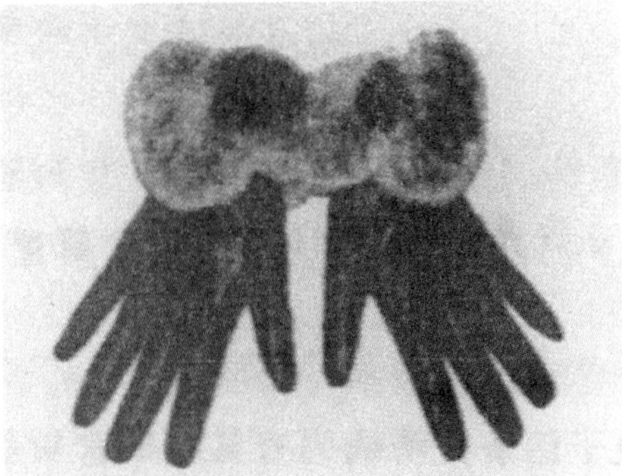

3. 冻猪胃。

4. 一套散装收音机（未装有录制或重放设备）。

5. 含20%柑橘皮的绿茶(每包净重60克)。
6. 飞机用钢化玻璃。
7. 八宝粥罐头(内装有八宝粥和附有一个塑料小勺)。
8. 由50%牛肉与50%鱼肉混合而成的饺子馅。
9. 长方形香皂装在长方形塑料肥皂盒内(每盒一块),该肥皂盒有底、有盖并适合长期使用。
10. 中华绒螯蟹种苗。

【实训要求】

配备工具书[扫描学中做4—1的二维码:《中华人民共和国进出口税则》(2025)],教师要求学生查询上述HS编码,并求和。或登录网址 https://www.hsbianma.com/进行HS编码查询,查看监管条件、计量单位、出口退税率、检验检疫等更多信息。

【实训结果】

撰写“商品归类查询”的实训报告。

<table>
<tr><th colspan="3">《商品归类查询》实训报告</th></tr>
<tr><td>项目实训班级:</td><td>项目小组:</td><td>项目组成员:</td></tr>
<tr><td>实训时间:　　年　　月　　日</td><td>实训地点:</td><td>实训成绩:</td></tr>
<tr><td colspan="3">实训目的:</td></tr>
<tr><td colspan="3">实训步骤:</td></tr>
<tr><td colspan="3">实训结果:</td></tr>
<tr><td colspan="3">实训感言:</td></tr>
<tr><td colspan="3">不足与今后改进:</td></tr>
</table>

项目组长评定签字:　　　　　　　　项目指导教师评定签字:

第五章　进出口税费

● 知识目标

理解：船舶吨税的概念、征收范围、征收标准及计算；海关预裁定制度。

熟知：原产地的确定和税率的适用；跨境电商货物出口退税。

掌握：进出口关税、进口环节的海关代征税的概念和种类，税费的征收范围、征收标准及计算；进出口货物完税价格的审定原则和估价方法；关税税率适用原则和时间规定。

● 技能目标

能够根据进出口货物的具体情况，正确选择适用的关税税率及计算应纳税额。能够准确完成进出口货物的完税价格审定，合理运用海关估价方法。能够熟练办理进出口税费的申报、缴纳及退税手续，正确计算滞纳金。能够根据企业实际情况，合理运用海关预裁定制度，降低合规风险。能够根据进出口货物的具体情况，正确办理海关税款担保手续，确保货物顺利通关。

● 素质目标

培养严谨细致的工作态度，确保进出口税费申报、缴纳的准确性和及时性。增强法律意识，严格遵守海关法规及税收政策，避免因违规操作导致的法律风险。提升沟通协调能力，能够与海关、税务部门及相关金融机构有效沟通，解决实际问题。培养创新思维，能够根据企业实际情况，灵活运用海关优惠政策，降低企业成本。增强社会责任感，积极参与国家税收政策的宣传与落实，为营造公平、透明的税收环境贡献力量。

● 思政目标

强化爱国主义教育，引导学生深刻理解关税政策在国家经济发展中的重要作用，增强民族自豪感。弘扬社会主义核心价值观，培养学生诚信守法、公平竞争的职业道德，树立正确的价值观。增强法治观念，引导学生自觉遵守海关法规及税收政策，维护国家税收安全。培养学生的社会责任感，鼓励学生积极参与国家税收政策的宣传与落实，为推动国家税收现代化贡献力量。

○ **课程引例**

推动经济高质量发展的法治保障

2023年10月16日至23日，中国共产党第二十届中央委员会第二次全体会议审议通过了《中共中央关于全面推进依法治国若干重大问题的决定》，强调了依法治国的重要性和紧迫性。在经济领域，依法治国同样具有重要意义。2023年12月1日，《中华人民共和国海关法》正式颁布实施，这是我国海关管理领域的重要法律文件，为海关的执法活动提供了明确的法律依据，也为进出口企业提供了稳定的法律环境。2024年4月26日，第十四届全国人民代表大会常务委员会第九次会议通过了《中华人民共和国关税法》，自2024年12月1日起正式施行。这一重要法律的颁布，标志着我国关税制度的进一步规范化和法治化。关税作为国家财政收入的重要组成部分，不仅对国家经济的稳定和发展具有重要意义，而且在调节国际贸易、保护国内产业等方面发挥着关键作用。这两部法律的实施，不仅有助于规范海关执法行为，提高海关执法效率，而且能有效保障进出口企业的合法权益，促进我国对外贸易的健康发展。

引例导学：习近平经济思想强调，要坚持以人民为中心的发展思想，推动经济高质量发展。关税法的实施，正是这一思想在海关领域的具体体现。通过合理调整关税政策，可以有效保护国内产业和消费者的利益，促进公平竞争，推动我国经济的可持续发展。同时，关税法的实施也有助于提高我国在国际贸易中的地位和影响力，为我国企业"走出去"创造良好的外部环境。在学习过程中，结合实际案例，深入思考《海关法》和《关税法》在经济活动中的作用，培养法治意识和经济思维，为未来的职业发展打下坚实的基础。

○ **知识支撑**

第一节 进出口税费概述

一、关税

动漫视频

关税

(一)关税的概念

关税(Customs Duties，Tariff) 是指进出口商品经过一国关境时，由政府所设置的海关向进出口商所征收的税收。

【提示】关税对进出关境的商品征收的一种流转税。

(二)关税的因素

1. 关税征税主体

关税征税主体也称关税征收主体。根据《海关法》的规定，行使征收关税职能的国家机关是中华人民共和国海关，征收关税是海关的一项主要任务。未经法律的授权，其他任何单位和个人均无权征收关税。

2. 关税征收对象

关税征收对象也称关税征收客体，是法律规定作为征收关税的标的物，是进出一国关境的货物或物品。它是区别关税和其他税种的重要标志。

3. 关税纳税义务人

关税纳税义务人也称关税纳税人或关税纳税主体，是指依法负有直接向国家缴纳关税义务的法人或自然人。

【提示】我国关税的纳税义务人是进口货物的收货人、出口货物的发货人、进出境物品的所有人。

有以下情形的相关责任人应承担缴纳税款责任：

(1)报关企业接受纳税义务人的委托，以纳税义务人的名义办理报关纳税手续，因报关企业违反规定而造成海关少征、漏征税款的，报关企业对少征或漏征税款、滞纳金与纳税义务人承担纳税连带责任。

(2)报关企业接受纳税义务人的委托，以报关企业的名义办理报关纳税手续的，报关企业与纳税义务人承担纳税的连带责任。

(3)除不可抗力外，在保管海关监管货物期间，海关监管货物损毁或者灭失的，对海关监管货物负有保管义务的人应当承担相应的纳税责任。

(4)欠税的纳税义务人，有合并、分立情形的，在合并、分立前，应当向海关报告，依法缴清税款。纳税义务人合并时未缴清税款的，由合并后的法人或者其他组织继续履行未履行的纳税义务；纳税义务人分立时未缴清税款的，分立后的法人或者其他组织对未履行的纳税义务承担连带责任。

(5)纳税义务人在减免税货物、保税货物监管期间，有合并、分立或者其他资产重组情形的，应当向海关报告。按照规定需要缴税的，应当依法缴清税款；按照规定可以继续享受减免税、保税待遇的，应当到海关办理变更纳税义务人的手续。

(6)纳税义务人在减免税货物、保税货物监管期间，有撤销、解散、破产或者其他依法终止经营情形的，应当在清算前向海关报关。海关应当依法对纳税义务人的应缴税款予以清缴。

(三)关税的分类

1. 按照货物的流向，关税可分为进口关税、出口关税和过境关税

(1)进口关税是指对国外转入本国的货物所征收的一种关税。一般是在货物进入国境(关境)时征收，或在货物从海关保税仓库转出，投入国内市场时征收。

【提示】进口关税是当前世界各国征收关税中最主要的一种。在许多国家已不征出口关税与过境关税的情况下，它成为唯一的关税。

(2)出口关税是指对本国出口货物在运出国境时征收的一种关税。由于征收出口关税会增加出口货物的成本，不利于本国货物在国际市场的竞争，目前西方发达国家都取消了出口税。

【提示】目前在征收的主要是发展中国家，目的是取得财政收入与调节市场供求关系。我国目前对少数货物仍征收出口关税。

(3)过境关税是指对外国经过一国国境(关境)运往另一国的货物所征收的关税。由于过境货物对本国工农业生产和市场不产生影响，还可以从交通运输、港口使用、仓储保管等方面获得收入，因此目前绝大多数国家不征收过境关税，仍在征收的只有伊朗、委内瑞拉等少数国家。

2. 按照计征标准或计税方法，关税可分为从价税、从量税、复合税和滑准税

(1)从价税是以进口货物的完税价格作为计税依据，以应征税额占货物完税价格的百分比作为税率，货物进口时，以此税率和实际进口货物完税价格来计算应征税额。这种计税方法的优点是能合理分担税负，做到质优价高税高、质劣价低税低；缺点是计征关税的手续较为复杂。

【注意】目前，我国关税的计征方法主要是采用从价税的计征方法。

(2)从量税是以进口商品的数量、重量、体积、容积等计量单位作为计税基准的一种计征关税的方法。计税时以货物的计量单位乘以每单位应纳税金额来计算应纳关税税额。这种计税方法的优点是计征方法简便，每一种进口商品的单位应税额固定；缺点是由于应税额固定，物价涨落时税额不能相应变化，关税的调控作用相对减弱。

【提示】 我国目前对冻鸡、啤酒、石油原油和胶卷试行从量关税。

(3)复合税是对某种进口商品混合使用从价税和从量税的一种计征关税的方法。这种采用复合税的计征方法具有较大的灵活性,对某种商品可以同时征收一定数额的从价税和从量税,或对低于某一价格进口的商品只按从价税计征关税,高于这一价格,则混合使用从价税和从量税等。复合税既具有从量税抑制低价进口商品的特点,又具有从价税税负合理、稳定的特点。

【提示】 我国目前采用此税率的货物包括录像机、放像机、摄像机、非家用型摄录一体机、部分数码照相机等。

(4)滑准税是一种关税税率随进口商品价格由高至低或由低至高设置计征关税的方法。某一种商品的进口价格越高,则其进口关税税率就越低;反之则相反。

【注意】 采用滑准税计征方法纳税的商品,能保持其国内价格的相对稳定,使其不受国际市场价格波动的影响。

【提示】 我国目前对关税配额外进口一定数量的棉花(税号:5201)实行滑准关税。

3.按照是否施惠,关税可分为普通关税和优惠关税

(1)普通关税又称一般关税,是指对与本国没有签署贸易或经济互惠等友好协定的国家或地区原产的货物征收的非优惠关税。目前,我国对少数与我国没有外交关系且不属于世界贸易组织成员的国家或地区进口货物适用普通关税;对无法判明原产地的货物适用普通税率。

(2)优惠关税是指对来自特定国家或地区的进口货物在关税方面给予优惠待遇,按照比普通关税税率低的税率征收关税。

【提示】 优惠关税一般有最惠国待遇关税、协定优惠关税、特定优惠关税、普通优惠关税四种。

4.按照是否根据税则征税,关税可分为正税和附加税

(1)正税是指按《进出口税则》中进口税率征收的关税。正税具有规范性、相对稳定性的特点。

(2)附加税是指国家由于特定需要,对货物除征收关税正税之外另行征收的关税。

【提示】 进口附加税一般具有临时性,包括反倾销税、反补贴税、保障措施关税、报复性关税等。只有符合反倾销、反补贴条例规定的反倾销税、反补贴税才可以征收。

【学思践悟】 **2025年关税政策与中美贸易战**

2025年,中美贸易战进入白热化阶段。特朗普政府重启“对等关税”政策,总税率飙升至145%。自2025年初以来,中美贸易战迅速升级,随后又出现缓和迹象。2025年5月,中美两国在日内瓦经贸会谈中达成突破性协议,宣布暂停部分加征关税并建立长效磋商机制。这一系列事件不仅影响了中美两国的贸易关系,而且对全球经济格局产生了深远影响。

加征关税直接导致进口商品价格上升,增加了企业的生产成本和消费者的购买成本。关税战促使各国重新审视和调整贸易关系,推动了区域经济一体化的发展。部分制造业企业为了规避关税,将生产环节转移到其他国家,引致产业布局的调整。贸易战加剧了全球经济的不确定性和波动,影响了企业的投资和生产决策。

习近平经济思想强调开放、合作、共赢,主张通过对话和协商解决贸易争端。中国在应对贸易战时,始终坚持这一理念,积极推动多边贸易体制的改革和完善,维护全球贸易秩序。中国作为世界第二大经济体,积极承担大国责任,通过稳定国内经济、推动“一带一路”倡议等方式,为全球经济的稳定和增长贡献力量。贸易战也提醒我们,经济独立和自主是国家发展的基石。中国通过加强

自主创新、推动产业升级，减少对外部市场的过度依赖，增强经济的韧性和抗风险能力。

【悟有所得】 关税政策在国际贸易中的重要作用及其复杂性。关税政策既可以保护国内产业和市场，也可能引发贸易争端和报复性关税，影响国家的经济利益。因此，关税政策的制定和实施需要综合考虑多方面因素，权衡利弊。2025年中美贸易战表明，贸易战没有赢家，只有通过合作和协商，才能实现共同发展。中国始终坚持开放合作的态度，积极推动多边贸易体制的改革和完善，为全球经济的稳定和增长贡献力量。贸易战凸显了自主创新和产业升级的重要性。只有通过技术创新和产业升级，提高产品的附加值和竞争力，才能在国际贸易中占据有利地位，减少对外部市场的过度依赖。贸易战促使各国重新审视和调整贸易关系，推动了区域经济一体化的发展。中国通过加强与周边国家和地区的经济合作，积极参与全球经济治理，为构建更加公平、合理的全球经济秩序贡献力量。

二、2025年关税调整方案

为深入贯彻落实党的二十大和二十届二中、三中全会精神，充分发挥关税宏观调控作用，支持发展新质生产力，加快建设贸易强国，扎实稳健推进中国式现代化建设，根据《中华人民共和国关税法》及相关规定，2025年1月1日起，对部分商品的进口关税税率和税目进行调整。

（一）最惠国税率

（1）在我对世界贸易组织承诺范围内，提高部分进口糖浆和含糖预混粉的最惠国税率（见附1）。

（2）对原产于科摩罗联盟的进口货物适用最惠国税率。

（二）暂定税率

（1）对935项商品（不含关税配额商品）实施进口暂定税率（见附2）。

（2）继续对铬铁等107项商品征收出口关税，对其中68项商品实施出口暂定税率（见附3）。

（三）关税配额税率

继续对小麦等8类进口商品实施关税配额管理，税率不变，其中，对尿素、复合肥、磷酸氢铵3种化肥的配额税率继续实施1%的暂定税率。对配额外进口的一定数量棉花继续以滑准税形式实施暂定税率（见附4）。

（四）税目

对部分税目、本国子目注释进行调整（见附5、6）。调整后，2025年税目数共计8 960个。

（五）协定税率

（1）根据我国与有关国家或者地区已签署并生效的自由贸易协定和优惠贸易安排，对23个协定项下、原产于33个国家或者地区的部分进口货物实施协定税率。一是按照中国与新西兰、秘鲁、哥斯达黎加、瑞士、韩国、澳大利亚、巴基斯坦、毛里求斯、柬埔寨、尼加拉瓜、厄瓜多尔、塞尔维亚的自由贸易协定和《区域全面经济伙伴关系协定》（RCEP）进一步降税。二是中国与东盟、智利、新加坡、格鲁吉亚、冰岛的自由贸易协定，中国与洪都拉斯自由贸易协定早期收获安排，内地与香港、澳门关于建立更紧密经贸关系的安排（CEPA），海峡两岸经济合作框架协议（ECFA），《亚太贸易协定》，继续按规定实施（见附7）。

（2）根据《中华人民共和国政府和马尔代夫共和国政府自由贸易协定》，对原产于马尔代夫的部分进口货物实施协定第1年税率（见附7）。

（六）特惠税率

（1）继续给予43个与我国建交的最不发达国家100%税目产品零关税待遇，实施特惠税率。其中，关税配额商品仅将配额内关税税率降为零，配额外关税税率不变。

（2）继续根据《亚太贸易协定》以及我国与有关东盟成员国政府间换文协议，对原产于孟加拉国、老挝、柬埔寨、缅甸的部分进口货物实施特惠税率(见附 7)。

附1 最惠国税率调整表	附2 进口商品暂定税率表	附3 出口商品税率表	附4 关税配额商品税目税率表	附5 进出口税则税目调整表	附6 本国子目注释表	附7 自由贸易协定和优惠贸易安排实施税率表

三、《区域全面经济伙伴关系协定》

动漫视频

RCEP

《区域全面经济伙伴关系协定》(Regional Comprehensive Economic Partnership,RCEP)由东盟 10 国于 2012 年发起,邀请中国、日本、韩国、澳大利亚、新西兰、印度共同参加,旨在通过削减关税及非关税壁垒,建立统一市场的自由贸易协定。谈判于 2012 年 11 月正式启动,涉及中小企业、投资、经济技术合作、货物和服务贸易等十多个领域。2019 年 11 月 4 日,第三次《区域全面经济伙伴关系协定》领导人会议发表联合声明,宣布 15 个成员国结束全部文本谈判及实质上所有市场准入谈判,将启动法律文本审核工作,印度因"有重要问题尚未得到解决"而暂时没有加入协定。2023 年 6 月 2 日,RCEP 对菲律宾正式生效,至此,RCEP 对东盟 10 国和澳大利亚、中国、日本、韩国、新西兰等 15 个签署国全面生效。2025 年 1 月 1 日,RCEP 正式生效实施三周年,不仅为促进 15 个成员国之间的贸易投资①、加强产业链供应链合作发挥了重要作用,而且在推动区域经济一体化方面取得了显著成效。

《区域全面经济伙伴关系协定》(以下简称《协定》)具有经济体量大、包容性强等特点。经国务院批准,《区域全面经济伙伴关系协定》自 2022 年 1 月 1 日起正式生效实施。根据《中华人民共和国海关〈区域全面经济伙伴关系协定〉项下进出口货物原产地管理办法》(以下简称《办法》,海关总署令第 255 号发布)规定,自 2022 年 1 月 1 日起实施。

(1)《办法》中所述的成员方是指中国、文莱、柬埔寨、老挝、新加坡、泰国、越南、日本、新西兰、澳大利亚等自 2022 年 1 月 1 日起正式实施《协定》的国家。

(2)进口货物收货人或者其代理人(以下简称"进口人")、出口货物发货人或者其代理人办理《协定》项下货物海关申报手续的,对"尚未实现原产地电子信息交换的优惠贸易协定项下进口货物"的有关要求填制《中华人民共和国海关进(出)口货物报关单》(以下简称《报关单》),提交原产地单证。《协定》的优惠贸易协定代码为"22"。

进口人通过"优惠贸易协定原产地要素申报系统"填报原产地证明电子数据时,原产地证明"《协定》项下原产国(地区)"栏目包含"＊"或者"＊＊"的,"优惠贸易协定项下原产地"栏目应当相应填报"原产地不明(按相关成员最高税率)"(字母代码 HRA,数字代码 801)或者"原产地不明(按所有成员最高税率)"(字母代码 HRB,数字代码 802)。

(3)进口人依据《办法》申请享受《协定》项下税率的,应当按照以下方式办理:

①申请适用对为该货物生产提供原产材料的其他成员方相同原产货物实施的《协定》项下最高

---

① RCEP 成员国包括东盟 10 国(包括文莱、柬埔寨、印度尼西亚、老挝、马来西亚、缅甸、菲律宾、新加坡、泰国、越南)和中国、日本、韩国、澳大利亚、新西兰,共 15 个国家。2022 年 1 月 1 日,RCEP 正式生效,首批生效的国家包括文莱、柬埔寨、老挝、新加坡、泰国、越南东盟 6 国和中国、日本、澳大利亚、新西兰。2 月 1 日,RCEP 对韩国生效。3 月 18 日,RCEP 对马来西亚生效。

税率的,《报关单》“优惠贸易协定项下原产地”栏目应当填报“原产地不明(按相关成员最高税率)”,并提供相关证明材料。

②申请适用对所有其他成员方相同原产货物实施的《协定》项下最高税率的,《报关单》“优惠贸易协定项下原产地”栏目应当填报“原产地不明(按所有成员最高税率)”。

(4)根据《办法》申请人可以向海关、中国国际贸易促进委员会及其地方分会等我国签证机构申请签发《协定》项下原产地证书。

《协定》项下输新加坡、泰国、日本、新西兰和澳大利亚的原产地证书为可自助打印证书。申请人可以向海关、中国国际贸易促进委员会及其地方分会等我国签证机构申请签发 RCEP 项下原产地证书。

(5)海关认定的经核准出口商,应当按照海关总署令相关公告的规定出具原产地声明。

(6)依据《办法》申请签发或者开具背对背原产地证明,且货物进境时未通过“优惠贸易协定原产地要素申报系统”填报初始原产地证明电子数据的,原产地证书的申请人或者经核准出口商应当补充填报。

(7)《协定》生效之前已经从其他成员方出口、尚未抵达我国的在途货物,进口人在 2022 年 6 月 30 日前向海关提交有效原产地证明的,可以申请享受《协定》项下协定税率。

《协定》生效之前已经从我国出口、尚未抵达其他成员方的在途货物,2022 年 6 月 30 日前,申请人可以按照《办法》规定申请补发原产地证书,经核准出口商可以开具原产地声明。

(8)《办法》所述产品特定原产地规则见附件 1;《特别货物清单》见附件 2;原产地证书格式和填制说明见附件 3,原产地声明最低信息要求见附件 4;向海关进行补充申报格式见附件 5。

附件1 产品特定原产地规则	附件2 特别货物清单	附件3 原产地证书格式	附件4 原产地声明最低信息要求	附件5 进口货物原产资格申明

四、进口环节海关代征税

进口货物、物品在海关放行后,进入国内流通领域,与国内货物同等对待,应征国内税。目前,由海关环节征收的国内税(即进口环节海关代征税)有增值税和消费税。

(一)增值税

1. 增值税的概念

2024 年 12 月 25 日第十四届全国人民代表大会常务委员会第十三次会议通过《中华人民共和国增值税法》,自 2026 年 1 月 1 日起施行。增值税是以商品的生产、流通和劳务服务各个环节所创造的新增价值为课税对象的一种流转税。它是一种间接税,最终由消费者承担,但在生产经营过程中逐环节征收。进口环节增值税是在货物、物品进口时,由海关依法向进口货物的法人或自然人征收的一种增值税。

2. 增值税的征纳

在中华人民共和国境内销售货物、服务、无形资产、不动产,以及进口货物的单位和个人(包括个体工商户),为增值税的纳税人,应当依法缴纳增值税。进口环节增值税由海关依法向进口货物的法人或自然人征收,其他环节的增值税由税务机关征收。

我国税法规定,纳税人在进口货物时按照组成计税价格和规定的增值税税率计算应纳税额,不得抵扣任何税额(在计算进口环节的应纳增值税税额时,不得抵扣发生在我国境外的各种税金)。

【注意】进口货物增值税的组成计税价格中包括已纳关税税额,如果进口货物属于消费税应税消费品,那么其组成计税价格中应包括进口环节已纳消费税税额。

3.增值税的征收范围和税率

(1)增值税的征收范围。

①销售货物。货物是指有形动产,包括电力、热力和气体。销售货物是指有偿转让货物的所有权。有偿是指从购买方取得货币、货物或其他经济利益。

②进口货物。进口货物是指申报进入我国海关境内的货物。确定一项货物是否属于进口货物,必须看其是否办理了报关进口手续。

③提供加工、修理修配劳务。加工是指由委托方提供原料及主要材料,受托方按照委托方的要求制造货物并收取加工费的业务。修理修配是指受托方对损伤和丧失功能的货物进行修复,使其恢复原状和功能的业务。

【注意】上述所指加工、修理修配的对象是有形动产;单位或个体工商户聘用的员工为本单位或雇主提供加工、修理修配劳务不征增值税。

④销售服务。销售服务是指“营改增”应税服务,包括交通运输服务、邮政服务、电信服务、建筑服务、金融服务、现代服务、生活服务。

(2)增值税税率。

增值税的税率适用于增值税一般纳税人。增值税一般纳税人适用税率为13%、9%、6%和0共4档,如表5—1所示。

表5—1 增值税税率及适用范围

税率类型	税率	适用范围
基本税率	13%	纳税人销售货物、加工修理修配服务、有形动产租赁服务,进口货物
低税率	9%	纳税人销售交通运输、邮政、基础电信、建筑、不动产租赁服务,销售不动产,转让土地使用权,销售或者进口下列货物:①农产品、食用植物油、食用盐;②自来水、暖气、冷气、热水、煤气、石油液化气、天然气、二甲醚、沼气、居民用煤炭制品;③图书、报纸、杂志、音像制品、电子出版物;④饲料、化肥、农药、农机、农膜。
	6%	(1)电信增值服务;(2)金融服务,包括:①贷款服务;②直接收费金融服务;③金融商品转让服务;(3)保险服务;(4)生活服务,包括:①文化体育服务;②教育医疗服务;③旅游娱乐服务;④餐饮住宿服务;⑤居民日常服务;⑥其他生活服务;(5)现代服务,包括:①研发和技术服务;②信息技术服务;③文化创意服务;④物流辅助服务;⑤鉴证咨询服务;⑥广播影视服务;⑦商务辅助服务;⑧其他现代服务。
零税率	0	纳税人出口货物;境内单位和个人跨境销售国务院规定范围内的服务、无形资产。

【提示】适用简易计税方法计算缴纳增值税的征收率为3%。

【注意】纳税人发生两项以上应税交易涉及不同税率、征收率的,应当分别核算适用不同税率、征收率的销售额;未分别核算的,从高适用税率。纳税人发生一项应税交易涉及两个以上税率、征收率的,按照应税交易的主要业务适用税率、征收率。

(二)消费税

1. 消费税的概念

根据《中华人民共和国消费税暂行条例》(以下简称《消费税暂行条例》)的规定，消费税是对在我国境内从事生产、委托加工和进口应税消费品的单位和个人，就其销售额或销售数量，在特定环节征收的一种税。

2. 消费税的征纳

消费税由税务机关征收，进口环节的消费税由海关征收。进口环节消费税除国务院另有规定外，一律不得给予减税或者免税。进口环节消费税的起征额为人民币50元，低于50元免征。在中华人民共和国境内生产/委托加工和进口《消费税暂行条例》规定的消费品(以下简称“应税消费品”)的单位和个人，为消费税的纳税义务人。进口的应税消费品，由纳税义务人(进口人或者其代理人)向报关地海关申报纳税。进口环节消费税的征收管理适用关税征收管理的规定。我国消费税采用从价、从量或从价/从量的方法计征。

3. 消费税的税目及税率

我国现行消费税税率有比例税率、定额税率和复合税率三种。适用定额税率的税目：啤酒、黄酒、成品油；适用复合税率的税目：卷烟、白酒。各种应税消费品的税目及税率如表5—2所示。

表5—2　　消费税税目税率表

税　目	税　率
一、烟	
1. 卷烟	
(1)甲类卷烟(生产环节)	56%加0.003元/支(生产环节)
(2)乙类卷烟(生产环节)	36%加0.003元/支(生产环节)
(3)甲类卷烟和乙类卷烟(批发环节)	11%加0.005元/支(批发环节)
2. 雪茄烟(生产环节)	36%(生产环节)
3. 烟丝(生产环节)	30%(生产环节)
4. 电子烟	
(1)生产(进口)环节	36%
(2)批发环节	11%
二、酒	
1. 白酒(含粮食白酒和薯类白酒)	20%加0.5元/500克(或者500毫升)
2. 黄酒	240元/吨
3. 啤酒	
(1)甲类啤酒	250元/吨
(2)乙类啤酒	220元/吨
4. 其他酒	10%
三、高档化妆品	15%
四、贵重首饰及珠宝玉石	
1. 金银首饰、铂金首饰和钻石及钻石饰品(零售环节)	5%(零售环节)

续表

税目	税率
2. 其他贵重首饰和珠宝玉石	10%
五、鞭炮、焰火	15%
六、成品油	
1. 汽油	1.52元/升
2. 柴油	1.2元/升
3. 航空煤油(暂缓征收)	1.2元/升
4. 石脑油	1.52元/升
5. 溶剂油	1.52元/升
6. 润滑油	1.52元/升
7. 燃料油	1.2元/升
七、摩托车	
1. 汽缸容量(排气量,下同)为250毫升的	3%
2. 汽缸容量为250毫升以上的	10%
八、小汽车	
1. 乘用车	
(1)汽缸容量(排气量,下同)在1.0升(含1.0升)以下的	1%
(2)汽缸容量在1.0升以上至1.5升(含1.5升)的	3%
(3)汽缸容量在1.5升以上至2.0升(含2.0升)的	5%
(4)汽缸容量在2.0升以上至2.5升(含2.5升)的	9%
(5)汽缸容量在2.5升以上至3.0升(含3.0升)的	12%
(6)汽缸容量在3.0升以上至4.0升(含4.0升)的	25%
(7)汽缸容量在4.0升以上的	40%
2. 中轻型商用客车	5%
3. 超豪华小汽车(零售环节)	10%(零售环节),生产环节同乘用车和中轻型商用客车
九、高尔夫球及球具	10%
十、高档手表	20%
十一、游艇	10%
十二、木制一次性筷子	5%
十三、实木地板	5%
十四、电池	4%
十五、涂料	4%

【提示】 15个税目中,黄酒、啤酒、成品油实行的是单一的定额税率,其他大多数应税消费品均

为单一的比例税率。特别要注意的是，卷烟、白酒实行“复合税率”复合征收（“复合税率”是同时适用比例税率与定额税率的一种特殊形式，其本身并不是一种税率）。

五、船舶吨税

（一）船舶吨税的概念

船舶吨税是海关代为对进出中国港口的国际航行船舶征收的一种税。其征收税款主要用于港口建设维护及海上干线公用航标的建设维护。

（二）船舶吨税的征收依据

我国船舶吨税的基本法律依据是2017年12月27日第十二届全国人民代表大会常务委员会第三十一次会议通过的《中华人民共和国船舶吨税法》，该法自2018年7月1日起施行。凡征收了船舶吨税的船舶不再征收车船税，对已经征收车船使用税的船舶，不再征收船舶吨税。

船舶吨税按船舶净吨位和吨税执照期限征收，分为普通税额标准和优惠税额标准。优惠税率适用于与中国签有条约或协定，规定对船舶税费相互给予优惠国待遇的国家或地区的船舶；对于没有与我国签订互惠条约或协定的国家或地区的船舶适用普通税率征税。中国香港、中国澳门籍船舶适用船舶吨税优惠税率。吨税税目税率如表5—3所示。

表5—3　吨税税目税率

税　目（按船舶净吨位划分）	税率（元/净吨）						备　注
	普通税率（按执照期限划分）			优惠税率（按执照期限划分）			
	1年	90天	30天	1年	90天	30天	
不超过2 000净吨	12.6	4.2	2.1	9.0	3.0	1.5	拖船和非机动驳船分别按相同净吨位船舶税率的50%计征税款
超过2 000净吨，但不超过10 000净吨	24.0	8.0	4.0	17.4	5.8	2.9	
超过10 000净吨，但不超过50 000净吨	27.6	9.2	4.6	19.8	6.6	3.3	
超过50 000净吨	31.8	10.6	5.3	22.8	7.6	3.8	

吨税分1年期缴纳、90天缴纳和30天缴纳。缴纳期限由应税船舶负责人或其代理人自行选择。船舶吨税起征日为应税船舶进入港口当日。进境后驶达锚地的，以船舶抵达锚地之日起计算；进境后直接靠泊的，以靠泊之日起计算。应税船舶在吨税执照期满后尚未离开港口的，应当申领新的吨税执照，自上一次执照期满的次日起续缴吨税。

“单一窗口”标准版用户手册（船舶吨税执照申请）

应税船舶负责人应在延期事项发生地海关办理船舶吨税执照延期的海关手续，同时应提交延期申请。应税船舶负责人在缴纳船舶吨税前申请先行签发船舶吨税执照的，应当向海关提供与其依法履行吨税缴纳义务相适应的担保。应税船舶到达我国境内港口前，应税船舶负责人经海关核准，可凭与应缴税款相适应的担保申请办理先行申报手续。

应税船舶负责人应在应税船舶抵港申报纳税时，如实填写《船舶吨税执照申请书》（见表5—4），同时应当交验如下证明文件：船舶国籍证书或者海事部门签发的船舶国籍证书收存证明；船舶吨位证明。应税船舶为拖船或无法提供净吨位证明文件的游艇的，应税船舶负责人还应提供发动机功率（千瓦）等相关材料。应税船舶负责人应通过“互联网＋海关”、国际贸易“单一窗口”等关企事务平台登录

"海关船舶吨税执照申请系统",录入并向海关发送船舶吨税执照申请信息。

表 5—4 船舶吨税执照申请书

Application for Tonnage Dues Certificate

按照《中华人民共和国船舶吨税法》的规定,检同有关证件(包括国籍证书、吨位证书或相关部门证明文件),开具下列事项,请予完纳船舶吨税,并发给船舶吨税执照。

In compliance with the provisions of the Vessel Tonnage Dues Law of the People's Republic of China, I hereby submit the following particulars together with the relevant documents (including the Certificate of Nationality ,the Tonnage Certificate or supporting documents issued by the relevant departments) with the request for the issue of a Tonnage Dues Certificate upon payment of tonnage Dues.

1. 船名 Ship's Name	2. 船舶编号 Ship's Number
3. 船舶类型 Ship's Description	4. 国籍 Nationality
5. 净吨位 Net Tonnage	6. 进港时间 Arrival Time

7. 按一年期、九十日期或三十日期(由申请人选定一种)

Tonnage Dues Certificate valid for one year/90 days / 30 days (Applicant required the words)

兹声明上列各项申报正确无讹承担法律责任

此致

中华人民共和国________海关

I hereby declare that all the particulars given in this Application are true and correct. I will take the relevant responsibility.

To ________ Customs of the People's Republic of China

船长(签名盖章) Ship's Captain (signature and stamp)	船舶代理(签名盖章) Ship's Agent (signature and stamp)
日期 年 月 日 Date	日期 年 月 日 Date

备注

Remark

【提示】 船舶吨税担保期限一般不超过 6 个月,特殊情况需要延期的,应当经主管海关核准。应税船舶负责人应当在海关核准的船舶吨税担保期限内履行纳税义务。

吨税的缴款期限为自海关填发海关船舶吨税专用缴款书之日起 15 日。缴款期限届满日遇星期六、星期日等休息日或者节假日的,顺延至休息日或者法定节假日之后的第一个工作日。国务院临时调整休息日与工作日的,按照调整后的情况计算缴款期限。未按期缴纳税款的,从滞纳税款之日起,按日加收滞纳税款 0.5‰的滞纳金。吨税税款、滞纳金、罚款以人民币计算。

(三)免征吨税的船舶

下列船舶免征吨税:①应纳税额在人民币 50 元以下的船舶;②自境外以购买、受赠、继承等方式取得船舶所有权的初次进口到港的空载船舶;③吨税执照期满后 24 小时内不上下客货的船舶;④非机动船舶(不包括非机动驳船);⑤捕捞、养殖渔船;⑥避难、防疫隔离、修理、改造、终止运营或者拆解,并不上下客货的船舶;⑦军队、武装警察部队专用或者征用的船舶;⑧警用船舶;⑨依照法律规定应当予以免税的外国驻华使领馆、国际组织驻华代表机构及其有关人员的船舶;⑩国务院规定的其他船舶。

(四)船舶吨税的计算公式

吨税按船舶吨位证明中净吨位计征。其计算公式如下：

应纳船舶吨税税额＝船舶净吨位×适用税率(元/净吨)

对申报为拖船的，应按照发动机功率每 1 千瓦折合净吨位 0.67 吨进行折算。

六、纳税期限及滞纳金

为保证海关做出的征税决定得到执行，保证税款及时入库，必须规定纳税义务人缴纳税款的时间限制，逾期缴纳即构成滞纳。

(一)法定滞纳期限

《关税法》第 43 条规定：进出口货物的纳税人、扣缴义务人应当自完成申报之日起十五日内缴纳税款；符合海关规定条件并提供担保的，可以于次月第五个工作日结束前汇总缴纳税款。

(二)延期纳税期限

《关税法》第 43 条规定：因不可抗力或者国家税收政策调整，不能按期缴纳的，经向海关申请并提供担保，可以延期缴纳，但最长不得超过六个月。

(三)滞纳金征收范围

1. 征收范围

按照规定，关税、进口环节增值税、进口环节消费税的纳税义务人或其代理人，应当自海关填发税款缴款书之日起 15 日内向指定银行缴纳税款；逾期缴纳的，海关在原应纳税款基础上，按日加收滞纳税款 0.5‰的滞纳金。

纳税义务人在批准的延期缴纳税款期限内缴纳税款的，不征收滞纳金；逾期缴纳税款的，自延期缴纳税款期限届满之日起至缴清税款之日止按日加收滞纳税款 0.5‰的滞纳金，如图 5－1 所示。

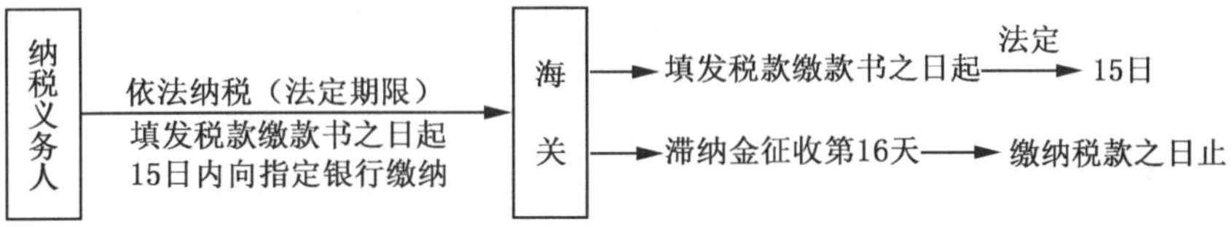

图 5－1　税款滞纳金的征收

根据规定，海关对逾期缴纳税款应征收滞纳金的，还有以下几种情况：

(1)进出口货物放行后，海关发现纳税义务人违反规定造成少征或者漏征税款的，可以自缴纳税款或货物放行之日起 3 年内追征税款，并从缴纳税款或货物放行之日起至海关发现之日止，按日加收少征或者漏征税款 0.5‰的滞纳金。(放行即结关的货物)

(2)因纳税义务人违反规定造成海关监管货物少征或者漏征税款的，海关应当自纳税义务人应缴纳税款之日起 3 年内追征税款，并自应缴纳税款之日起至海关发现违规行为之日止按日加收少征或者漏征税款 0.5‰的滞纳金。(海关后续监管的货物)

【提示】“应缴纳税款之日”，是指纳税义务人违反规定的行为发生之日；该行为发生之日不能确定的，应当以海关发现该行为之日作为应缴纳税款之日。

(3)对于租赁进口货物，分期支付租金的，纳税义务人应当在每次支付租金后的 15 日内纳税，逾期办理申报手续的，海关将在征收税款外加收滞纳金，滞纳时间为申报办理纳税手续期限届满

（即第 16 天起至申报纳税止），每天征收应纳税款 0.5‰的滞纳金。

【注意】 对于租赁进口货物，租期届满之日起 30 日内，应办理结关手续，逾期未办结关的，海关除征收税款外将加收滞纳金，滞纳时间为租期届满后 30 日起至纳税义务人申报纳税之日止，每天征收应纳税款 0.5‰的滞纳金。

(4)暂时进出境货物未按规定期限复运进出境，且未在规定期限届满前办理纳税手续，除征收应纳税款外将加收滞纳金，滞纳时间为规定期限届满之日起至纳税义务人申报纳税之日止，每天征收金额为应纳税款的 0.5‰。

(5)海关在采取强制措施时，对纳税义务人、担保人未缴纳的滞纳金应当同时强制执行。滞纳金应当从税款缴纳期限届满次日起至海关执行强制措施之日止，按日计算。

2. 征收标准

滞纳金按每票货物的关税、进口环节增值税、消费税单独计算，起征额为人民币 50 元，不足 50 元免征。其计算公式为：

关税滞纳金金额＝滞纳关税税额×0.5‰×滞纳天数

进口环节海关代征税滞纳金金额＝滞纳进口环节海关代征税税额×0.5‰×滞纳天数

【提示】 海关对滞纳金的征收是自缴纳期限届满次日起，至进出口货物的纳税义务人缴纳税款之日止；其中的法定节假日不予扣除；法定缴纳期限届满日为星期六、星期天等休息日或法定节假日，应顺延至节假日之后第一个工作日；国务院临时调整休息日与工作日的，则按调整后的情况计算缴款期限；滞纳期限内的星期六、星期日或者法定节假日一并计算。

3. 滞纳金减免

海关对未履行税款缴付义务的纳税义务人征收税款滞纳金，纳税义务人主动采取补救措施的，海关依法可以减免税款滞纳金。滞纳金减免事宜须经纳税义务人申请，并由海关总署审批。

第二节　海关预裁定制度

一、海关预裁定概述

海关预裁定制度是海关总署为了促进贸易安全与便利、优化营商环境、增强企业对进出口贸易活动的可预期性、履行我国在世界贸易组织《贸易便利化协定》的相关承诺而实施的重要便利措施。《中华人民共和国海关预裁定管理暂行办法》2017 年 12 月 26 日以海关总署令第 236 号公布，根据 2023 年 3 月 9 日海关总署令第 262 号《海关总署关于修改部分规章的决定》修正，自 2023 年 4 月 15 日起施行。

（一）海关预裁定的内容

在货物实际进出口前，海关应申请人的申请，对其与实际进出口活动有关的海关事务作出预裁定，在货物实际进出口前，申请人可以就下列海关事务申请预裁定：①进出口货物的商品归类；②进出口货物的原产地或者原产资格；③进口货物计税价格相关要素、估价方法；④海关总署规定的其他海关事务。

【提示】 "计税价格相关要素"，包括特许权使用费、佣金、运保费、特殊关系，以及其他与确定计税价格有关的要素。

知识链接

中华人民共和国海关预裁定申请书

预裁定的申请人应当是与实际进出口活动有关，并且在海关备案的对外贸易经营者。申请人申请预裁定的，应当提交《中华人民共和国海关预裁定申请书》（以下简称《预裁定申请书》）以及海关要求的有关材料。材料为外文的，申请人应当同时提交符合海关要求的中文译本。申请人应当对提交材料的真实性、准确性、完整性、规范性承担法律责任。申请人需要海关为其保守商业秘密的，应当以书面方式向海关提出要求，并且列明具体内容。海关按照国家有关规定承担保密义务。

申请人应当在货物拟进出口 3 个月之前向其备案地直属海关提出预裁定申请。特殊情况下，申请人确有正当理由的，可以在货物拟进出口前 3 个月内提出预裁定申请。

【注意】一份《预裁定申请书》应当仅包含一类海关事务。

海关应当自收到《预裁定申请书》以及相关材料之日起 10 日内审核决定是否受理该申请，制发《中华人民共和国海关预裁定申请受理决定书》或者《中华人民共和国海关预裁定申请不予受理决定书》。申请材料不符合有关规定的，海关应当在决定是否受理前一次性告知申请人在规定期限内进行补正，制发《中华人民共和国海关预裁定申请补正通知书》。补正申请材料的期间，不计入本条第一款规定的期限内。申请人未在规定期限内提交材料进行补正的，视为未提出预裁定申请。海关自收到《预裁定申请书》以及相关材料之日起 10 日内未作出是否受理的决定，也没有一次性告知申请人进行补正的，自收到材料之日起即为受理。

有下列情形之一的，海关应当作出不予受理决定，并且说明理由：①申请不符合规定的；②海关规章、海关总署公告已经对申请预裁定的海关事务有明确规定的；③申请人就同一事项已经提出预裁定申请并且被受理的。

海关对申请人申请预裁定的海关事务应当依据有关法律、行政法规、海关规章以及海关总署公告作出预裁定决定，制发《中华人民共和国海关预裁定决定书》（以下简称《预裁定决定书》）。作出预裁定决定过程中，海关可以要求申请人在规定期限内提交与申请海关事务有关的材料或者样品；申请人也可以向海关补充提交有关材料。海关应当自受理之日起 60 日内制发《预裁定决定书》。《预裁定决定书》应当送达申请人，并且自送达之日起生效。

【提示】需要通过化验、检测、鉴定、专家论证或者其他方式确定有关情况的，所需时间不计入规定的期限内。

有下列情形之一的，海关可以终止预裁定，并且制发《中华人民共和国海关终止预裁定决定书》：①申请人在预裁定决定作出前以书面方式向海关申明撤回其申请，海关同意撤回的；②申请人未按照海关要求提供有关材料或者样品的；③由于申请人原因致使预裁定决定未能在规定的期限内作出的。

【提示】预裁定决定有效期为 3 年。

预裁定决定所依据的法律、行政法规、海关规章以及海关总署公告相关规定发生变化，影响其效力的，预裁定决定自动失效。申请人就海关对其作出的预裁定决定所涉及的事项，在有效期内不得再次申请预裁定。预裁定决定对于其生效前已经实际进出口的货物没有溯及力。

申请人在预裁定决定有效期内进出口与预裁定决定列明情形相同的货物，应当按照预裁定决定申报，海关予以认可。

已生效的预裁定决定有下列情形之一的，由海关予以撤销，并且通知申请人：①因申请人提供的材料不真实、不准确、不完整，造成预裁定决定需要撤销的；②预裁定决定错误的；③其他需要撤销的情形。

撤销决定自作出之日起生效。依照规定撤销预裁定决定的，经撤销的预裁定决定自始无效。

除涉及商业秘密的外，海关可以对外公开预裁定决定的内容。

申请人对预裁定决定不服的，可以向海关总署申请行政复议；对复议决定不服的，可以依法向人民法院提起行政诉讼。申请人提供虚假材料或者隐瞒相关情况的，海关给予警告，可以处1万元以下罚款。

海关预裁定作业流程如图5—2所示。

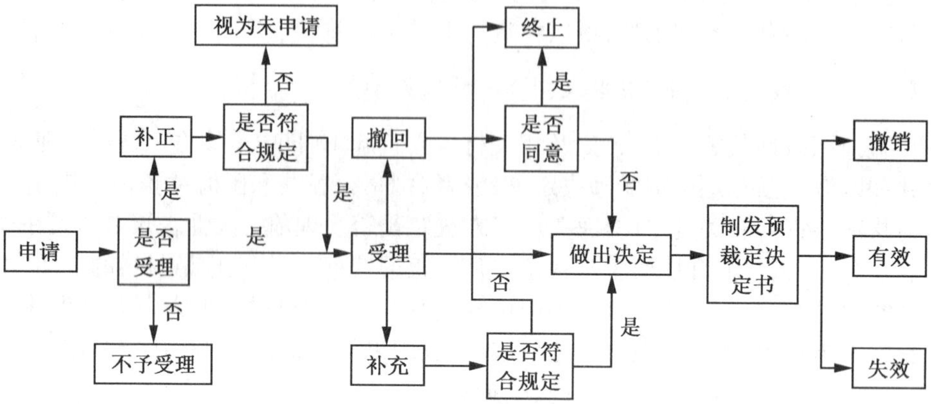

图5—2 海关预裁定作业流程

（二）海关预裁定的展期

1.实施预裁定依申请展期措施

（1）在《中华人民共和国海关预裁定决定书》（以下简称《预裁定决定书》）所涉及的海关事务类别、商品基本信息、预裁定事项等内容未发生变化的前提下，原申请人可以在《预裁定决定书》有效期截止日前30日至90日内，向《预裁定决定书》制发海关提出针对该决定书有效期的展期申请。

（2）海关自接到申请人《预裁定决定书》展期申请之日起30日内，根据《中华人民共和国海关法》《中华人民共和国进出口关税条例》《中华人民共和国进出口货物原产地条例》《中华人民共和国海关进出口货物商品归类管理规定》《中华人民共和国海关审定进出口货物完税价格办法》《预裁定管理暂行办法》等相关法律、行政法规、海关规章以及海关总署关于商品归类、价格和原产地事务的公告等相关规定，完成审核并制发新的《预裁定决定书》，有效期为3年。自新制发的《预裁定决定书》生效之日起，原《预裁定决定书》自动失效。

（3）有以下情形之一的，海关不接受展期申请，退回有关申请并注明理由：①《预裁定决定书》已失效或被撤销的；②申请人名称、企业代码、统一社会信用代码发生变更的；③未在规定期限内提出申请的；④《预裁定决定书》制发后，有关海关规章、海关总署公告已对《预裁定决定书》涉及的有关海关事务作出明确规定的。

2.试点境外出口商或生产商申请商品归类、价格和原产地预裁定

（1）已与中国（上海）自由贸易试验区（含临港新片区）内的进口货物收货人（以下简称收货人）签订货物销售合同的境外出口商或生产商，可委托在中国海关备案的收货人或其他代理人按照《预裁定管理暂行办法》、海关总署公告2018年第14号（关于实施《中华人民共和国海关预裁定管理暂行办法》有关事项的公告，以下简称14号公告）的相关规定，向上海海关提出商品归类、价格和原产地预裁定申请。上海海关按照《预裁定管理暂行办法》、14号公告规定审核通过后，制发《预裁定决定书》。

(2)依境外出口商或生产商申请作出的《预裁定决定书》的有效期限、溯及力、撤销、信息公开等事项，按照《预裁定管理暂行办法》、14 号公告规定执行。

(3)收货人不是依境外出口商或生产商申请作出的《预裁定决定书》的申请人，在进口相关货物时不能使用该《预裁定决定书》。收货人如有需要，应按照《预裁定管理暂行办法》、14 号公告规定向海关申请预裁定。

3.《预裁定决定书》

相关内容如表 5—5 和表 5—6 所示。

表 5—5　　中华人民共和国海关预裁定决定书

（商品归类）

编号：

申请人：	
企业代码：	
统一社会信用代码：	
通讯地址：	
联系电话：	
商品名称(中、英文)：	
其他名称：	
申请书编号：____________________ 受理日期：　　　年　　月　　日	
商品描述：	
预裁定(8 位税则号列)： 根据《中华人民共和国海关进出口货物商品归类管理规定》(海关总署令第 252 号)的有关规定，该商品应归入________。	（公章） 年　　月　　日

告知：1. 本预裁定决定自送达之日起生效，有效期 3 年。

2. 申请人对预裁定决定不服的，可以依照《中华人民共和国行政复议法》第二十条、第二十二条、第二十三条、第二十七条，《中华人民共和国海关法》第六十四条，自收到本决定之日起六十日内向海关总署提出行政复议申请，因不可抗力或者其他正当理由耽误法定申请期限的，申请期限自障碍消除之日起继续计算。申请人通过互联网渠道提交行政复议申请书的，可发送至海关总署行政复议专用邮箱。对复议决定不服的，依照《中华人民共和国行政诉讼法》第四十五条之规定，可以自收到复议决定书之日起十五日内，向人民法院提起诉讼。

表 5—6　　中华人民共和国海关预裁定决定书

（价格）

编号：

申请人：
企业代码：
统一社会信用代码：
通讯地址：

续表

<table>
<tr><td colspan="2">联系电话：</td></tr>
<tr><td colspan="2">合同协议号：</td></tr>
<tr><td colspan="2">申请书编号：__________
受理日期：　　　年　　月　　日</td></tr>
<tr><td colspan="2">根据《中华人民共和国海关审定进出口货物完税价格办法》《中华人民共和国海关审定内销保税货物完税价格办法》规定：
________(企业申请进口货物完税价格相关要素)应当计入进口货物完税价格
________(企业申请进口货物完税价格相关要素)不应计入进口货物完税价格
经预裁定决定应当计入进口货物完税价格的相关要素，具体计入的金额应由申请人根据《中华人民共和国海关审定进出口货物完税价格办法》《中华人民共和国海关审定内销保税货物完税价格办法》第十一条的规定按照客观量化数据资料自行予以确定。</td></tr>
<tr><td>根据《中华人民共和国海关审定进出口货物完税价格办法》第十六条的规定
是否存在特殊关系　　□是　　　□否</td><td>根据《中华人民共和国海关审定进出口货物完税价格办法》第十七条、第十八条等规定：
特殊关系是否影响成交价格　□是　　　□否</td></tr>
<tr><td colspan="2">根据《中华人民共和国海关审定进出口货物完税价格办法》第七条至第十条等规定：
进口货物价格是否符合成交价格条件　　□是　　　□否</td></tr>
<tr><td colspan="2">（公章）
年　　月　　日</td></tr>
</table>

告知：1. 本预裁定决定自送达之日起生效，有效期 3 年。

2. 申请人对预裁定决定不服的，可以依照《中华人民共和国行政复议法》第二十条、第二十二条、第二十三条、第二十七条，《中华人民共和国海关法》第六十四条，自收到本决定之日起六十日内向海关总署提出行政复议申请，因不可抗力或者其他正当理由耽误法定申请期限的，申请期限自障碍消除之日起继续计算。申请人通过互联网渠道提交行政复议申请书的，可发送至海关总署行政复议专用邮箱。对复议决定不服的，依照《中华人民共和国行政诉讼法》第四十五条之规定，可以自收到复议决定书之日起十五日内，向人民法院提起诉讼。

二、价格预裁定

（一）价格预裁定的概念和作用

1. 价格预裁定的概念

价格预裁定是指海关在货物实际进口前，应企业申请，对其进口货物完税价格的相关要素、估价方法做出预裁定。

进口货物的完税价格是指海关依据《中华人民共和国海关审定进出口货物完税价格办法》(海关总署令第 213 号，以下简称《审价办法》)的相关规定，以进口货物的成交价格为基础，同时包括该货物运抵中华人民共和国境内输入地点起卸前的运输及其相关费用、保险费，而审查确定的计征进口关税时使用的计税价格。

估价方法主要是指进口货物的完税价格是否适用成交价格方法来确定(即进口货物价格是否符合成交价格条件)。根据《审价办法》的有关规定，对于进口货物价格不符合成交价格条件的，海关将依次按照相同货物成交价格估价方法、类似货物成交价格估价方法、倒扣价格估价方法、计算价格估价方法和合理方法来估定其完税价格。

2. 价格预裁定的作用

价格预裁定的作用：实施价格预裁定对于促进贸易便利、优化营商环境具有重要意义。对于进口企业来说，通过海关价格预裁定可以在货物进口前明确进口货物的完税价格是否适用成交价格方法，以及某项价格要素是否应计入完税价格，降低企业的合规性风险，同时有利于对经营成本进行准确核算。

申请价格预裁定需要提交的材料："关于价格预裁定申请书的填报说明"，申请人申请对"完税价格相关要素"进行预裁定的，应提供申请预裁定背景情况说明，基本贸易单证，合同、协议或者订单，发票、信用证等付款凭证（如有）等基本材料。

【提示】申请对"进口货物是否符合成交价格条件"进行预裁定，应提供基本贸易单证、货物成交情况的书面说明等。

【注意】申请对"特殊关系"事项中"是否影响成交价格"进行预裁定的，应对照《审价办法》第十七条和第十八条有关规定提供详细说明，如基本贸易情况、向境内非关联方销售相同或类似货物情况、定价政策（方法）及转移定价报告、同期资料等。

【提示】申请对某一合同下进口商品专利费进行预裁定的，应提供商品采购及制造工艺流程、专利费协议、专利备案文件等材料，并对照《审价办法》第十三条和第十四条规定，就"专利费是否与进口货物有关"及"专利费的支付是否构成进口货物向中华人民共和国境内销售的条件"等提供相关书面说明。

（二）海关原有的预审价制度与价格预裁定存在的区别

虽然都是在货物进口前向海关提交申请，但两者还是存在本质差异的，主要包括以下四个方面：

（1）受理主体差异。预审价申请，申请人应当向进口地直属海关提出；价格预裁定申请，申请人则应当向其登记备案地直属海关提出。

（2）决定内容差异。预审价确定的是完税价格本身；而价格预裁定并不是针对货物具体完税价格的裁定，其裁定的是完税价格相关要素和估价方法，这是符合WTO《贸易便利化协定》的。

（3）适用商品和范围差异。预审价适用商品由各直属海关自行确定，相关预审价决定原则上只适用于该关区；而价格预裁定对适用商品没有限制，且每一份预裁定决定均适用于全国海关。

（4）时间差异。两者还存在提交申请日期（预审价申请应在货物进口前15日之前提出，预裁定申请应在货物进口前3个月提出）、有效期限（预审价90天，预裁定3年）等方面差异。

（三）申请价格预裁定流程

具体流程包括以下方面：

申请人可以通过电子口岸（www.chinaport.gov.cn）登录海关事务联系系统，进入预裁定模块，选择"价格预裁定"实现申请、补正、查询、打印等各类操作（见图5—3、图5—4）。

（1）在"价格预裁定"模块"新增"项下进行"预裁定申请书"的录入与申报操作（见图5—5、图5—6）。

（2）在"价格预裁定"模块"查询修改"项下完成对"预裁定申请书"的状态查询、撤回、补正和补充（见图5—7至图5—10）。

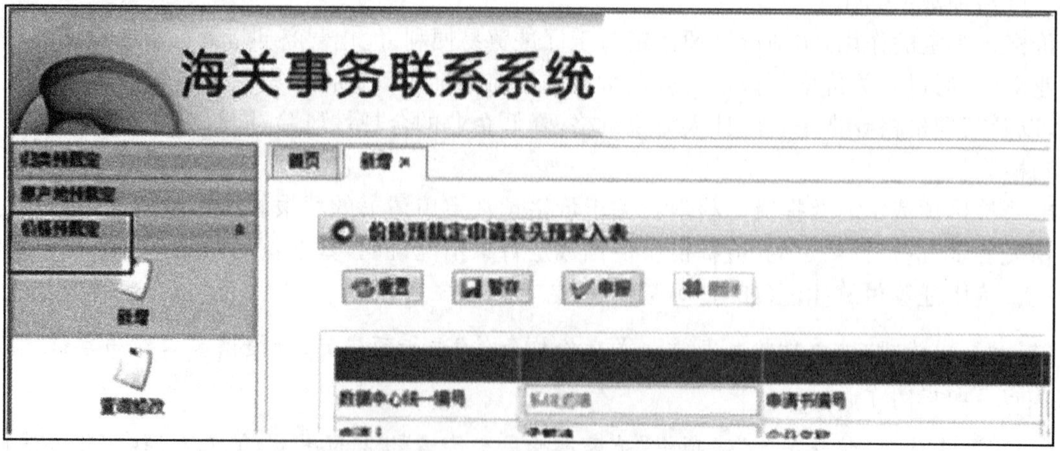

图 5－3　电子口岸海关事务联系系统

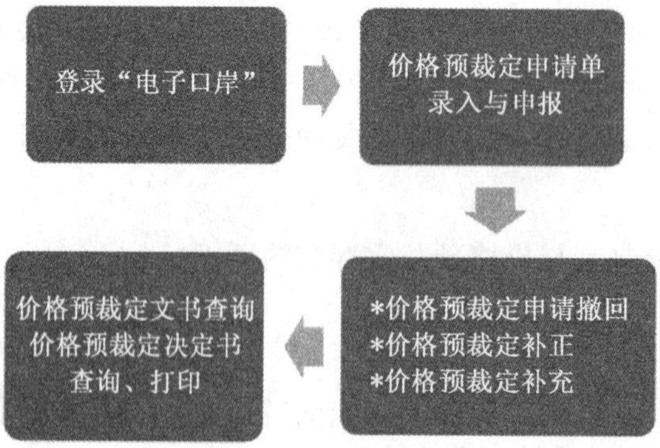

图 5－4　价格预裁定流程

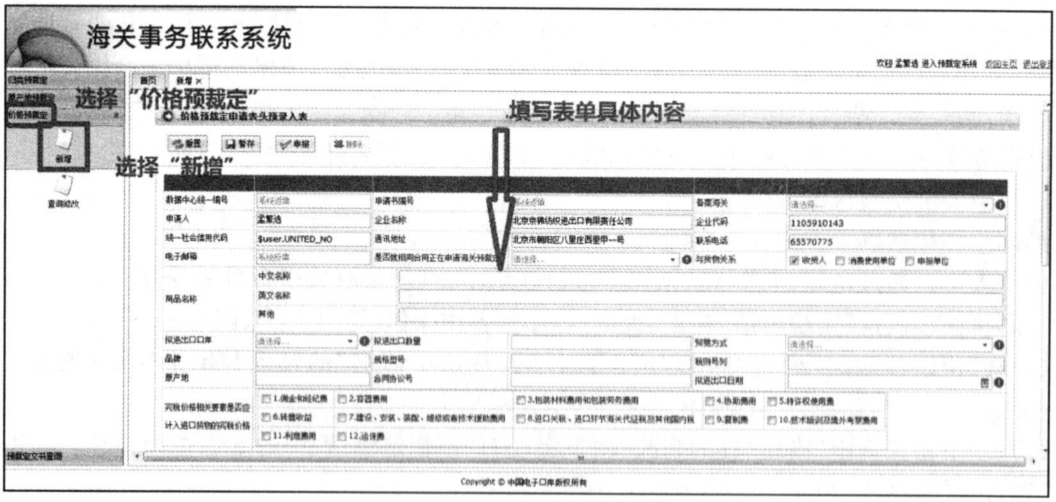

图 5－5　价格预裁定申请

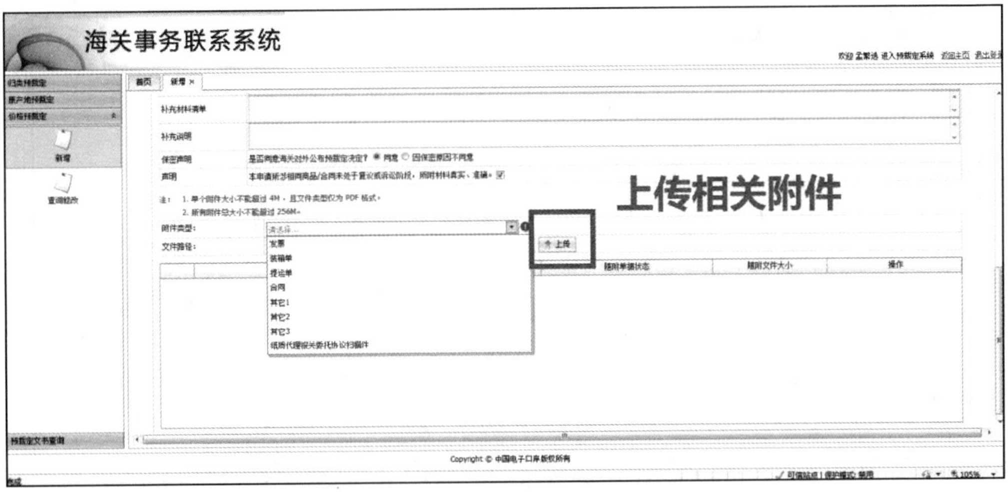

图 5—6 价格预裁定相关附件

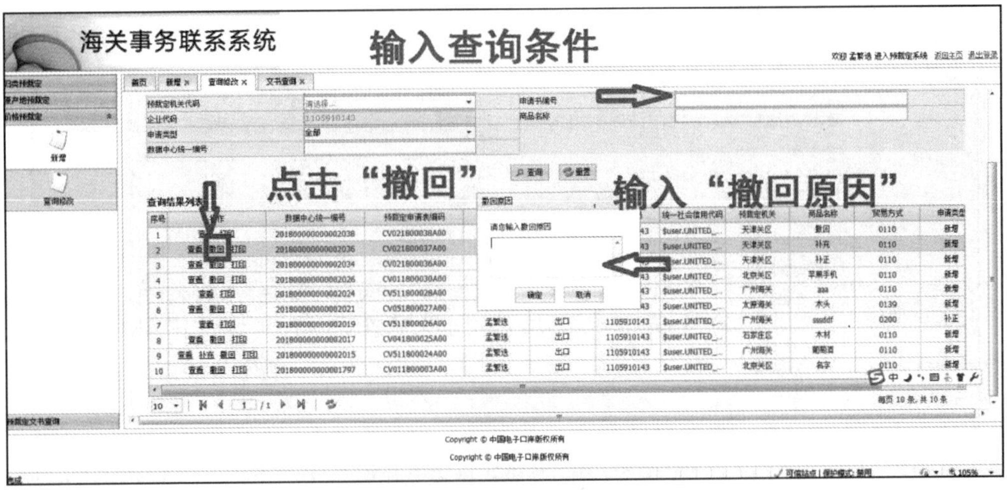

图 5—7 预裁定申请书查询、撤回

图 5—8 预裁定申请书撤回意见

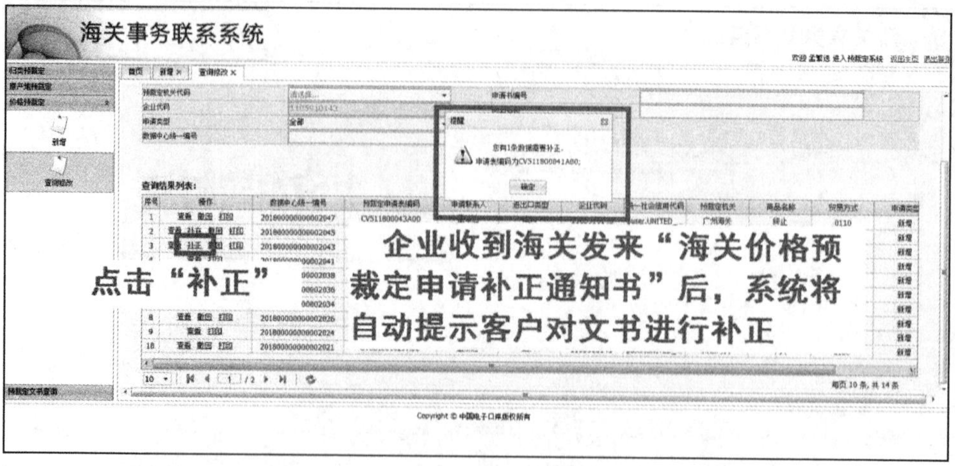

图 5－9　预裁定申请书补正通知

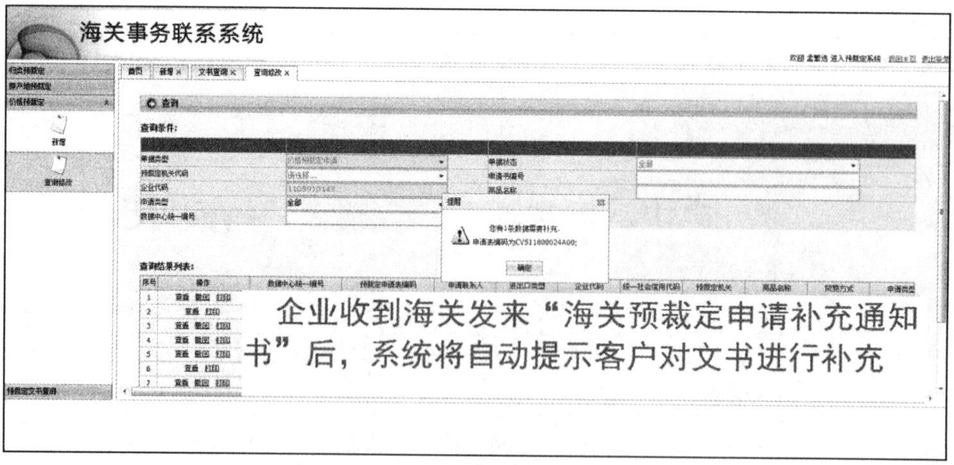

图 5－10　预裁定申请书补正

(3)在“预裁定文书查询”模块“文书查询”项下查询“预裁定受理决定书”等相关文书。在“决定书查询”项下查询“预裁定决定书”状态、内容及打印(见图 5－11)。

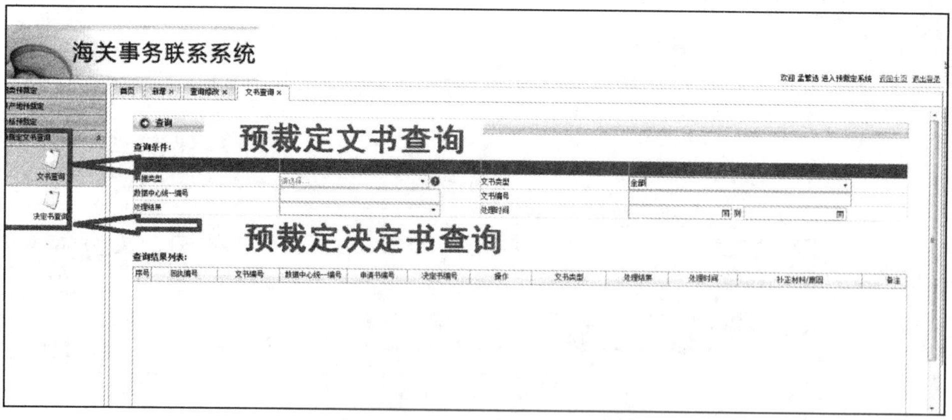

图 5－11　预裁定文书、决定书查询

三、进口商品样品预先归类

进口商品样品预先归类咨询服务的申请人应当是进口货物收货人。

申请人进口以下商品样品，可向拟进口地直属海关提出预先归类咨询服务申请：①通过装运前检验等方式完成安全质量预评估的进口商品，即持有装运前质量安全预评估证明的商品；②拟进口商品的样品，即企业批量进口货物之前，提前进口少量用于法定检验目的的相同商品。

申请人申请进口商品样品预先归类咨询服务，应当通过"互联网＋海关"或"单一窗口"提交"进口商品样品预先归类咨询服务申请表"（详见表5－7），同时提交满足商品样品归类的相关资料和符合要求的相关证明材料。

表5－7　　进口商品样品预先归类咨询服务申请表

申请人基本信息	
申请人	
企业代码	
统一社会信用代码	
通讯地址	
联系电话	
电子邮箱	
货物基本信息	
商品名称（中、英文）	
其他名称	
拟进口日期	
拟进口口岸	
拟进口数量	
贸易方式	
商品描述（规格、型号、结构原理、性能指标、功能、用途、成分、加工方法、分析方法等）：	
随附材料清单（包括装运前检验报告、其他样品证明材料等）：	
结构式、CAS号、图片、条形码（GTIN）、二维码、出厂商品序列号等：	
海关答复建议（本答复仅供参考，不具有法律效力）：	

海关自受理"进口商品样品预先归类咨询服务申请表"以及相关材料之日起20日内回复咨询结果。

【提示】《中华人民共和国进出口税则》《进出口税则商品及品目注释》《中华人民共和国进出口税则本国子目注释》商品归类决定或相关规定发生变化的，进口商品样品预先归类咨询结果同时失效，申请人可就该商品再次提交咨询申请。

四、商品归类预裁定

（1）办理方式：网上办理，电子口岸"海关事务联系系统"（QP系统）或"互联网＋海关"。

(2)办理时限:①海关应当自收到“预裁定申请书”以及相关材料之日起 10 日内审核决定是否受理该申请。②海关应当自受理之日起 60 日内制发《预裁定决定书》。

(3)办理流程:①申请人应当在货物拟进出口 3 个月之前向其备案地直属海关提出预裁定申请。特殊情况下,申请人确有正当理由的,可以在货物拟进出口前 3 个月内提出预裁定申请。②海关应当自收到“预裁定申请书”以及相关材料之日起 10 日内审核决定是否受理该申请。申请材料不符合有关规定的,海关应当在决定是否受理前一次性告知申请人在规定期限内进行补正。③海关对申请人申请预裁定的海关事务应当依据有关法律、行政法规、海关规章以及海关总署公告作出预裁定决定。海关应当自受理之日起 60 日内制发“预裁定决定书”。需要通过化验、检测、鉴定、专家论证或者其他方式确定有关情况的,所需时间不计入规定的期限内。

(4)审查标准:①预裁定的申请人应当是进口货物收货人或出口货物发货人。申请人应当在货物拟进出口 3 个月之前向其备案地直属海关提出预裁定申请。特殊情况下,申请人确有正当理由的,可以在货物拟进出口前 3 个月内提出预裁定申请。②申请人申请商品归类预裁定的,应当按要求填写并且提交“预裁定申请书”及保密声明。③海关应当自收到“预裁定申请书”以及相关材料之日起 10 日内审核决定是否受理该申请。海关应当自受理之日起 60 日内制发“预裁定决定书”。

有下列情形之一的,海关可以终止预裁定:①申请人在预裁定决定作出前以书面方式向海关申明撤回其申请,海关同意撤回的;②申请人未按照海关要求提供有关材料或者样品的;③由于申请人原因致使预裁定决定未能在规定的期限内作出的。

第三节　进出口完税价格的确定

一、进口货物完税价格的审定

中华人民共和国进境物品分类表

海关确定进口货物完税价格有六种估价方法:成交价格方法、相同货物成交价格方法、类似货物成交价格方法、倒扣价格方法、计算价格方法和合理方法。这六种估价方法必须依次使用。即只有在不能使用前一种估价方法的情况下,才可以顺延使用其他估价方法。如果进口货物收货人提出要求并提供相关资料,经海关同意,可以颠倒倒扣价格方法和计算价格方法的适用顺序。

(一)进口货物成交价格方法

中华人民共和国进境物品计税价格表

成交价格方法是第一种估价方法,它建立在进口货物实际发票或合同价格的基础上,在海关估价实践中使用率最高。

1. 完税价格

《审价办法》规定:进口货物的完税价格,由海关以该货物的成交价格为基础审查确定,并应当包括货物运抵中华人民共和国境内输入地点起卸前的运输及其相关费用、保险费。运输及其相关费用中的“相关费用”主要是指与运输有关的费用,如装卸费、搬运费等属于广义的运费范畴的费用。成交价格需满足一定条件才能被海关接受。

【经验小谈 5—1】 请问:向海关申请预裁定的进口货物完税价格相关要素主要包括哪些?

答:根据《海关预裁定管理暂行办法》第三条第二款的规定,“完税价格相关要素”包括特许权使用费、佣金、运保费、特殊关系,以及其他与审定完税价格有关的要素。

【经验小谈 5—2】 请问:从国外进口软件光盘,海关是按照光盘的价值确定完税价格吗?

答:根据海关总署令第 213 号《中华人民共和国海关审定进出口货物完税价格办法》第 34 条的

规定，进口载有专供数据处理设备用软件的介质，具有下列情形之一的，应当以介质本身的价值或者成本为基础审查确定完税价格：

(1)介质本身的价值或者成本与所载软件的价值分列；

(2)介质本身的价值或者成本与所载软件的价值虽未分列，但是纳税义务人能够提供介质本身的价值或者成本的证明文件，或者能提供所载软件价值的证明文件。

含有美术、摄影、声音、图像、影视、游戏、电子出版物的介质不适用前述规定。

2. 成交价格

进口货物的成交价格，是指卖方向中华人民共和国境内销售该货物时买方为进口该货物向卖方实付、应付的，并按有关规定调整后的价款总额，包括直接支付的价款和间接支付的价款。这里的“成交价格”有特定的概念，必须是调整后的实付或应付价格，并满足这一条件，它已经不完全等同于贸易中实际发生的发票或合同价格。贸易上的发票或合同价格取决于买卖双方的约定，它有可能是实付或应付价格，也有可能已经包括某些应调整的因素，还有可能已包括运保费，其定价是自由的。

实付或应付价格是买方为购买进口货物向卖方或为卖方的利益而已付或应付的支付总额。支付可以采用多种形式，可以是直接支付，也可以是间接支付。

3. 关于“调整因素”

调整因素包括计入因素和扣除因素。

(1)计入因素，即调整因素的加项，是指符合一定条件的必须计入实付或应付价格的因素，主要包括由买方负担的以下费用：

①除购货佣金以外的佣金和经纪费。佣金主要是指买方或卖方向其代理人所支付的一种劳务费用，包括购货佣金和销售佣金。购货佣金主要是指买方向其采购代理人支付的佣金，委托人向自己的经纪人支付的从事贸易活动的劳务费用，根据《审价办法》第四条的规定也应该计入完税价格。

②与进口货物视为一体的容器费用。此类容器主要是指与货物成为一个整体，并归入同一个税则号列的容器，如酒瓶、香水瓶等。如果其价格没有包括在酒、香水的实付或应付价格中的，应该计入。

③包装材料和包装劳务费用。此类费用主要是指进口货物在包装过程中产生的一些成本和费用。

④协助的价值。可按适当比例分摊的、由买方直接或间接免费提供或以低于成本价的方式销售给卖方或有关方的、未包含在实付或应付价格之中的货物或服务的价值，具体包括：进口货物所包含的材料、部件、零件和类似货物的价值；在生产进口货物过程中使用的工具、模具和类似货物的价值；在生产进口货物过程中消耗的材料的价值；在境外进行的为生产该货物所必需的工程设计、技术研发、工艺及制图等工作的价值。

⑤特许权使用费。与该货物有关并作为卖方向中华人民共和国销售该货物的一项条件，应当由买方直接或间接支付的特许权使用费。不是作为货物价格一部分的特许权使用费，如商标使用费、专有/专利技术使用费等。与货物无关的不能计入，费用的支出与向我国销售无关的也不能计入。

【经验小谈 5—3】 我司在进口申报时没有支付特许权使用费。请问：最迟应在什么时候向海关办理纳税手续？

答：根据海关总署公告 2019 年第 58 号《关于特许权使用费申报纳税手续有关问题的公告》的规定，纳税义务人在货物申报进口时未支付应税特许权使用费的，应在每次支付后的 30 日内向海关办理申报纳税手续，并填写“应税特许权使用费申报表”。报关单“监管方式”栏目填报“特许权使用费后续征税”（代码 9500），“商品名称”栏目填报原进口货物名称，“商品编码”栏目填报原进口货物编码，“法定数量”栏目填报“0.1”，“总价”栏目填报每次支付的应税特许权使用费金额，“毛重”和“净重”栏目填报“1”。

海关按照接受纳税义务人办理特许权使用费申报纳税手续之日货物适用的税率、计征汇率，对特许权使用费征收税款。

⑥返回给卖方的转售收益。卖方直接或间接从买方对货物进口后转售、处置或使用所得中获得的收益。

上述所有应计入实付或应付价格的调整因素的价值或费用，必须同时满足三个条件：由买方负担、未包含在进口货物的实付或应付的价格中、有客观量化的数据资料。如果没有客观量化的数据资料，海关可以不采用成交价格的方法而依次使用其他估价方法估价。

（2）扣减因素，价格调整因素的减项主要包括以下内容：①厂房、机械、设备等货物进口后的基建、安装、装配、维修和技术服务的费用。这些费用实际上是一种对劳务的支付，而不是对进口货物本身的支付。②货物运抵境内输入地点之后的运输费用。③进口关税和国内税。④为在境内复制进口货物而支付的费用。⑤境内外技术培训及境外考察费用。

此外，同时符合下列条件的利息费用不计入完税价格：①利息费是买方为购买进口货物而融资产生的；②有书面融资协议的；③利息费用单独列明的；④利率不高于当地利率水平的。

码头装卸费（THC）属于货物运抵中华人民共和国境内输入地点起卸后的运输相关费用，因此不应计入货物的完税价格。

【注意】上述费用扣除的前提条件：必须能与进口货物的实付或应付价格相区分，否则不能扣除。

4. 成交价格本身须满足的条件

成交价格必须满足以下四个条件，否则不能适用成交价格方法：

（1）买方对进口货物的处置和使用不受限制，但国内法律、行政法规规定的限制，对货物转售地域的限制，对货物价格无实质影响的限制除外；

（2）货物的价格不应受到导致该货物成交价格无法确定的条件或因素的影响；

（3）卖方不得直接或间接从买方获得因转售、处置或使用进口货物而产生的任何收益，除非按照《审价办法》第四条的规定做出调整；

（4）买卖双方之间没有特殊关系，如果有特殊关系，应当符合《审价办法》第六条的规定。

有以下情形之一的，应当认定买卖双方有特殊关系：买卖双方为同一家族成员；买卖双方互为商业上的高级职员或董事；一方直接或间接地受另一方控制；买卖双方都直接或间接地受第三方控制；买卖双方共同直接或间接地控制第三方；一方直接或间接地拥有、控制或持有对方 5%或以上公开发行的有表决权的股票或股份；一方是另一方的雇员、高级职员或董事；买卖双方是同一合伙的成员。

【同步案例 5－1】　　货物原产地的确定

在中国台湾纺成的纱线，运到日本织成棉织物，并进行加工。上述棉织物又被运往越南制成睡衣，后又经香港地区更换包装转销我国内地。请问：该货物的原产地是哪里？

案例评析

【经验小谈 5－4】 我司以公式定价进口的货物因作价标准和折扣改动，在规定期限内确定不了结算价格。请问：该如何处理？

答：根据海关总署公告2015年第15号《关于修订公式定价进口货物审定完税价格有关规定的公告》第九条的规定，自货物申报进口之日起6个月内不能确定结算价格，海关根据《海关审定进出口货物完税价格办法》的相关规定审定完税价格。特殊情况经备案地海关同意，可延长结算期限至9个月。

（二）相同或类似货物成交价格方法

成交价格方法是海关估价中使用频率最高的一种估价方法，但由于种种原因，并不是所有的进口货物都能采用这一方法。对于不存在买卖关系的进口货物以及不符合成交价格条件的进口货物，就不能采用成交价格方法，而应按照顺序考虑采用相同或类似进口货物的成交价格方法。

相同或类似进口货物的成交价格方法，除了货物本身有区别以外，在其他方面的适用条件均与成交价格方法一样。据以比照的相同或类似货物应共同具备以下五个要素：一是须与进口货物相同或类似；二是须与进口货物在同一国家或地区生产；三是须与进口货物同时或大约同时进口；四是商业水平和进口数量须与进口货物相同或大致相同，如果没有相同商业水平和大致相同数量的相同或类似进口货物，可采用不同商业水平和不同数量销售的相同或类似进口货物，但必须对商业水平和数量、运输距离和方式的不同所产生的价格方面的差异做出调整，这种调整应建立在客观量化的数据资料的基础上；五是当存在两个或更多的价格时，选择最低的价格。

1. 相同货物和类似货物的概念

相同货物是指与进口货物在同一国家或地区生产的，在物理性质、质量和信誉等所有方面都相同的货物，但表面的微小差异允许存在。

类似货物是指与进口货物在同一国家或地区生产的，虽然不是在所有方面都相同，但具有类似的特征、类似的组成材料、同样的功能，并且在商业中可以互换的货物。

2. 相同或类似货物的时间要素

时间要素是指相同或类似货物必须与进口货物同时或大约同时进口，其中"同时或大约同时"为在进口货物接受申报之日的前后各45天以内。

3. 价格调整

采用相同或类似货物成交价格估价方法，必须使用与进口货物相同商业水平、大致相同的数量的相同或类似货物。如果没有相同商业水平和大致相同的数量，可以采用不同商业水平和不同数量销售的相同或类似进口货物，但必须对因商业水平和数量、运输距离和方式的不同所产生的价格方面的差异做出调整，调整必须建立在客观量化的数据资料的基础上。

（三）倒扣价格方法

倒扣价格方法是以被估的进口货物、相同或类似进口货物在境内销售的价格为基础估定完税价格。

1. 按用于倒扣的价格销售的货物应同时符合的条件

（1）在被估货物进口时或大约同时销售；

（2）按照进口时的状态销售；

（3）在境内第一环节销售；

（4）合计的货物销售总量最大；

（5）向境内无特殊关系方销售。

2. 倒扣价格方法的核心要素

（1）按进口时的状态销售。必须以进口货物、相同或类似进口货物按进口时的状态销售的价格为基础。如果没有按进口时的状态销售的价格，可以使用经过加工后在境内销售的价格作为倒扣的基础。

(2)时间要素。必须是在被估货物进口时或大约同时转售给国内无特殊关系方的价格，其中“进口时或大约同时”为在进口货物接受申报之日的前后各45天以内。这一时间范围与相同或类似货物成交价格方法的“同时或大约同时进口”的范围是一致的。如果找不到同时或大约同时的价格，可以采用被估货物进口后90天内的价格作为倒扣价格的基础。

(3)合计的货物销售总量最大。必须使用被估的进口货物、相同或类似进口货物以最大总量单位售予境内无特殊关系方的价格为基础估定完税价格。

3.倒扣价格方法应扣除的费用

(1)该货物的同等级或同种类货物在境内销售时的利润和一般费用及通常支付的佣金。

(2)货物运抵境内输入地点之后的运费、保险费、装卸费及其他相关费用。

(3)进口关税、进口环节税和其他与进口或销售该货物有关的国内税。

(4)加工增值额。加工增值额主要是指如果使用经过加工后在境内转售的价格作为倒扣的基础，必须扣除这部分价值。

(四)计算价格方法

计算价格方法与前四种有很大的区别，它既不是以成交价格，也不是以在境内的转售价格作为基础，而是以发生在生产国或地区的生产成本作为基础的价格。因此，使用这种方法必须依据境外生产商提供的成本方面的资料。这种方法也是使用率最低的一种方法。

采用计算价格方法的进口货物的完税价格由下列各项目的总和构成：

(1)生产该货物所使用的原材料价值和进行装配或其他加工的费用；

(2)与向我国境内出口销售同级或同类货物相符的利润和一般费用；

(3)货物运抵中华人民共和国境内输入地点起卸前的运输及其相关费用、保险费。

(五)合理方法

合理的估价方法，实际上不是一种具体的估价方法，而是规定了使用方法的范围和原则，即运用合理方法，必须符合《审价办法》的公平、统一、客观的估价原则，必须以境内可以获得的数据资料为基础。合理方法应当是再次按顺序使用相同或类似货物成交价格方法、倒扣价格方法、计算价格方法，但采用这些方法时有合理的灵活性。

在使用合理方法估价时，禁止使用以下六种价格：

(1)境内生产的货物在境内销售的价格，也就是国内生产的商品在国内的价格；

(2)在备选价格中选择高的价格，也就是从高估价的方法；

(3)依据货物在出口地市场的销售价格，也就是出口地境内的市场价格；

(4)依据《审价办法》第十条规定之外的生产成本价格；

(5)依据出口到第三国或地区货物的销售价格；

(6)依据最低限价或武断、虚构的价格。

二、公式定价进口货物完税价格

为推进税收征管改革，提升通关便利化水平，根据《中华人民共和国关税法》《中华人民共和国海关进出口货物征税管理办法》《中华人民共和国海关审定进出口货物完税价格办法》(以下简称《审价办法》)和《中华人民共和国海关审定内销保税货物完税价格办法》(以下简称《内销保税货物审价办法》)的规定，现将公式定价进口货物完税价格确定的有关规定公告如下：

(1)公式定价，是指在向中华人民共和国境内销售货物所签订的合同中，买卖双方未以具体明确的数值约定货物价格，而是以约定的定价公式确定货物结算价格的定价方式。

【提示】 结算价格是指买方为购买该货物实付、应付的价款总额。

(2)对同时符合下列条件的进口货物，以合同约定定价公式所确定的结算价格为基础确定完税价格：①在货物运抵中华人民共和国境内前或保税货物内销前，买卖双方已书面约定定价公式；②结算价格取决于买卖双方均无法控制的客观条件和因素；③自货物申报进口之日起6个月内，能够根据合同约定的定价公式确定结算价格；④结算价格符合《审价办法》中成交价格的有关规定。

(3)纳税义务人应当在公式定价合同项下首批货物进口或内销前，向首批货物申报地海关或企业备案地海关提交《公式定价合同海关备案表》(见表5—8，以下简称《备案表》)，如实填写相关备案信息。海关自收齐《备案表》及相关材料之日起3个工作日内完成备案确认。

【注意】 对于货物申报进口时或在"两步申报"通关模式下完整申报时能够确定货物结算价格的，纳税义务人无须向海关提交《备案表》。

表5—8　　公式定价合同海关备案表(样本)

备案海关：　　　　　　　　　　　　　备案号：

商品名称		商品编码		原产地	
规格型号		申报海关		进境关别	
合同协议号		签约日期		监管方式	
合同协议数量		数量单位		成交方式	
进口企业名称		企业编码		统一社会信用代码	
企业联系人		联系人手机		合同执行期	
合同买方				是否存在特殊关系	
合同卖方					
定价方式	A定价公式/B成分含量/C数量/D其他		定价公式		
定价方式说明					
作价基础		计价期		结算期	
贴水(+/−)		贴水币制		贴水计量单位	
佣金			折扣	%	
其他费用					
附件					
兹申明对本备案表各项填报内容及随附材料的真实性和完整性承担法律责任。 申报人：					
备案地海关意见					

说明：

备案海关：首批货物申报地海关或企业备案地海关。

定价方式：根据合同情况可以选择"A"或"B"或"C"或"D"表单，填制时可以通过下拉表单选择A：定价公式。B：成分含量。C：数量。D：其他。支持同时选择多个选项。

定价公式：约定的定价公式。

作价基础:约定的定价公式所参考的价格指数。必填项。需要手工填写指数名称,如无可以填报“无”。

计价期:定价公式中选定作价标准的日期。必填项。填制时可以通过下拉表单选择“点价”“日均价”“周均价”“月均价”“其他”。选择“点价”“日均价”“周均价”“月均价”的,需要手工填写具体时间;选择“其他”的,可以用文字描述作价日期(如提单日当月均价)。

结算期:确定结算价格的时间。必填项。如无可以填报“无”。

佣金:买方为进口货物支付给经纪人或代理人的劳务报酬。如有,填写具体数值或百分比例。必填项。如无可以填报“无”。

折扣:指卖方给予买方的价格折让。如有,填写具体数字(数字形式)。注意填写的是扣减比例,比如打9折,应当填写10%,系统显示百分号,只需要填入“10”。必填项。如无可以填报“无”。

其他费用:如管理费等。选填项。

附件:上传合同、情况说明等资料。

(4)纳税义务人申请备案须提供的材料包括:①进口货物合同、协议(包括长期合同、总合同等);②定价公式的作价基础、计价期、结算期、折扣、成分含量、数量等影响价格的要素,以及进境关别、申报海关、批次和数量安排等情况说明;③相关说明及其他有关资料。

(5)纳税义务人申报进口公式定价货物,因故未能事先向海关备案的,应当在合同项下首批货物申报进口时补办备案手续。

(6)经海关备案的公式定价合同发生变更的,纳税义务人应当在变更合同项下首批货物申报进口前,向原备案海关办理备案变更手续。

(7)公式定价货物进口时结算价格不能确定,以暂定价格申报的,纳税义务人应当向海关办理税款担保。

(8)纳税义务人申报进口货物时,应当根据实际情况填报报关单“公式定价确认”“暂定价格确认”栏目,在报关单备注栏准确填写公式定价备案号。

在“价格说明”类栏目勾选(选项包括“公式定价确认”和“暂定价格确认”)和在报关单备注栏填报“公式定价备案号”。“公式定价确认”“暂定价格确认”为有条件选填项。

①公式定价确认。纳税义务人申报进口货物时,根据本公告规定填报报关单“公式定价确认”。“公式定价确认”为有条件选填项,在向中华人民共和国境内销售货物所签订的合同中,买卖双方未以具体明确的数值约定货物价格,而是以约定的定价公式确定货物的结算价格的定价方式,包括结算价格仅受成分含量、进口数量影响,进口时无论能否确定结算价格,均应当填报“是”。出口货物、加工贸易及保税监管货物(内销保税货物除外)免予填报。该栏目未填报或填报为“否”均视为非公式定价进口货物。

②暂定价格确认。“公式定价确认”填报“是”的,应当继续填报“暂定价格确认”栏目;“公式定价确认”填报“否”的,无须填写“暂定价格确认”栏目。公式定价货物进口时结算价格未确定的,“暂定价格确认”应当填报“是”;公式定价货物进口时结算价格已确定的,“暂定价格确认”应当填报“否”。出口货物免予填报,加工贸易及保税监管货物(内销保税货物除外)免予填报。

③公式定价备案号。纳税义务人申报进口公式定价货物,在报关单“价格说明”类栏目“公式定价确认”和“暂定价格确认”均填报“是”的,应当按如下要求在报关单备注栏准确填写公式定价备案号。“公式定价”+备案编号+“@”,如“公式定价012021000001@”。对于同一报关单下有多项商品的,如需要指明某一项或某几项商品为公式定价备案的,则公式定价备案号填写格式应为:“公式定价”+备案编号+“#”+商品序号+“@”,如报关单中第二项商品为公式定价备案货物,则填写“公式定价012021000001#2@”。

【提示】各字段间不得插入空格符或其他无关字符,非汉字字符用半角输入。

(9)自货物申报进口之日起6个月内不能确定结算价格的,海关根据《审价办法》《内销保税货物审价办法》的相关规定审查确定完税价格。经纳税义务人申请,申报地海关同意,可以延长结算期限至9个月。

(10)纳税义务人应当在公式定价货物结算价格确定之日起30日内向海关提供确定结算价格的相关材料,办理报关单修改手续,包括将"暂定价格确认"调整为"否"以及其他相关申报项目调整等内容。同时,办理税款缴纳及其他海关手续。结算价格确定之日为卖方根据定价公式出具最终结算发票的日期。

三、出口货物完税价格的审定

(一)出口货物的完税价格

《关税法》第29条规定:出口货物的计税价格以该货物的成交价格以及该货物运至中华人民共和国境内输出地点装载前的运输及其相关费用、保险费为基础确定。出口货物的成交价格,是指该货物出口时卖方为出口该货物应当向买方直接收取和间接收取的价款总额。出口关税不计入计税价格。

(二)出口货物的成交价格

出口货物的成交价格是指该货物出口销售到中华人民共和国境外时买方向卖方实付或应付的价格。出口货物的成交价格中含有支付给境外的佣金的,如果单独列明,应当扣除。

(三)不计入出口货物完税价格的税收、费用

(1)出口关税;

(2)输出地点装载后的运费及其相关费用、保险费;

(3)在货物价款中单独列明由卖方承担的佣金。

(四)出口货物其他估计方法

出口货物的成交价格不能确定时,完税价格由海关依次使用下列方法估定:

(1)同时或大约同时向同一国家或地区出口的相同货物的成交价格;

(2)同时或大约同时向同一国家或地区出口的类似货物的成交价格;

(3)根据境内生产相同或类似货物的成本、利润和一般费用,境内发生的运输及其相关费用、保险费计算所得的价格;

(4)按照合理方法估定的价格。

四、海关估价中的价格质疑程序和价格磋商程序

(一)海关估价中的价格质疑程序

纳税义务人或者其代理人应自收到价格质疑通知书之日起5个工作日内,以书面形式提供相关资料或者其他证据,证明其申报价格真实、准确或者双方之间的特殊关系未影响成交价格。除特殊情况外,延期不得超过10个工作日。相关内容如图5-12所示。

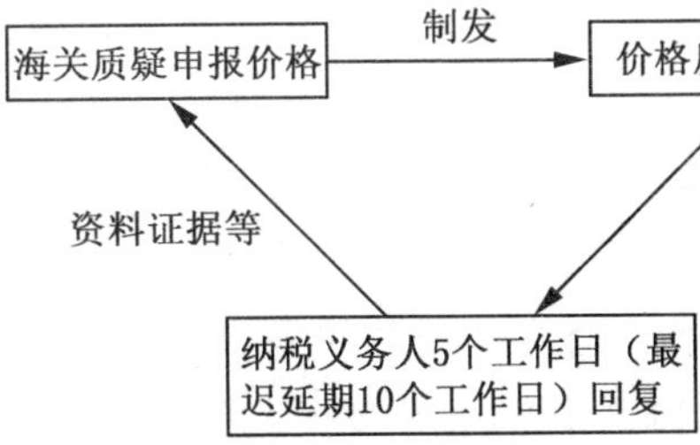

图5-12 海关估价中的价格质疑程序

（二）价格磋商程序

纳税义务人须自收到“中华人民共和国海关价格磋商通知书”之日起5个工作日内与海关进行价格磋商。相关内容如图5—13所示。

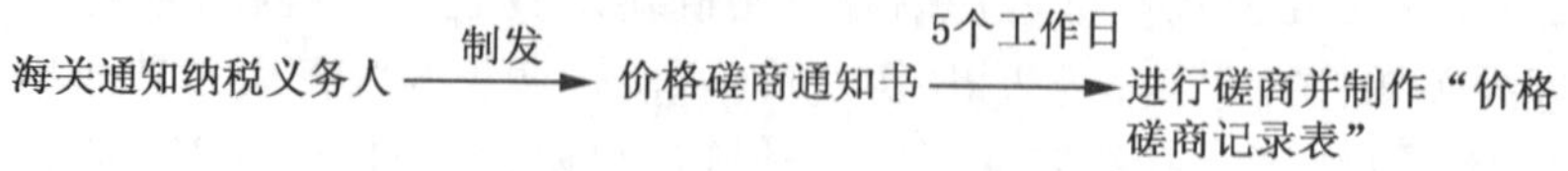

图5—13 海关估价中的价格磋商程序

（三）海关不进行价格质疑程序和价格磋商程序的情形

（1）同一合同项下分批进出口的货物，海关对其中一批货物已经实施估价的；

（2）进出口货物的完税价格在人民币10万元以下或者关税及进口环节税总额在人民币2万元以下的；

（3）进出口货物属于危险品、鲜活品、易腐品、易失效品、废品、旧品等的。

五、完税价格审定程序中海关与进出口货物收发货人之间的权利和义务

在完税价格审定程序中，海关与进出口货物收发货人之间的权利和义务如表5—9所示。

表5—9 完税价格审定程序中海关与进出口货物收发货人之间的权利和义务

<table>
<tr><th colspan="2">海　关</th><th colspan="2">收发货人</th></tr>
<tr><th>权利</th><th>义务</th><th>权利</th><th>义务</th></tr>
<tr><td>查阅复制权</td><td>保密的义务</td><td>要求具保放行货物的权利</td><td rowspan="3">如实申报的义务</td></tr>
<tr><td>询问权</td><td>举证的责任</td><td>估价方法的选择权</td></tr>
<tr><td>查验、送验权</td><td>书面告知的义务</td><td>知情权</td></tr>
<tr><td>检查权</td><td rowspan="3">具保放行货物的义务</td><td rowspan="3">申诉权</td><td rowspan="3">举证的责任</td></tr>
<tr><td>查询权</td></tr>
<tr><td>估价权</td></tr>
</table>

【同步案例5—2】 进口设备完税价格的确定与海关申报

A公司通过香港地区X公司从G国H公司进口一套设备，合同总价为CIP中国某内地城市180万美元，合同价包括H公司派人来华进行设备安装、调试和验收的费用，但在合同中未单列出来。该设备关税税率为14%，设备5月份到货后缴纳关税约为209万元人民币（180×8.3×14%）。

B公司从G国H公司进口同样一套设备，合同总价为CIF中国某港口160万美元，其中包含16万美元来华进行设备安装、调试和验收的费用。同年6月份设备到货，B公司以160万美元的成交价格向海关申报。海关受理后对其申报价格产生怀疑，要求B公司予以解释，B公司只提供了一份简单的书面说明。海关认为该说明不足以支持B公司的申报价格，于是拒绝接受160万美元的申报价格，其依据是：该套设备同上个月A公司申报的设备属同一国家和同一生产商生产的相同货物，因而参照上个月A公司申报的180万美元作为完税价格，B公司同样应缴纳关税约209万元人民币。B公司因不了解海关规定又急用该设备，无奈只好缴税提货。

案例评析

根据上述案例，请思考下列问题：

(1)A、B 公司缴纳 209 万元关税是否合理？

(2)在实际工作中遇到类似 B 公司这样的问题时应如何操作？

(3)向海关解释和申诉可能要花费一定的时间，在此期间，进口商急需进口货物怎么办？

第四节　进出口货物原产地管理

一、原产地证

(一)概念

原产地证(Certificate Of Origin)是根据相关原产地规则出具的证明出口货物原产于该国家或地区的一种证明文件，因其能证明货物的经济国籍，被形象地称为“经济护照”，也是各国确定适用何种关税税率的重要证明文件之一。

非优惠原产地证书，简称 CO 证书，是指根据《中华人民共和国进出口货物原产地条例》和《关于非优惠原产地规则中实质性改变标准的规定》，为中国出口货物签发的原产地证书(见图 5－14)。各国海关对持有一般原产地证书的货物普遍按照最惠国税率征收关税，并无其他关税减免优惠。

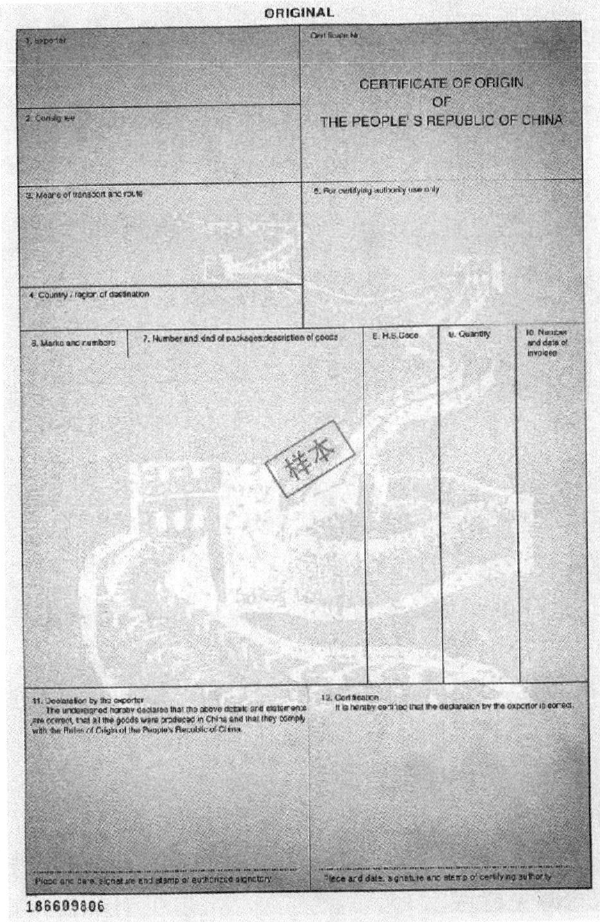
ORIGINAL

1. Exporter

Certificate No.

CERTIFICATE OF ORIGIN
OF
THE PEOPLE' S REPUBLIC OF CHINA

2. Consignee

3. Means of transport and route

5. For certifying authority use only

4. Country / region of destination

6. Marks and numbers | 7. Number and kind of packages;description of goods | 8. H.S.Code | 9. Quantity | 10. Number and date of invoices

样本

11. Declaration by the exporter
The undersigned hereby declares that the above details and statements are correct, that all the goods were produced in China and that they comply with the Rules of Origin of the People's Republic of China.

Place and date, signature and stamp of authorized signatory

12. Certification
It is hereby certified that the declaration by the exporter is correct.

Place and date, signature and stamp of certifying authority

186609806

图 5－14　非优惠原产地证书

普惠制原产地证书(见图 5－15)，简称 FORM A 证书，普惠制是发达国家给予发展中国家出口制成品和半制成品(包括某些初级产品) 的一种普遍的、非歧视的、非互惠的关税优惠待遇。通常根据普惠制给惠国原产地规则和有关要求进行签发，它是受惠国货物出口到给惠国时享受普惠制关税优惠待遇的官方凭证。2015 年，欧盟宣布取消对中国的普惠制；当前给予中国普惠制优惠的国家有俄罗斯、白俄罗斯、乌克兰、哈萨克斯坦等。

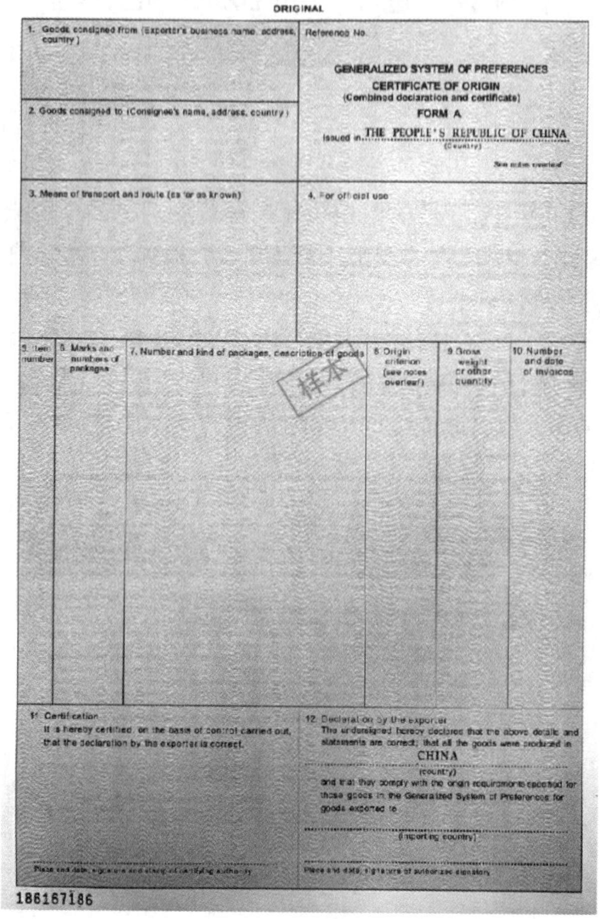
ORIGINAL

1. Goods consigned from (Exporter's business name, address, country)

Reference No.

GENERALIZED SYSTEM OF PREFERENCES
CERTIFICATE OF ORIGIN
(Combined declaration and certificate)
FORM A
Issued in THE PEOPLE'S REPUBLIC OF CHINA
(Country)
See notes overleaf

2. Goods consigned to (Consignee's name, address, country)

3. Means of transport and route (as far as known)

4. For official use

5. Item number	6. Marks and numbers of packages	7. Number and kind of packages, description of goods	8. Origin criterion (see notes overleaf)	9. Gross weight or other quantity	10. Number and date of invoices

样本

11. Certification
It is hereby certified, on the basis of control carried out, that the declaration by the exporter is correct.

Place and date, signature and stamp of certifying authority

12. Declaration by the exporter
The undersigned hereby declares that the above details and statements are correct; that all the goods were produced in
CHINA
(country)
and that they comply with the origin requirements specified for those goods in the Generalized System of Preferences for goods exported to
(importing country)

Place and date, signature of authorized signatory

186167186

图 5－15 普惠制原产地证书

区域性优惠原产地证书，是指签订有区域性优惠贸易协定(或安排) 的成员国之间享受关税减免优惠的凭证。凭区域优惠原产地证书通关，可享受其国家在自贸协定中对产品承诺的降税优惠，部分货物甚至是零关税，因此在国际贸易中被称为“有价证券”。目前，我国已实施的优惠贸易协定(或安排)共 18 项，其中包括 15 项自由贸易协定和 3 项优惠贸易安排。

专用原产地证书，是指对某一特殊行业的特定产品，根据特定的原产地规则和要求出具的原产地证明书，如“烟草真实性证书”“金伯利进程证书”、手工制品原产地证书和原产地标记证书等。

“单一窗口”标准版用户手册(海关原产地证书)

(二)原产地证书的作用

(1)是确定税率待遇的主要依据，是海关征收关税的重要凭证，凭借优惠原产地证书还可以享受特定的关税减免待遇。

(2)是进行贸易统计的重要依据。

(3)是实施进口数量控制、反倾销、反补贴等贸易管制措施的依据。

(4)是控制从特定国家进口货物，确定准予放行与否的依据。

(5)是货物结汇的依据。

(三)申领原产地证书的流程

第一步：企业备案。

企业登录“互联网＋海关”一体化平台(http://online. customs. gov. cn)，填写企业基本信息，上传营业执照、中英文印章印模等电子文档资料。海关审核通过后，企业可进一步维护申报员信息和产品信息。

第二步：网上申请证书。

企业根据各类原产地证书填制要求，通过单一窗口或“互联网＋海关”填报证书信息，提交海关审核。企业也可通过九城、榕基等软件进行申请。

第三步：领取证书。

企业网上申报的证书信息经海关审核通过后，即可自行打印或至当地海关打印证书，并按证书上企业声明栏要求签字盖章。

海关签证人员在原产地证上签字并盖上印章，原产地证书就算是签发了。

【提示】 原产地证书申请人或代理人(以下简称“申请人”)可通过国际贸易“单一窗口”(https://www. singlewindow. cn)或“互联网＋海关”一体化网上办事平台(http://online. customs. gov. cn)，自行打印海关审核通过的版式化原产地证书。申请人在打印前需在国际贸易“单一窗口”或“互联网＋海关”一体化网上办事平台上传原产地证书企业声明栏所需的电子签章和申报员电子签名。

二、进口货物原产地的确定

(一)原产地规则的概念

各国为了适应国际贸易的需要，并为执行本国关税及非关税方面的国别歧视性贸易措施，必须对进出口商品的原产地进行认定。但是，货物原产地的认定需要以一定的标准为依据。为此，各国以本国立法形式制定出其鉴别货物“国籍”的标准，这就是原产地规则。

WTO 的《原产地规则协议》将原产地规则定义为：一国(地区)为确定货物的原产地而实施的普遍适用的法律、法规和行政决定。

(二)原产地规则的类别

我国现行的原产地规则有两种：一种是优惠原产地规则，另一种是非优惠原产地规则。我国现行优惠原产地规则主要是有关《亚太贸易协定》《中国—东盟合作框架协议》《港澳 CEPA》等项下进口货物的原产地的规定，用于判断进口货物是否适用这些优惠贸易协定税率时的原产地认定。我国现行非优惠原产地规则适用于优惠贸易协定以外的其他进口商品的原产地认定，如判断进口货物是否适用最惠国税率、反倾销、反补贴税率、保障措施等非双边、多边优惠的贸易政策。

(三)原产地认定标准

1. 优惠原产地认定标准

(1)完全获得标准。完全获得标准，即从优惠贸易协定成员国或者地区直接运输进口的货物是完全在该成员国或者地区获得或者生产的。这些货物包括：①在该成员国或者地区境内收获、采摘或者采集的植物产品；②在该成员国或者地区境内出生并饲养的活动物；③在该成员国或者地区领土或者领海开采、提取的矿产品；④其他符合相应优惠贸易协定项下完全获得标准的货物。

原产于优惠贸易协定某一成员国或者地区的货物或者材料在同一优惠贸易协定另一成员国或者地区境内用于生产另一货物，并构成另一货物组成部分的，该货物或者材料应当视为原产于另一成员国或者地区境内。

(2)税则归类改变标准。税则归类改变标准是指原产于非成员国或者地区的材料在出口成员国或者地区境内进行制造、加工后，所得货物在《商品名称及编码协调制度》中税则归类发生了改变。

(3)区域价值成分标准。区域价值成分标准是指出口货物船上交货价格(FOB)扣除该货物生产过程中该成员国或者地区非原产材料价格后，所余价款在出口货物船上交货价格(FOB)中所占的百分比。

①《亚太贸易协定》(成员国包括6国：孟加拉国、印度、老挝、韩国、斯里兰卡、中国)规则要求：非成员国原产的材料、零件或产物的总价值不超过55%，即成员国的材料要达到45%及以上，则认定原产国为受惠国。此外，对于出口成员方为最不发达国家的，给予10%的放宽，即单一成员方区域价值成分(RVC)大于等于35%，多个成员方累积的区域价值成分(RVC)大于等于50%。

②《中国—东盟合作框架协议》(东盟成员国包括10国：印度尼西亚、马来西亚、菲律宾、新加坡、泰国、文莱、越南、老挝、缅甸、柬埔寨)规则要求：非中国—东盟自由贸易区原产的材料、零件或产物的总价值不超过该货物离岸价格(FOB)的60%，即原产于东盟自由贸易区的产物的成分占40%及以上，并且最后的工序是在成员方境内完成的，则认定原产国为东盟成员国。

③《港澳CEPA》规则要求：港澳产品的增值标准为30%及以上，则原产地为香港、澳门地区。

④对最不发达国家特别优惠关税措施的原产地规则要求：受惠国对非该国原材料进行制造、加工后的增值部分不小于所得货物价值的40%。

(4)制造加工工序标准。制造加工工序标准是指赋予加工后所得货物基本特征的主要工序。

(5)其他标准。除上述标准外，成员国或地区一致同意采用的确定货物原产地的其他标准。

(6)直接运输规则。直接运输是指优惠贸易协定下进口货物从该协定成员国或者地区直接运输至中国境内，途中未经过该协定成员国或者地区以外的其他国家或者地区。

原产于优惠贸易协定成员国或者地区的货物，经过其他国家或者地区运输至中国境内，不论在运输途中是否转换交通运输工具或者临时储存，同时符合下列条件的，都视为“直接运输”：

①该货物在经过其他国家或者地区时，未做除了使货物保持良好状态所必需的处理以外的其他处理；

②该货物在其他国家或者地区停留的时间未超过相应优惠贸易协定规定的期限；

③该货物在其他国家或者地区作临时储存时，处于该国家或者地区海关监管之下。

2. 非优惠原产地认定标准

(1)完全获得标准。以下产品视为在一国“完全获得”：①该国(地区)出生并饲养的活动物；②该国(地区)野外捕捉、捕捞、收集的动物；③从该国(地区)的活动物获得的未经加工的物品；④该国(地区)收获的植物和植物产品；⑤在该国(地区)采掘的矿物；⑥在该国(地区)获得的上述①～⑤项范围之外的其他天然生成的物品；⑦在该国(地区)生产过程中产生的只能弃置或者回收用作材料的废碎料；⑧在该国(地区)收集的不能修复或者修理的物品，或者从该物品中回收的零件或者材料；⑨由合法悬挂该国旗帜的船舶从其领海以外海域获得的海洋捕捞物和其他物品；⑩由合法悬挂该国旗帜的加工船上加工上述第⑨项所列物品获得的产品；⑪从该国领海以外享有专有开采权的海床或者海床底土获得的物品；⑫在该国(地区)完全从上述①～⑪项所列物品中生产的产品。

(2)实质性改变标准。实质性改变标准是指两个及两个以上国家(地区)参与生产或制造的货物，以最后完成实质性改变的国家(地区)为原产地。以税则归类改变为基本标准，税则归类不能反映实质性改变的，以从价百分比、制造或者加工工序等为补充标准。

①税则归类改变：是指产品经加工后，在《进出口税则》中4位数一级的税则归类已经改变。

②制造或者加工工序：是指在某一国家（地区）进行的赋予制造、加工后所得货物基本特征的主要工序。

③从价百分比：是指一个国家（地区）对非该国（地区）原产材料进行制造、加工后的增值部分，占所得货物价值的30%及以上。

三、《区域全面经济伙伴关系协定》项下进出口货物原产地管理

为了正确确定《区域全面经济伙伴关系协定》（以下简称《协定》）项下进出口货物原产地，促进我国与《协定》其他成员方的经贸往来，根据《海关法》《进出口货物原产地条例》和《协定》的规定制定《中华人民共和国海关〈区域全面经济伙伴关系协定〉项下进出口货物原产地管理办法》（以下简称"办法"）（2021年11月23日海关总署令第255号公布，自2022年1月1日起施行）。

【注意】办法适用于中华人民共和国与《协定》其他成员方之间的《协定》项下进出口货物原产地管理。

【提示】所称成员方，是指已实施《协定》的国家（地区），具体清单由海关总署另行公布。

（一）原产地规则

（1）符合下列条件之一的货物，是《协定》项下原产货物（以下简称"原产货物"），具备《协定》项下原产资格（以下简称"原产资格"）：①在一成员方完全获得或者生产；②在一成员方完全使用原产材料生产；③在一成员方使用非原产材料生产，但符合产品特定原产地规则规定的税则归类改变、区域价值成分、制造加工工序或者其他要求。

所称在一成员方完全获得或者生产的货物是指：①在该成员方种植、收获、采摘或者收集的植物或者植物产品；②在该成员方出生并饲养的活动物；③从该成员方饲养的活动物获得的货物；④在该成员方通过狩猎、诱捕、捕捞、耕种、水产养殖、收集或者捕捉直接获得的货物；⑤从该成员方领土、领水、海床或者海床底土提取或者得到的，但未包括在①～④的矿物质及其他天然资源；⑥由该成员方船只依照国际法规定，从公海或者该成员方有权开发的专属经济区捕捞的海洋渔获产品和其他海洋生物；⑦由该成员方或者该成员方的人依照国际法规定从该成员方领海以外的水域、海床或者海床底土获得的未包括在⑥项的货物；⑧在该成员方加工船上完全使用本条第⑥项或者第⑦项所述的货物加工或者制造的货物；⑨在该成员方生产或者消费中产生的，仅用于废弃处置或者原材料回收利用的废碎料；⑩在该成员方收集的，仅用于废弃处置或者原材料回收利用的旧货物；⑪在该成员方仅使用①～⑩所列货物或者其衍生物获得或者生产的货物。

（2）如在生产中使用的非原产材料在成员方仅经过下列一项或者多项加工或者处理，该货物仍不具备原产资格：①为确保货物在运输或者储存期间保持良好状态进行的保存操作；②为货物运输或者销售进行的包装或者展示；③简单的加工，包括过滤、筛选、挑选、分类、磨锐、切割、纵切、研磨、弯曲、卷绕或者展开；④在货物或者其包装上粘贴或者印刷标志、标签、标识以及其他类似的用于区别的标记；⑤仅用水或者其他物质稀释，未实质改变货物的特性；⑥将产品拆成零部件；⑦屠宰动物；⑧简单的上漆和磨光；⑨简单地去皮、去核或者去壳；⑩对产品进行简单混合，无论是否为不同种类的产品。

【提示】"简单"，是指不需要专门技能，并且不需要专门生产、装配机械、仪器或者设备的情形。

（3）在一成员方获得或者生产的原产货物或者原产材料，在另一成员方用于生产时，应当视为

另一成员方的原产材料。

(4)区域价值成分应当按照下列公式之一计算：

扣减公式：

$$区域价值成分=\frac{货物离岸价格-非原产材料价格}{货物离岸价格}\times 100\%$$

累加公式：

$$区域价值成分=\frac{原产材料价格+直接人工成本+直接经营费用成本+利润+其他成本}{货物离岸价格}\times 100\%$$

其中：①原产材料价格，是指用于生产货物的原产材料和零部件的价格；②直接人工成本包括工资、薪酬和其他员工福利；③直接经营费用成本是指经营的总体费用；④非原产材料价格，是指非原产材料的进口成本、运至目的港口或者地点的运费和保险费，包括原产地不明材料的价格。非原产材料在一成员方境内获得时，其价格应当为在该成员方最早可确定的实付或者应付价格。

【注意】以下费用可以从非原产材料价格中扣除：①将非原产材料运至生产商的运费、保险费、包装费，以及在此过程中产生的其他运输相关费用；②未被免除、返还或者以其他方式退还的关税、其他税收和代理报关费；③扣除废料及副产品回收价格后的废品和排放成本。

(5)适用《协定》项下税则归类改变要求确定原产资格的货物，如不属于(2)规定的情形，且生产过程中使用的不满足税则归类改变要求的非原产材料符合下列条件之一，应当视为原产货物：

①上述全部非原产材料按照确定的价格不超过该货物离岸价格的百分之十；

②货物归入《中华人民共和国进出口税则》(以下简称《税则》)第五十章至第六十三章的，上述全部非原产材料的重量不超过该货物总重量的百分之十。

(6)下列包装材料和容器不影响货物原产资格的确定：①运输期间用于保护货物的包装材料和容器；②与货物一并归类的零售用包装材料和容器。

货物适用区域价值成分标准确定原产资格的，在计算货物的区域价值成分时，与货物一并归类的零售用包装材料和容器的价格应当纳入原产材料或者非原产材料的价格予以计算。

(7)与货物一并申报进口，在《税则》中一并归类并且不单独开具发票的附件、备件、工具和说明材料不影响货物原产资格的确定。

货物适用区域价值成分标准确定原产资格的，在计算货物的区域价值成分时，前款所列附件、备件、工具和说明材料的价格应当纳入原产材料或者非原产材料的价格予以计算。

【提示】附件、备件、工具和说明材料的数量与价格应当在合理范围之内。

(8)在货物生产、测试或者检验过程中使用且本身不构成该货物组成成分的下列物料，应当视为原产材料：①燃料及能源；②工具、模具及型模；③用于维护设备和建筑的备件及材料；④在生产中使用或者用于运行设备和维护厂房建筑物的润滑剂、油(滑)脂、合成材料及其他材料；⑤手套、眼镜、鞋靴、衣服、安全设备及用品；⑥用于测试或者检验货物的设备、装置及用品；⑦催化剂及溶剂；⑧能合理证明用于生产的其他物料。

(9)对于出于商业目的可相互替换且性质实质相同的货物或者材料，应当通过下列方法之一区分后分别确定其原产资格：①物理分离；②出口成员方公认会计准则承认并在整个会计年度内连续使用的库存管理方法。

(10)确定货物原产资格时，货物的标准单元应当与根据《商品名称及编码协调制度公约》确定商品归类时的基本单位一致。

同一批运输货物中包括多个可归类在同一税则号列下的相同商品，应当分别确定每个商品的原产资格。

（11）具备原产资格并且列入进口成员方《特别货物清单》的货物，如出口成员方价值成分不低于百分之二十，其《协定》项下原产国（地区）[以下简称“原产国（地区）”]为出口成员方。

【提示】出口成员方价值成分应当按照规定计算，但其他成员方生产的材料一律视为非原产材料。

（12）具备原产资格但未列入进口成员方《特别货物清单》的货物，符合下列条件之一的，其原产国（地区）为出口成员方：①货物在出口成员方完全获得或者生产；②货物完全使用原产材料生产，并且在出口成员方经过了本办法第五条规定以外的加工或者处理；③货物在出口成员方使用非原产材料生产，并且符合产品特定原产地规则的规定。

（13）具备原产资格，但根据规定无法确定原产国（地区）的货物，其原产国（地区）是为该货物在出口成员方的生产提供的全部原产材料价格占比最高的成员方。

（14）从出口成员方运输至进口成员方的原产货物，符合下列条件之一的，货物保有其原产资格：①未途经其他国家（地区）；②途经其他国家（地区），但除装卸、储存等物流活动、其他为运输货物或者保持货物良好状态的必要操作外，货物在其境内未经任何其他处理，并且处于这些国家（地区）海关的监管之下。

（二）原产地证明

（1）《协定》项下原产地证明包括原产地证书和原产地声明。原产地证明应当采用书面形式以英文填制，具体格式由海关总署另行公告。

（2）原产地证书应当符合下列条件：①具有唯一的证书编号；②注明货物具备原产资格的依据；③由出口成员方的签证机构签发，具有该签证机构的授权签名和印章。

原产地证书应当在货物装运前签发；由于过失或者其他合理原因在装运后签发的，应当注明“ISSUED RETROACTIVELY”（补发）字样。

【注意】原产地证书所载内容有更正的，更正处应当有出口成员方签证机构的授权签名和印章。

经认证的原产地证书副本应当具有与原产地证书正本相同的原产地证书编号和签发日期，并且注明“CERTIFIED TRUE COPY”（经认证的真实副本）字样，视为原产地证书正本。

（3）原产地声明应当由经核准出口商开具，并且符合以下条件：①具有该经核准出口商的唯一编号；②具有唯一的声明编号；③具有开具者的姓名和签名；④注明开具原产地声明的日期；⑤出口成员方已向其他成员方通报该经核准出口商信息。

（4）对于在一成员方中转或者再次出口的未经处理的原产货物，该成员方的签证机构、经核准出口商可以依据初始原产地证明正本签发或者开具背对背原产地证明，用于证明货物的原产资格以及原产国（地区）未发生变化。

【注意】处理不包括装卸、储存、拆分运输等物流操作，重新包装，根据进口成员方法律要求贴标以及其他为运输货物或者保持货物良好状态所进行的必要操作。

（5）背对背原产地证明应当符合本办法对原产地证明的有关规定，并且符合以下条件：①包含初始原产地证明的签发或者开具日期、编号及其他相关信息；②经物流拆分出口的货物应注明拆分后的数量，并且拆分后出口货物的数量总和不超过初始原产地证明所载的货物数量。

（6）原产地证明自签发或者开具之日起1年内有效。背对背原产地证明的有效期与初始原产地证明的有效期一致。

（三）进口货物通关享惠程序

（1）具备原产资格的进口货物，可以依据其原产国（地区）适用相应的《协定》项下税率。

(2)进口货物收货人或者其代理人为进口原产货物申请适用《协定》项下税率的，应当按照海关总署有关规定申报，并且凭以下单证办理：①有效的《协定》项下原产地证明；②货物的商业发票；③货物的全程运输单证。

【提示】货物经过其他国家(地区)运输至中国境内的，还应当提交证明货物符合规定的其他证明文件。

(3)《协定》项下原产地证明上无论是否标明货物原产国(地区)，进口货物收货人或者其代理人可以申请适用对其他成员方相同原产货物实施的《协定》项下最高税率；在进口货物收货人或者其代理人能够证明为生产该货物提供原产材料的所有成员方时，也可以申请适用对上述成员方相同原产货物实施的《协定》项下最高税率。

(4)同一批次进口原产货物完税价格不超过200美元的，进口货物收货人或者其代理人申请适用《协定》项下税率时可以免予提交原产地证明。

(5)原产国(地区)申报为成员方的进口货物，进口货物收货人或者其代理人在办结海关手续前未取得有效原产地证明的，应当在办结海关手续前就该货物是否具备原产资格向海关进行补充申报，但海关总署另有规定的除外。

(6)进口货物收货人或者其代理人依照规定就进口货物具备原产资格向海关进行补充申报并且提供税款担保的，海关应当依法办理进口手续。依照法律、行政法规规定不得办理担保的情形除外。因提前放行等原因已经提交了与货物可能承担的最高税款总额相当的税款担保的，视为符合本款关于提供税款担保的规定。

(7)为确定原产地证明的真实性和准确性，核实进口货物的原产资格和原产国(地区)，海关可以通过以下方式开展原产地核查：①要求进口货物收货人或者其代理人、境外出口商或者生产商提供补充信息；②要求出口成员方签证机构或者主管部门提供补充信息。

必要时，海关可以经出口成员方同意后对境外出口商或者生产商进行实地核查，也可以通过与出口成员方商定的其他方式开展核查。

核查期间，海关可以应进口货物收货人或者其代理人申请办理担保放行，但法律法规另有规定的除外。

海关应当向进口货物收货人(或者其代理人)、境外出口商(或者生产商)或者出口成员方签证机构(或者主管部门)书面通报核查结果和理由。

(8)具有下列情形之一的，海关应当依法办理担保财产、权利退还手续：①进口货物收货人或者其代理人已经按照本办法规定向海关进行补充申报并且提交了有效《协定》项下原产地证明的；②海关核查结果足以认定货物原产资格和原产国(地区)的。

(9)具有下列情形之一的，进口货物不适用《协定》项下税率：

①进口货物收货人或者其代理人在货物办结海关手续前未按照上述(2)项规定申请适用《协定》项下税率，也未按照上述(5)项规定补充申报的；

②货物不具备原产资格的；

③原产地证明不符合规定的；

④原产地证明所列货物与实际进口货物不符的；

⑤自进口货物收货人或者其代理人、境外出口商或者生产商、出口成员方签证机构或者主管部门收到原产地核查要求之日起90日内，海关未收到核查反馈，或者反馈结果不足以确定原产地证明真实性、货物原产资格或者原产国(地区)的；

⑥自出口成员方或者境外出口商、生产商收到实地核查要求之日起30日内，海关未收到回复，

或者实地核查要求被拒绝的；

⑦进口货物收货人或者其代理人存在其他违反本办法有关规定的行为的。

（四）出口货物签证程序

（1）出口货物发货人及其代理人、已进行原产地企业备案的境内生产商及其代理人（以下统称“申请人”）可以向我国签证机构申请签发原产地证书。

（2）申请人应当在货物装运前申请签发原产地证书，同时提交证明货物原产资格、原产国（地区）的材料。申请人应当对其提交材料的真实性、完整性、准确性负责。

【注意】申请人申请签发背对背原产地证书的，还应当提交初始原产地证明正本。

（3）签证机构应当对申请人提交的材料进行审核，符合规定的，签发原产地证书；不符合规定的，决定不予签发原产地证书，书面通知申请人并且说明理由。

签证机构进行审核时，可以通过以下方式核实货物的原产资格和原产国（地区）：①要求申请人补充提供与货物原产资格、原产国（地区）相关的信息和资料；②实地核实出口货物的生产设备、加工工序、原材料及零部件的原产资格、原产国（地区）以及出口货物说明书、包装、商标、唛头和原产地标记；③查阅、复制有关合同、发票、账簿以及其他相关资料。

（4）申请人由于过失或者其他合理原因，未能在装运前向签证机构申请签发原产地证书的，可以自货物装运之日起 1 年内向签证机构申请补发。

（5）原产地证书所载信息有误或者需要补充信息的，申请人可以自原产地证书签发之日起 1 年内，凭原产地证书正本向原签证机构申请更正。签证机构可以通过以下方式更正：①更正原产地证书，并且在更正处签名和盖章；②签发新的原产地证书，并且作废原原产地证书。

（6）已签发的原产地证书正本遗失或者损毁的，申请人可以自该原产地证书签发之日起 1 年内，向原签证机构申请签发经认证的原产地证书副本。

（7）经核准出口商可以按照规定对其出口或者生产的原产货物开具原产地声明。海关按照《中华人民共和国海关经核准出口商管理办法》对经核准出口商实施管理。

（8）应进口成员方的请求，海关可以通过以下方式对出口货物的原产地情况进行核查：①要求申请人补充提供与货物原产资格、原产国（地区）相关的信息和资料；②实地核实出口货物的生产设备、加工工序、原材料及零部件的原产资格、原产国（地区）以及出口货物说明书、包装、商标、唛头和原产地标记；③查阅、复制有关合同、发票、账簿以及其他相关资料。

（五）原产地证明签发时限

（1）申领原产地证书的出口货物发货人和生产商、开具原产地声明的经核准出口商应当自原产地证明签发或者开具之日起 3 年内，保存能够充分证明货物原产资格和原产国（地区）的文件记录。

（2）适用《协定》项下税率进口货物的收货人应当自货物办结海关手续之日起 3 年内，保存能够充分证明货物原产资格和原产国（地区）的文件记录。

（3）签证机构应当自原产地证书签发之日起 3 年内，保存原产地证书申请资料。

【提示】上述文件记录可以电子或者纸质形式保存。

四、海关经核准出口商管理

为了有效实施中华人民共和国缔结或者参加的优惠贸易协定项下经核准出口商管理[①]制度，

① 经核准出口商，是指经海关依法认定，可以对其出口或者生产的、具备相关优惠贸易协定项下原产资格的货物开具原产地声明的企业。

规范出口货物原产地管理，促进对外贸易，根据《中华人民共和国政府和冰岛政府自由贸易协定》《中华人民共和国和瑞士联邦自由贸易协定》《中华人民共和国政府和毛里求斯共和国政府自由贸易协定》《区域全面经济伙伴关系协定》等优惠贸易协定（以下统称“相关优惠贸易协定”）的规定，制定《中华人民共和国海关经核准出口商管理办法》，自 2022 年 1 月 1 日起施行。

（1）海关按照诚信守法便利原则，对经核准出口商实施管理。

（2）经核准出口商应当符合以下条件：①海关高级认证企业；②掌握相关优惠贸易协定项下原产地规则；③建立完备的原产资格文件管理制度。

（3）企业申请成为经核准出口商的，应当向其住所地直属海关（以下统称“主管海关”）提交书面申请。书面申请应当包含以下内容：①企业中英文名称、中英文地址、统一社会信用代码、海关信用等级、企业类型、联系人信息等基本信息；②企业主要出口货物的中英文名称、规格型号、HS 编码、适用的优惠贸易协定及具体原产地标准、货物所使用的全部材料及零部件组成情况等信息；③掌握相关优惠贸易协定项下原产地规则的承诺声明；④建立完备的货物原产资格文件管理制度的承诺声明；⑤拟加盖在原产地声明上的印章印模。

【注意】申请材料涉及商业秘密的，应当在申请时以书面方式向主管海关提出保密要求，并且具体列明需要保密的内容。海关按照国家有关规定承担保密义务。

（4）主管海关应当自收到申请材料之日起 30 日内进行审核并作出决定。经审核，符合经核准出口商条件的，主管海关应当制发经核准出口商认定书，并给予经核准出口商编号；不符合经核准出口商条件的，主管海关应当制发不予认定经核准出口商决定书。经核准出口商认定书、不予认定经核准出口商决定书应当送达申请人，并且自送达之日起生效。

（5）经核准出口商认定的有效期为 3 年。经核准出口商可以在有效期届满前 3 个月内，向主管海关书面申请续展。每次续展的有效期为 3 年。

（6）海关总署依据中华人民共和国缔结或者参加的优惠贸易协定以及相关协议，与优惠贸易协定项下其他缔约方（以下简称“其他缔约方”）交换下列经核准出口商信息：①经核准出口商编号；②经核准出口商中英文名称；③经核准出口商中英文地址；④经核准出口商认定的生效日期和失效日期；⑤相关优惠贸易协定要求交换的其他信息。

海关总署依照前述规定与其他缔约方完成信息交换后，主管海关应当通知经核准出口商可以依照下面第（7）条、第（8）条规定开具原产地声明。

（7）经核准出口商为其出口或者生产的货物开具原产地声明前，应当向主管海关提交货物的中英文名称、《商品名称及编码协调制度》6 位编码、适用的优惠贸易协定等信息。

相关货物的中英文名称、《商品名称及编码协调制度》6 位编码、适用的优惠贸易协定与已提交信息相同的，无须重复提交。

（8）经核准出口商应当通过海关经核准出口商管理信息化系统开具原产地声明，并且对其开具的原产地声明的真实性和准确性负责。

经核准出口商依据本办法开具的原产地声明可以用于向其他缔约方申请享受相关优惠贸易协定项下优惠待遇。

（9）经核准出口商应当自原产地声明开具之日起 3 年内保存能够证明该货物原产资格的全部文件。相关文件可以以电子或者纸质形式保存。

经核准出口商不是出口货物生产商的，应当在开具原产地声明前要求生产商提供能够证明货物原产资格的证明文件，并且按照前款要求予以保存。

（10）海关可以对经核准出口商开具的原产地声明及其相关货物、原产资格文件管理制度及执行情况等实施检查，经核准出口商应当予以配合。

其他缔约方主管部门根据相关优惠贸易协定，提出对经核准出口商开具的原产地声明及其相关货物核查请求的，由海关总署统一组织实施。

经核准出口商应当将其收到的其他缔约方主管部门有关原产地声明及其相关货物的核查请求转交主管海关。

(11)经核准出口商信息或者货物信息发生变更的，经核准出口商未进行变更前，不得开具原产地声明。

(12)存在以下情形的，主管海关可以注销经核准出口商认定，并且书面通知该企业：①经核准出口商申请注销的；②经核准出口商不再符合海关总署规定的企业信用等级的；③经核准出口商有效期届满未向主管海关申请续展的。注销决定自作出之日起生效。

(13)存在以下情形的，主管海关可以撤销经核准出口商认定，并书面通知该企业：①提供虚假材料骗取经核准出口商认定的；②存在伪造或者买卖原产地声明行为的；③经核准出口商未按照本办法第十二条转交核查请求，情节严重的；④经核准出口商开具的原产地声明不符合海关总署规定，1 年内累计数量超过上年度开具的原产地声明总数百分之一，并且涉及货物价值累计超过 100 万元的。

【注意】撤销决定自作出之日起生效，但依照本条第一款第一项规定撤销经核准出口商认定的，经核准出口商认定自始无效。

【提示】企业被海关撤销经核准出口商认定的，自被撤销之日起 2 年内不得提出经核准出口商认定申请。

“单一窗口”标准版用户手册(经核准出口商管理信息化系统)

(14)提供虚假材料骗取经核准出口商认定，或者伪造、买卖原产地声明的，主管海关应当给予警告，可以并处 1 万元以下罚款。

(15)海关依法对经核准出口商实施信用管理。

五、RCEP 原产地管理信息化应用项目操作流程

中国国际贸易“单一窗口”经核准出口商管理信息化系统、海关原产地证书申请系统 RCEP 证书和 RCEP 背对背证书申请功能、原产地证自助打印系统 RCEP 项下输入泰国、日本、新加坡、新西兰、澳大利亚、韩国证书自助打印功能和 RCEP 证书联网核查功能都已上线。

(一)经核准出口商管理信息化系统

1. 经核准出口商认定申请

企业用户登录中国国际贸易“单一窗口”门户：https://www.singlewindow.cn，点击“标准版应用—原产地”图标，单击“经核准出口商管理信息化系统”进入系统界面，如图 5－16 所示。

点击“经核准出口商认定申请”菜单进入申请界面(见图 5－17)，企业填写申请信息并上传附件后提交申请，海关进行认定，并在认定有效后按不同协定要求分别将经核准出口商信息交换给外方。

【注意】①认定有效后，界面“认定状态”数据项显示“认定有效”，该企业成为经核准出口商。后续可以进行经核准出口商信息变更、续展和注销操作。②企业在“对外信息交换状态”数据项可查看已完成交换的协定，如“RCEP 已对外信息交换”。只有已完成对外交换的协定，经核准出口商才可开具相应协定的原产地声明。企业凭声明享受关税减让，不再需要向签证机构申办原产地证书。

图 5—16 系统界面

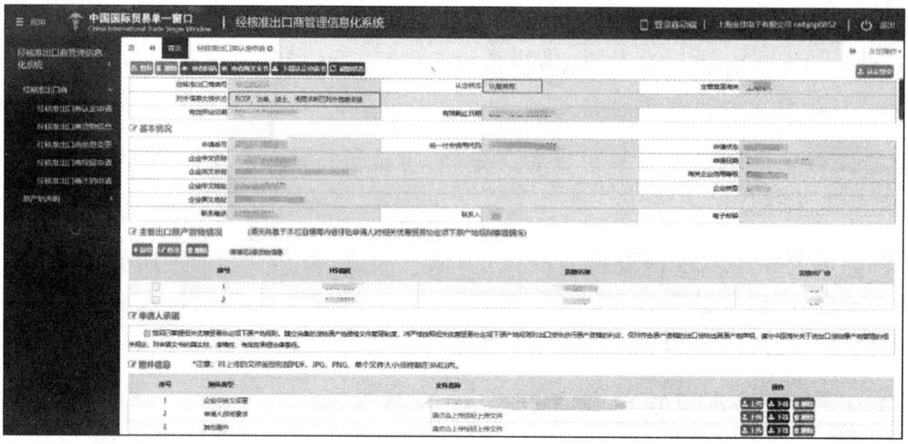

图 5—17 申请界面

2. 经核准出口商货物信息

经核准出口商认定有效后，企业可点击“经核准出口商货物信息”菜单进入货物信息列表页（见图 5—18），新增货物信息并提交给海关。当列表中货物信息申请状态显示“海关入库成功”且备案状态是“有效”时，可在开具声明时添加该货物信息。

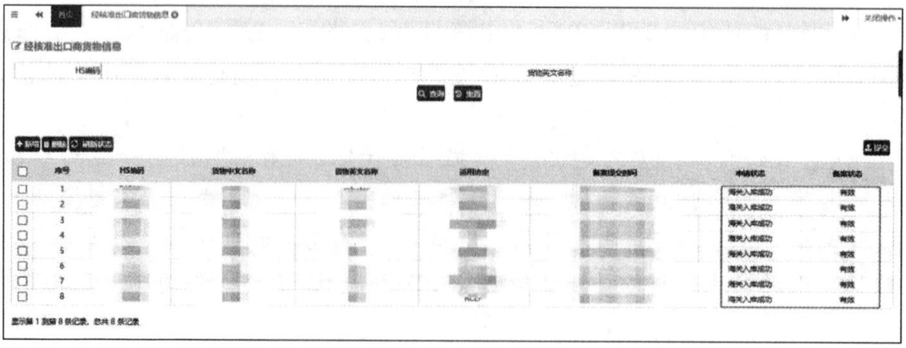

图 5—18 货物信息界面

3. 原产地声明开具

经核准出口商点击“原产地声明开具”菜单，可选择 RCEP 原产地声明、RCEP 背对背原产地声明、中国—冰岛自贸协定原产地声明、中国—瑞士自贸协定原产地声明和中国—毛里求斯自贸协定原产地声明（见图 5—19）。

图 5—19　原产地声明开具选择

进入声明录入界面填写基本信息、发票信息和货物信息后（见图 5—20），点击“声明开具”按钮，系统将相关数据发往海关。

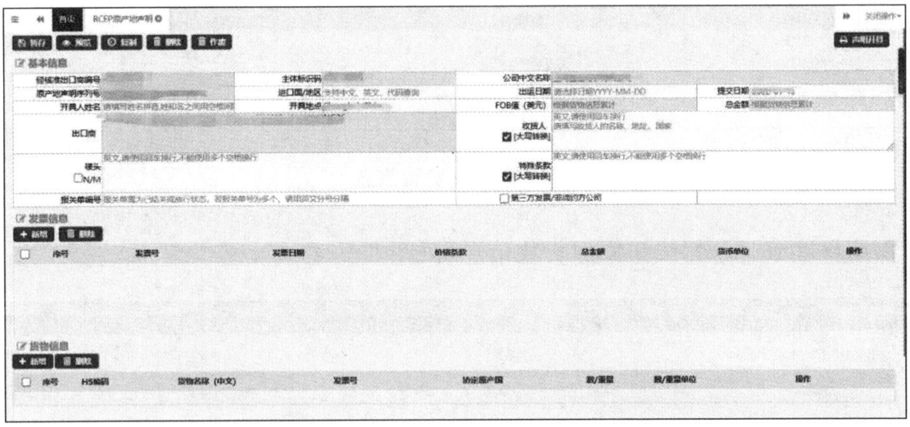

图 5—20　声明开具界面

企业在“原产地声明查询”菜单中可查看所有原产地声明，当海关接收成功后，声明状态显示“有效”，境外企业在进口时可使用该声明享受关税优惠。

（二）海关原产地证书申请

企业用户点击“标准版应用—原产地”图标，单击“海关原产地申请”进入业务系统，点击“新建证书”菜单，如图 5—21 所示，选择 RCEP 原产地证书进入界面（见图 5—22）。

图 5—21　新建证书界面

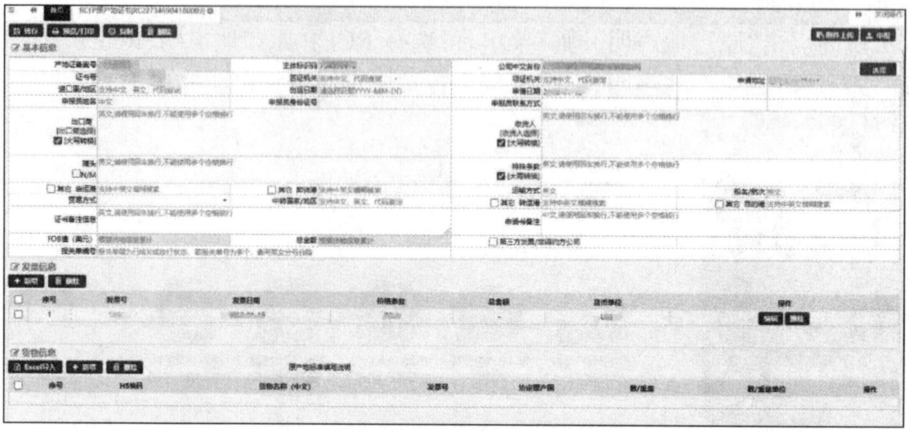

图 5—22 RECP 原产地证书界面

在录入界面填写完基本信息后，点击发票信息区域“新增”按钮添加发票信息(见图 5—23)。

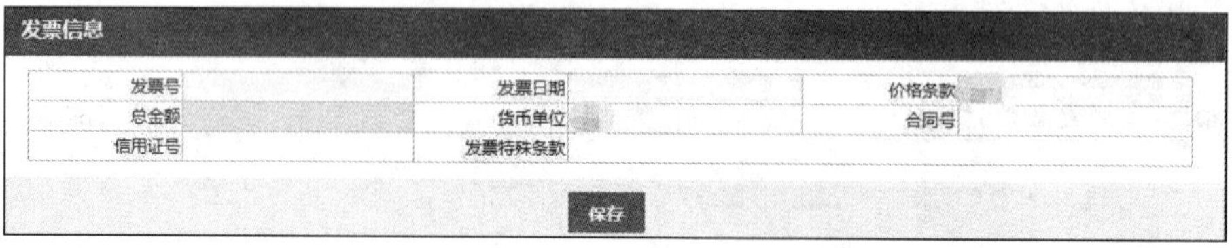

图 5—23 发票信息

点击货物信息区域“新增”按钮添加货物信息(见图 5—24)。

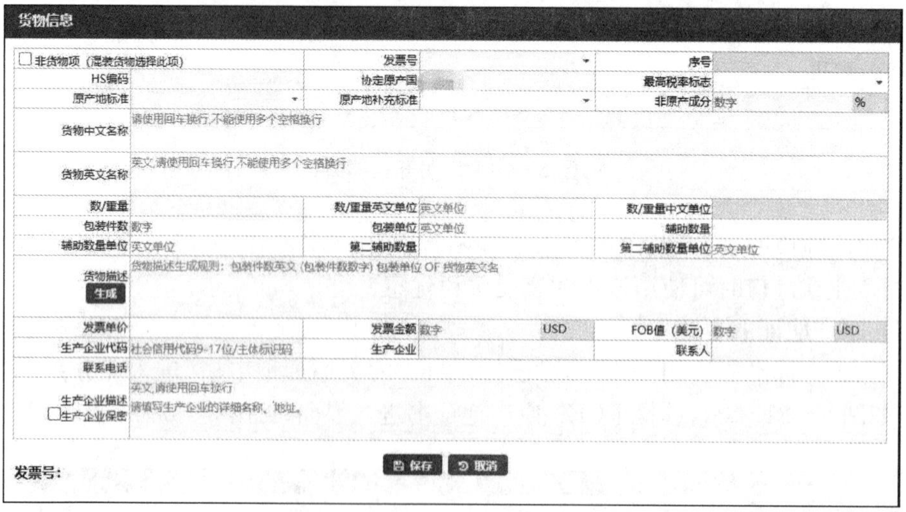

图 5—24 货物信息

基本信息、发票信息和货物信息录入完成并上传附件后可进行申报。海关审核通过后，企业可点击“证书查询”菜单，进入证书查询列表界面，勾选需要打印的证书，点击“打印”按钮进行证书套打(见图 5—25)。

拓展阅读

RCEP原产地证书填制说明

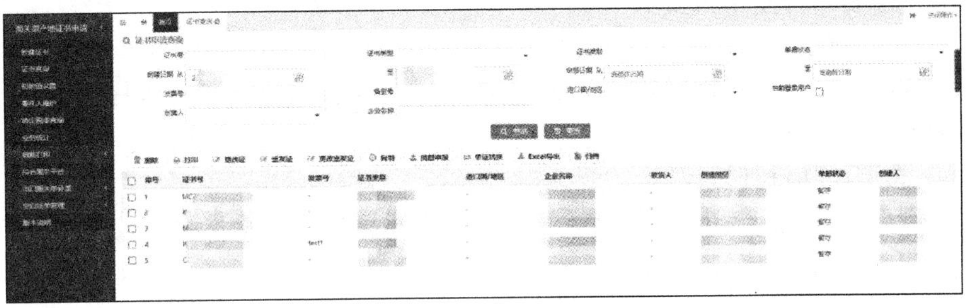

图 5—25　证书查询界面

（三）原产地证书自助打印

企业用户点击“标准版应用—原产地”图标，单击“原产地证书自助打印”进入业务系统，点击“证书打印”菜单，进入证书查询列表界面（见图 5—26）。

证书类型查询条件选择“RCEP 原产地证书（输入泰国、日本、新加坡、新西兰、澳大利亚）”，以及“RCEP 背对背原产地证书（输入泰国、日本、新加坡、新西兰、澳大利亚）”，点击“查询”按钮，企业可查询出 RCEP 项下输入泰国、日本、新加坡、新西兰、澳大利亚、韩国的证书进行自助打印。

“单一窗口”标准版用户手册（原产地证书自助打印）

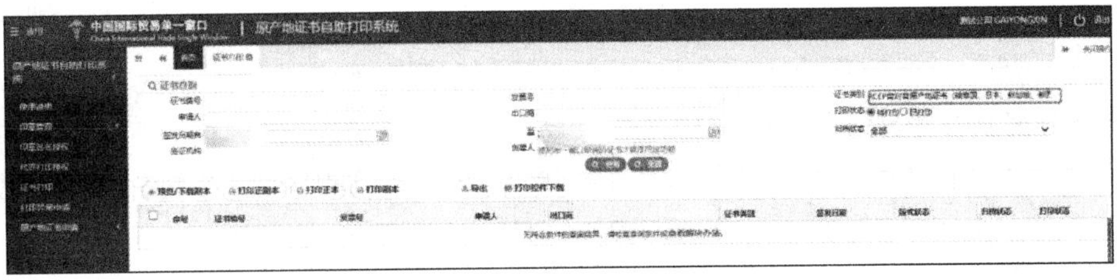

图 5—26　证书打印界面

（四）原产地证书核查

企业用户点击“标准版应用—原产地”图标，单击“原产地证书核查”进入业务系统，企业可查询原产地证书信息、原产地声明信息和经核准出口商信息。

六、优惠原产地申报要求

（一）进口货物申报要求

货物申报进口时，进口货物收货人或者其代理人应当按照海关的申报规定填制进口货物报关单，申明适用特惠税率，同时提交有效的原产地证书、货物的商业发票正本、运输单证等其他商业单证。

有下列情形之一的，进口货物不适用协定税率或者特惠税率：

（1）进口货物收货人或其代理人在货物申报进口时没有提交符合规定的原产地证书、原产地声明，也未就进口货物是否具备原产地资格进行补充申报的；

（2）进口货物收货人或其代理人未提供商业发票、运输单证等其他商业单证，也未提交其他证明符合《优惠原产地管理规定》第十四条规定的文件的；

（3）经查验或者核查，确认货物原产地与申报内容不符，或者无法确定货物真实原产地的；

（4）其他不符合《优惠原产地管理规定》及相应优惠贸易协定规定的情形。

（二）部分优惠贸易协定申报要求

1.《亚太贸易协定》

除了按照规定提交进口货物所需的单证外，还要提交受惠国政府指定机构签发的原产地证书正本作为报关的随附单证。

2.《中国—东盟合作框架协议》

进口的时候向申报地海关申明该货物适用“中国—东盟协定税率”，并提交政府指定机构签发的原产地证书正本作为报关的随附单证。

3.《港澳 CEPA》

纳税义务人应当主动向申报海关申明该货物适用零关税税率，并提交符合 CEPA 项下规定的有效原产地证书作为报关的随附单证。

4.对最不发达国家“特别优惠关税措施”项下受惠进口货物

应当主动向进境地海关申明有关货物享受特别优惠关税，并提交出口受惠国原产地证书签发机构签发的由该国海关于出口时加盖印章的原产地证书。

（三）出口货物申报要求

出口货物申报时，出口货物发货人应当按照海关的申报规定填制出口货物报关单，并向海关提交原产地证书电子数据或者原产地证书正本的复印件。海关在认为必要时，可以对优惠贸易协定项下出口货物原产地进行核查，以确定其原产地。应优惠贸易协定成员国或者地区要求，海关可以对出口货物原产地证书或者原产地进行核查，并应当在相应优惠贸易协定规定的期限内反馈核查结果。

（四）货物申报其他要求

优惠贸易协定项下进出口货物及其包装上标有原产地标记的，其原产地标记所标明的原产地应当与依照《优惠原产地管理规定》有关规定确定的货物原产地一致。

（五）原产地证明书

原产地证明书是证明产品原产于某地的书面文件。它是受惠国的原产品出口到给惠国时享受关税优惠的凭证，也是进口货物是否适用反倾销、反补贴税率、保障措施等贸易政策的凭证。

1.适用优惠原产地规则的原产地证明书

（1）《亚太贸易协定》规则的原产地证明书。原产地证书应当同时符合以下条件：由该成员国政府指定机构以手工或者电子形式签发；符合《中华人民共和国海关〈亚太贸易协定〉项下进出口货物原产地管理办法》附件所列格式，用国际标准 A4 纸印制，以英文填制；证书印章与该成员国通知中国海关的印章印模相符。

原产地证书自签发之日起 1 年内有效，不得涂改和叠印，所有未填空白之处应当予以划去，以防事后填写。

（2）《中国—东盟合作框架协议》规则的原产地证明书。原产地证书应符合的条件：由东盟成员国签证机构签发；符合规定格式，以英文填制；原产地证书、流动证明的签证机构印章、签证人员签名，与东盟成员国通知中国海关的签证机构印章、签证人员签名样本相符；所列的一项或者多项货物为同一批次的进口货物；仅有一份正本，并且具有不重复的原产地证书编号；注明确定货物具有原产地资格的依据。

进口原产地证书应由出口成员国政府指定机构签发，自证书签发之日起 1 年内有效，该协议项下进口货物原产地证书应由东盟成员国签证机构在货物转运前或者装运时签发。因不可抗力未能在货物装运前或者装运时签发的，可以在货物装运后 3 天内签发。

（3）《港澳 CEPA》的原产地证明书。原产地证书应同时符合下列条件：原产地证书具有唯一的编号;一份原产地证书只能对应同一批次输入内地的货物,列明指定的单一到货口岸,商品编码按照 8 位数级税号填写,计量单位按照实际成交计量单位填写,不得涂改及叠印,商定格式,以中文填写。

香港 CEPA 原产地证书签发机构包括:香港工贸署、香港总商会、香港印度商会、香港工业总会、香港中华厂商联合会、香港中华总商会。澳门 CEPA 原产地证书签发机构为澳门经济局。原产地证书有效期为签发之日起 120 天。

(4)对最不发达国家"特别优惠关税措施"原产地证明书。原产地证书应同时符合下列条件:由签证机构在货物出口前或者出口时签发;符合约定格式,以英文填制;与受惠国通知中国海关的印章样本相符;具有出口受惠国海关在出口时加盖的印章;所列的一项或者多项货物为同一批次的进口货物;具有不重复的原产地证书编号;注明确定货物具有原产地资格的依据;证书在有效期内。

进口原产地证书应由受惠国政府授权机构签发,证书自出口方签发之日起 1 年内有效。

2.适用非优惠原产地规则的原产地证明书

(1)对适用反倾销反补贴措施的进口商品的要求。

①进口经营单位申报进口与实施反倾销措施的被诉倾销产品(以下简称"被诉倾销产品")相同的货物时,应向海关提交原产地证明。

②对于进口经营单位确实无法提交原产地证明,经海关实际查验不能确定货物的原产地的,海关按与该货物相同的被诉倾销产品的最高反倾销税率或保证金征收比率征收反倾销税或现金保证金。

③对于加工贸易保税进口与被诉倾销产品相同的货物,进口经营单位在有关货物实际进口申报时,也应向海关提交原产地证明。

④对于在反倾销措施实施之前已经申报进口的加工贸易和其他保税进口货物,因故申报内销是在反倾销措施实施期间的,进口经营单位应在申报内销时向海关提交原产地证明。对于无法提交原产地证明、不能确定货物原产地的,海关按与该货物相同的被诉倾销产品的最高反倾销税率或保证金征收比率征收反倾销税或保证金。

(2)对适用保障措施的进口商品的要求。进口企业申报进口涉案产品时,不能提供不适用保障措施的国家(地区)的原产地证明或尚不应加征关税的适用保障措施的国家(地区)的原产地证明或者海关对其所提供的原产地证明的真实性有怀疑的,如经海关审核有关单证(包括合同、发票、提运单等)及对货物实际验估能够确定原产地的,应按照相关规定处理;如仍不能确定原产地,且进口企业不能进一步提供能够证明原产地的其他材料的,应在现行适用的关税税率基础上,按照相应涉案产品适用的加征关税税率加征关税。

在海关审核认定原产地期间,进口企业可在提供相当于全部税款的保证金担保后,要求先行验放货物。

原产地证明书并不是确定货物原产地的唯一标准。若海关通过查验货物或审核单证认为所提供的原产地证明书是不真实的,海关将根据原产地规则标准予以确认。

【提示】自 2024 年 9 月 25 日起,国务院关税税则委员会已停止执行对原产于台湾地区的鲜水果、蔬菜、水产品等 34 项农产品免征进口关税政策。因此,目前原产于台湾地区的部分进口鲜水果和农产品不再享受零关税政策。

(六)原产地预确定制度

进出口货物收发货人有正当理由的,可以向直属海关申请对其将要进口的货物的原产地进行预确定。

提交申请书，并提交以下材料：①申请人的身份证明文件；②能说明将要进口货物情况的有关文件资料；③说明该项交易情况的文件材料；④海关要求提供的其他文件资料。

海关应在收到原产地预确定书面申请及全部资料之日起150日内做出原产地预确定决定。

已做出原产地预确定决定的货物，自预确定决定做出之日起3年内实际进口时，与预确定决定货物相符且原产地确定标准未发生变化的，海关不再重新确定该进口货物的原产地。

七、优惠贸易协定项下进出口货物申报

(1)进出口货物收发货人或者其代理人在办理优惠贸易协定项下货物海关申报手续时，应当如实填报《报关单》商品项“优惠贸易协定享惠”类栏目，同时在商品项对应的“原产国(地区)”栏填报依据《中华人民共和国进出口货物原产地条例》和海关总署令第122号确定的货物原产地，不再需要按照海关总署公告2019年第18号附件中有关优惠贸易协定项下进口货物填制要求填报“随附单证及编号”栏目。

(2)进口货物收货人或者其代理人(以下统称“进口人”)可以自行选择“通关无纸化”方式或者“有纸报关”方式申报：

①选择“通关无纸化”方式申报的，进口人应当以电子方式向海关提交原产地证明[①]、商业发票、运输单证和未再加工证明文件等单证正本(以下简称“原产地单证”)。

进口人以电子方式提交的原产地单证内容应当与其持有的纸质文件一致。进口人应当按照海关有关规定保存原产地单证纸质文件。海关认为有必要时，进口人应当补充提交原产地单证纸质文件。

②选择“有纸报关”方式申报的，进口人在申报进口时提交原产地单证纸质文件。

(3)对于出海关特殊监管区域和保税监管场所[以下统称区域(场所)]申请适用协定税率或者特惠税率的货物，进口人应在内销时按照要求填报《报关单》；在货物从境外入区域(场所)时，无须比照要求填报《中华人民共和国海关进(出)境货物备案清单》(以下简称《备案清单》)商品项“优惠贸易协定享惠”类栏目。

内销时货物实际报验状态与其从境外入区域(场所)时的状态相比，超出了相关优惠贸易协定所规定的微小加工或处理范围的，不得享受协定税率或者特惠税率。

(4)优惠贸易协定项下实施特殊保障措施的农产品仍然按照海关总署要求申报。

有关农产品出区域(场所)申请适用协定税率的，在货物从境外入区域(场所)时进口人应当比照规定填报《备案清单》，并以“通关无纸化”方式申报。

(5)向香港或者澳门特别行政区出口用于生产《内地与香港关于建立更紧密经贸关系的安排》(香港CEPA)或者《内地与澳门关于建立更紧密经贸关系的安排》(澳门CEPA)项下协定税率货物的原材料时，应当在《报关单》的“关联备案”栏填报香港或澳门生产厂商在香港工贸署或者澳门经济局登记备案的有关备案号。

八、税率及汇率适用

税率适用是指进出口货物在征税、补税或退税时选择适用的各种税率。

(一)税率适用原则

我国关税税则实行新的进口税则税率栏目。进口关税税则分设最惠国税率、协定税率、特惠税率、关税配额税率和普通税率等栏目。出口税则按进口税则列目方式确定出口税则税目，对部分出

---

① “原产地证明”是指相关优惠贸易协定原产地管理办法所规定的原产地证书和原产地声明。

口商品实行暂定出口税率。对于原产地是中国香港、澳门和台、澎、金、马关税区的进境货物及经批准我国国货复进口需征税的，按最惠国税率征税。具体如表5－10所示。

表5－10 同时有两种及以上税率可适用的进出口货物最终适用的税率汇总

适用货物	可选用的税率	最终适用的税率
进口货物	最惠国、进口暂定税率	暂定税率
	协定、特惠、进口暂定税率	从低适用税率
	同时适用国家优惠政策、进口暂定税率	按国家优惠政策进口暂定税率商品时，以优惠政策计算确定的税率与暂定税率两者取低计征关税，但不得在暂定税率基础上再进行减免
	普通、进口暂定税率	普通税率
	ITA税率、其他税率	ITA税率
	关税配额税率、其他税率	关税配额内适用关税配额税率，关税配额外适用其他税率
	反倾销、反补贴、保障措施、报复性关税税率	适用反倾销、反补贴、保障措施、报复性关税税率，除按《进出口税则》的税率征收关税外，另外加征的关税
出口货物	出口暂定税率、出口税率	出口暂定税率

进口税率的适用：

(1)海关接受该货物申报进口之日实施的税率：一般进口货物；进口转关运输货物(适用指运地海关接受该货物申报进口之日实施的税率)；经海关批准，实行集中申报的进口货物。

(2)交通运输工具申报进境之日实施的税率：进口货物运达前，经海关核准先行申报的；进口转关运输货物运抵指运地前，经海关核准先行申报的(适用装载该货物的交通运输工具抵达指运地之日实施的税率)；因超过规定期限未申报而由海关依法变卖的进口货物。

(3)海关接受再次填写报关单申报办理纳税及有关手续之日实施的税率：保税货物经批准不复运出境的；保税仓储货物转入国内市场销售的；减免税货物经批准转让或者移作他用的；可暂不缴纳税款的暂时进境货物，不复运出境的；租赁进口货物，分期缴纳税款的。

【提示】因纳税义务人违法需要追征税款的进口货物：适用违反规定的行为发生之日实施的税率；行为发生之日不能确定的，适用海关发现该行为之日实施的税率。补征或者退还进口货物税款，按照上述规定确定适用的税率。

(二)关税税率适用的时间

《关税法》规定，进出口货物应当按照收发货人或者其代理人申报进口之日实施的税率征税。

在实际运用时应区分以下不同情况：

(1)进口货物到达前，经海关核准先行申报的，适用装载该货物的交通运输工具申报进境之日实施的税率。

(2)进口转关运输货物应当适用指运地海关接受该货物申报进口之日实施的税率。货物运抵指运地前，经海关核准先行申报的，应当适用装载该货物交通运输工具抵达指运地之日实施的税率。

(3)出口转关运输货物，应当适用启运地海关接受该货物申报出口之日实施的税率。

(4)因超过规定期限未申报而由海关依法变卖的进口货物，其税款计征应当适用装载该货物的交通运输工具申报进境之日实施的税率。

(5)经海关批准，实行集中申报的进出口货物，应当适用每次货物进出口时海关接受该货物申报之日实施的税率。

(6)因纳税义务人违反规定需要追征税款的进出口货物，应当适用违反规定的行为发生之日实施的税率；行为发生之日不能确定的，适用海关发现该行为之日实施的税率。

(7)已申报进境并放行的保税货物、减免税货物、租赁货物或者已申报进出境并放行的暂时进出境货物，有下列情形之一须缴纳税款的，应当适用海关接受纳税义务人再次填写报关单申报办理纳税及有关手续之日实施的税率：①保税货物经批准不复运出境；②保税仓储货物转入国内市场销售；③减免税货物经批准转让或移作他用；④可暂不缴纳税款的暂时进出境货物，经批准不复运出境或者进境的；⑤租赁进口货物，分期缴纳税款的。

进出口货物关税的补征和退还，按照上述规定确定适用的税率。

(三)汇率适用

进出口货物的成交价格及其有关费用以外币计价的，海关按照该货物适用税率之日所适用的计征汇率折合为人民币计算完税价格。完税价格采用四舍五入法计算到分。

海关每月使用的计征汇率为上个月第三个星期三(第三个星期三为法定节假日的，顺延采用第四个星期三)中国人民银行公布的外币对人民币的基准汇率；以基准汇率币种以外的外币计价的，采用同一时间中国银行公布的现汇买入价和现汇卖出价的中间值(人民币元后采用四舍五入法保留 4 位小数)。如果上述汇率发生重大波动，海关总署认为必要时，可另行规定计征汇率，并对外公布。

第五节　进出口税费的计算、关税保证保险

一、进出口关税的计算

(一)进口关税税款的计算

1. 从价关税

(1)从价关税计算公式：

进口关税税额＝完税价格×法定进口关税税率

(2)从价关税的计算程序：

①按照归类原则确定税则归类，将应税货物归入恰当的税目税号；

②根据原产地规则，确定应税货物所适用的税率；

③根据完税价格审定办法和规定，确定应税货物的完税价格；

④根据实际汇率，将外币折算成人民币；

⑤按照计算公式正确计算应征税款。

【做中学 5－1】 厦门进出口汽车有限公司向日本购进丰田某款轿车 10 辆，成交价格共为 FOB 大阪 120 000.00 美元，实际支付运费 5 000 美元，保险费 800 美元。已知汽车的规格为 4 座位，汽缸容量 2 000cc，外汇折算率为 1 美元＝6.970 0 元人民币，确定税则归类，汽缸容量 2 000cc 的小轿车归入税目税号 8703.2314；原产国日本适用最惠国税率 43.8%。要求计算进口关税。

计算过程：

审定完税价格为 125 800 美元(120 000.00＋5 000＋800)

将外币价格折算成人民币为 876 826 元

正常征收的进口关税税额＝完税价格×法定进口关税税率＝876 826×43.8%＝384 049.788(元)

2. 从量关税

(1)从量关税的计算公式：

进口关税税额＝商品进口数量×从量关税税额

(2)从量关税的计算程序：

①按照归类原则确定税则归类，将应税货物归入恰当的税目税号；

②根据原产地规则，确定应税货物所适用的税率；

③确定其实际进口量；

④根据完税价格审定办法、规定，确定应税货物的完税价格(计征增值税需要)；

⑤根据实际汇率，将外币折算成人民币；

⑥按照计算公式正确计算应征税款。

【做中学5—2】 富士(厦门)有限公司从香港地区购进富士彩色胶卷50 400卷(规格135/36)，成交价格为CIF境内某口岸10.00元港元/每卷，假设外币折算率为1港元＝1.1元人民币，确定税则归类，彩色胶卷归入税目税号3702.5410；原产地香港地区适用最惠国税率155元/平方米。要求计算进口关税。

计算过程：

确定其实际进口量＝50 400×0.057 75＝2 910.6(平方米)

将外币总价格折算成人民币为554 400.00元(计征增值税需要)

进口关税税额＝商品进口数量×从量关税税率＝2 910.6×155＝451 143.00(元)

3. 复合关税

(1)复合关税的计算公式：

进口关税税额＝商品进口数量×从量关税税额＋完税价格×关税税率

(2)复合关税的计算程序：

①按照归类原则确定税则归类，将应税货物归入恰当的税目税号；

②根据原产地规则，确定应税货物所适用的税率；

③确定其实际进口量；

④根据完税价格审定办法、规定，确定应税货物的完税价格；

⑤根据汇率使用原则，将外币折算成人民币；

⑥按照计算公式正确计算应征税款。

【做中学5—3】 上海某公司从日本购进摄像机20台，其中有10台成交价格为CIF境内某口岸5 000美元/台，其余10台成交价格为CIF境内某口岸10 000美元/台。已知外币折算率为1美元＝6.970 0元人民币，确定税则归类，该批摄像机归入税目税号8525.3099；原产国日本适用最惠国税率，其中CIF境内某口岸5 000美元/台的关税税率为单一从价税35%；CIF境内某口岸10 000美元/台的关税税额为13 280元人民币再加3%的从价关税。要求计算进口关税。

计算过程：

审定后完税价格分别为50 000美元和100 000美元

将外币价格折算成人民币分别为348 500元和697 000元

从价进口关税税额＝完税价格×进口关税税率

＝348 500×35%

＝121 975(元)

复合进口关税税额＝商品进口数量×从量关税税额＋完税价格×关税税率

$=10\times 13\ 280+697\ 000\times 3\%$
$=132\ 800+20\ 910$
$=153\ 710$(元)

合计进口关税税额=从价进口关税税额+复合进口关税税额
$=121\ 975+153\ 710$
$=275\ 685$(元)

(二)出口关税税款的计算

1.计算公式

出口关税税额=出口货物完税价格×出口关税税率

出口关税税额=离岸价格÷(1+出口关税税率)×出口关税税率
=FOB(中国境内口岸)÷(1+出口关税税率)×出口关税税率

2.计算程序

(1)按照归类原则确定税则归类,将应税货物归入恰当的税目税号;

(2)根据完税价格审定办法、规定,确定应税货物的完税价格;

(3)根据汇率使用原则,将外币折算成人民币;

(4)按照计算公式正确计算应征税款。

【做中学5—4】 国内某企业从广州出口新加坡一批合金生铁,申报出口量86吨,每吨价格为FOB广州98美元。已知外汇折算率为1美元=6.970 0元人民币,确定税则归类,该批合金生铁归入税目税号7201.5000,税率为20%。要求计算出口关税。

计算过程:

审定离岸价格为8 428美元

将外币价格折算成人民币为58 743.16元

出口关税税额=离岸价格÷(1+出口关税税率)×出口关税税率
$=58\ 743.16\div(1+20\%)\times 20\%$
$=48\ 952.63\times 20\%$
$=9\ 790.526$(元)

二、进口环节海关代征税的计算

(一)消费税税款的计算

我国消费税采用从价/从量的方法计征。

(1)从价征收的消费税按照组成的计税价格计算,其计算公式为:

消费税组成计税价格=进口关税完税价格+进口关税税额/(1—消费税税率)

应纳消费税税额=消费税组成计税价格×消费税税率

(2)从量征收的消费税的计算公式为:

应纳消费税税额=应征消费税消费品数量×消费税单位税额

(3)同时实行从量/从价征收的消费税是上述两种征税方法之和,其计算公式为:

应纳消费税税额=应征消费税消费品数量×消费税单位税额+消费税组成计税价格×消费税税率

【做中学5—5】 福州某进出口有限公司进口货物一批,经海关审核其成交价格为CIF福州USD12 800.00,按外币折算率1美元=6.970 0元人民币,折合人民币为89 216元。已知该批货物的关税税率为20%，消费税税率为15%。要求计算应征消费税税额。

计算过程：

首先计算关税税额，然后计算消费税税额。

关税税额计算公式为：

应征关税税额＝完税价格×关税税率

＝89 216×20%

＝17 843.2(元)

消费税税额计算公式为：

应征消费税税额＝(完税价格＋关税税额)÷(1－消费税税率)×消费税税率

＝(89 216＋17 843.2)÷(1－15%)×15%

＝125 952×15%

＝18 892.8(元)

【做中学5－6】 某进出口公司进口啤酒3 800升，经海关审核其成交价格总值为CIF境内某口岸USD1 672.00。已知啤酒的关税税率为3元/升；消费税税率为：进口完税价格≥360美元/吨的250元/吨，进口完税价格＜360美元/吨的220元/吨。外币折算率为1美元＝6.970 0元人民币。要求计算应征消费税额。

计算过程：

首先计算关税税额，然后计算消费税税额。

从量关税税额计算公式为：

应征关税税额＝商品进口数量×从量关税税率＝3 800×3＝11 400(元)

完税价格计算：USD1 672×6.970 0＝11 653.84(元)

进口啤酒数量：3 800÷988＝3.846(吨)

计算完税价格单价：1 672÷3.846＝434.74(美元/吨)

(进口完税价格≥360美元/吨)

消费税税率为250元/吨

从量消费税税额计算公式为：

应纳消费税税额＝应征消费税消费品数量×单位税额＝3.846×250＝961.50(元)

(二)增值税税款的计算

我国增值税采用从价的方法计征，其计算公式为：

增值税组成价格＝进口关税完税价格＋进口关税税额＋消费税税额

应纳增值税税额＝增值税组成价格×增值税税率

【做中学5－7】 某公司进口货物一批，经海关审核其成交价格为USD1 200.00，按外币折算率1美元＝6.970 0元人民币，折合人民币为8 364元。已知该批货物的关税税率为12%，消费税税率为10%，增值税税率为13%。要求计算应征增值税税额。

计算过程：

首先计算关税税额，其次计算消费税税额，最后计算增值税税额。

关税税额计算公式为：

应征关税税额＝完税价格×关税税率

＝8 364×12%

＝1 003.68(元)

消费税税额计算公式为：

应征消费税税额＝(完税价格＋关税税额)÷(1－消费税税率)×消费税税率

＝(8 364＋1 003.68)÷(1－10%)×10%

≈10 408.53×10%

≈1 040.85(元)

增值税计算公式为：

应纳增值税税额＝(关税完税价格＋关税税额＋消费税税额)×增值税税率

＝(8 364＋1 003.68＋1 040.85)×13%

＝1 353.108 9(元)

消费税与增值税异同比较如表5－11所示。

表5－11 消费税与增值税异同比较

不同		相同
征收范围	消费税征税范围目前为15种应税消费品；增值税为所有的资产和应税劳务、应税行为	对于应税消费品既要缴纳增值税也要缴纳消费税，在某一指定的环节两个税同时征收时，从价定率方法下两者的计税依据相同
征税环节	消费税(一般)是一次性征收；增值税在货物的每一个流转环节全部征收	
计税方法	消费税是从价征收、从量征收和复合征收，根据应税消费品选择一种计税方法；增值税是根据纳税人选择计税方法	

(三)关税滞纳金的计算

关税滞纳金的计算公式为：

关税滞纳金金额＝滞纳的关税税额×0.5‰×滞纳天数

进口环节税滞纳金金额＝滞纳的进口环节税税额×0.5‰×滞纳天数

【做中学5－8】 国内某公司从韩国购进软玉毛石一批，已知该批货物应征关税为132 058.32元，应征进口环节消费税为503 778.04元，进口环节增值税为856 422.66元。海关于3月7日(星期五)填发海关专用缴款书，该公司于3月28日缴纳税款。计算应征滞纳金。

计算过程：

(1)确定滞纳关税税额和代征税税额。关税为132 058.32元，进口环节消费税为503 778.04元，进口环节增值税为856 422.66元。

(2)确定滞纳期间。3月7日填发海关专用缴款书，税款缴款期限截止日为3月22日，因该日为星期六，按照相关规定，顺延至其后第一个工作日，即3月24日为最后缴款期限，自3月25日起计算滞纳，该公司3月28日缴纳税款，共滞纳4天。

(3)按照公式分别计算应缴纳的关税、进口环节消费税和增值税的滞纳金。

关税滞纳金＝滞纳关税税额×滞纳天数×0.5‰

＝132 058.32×4×0.5‰＝264.17(元)

进口环节消费税滞纳金＝滞纳消费税税额×滞纳天数×0.5‰

＝503 778.04×4×0.5‰＝1 007.56(元)

进口环节增值税滞纳金＝滞纳增值税税额×滞纳天数×0.5‰

＝856 422.66×4×0.5‰

＝1 712.85(元)

三、关税保证保险

（一）关税保证保险的概念

所谓的关税保证保险，是海关联合保险业新开发的保险产品，也是海关首次引进保险产品作为新型担保方式。其实际为关税履约保证保险，投保人为需要缴纳关税的进出口企业，被保险人为海关。业务流程如图5—27所示。企业向参加试点的保险公司购买关税保证保险后，凭借保险公司出具的“关税保证保险单”向海关办理税款类担保手续，即可实现“先放行，后缴税”。关税保证保险是为解决企业尤其是中小企业融资难、融资贵等问题，进一步压缩通关时间，有效降低企业通关成本所开展的税款担保改革试点。

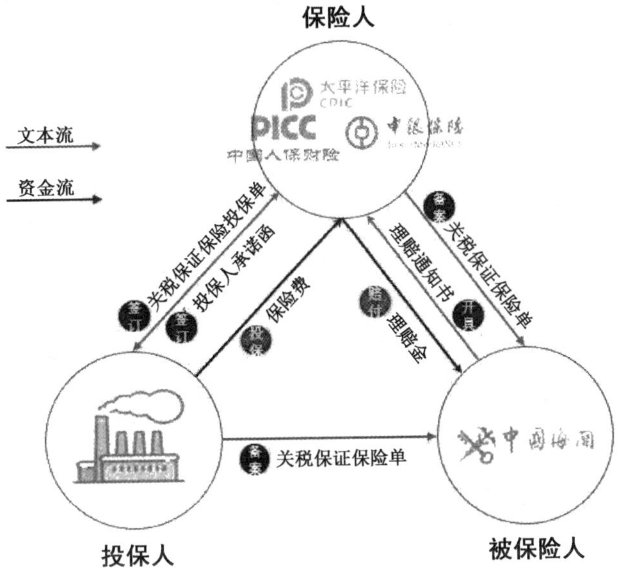

图5—27　关税保证保险的业务流程

具体来说，进出口企业投保后，保险公司将相应保单电子数据发送至海关系统。如果企业未能按期向海关缴纳相关税款，那么将由保险公司进行赔付，即代其履行缴纳义务，确保海关收到税款的权益。

【注意】 信用等级为一般信用及以上的进出口货物收发货人，即可使用关税保证保险通关业务模式。

企业可以向保险公司购买“关税保证保险”，经海关确认后办理相关业务的担保放行，实现“先通关，后缴税”。关税保证保险是海关税款担保除现金保证金、银行保函、财务公司担保以外的一种新选择。

（二）关税保证保险的作用

1. 企业资金成本大幅降低

关税保证保险无须占用企业在银行的授信额度，也无须缴纳保证金，降低了中小企业的信贷难度，减少了企业申请的资金成本。以福建某石化有限公司为例，该公司关务员周楠表示，过去采用银行融资的形式年化成本在4.5%～7%，采用关税保证保险担保，保险费率年化成本在1%～3%，融资费用成本降低60%～70%。

2. 企业办理手续有效简化

目前，除了失信企业外，其他任何规模、类型的企业均可办理该业务。保险公司开立关税保证保险保险单，一般从业务申请到开立保单仅需两周的时间，节省企业大量的时间成本，并且即将实现保单申请、审批、赔付等全流程线上办理模式，时效较快、手续简便。

3.国家税收安全显著提升

关税保证保险模式下，如有企业欠税的情况发生，海关可以立刻启动程序向保险公司索赔，确保国家税收安全。

(三)关税保证保险的办理

1.投保

纳税义务人与保险公司签署“关税保证保险单”，按照该保险合同约定的费率支付保险费，取得保险金额，该金额为不低于纳税义务人进出口货物所涉税款金额。投保所需材料：①投保人营业执照及法定代表人身份证复印件；②投保人近三年经审计的财务报告；③投保人征信授权函；④上一自然年度缴纳关税的清单；⑤保险人要求提供的其他资料。

2.办理通关手续

关税保证保险可以运用于三种通关业务模式：

(1)纳税期限担保模式。企业凭“关税保证保险单”办理纳税期限担保，应在申报时选择“关税保证保险”模式，并选取相应“保单”电子数据。海关对接受申报且满足全部放行条件的，即可实施现场卡口放行。有布控查验等其他海关要求事项的，按有关规定办理。企业应自报关单审结生成电子税款信息之日起10日内，通过新一代海关税费电子支付系统缴纳税款。逾期未缴纳税款的，海关可以停止其办理关税保证保险通关业务。纳税期限担保模式下，保险金额可根据企业税款缴纳情况在保险期间内循环使用。

(2)征税要素担保模式。符合《中华人民共和国海关事务担保条例》第四条第一款第一、二、五项和第五条第一款第二、三、四项规定的担保事务，可以采取征税要素担保模式。企业申报时须向海关提供“关税保证保险单”正本。该模式一份保单对应一份报关单。

(3)汇总征税模式。企业可凭“关税保证保险单”办理汇总征税，汇总征税相关事项按照海关总署公告2017年第45号、2018年第70号执行。

企业在缴款期限内缴纳税款，履行完毕纳税义务的，海关可应企业申请退还相应保单。

如企业未在海关规定期限内缴纳税款，经海关向保险公司书面说明情况，保险公司将无免责条件向海关支付相应税款及其滞纳金。保险公司保留向企业追偿其支付给海关的税款及其滞纳金的权利。

相关单据如图5－28所示。

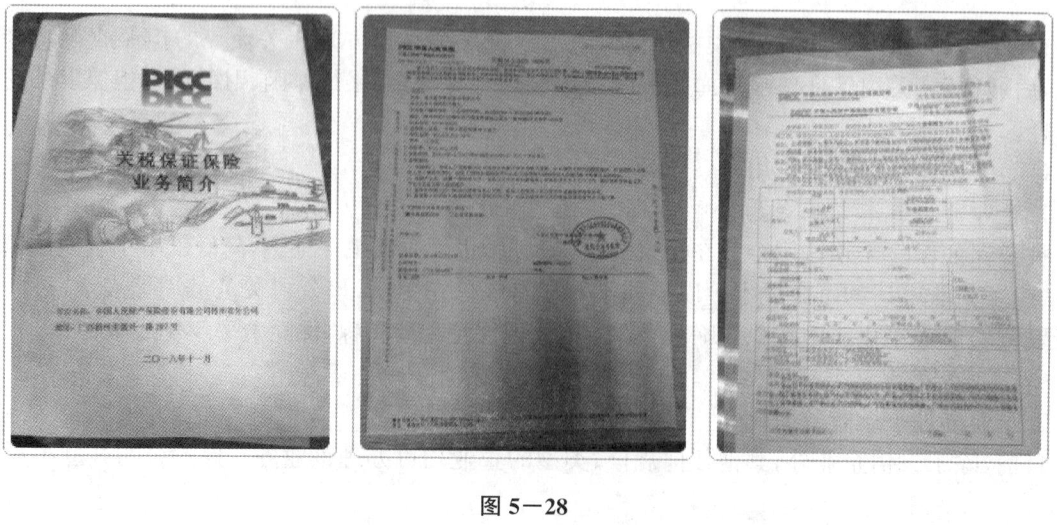

图5－28

(四)关税保证保险的海关业务操作流程

(1)海关备集:保险公司为企业办理保险后,将保单电子数据推送至海关通关业务系统,海关完成备案。

(2)办理报关:企业选择与申报用途匹配的保险单电子数据进行报关,用于申报要素的保险单无须勾选。

(3)快捷通关:海关对接受申报且满足全部放行条件的货物,实施现场卡口放行。

(4)缴税结关:企业在规定期限内向海关缴纳税款,保单核销,保险责任终止。

第六节 税费征收方式和进出口关税的减免

一、税费征收方式

税费征收方式是海关确定纳税义务人纳税义务的程序,包括税款征收和税款缴纳两个方面。根据不同的标准,有不同的分类方式。

1. 以专业程序为标准,分为申报纳税方式和稽征纳税方式

申报纳税方式,是指海关根据纳税义务人对其进出口货物的申报,在审核、查验确认后做出征税决定,也称申报纳税制。世界各国海关一般以申报纳税方式作为征收税款的基本程序。

凡未向海关申报,而由海关查获的违规进出境货物,海关不必要求其收发货人向海关申报,而是直接根据货物进出口事实做出征税决定,该征税程序称为稽征纳税方式或稽征纳税制。

2. 以进出口货物通关程序中税款征纳的时间为标准,分为税款先纳制和税款后纳制

税款先纳制,是指纳税义务人按照海关确定的数额履行纳税义务后,海关才予办理货物接管放行手续。

税款后纳制,是指海关允许纳税义务人先行办理货物放行手续,然后再确定应纳税额和办理纳税手续。

3. 以海关征收税款和纳税义务人纳税的地点为标准,分为口岸纳税方式和属地纳税方式

口岸纳税方式,是指由办理货物进出口申报验放手续的口岸海关做出征税决定,纳税义务人在口岸海关办理税款缴纳手续。

属地纳税方式,是指由口岸海关办理转关或验放手续,纳税义务人在属地海关办理税款缴纳手续。

4. 以纳税义务人缴纳税款的支付方式为标准,分为柜台支付方式、电子支付方式

柜台支付方式,即传统的税款缴纳方式,是指由海关做出征税决定,纳税义务人在指定银行通过柜台缴纳税款。

电子支付方式,是指借助电子支付系统(由海关业务系统、中国电子口岸系统、商业银行系统和第三方支付系统组成)实现进出口环节税费缴纳。

2024 年 10 月 28 日,海关总署公布了《中华人民共和国海关进出口货物征税管理办法》(海关总署令第 272 号),所涉及法律文书格式海关专用缴款书如样例 5—1 所示。

样例 5—1

GS01 三亚 海关 进口关税 专用缴款书

收入系统：海关系统 填发日期：2025年 03月 24日 号码 No.(2025)640220251000001997/A01

收款单位	收入机关	中央金库	缴款单位(人)	名称：海南奥森海骑旅游发展有限公司 ()
	科目	进口关税 预算级次 中央		帐号
	收款国库	国家金库三亚市中心支库(370003000004278001)		开户银行

税号	货物名称	数量	单位	完税价格(¥)	税率(%)	税款金额(¥)
8903220010	长度超过8米，但不超过24米的机动…	1.00	艘	353,064.10	8.00	28,245.13
金额人民币(大写) 贰万捌仟贰佰肆拾伍元壹角叁分					合计(¥)	¥28,245.13

				填制单位	收款国库(银行)
申请单位编号		报关单编号	640220251000001997	中华人民共和国三亚海关 单证专用章 (13) 640629 制单人 复核人	
合同(批文)号		运输工具(号)			
缴款期限	2025年04月08日前	提/装货单号			
备注	原进口报关单号：640220221000006106，未按规定正常开展营运，补征相关税款（2024/1/1-2024/11/26）。系统类别：01　28,245.13				

从填发缴款书之日起限15日内缴纳(期末遇法定节假日顺延)，逾期按日征收税款总额万分之五的滞纳金。

第六联：(存根)由填发单位存查

GS01 三亚 海关 进口增值税 专用缴款书

收入系统：税务系统 填发日期：2025年 03月 24日 号码 No.(2025)640220251000001997/L02

收款单位	收入机关	中央金库	缴款单位(人)	名称：海南奥森海骑旅游发展有限公司 ()
	科目	进口增值税 预算级次 中央		帐号
	收款国库	国家金库三亚市中心支库(370003000004278001)		开户银行

税号	货物名称	数量	单位	完税价格(¥)	税率(%)	税款金额(¥)
8903220010	长度超过8米，但不超过24米的机动…	1.00	艘	353,064.10	15.60	55,078.00
金额人民币(大写) 伍万伍仟零柒拾捌元整					合计(¥)	¥55,078.00

				填制单位	收款国库(银行)
申请单位编号		报关单编号	640220251000001997	中华人民共和国三亚海关 单证专用章 (13) 复核人	
合同(批文)号		运输工具(号)			
缴款期限	2025年04月08日前	提/装货单号			
备注	原进口报关单号：640220221000006106，未按规定正常开展营运，补征相关税款（2024/1/1-2024/11/26）。系统类别：01　55,078.00				

从填发缴款书之日起限15日内缴纳(期末遇法定节假日顺延)，逾期按日征收税款总额万分之五的滞纳金。

第六联：(存根)由填发单位存查

GS01 三亚 海关 进口消费税 专用缴款书

收入系统：税务系统 填发日期：2025年 03月 24日 号码 No.(2025)640220251000001997/Y03

收款单位	收入机关	中央金库	缴款单位(人)	名称：海南奥森海骑旅游发展有限公司 ()
	科目	进口其他消费品消费税 预算级次 中央		帐号
	收款国库	国家金库三亚市中心支库(370003000004278001)		开户银行

税号	货物名称	数量	单位	完税价格(¥)	税率(%)	税款金额(¥)
8903220010	长度超过8米，但不超过24米的机动…	1.00	艘	353,064.10	12.00	42,367.69
金额人民币(大写) 肆万贰仟叁佰陆拾柒元陆角玖分					合计(¥)	¥42,367.69

				填制单位	收款国库(银行)
申请单位编号		报关单编号	640220251000001997	中华人民共和国三亚海关 单证专用章 (13) 复核人	
合同(批文)号		运输工具(号)			
缴款期限	2025年04月08日前	提/装货单号			
备注	原进口报关单号：640220221000006106，未按规定正常开展营运，补征相关税款（2024/1/1-2024/11/26）。系统类别：01　42,367.69				

从填发缴款书之日起限15日内缴纳(期末遇法定节假日顺延)，逾期按日征收税款总额万分之五的滞纳金。

第六联：(存根)由填发单位存查

二、进出口关税的减免

我国关税减免政策由法定减免税、特定减免税和临时减免税三部分组成。

(一)法定减免税

法定减免税是指根据《海关法》和《关税法》规定予以减免的，如国际组织、外国政府无偿赠送的物资，中华人民共和国缔结或者参加的国际条约规定减征、免征的货物、物品，来料加工、补偿贸易进口的原材料等。

法定减免税的范围如下：①关税税额 50 元以下的一票货物；②无商业价值的广告品和货样；③外国政府、国际组织无偿赠送的物资；④海关放行前损坏或者损失的货物；⑤进出境交通运输工具装载的途中必需的燃料、物料和饮食用品；⑥我国缔结或者参加的国际条约规定的减免税货物和物品；⑦法律规定减征、免征关税的其他货物、物品。

进口环节增值税或消费税税额在人民币 50 元以下的一票货物也应免税。

(二)特定减免税

特定减免税是指按照《海关法》和《关税法》的规定，对特定地区、特定用途、特定企业给予的减免关税的优惠，也称政策性减免税。

特定减免税的范围主要为外商投资企业进口物资、国内投资项目进口物资、科教用品、科技开发用品、残疾人专用品、救灾捐赠物资和扶贫、慈善捐赠物资。

减免税范围和办法由国务院规定。企业(或单位)进口前申请，海关审理，核发减免税证明。货抵、证未到可以担保放行。放行后的货物不得补办减免税审批。

目前，实施特定减免税的项目主要有：

(1)外商投资项目投资额度内进口自用设备，免关税，进口环节增值税照章征收；

(2)外商投资企业自用资金项目，属国家鼓励发展产业的外商投资企业，外商投资比例≥25%，免关税，进口环节增值税照章征收；

(3)国内投资项目进口自用设备，属国家重点鼓励发展产业的国内投资项目，免关税，进口环节增值税照章征收；

(4)贷款项目进口物资，项目额度或投资总额内进口的自用设备，以及随合同进口技术及配套件，免进口关税，对贷款项目进口自用设备，经确认按有关规定增值税进项税款无法抵扣的，同时免征进口环节增值税；

(5)重大技术装备，免关税和进口环节增值税；

(6)特定区域物资(保税区、出口加工区)可以免税；

(7)科教用品，按国际惯例，免关税、进口环节增值税、消费税；

(8)科技开发用品，按国际惯例，免关税、进口环节增值税、消费税；

(9)救灾捐赠物资，主体为民间组织、企业、友好人士，免关税、进口环节增值税、消费税；

(10)扶贫、慈善捐赠物资，免关税、进口环节增值税；

(11)残疾人用品，按国际惯例，免关税、进口环节增值税、消费税；

(12)集成电路项目进口物资，政策性扶持，发展资助知识产权，免关税，进口环节增值税照章征收；

(13)海上石油、陆上石油项目进口物资、能源，免关税、进口环节增值税；

(14)远洋渔业项目进口自捕水产品，境外捕捞，境外获得应缴税，但用自己的船出去作业，并且符合国际公法，优惠或不征关税和进口环节增值税；

(15)无偿援助项目进口物资，按照我国缔结或者参加的国际条约规定减征、免征关税的货物、物品，无偿援助项目进口物资，性质上属于法定减免税范畴，但是按照特定减免税货物管理。

（三）临时减免税

临时减免税是指法定减免税和特定减免税以外的其他减免税，是由国务院根据某个单位、某类商品、某个时期或某批货物的特殊情况，按规定给予特别的临时性的减免税优惠。

临时性减免税具有集权性、临时性、局限性、特殊性的特点，一般是一案一批。

第七节　税款退还、追征与减免税货物后续补税

一、税款退还

纳税义务人按照规定缴纳税款后，因误征、溢征及其他国家政策调整原因应予以退还的税款可由海关依法退还。进出口税收的起退点为0元。

（一）多征税款退税

（1）海关发现多征税款的，应立即通知纳税义务人办理退税手续。纳税义务人应当自收到海关通知之日起3个月内办理退税手续。

（2）纳税义务人发现多征税款的，自缴纳税款之日起1年内，可以向海关申请退还多缴的税款并加算银行同期活期存款利息。

多征税款一般是指由于某种差错或工作失误，造成海关所征收的税款大于应征税款，不包括由于政策调整导致的征税差异。

（二）品质或规格原因退税

（1）已缴纳税款的进口货物，因品质或规格原因原状退货复运出境的，纳税义务人自缴纳税款之日起1年内，可以向海关申请退税。

（2）已缴纳出口关税出口货物，因品质或规格原因原状退货复运进境并已重新缴纳因出口而退还的国内环节有关税收的，纳税义务人自缴纳税款之日起1年内，可以向海关申请退税。

【经验小谈5—5】我司从越南进口大米，其中一部分不符合规格，越南出口商退了我们一部分货款。请问：这种情况下，我司可以向海关申请退还部分税款吗？

答：根据海关总署令第124号《海关进出口货物征税管理办法》第六十三条的规定，进出口货物因残损、品质不良、规格不符原因，或者发生本办法第六十二条规定以外的货物短少的情形，由进出口货物的发货人、承运人或者保险公司赔偿相应货款的，纳税义务人自缴纳税款之日起1年内，可以向海关申请退还赔偿货款部分的相应税款。

（三）退关退税

已缴纳出口关税的货物，因故未装运出口申请退关的，纳税义务人自缴纳税款之日起1年内，可以申请退税。

（四）短装退税

散装进口货物发生短装并已征税放行的，如发货人、承运人或保险公司对短装部分退换或赔偿相应款项，纳税义务人自缴纳税款之日起1年内，可以申请退还短装部分相应税款。

（五）赔偿退税

因进出口货物残损、品质不良、规格不符等原因，由进出口货物发货人、承运人或保险公司赔偿相应货款的，纳税义务人自缴纳税款之日起1年内，可申请退还赔偿货款部分的相应税款。

海关应当自受理退税申请之日起30天内查实并通知纳税义务人办理退还手续；纳税义务人自

收到通知之日起3个月内办理退税手续。

【提示】 退税率是当初征税日的税率。

退税必须在原征税海关办理。办理退税时，纳税义务人应填写“退税申请表”，并持原进口或出口货物报关单、原盖有银行印章的税款缴纳书正本及其他必要单证（如合同、发票协议、海关证明等）送海关审核。海关同意后，应按原征税或者补税之日所实施的税率计算退税额。

进口环节增值税已予抵缴的，除国家另有规定外不予退还，已征收的滞纳金不予退还。

退税申请书样本如样例5—2、样例5—3所示。

样例5—2

转账退税申请书（格式一）

编号：

________海关：

根据你关签发的税款专用缴款书（编号：________），本纳税人已按规定缴纳税款。按照有关规定，现申请退税（及由此产生的银行利息），请予核准。

1. 已缴税款金额：

关税____元，增值税____元，消费税____元，……

2. 申请退税理由：

3. 申请退还金额：

关税____元，增值税____元，消费税____元，……

4. 申请人名称：

5. 开户银行：

6. 开户银行账号：

申请人签章：

年 月 日

申请人联系地址： 邮政编码：

联系人： 电话：

注：《转账退税申请书》一式二联，第一联随原缴款书复印件送国库，第二联海关留存。

说明：1. 此申请书适用于以银行划转方式退还税款的情况。

2. “申请退还金额”中所涉及的税种应与原税款专用缴款书上所列关税、增值税、消费税或其他实际项目一致。

3. 按照《中华人民共和国进出口关税条例》第52条第2款规定，纳税义务人发现多缴税款的，可自缴纳税款之日起1年内要求退还多缴的税款并加算同期活期存款利息。

4. 此申请书需附原税款专用缴款书复印件各一份。

5. 此申请书需申请人签字并加盖单位公章。

样例5—3

现金退税申请书（格式二）

编号：

________海关：

根据你关签发的税款专用缴款书（编号：________），本纳税人已按规定缴纳税款，按照有关规定现申请退税（及由此产生的银行利息），请予核准。

1. 已缴税款金额：

关税____元，增值税____元，消费税____元，……

2. 申请退税理由：

3. 申请退还金额：

关税____元，增值税____元，消费税____元，……

4. 取款人姓名：

5. 取款人单位：

6. 取款人有效身份证明号码：

申请人签章：

年 月 日

申请单位联系地址： 邮政编码：

联系人： 电话：

注：《现金退税申请书》一式二联，第一联随原缴款书复印件送国库，第二联海关留存。

说明：1. 此申请书适用于纳税人以现金方式缴款，现要求直接退付现金的情况。

2. “申请退还金额”中所涉及的税种应与原税款专用缴款书上所列关税、增值税、消费税或其他实际项目一致。

3. 按照《中华人民共和国进出口关税条例》第52条第2款规定，纳税义务人发现多缴税款的，可自缴纳税款之日起1年内要求退还多缴的税款并加算同期活期存款利息。

4. 此申请书需附原税款专用缴款书复印件各一份。

5. 此申请书需申请人签字并加盖单位公章。

【学中做5—1】 **出口退税与企业责任**

大连佳鸿机械有限公司向德国蓝海公司出口10台建筑工程机械。该批货物运抵德国汉堡港后，蓝海公司发现有2台机械操作系统存在严重缺陷，于是拒收。2台机械被退运进口。请问：大连佳鸿机械有限公司能否退回2台机械的出口税？这一案例不仅涉及具体的关税退还问题，还反映了企业在生产管理和质量控制方面可能存在的不足。从思政角度来看，这涉及“工匠精神”“终身学习”等重要理念的践行。企业应如何在实践中体现这些理念，以避免类似问题的再次发生？

解析

学中做5-1

【经验小谈5—6】 听说对于出口企业办理退免税手续时做了简化处理。请问：预申报是不是取消了？

答：根据国家税务总局公告2018年第16号《国家税务总局关于出口退（免）税申报问题的公

告》第二条的规定，出口企业和其他单位申报出口退(免)税时，不再进行退(免)税预申报。主管税务机关确认申报凭证的内容与对应的管理部门电子信息无误后方可受理出口退(免)税申报。

二、税款追征

(一)补征

1. 少征税款补税

进出口货物放行后，海关发现少征税款，即海关对该进出口货物实际征收的税款少于应当缴纳的税款的，应当自纳税义务人缴纳税款之日起 1 年内，由海关补征。

2. 漏征税款补征

海关发现漏征税款，即海关对该进出口货物应当征收但未征收的税款，应当自货物放行之日起 1 年内，向纳税义务人补征漏征的税款。海关补征税款告知书如样例 5—4 所示。

样例 5—4

海关补征税款告知书（格式）

编号：

(纳税义务人)____：

经审核，你单位于　　年　月　日申报进（出）口的______货物（报关单编号：______），因______（原因）______，少（漏）缴关税　　元、增值税　　元、消费税　　元、其他税　　元。根据《中华人民共和国进出口关税条例》第五十一条的规定，现决定对上述税款予以补征。请自收到本告知书之日起 15 日内来我关办理有关补缴税款的手续。

由于少（漏）征税款是因你单位违反______规定所致，根据《中华人民共和国进出口关税条例》第五十一条规定，你单位补缴税款时，还应同时补缴自缴纳税款（货物放行、应缴纳税款）之日起至海关发现违规行为之日止的滞纳金。

如你单位未在上述规定期限内办理补税手续，我关将于规定限期届满之日填发税款缴款书。如你单位未按期自海关填发税款缴款书之日起 15 日内补缴税款，由此产生的税款滞纳金由你单位一并缴纳。

______海关（章）

年　月　日

注：《海关补征税款告知书》一式二份，一份送达纳税义务人，一份海关留存。

说明：带下划线的内容应根据具体情况选择填写。其中，少（漏）缴税款中的“其他税”是指反倾销税、反补贴税、保障措施关税、报复性关税等。

(二)追征

1. 少征税款追征

因纳税人违规导致海关对进出口货物或海关监管货物少征税款的，海关应当自纳税义务人缴纳税款之日起 3 年内，追征少征税款。

2. 漏征税款追征

因纳税人违规导致海关对进出口货物或海关监管货物漏征税款的，海关应当自该货物放行之日起 3 年内，追征漏征税款。

少征或漏征税款部分涉及滞纳金的应一并征收。补征关税、进口环节代征税、滞纳金起征点均为人民币50元。

三、减免税货物后续补税

(一)移作他用后续补税

减免税申请人经主管海关批准将减免税货物移作他用,应当补缴税款的,税款的计算公式为:

补缴税款=海关审定的货物原进口时完税价格×税率×(需补缴税款的时间/监管年限×12×30)

上式中,“税率”为海关接受纳税义务人再次填写报关单申报办理纳税及有关手续之日实施的税率;“需补缴税款的时间”是指减免税货物移作他用的实际时间,按天计算,每日实际生产不满8小时或者超过8小时的,均按1天计算。

(二)转让及其他原因后续补税

减免税货物因转让或者其他原因需要补征税款的,补税的完税价格以海关审定的货物原进口时的价格为基础,按照减免税货物已进口时间与监管年限的比例进行折旧。其计算公式为:

补税的完税价格=海关审定的货物原进口时完税价格×[1-(减免税货物已进口时间/监管年限×12)]

上式中,减免税货物已进口时间自减免税货物放行之日起按月计算,不足1个月但超过15天的,按照1个月计算;不超过15天的,不予计算。已进口时间的截止日期按以下规定确定:

(1)转让减免税货物的,应当以海关接受减免税申请人申请办理补税手续之日作为计算其已进口时间的截止之日。

(2)减免税申请人未经海关批准,擅自转让减免税货物的,应当以货物实际转让之日作为计算其已进口时间的截止之日;转让之日不能确定的,应当以海关发现之日作为截止之日。

(3)在海关监管年限内,减免税申请人破产、撤销、解散或者其他依法终止经营情形的,已进口时间的截止日期应当为减免税申请人破产清算之日或者被依法认定终止生产经营活动的日期。

四、加工贸易保税货物缓税利息

加工贸易保税货物在规定期限(包括延长期)内全部出口的,退保证金及利息;内销的,加征缓税利息。

(一)征收规定

(1)缓税利息的利率为中国人民银行公布的活期存款利率。

(2)加工贸易手册项下保税货物在办理内销征税手续时,如海关征收的缓税利息大于保证金的利息,中国银行在海关税款缴款书上签注后退单。由海关重新开具两份缴款书:一份是将台账保证金利息全部转为缓税利息;另一份是将台账保证金利息不足部分单开海关税款缴款书,企业另行缴纳。

(二)计息期限

(1)加工贸易保税料件或制成品经批准内销:缓税利息计息期限的起止日期为内销料件或制成品所对应的加工贸易合同项下首批料件进口之日至海关填发缴款书之日;加工贸易E账册项下的料件、制成品内销时,起止日期为内销料件或制成品所对应电子账册最近一次核销日(若没有核销日期的,则为电子账册首批料件进口之日)至海关填发缴款书之日。

(2)加工贸易保税料件或制成品未经批准擅自内销,或加工贸易保税货物需要后续补税但海关未按违规处理的,缓税利息计息期限的起止日期为内销料件或制成品所对应的加工贸易合同项下首批料件进口之日至保税料件或制成品内销之日;若内销涉及多本合同,且内销料件或制成品与合同无法一一对应的,则计息的起止日期为最近一般合同项下首批料件进口之日至保税料件或制成品内销之日(内销之日无法确定终止日期为海关发现之日)。若加工贸易E账册项下的料件、制成品擅自内销时，则计息的起止日期为内销料件或制成品所对应电子账册最近一次核销日（若没有核销日期的，则为电子账册首批料件进口之日）至保税料件或制成品内销之日（内销之日无法确定的，终止日期为海关发现之日）。

按上述方法仍无法确定计息起止日期的，则不再征收缓税利息。

加工贸易保税料件或制成品等违规内销的，还应根据规定征收滞纳金。滞纳金是从应纳税款之日起至海关发现之日止按天计算，滞纳金征收比例为少征或漏征税款的0.5‰。

（3）加工贸易剩余料件、残次品、副产品和受灾保税货物等内销需征收缓税利息的，也应比照上述规定办理。

（三）计算公式

缓税利息的计算公式为：

缓税利息＝补征税款×计息期限×银行存款活期年率÷360

【经验小谈5—7】 我司是一家加工企业，因生产转型，近期准备办理内销业务。请问：内销货物的缓税利息利率如何确定？

答：根据海关总署公告2009年第14号《关于加工贸易保税货物内销缓税利息征收及退还》第二条第（一）项的规定，缓税利息的利率参照中国人民银行公布的活期存款利率执行，海关将根据中国人民银行公布的活期存款利率即时调整并执行。

（四）办理程序

（1）海关审核准予内销后向经营企业签发“加工贸易货物内销征税联系单”。

（2）经营企业持该“加工贸易货物内销征税联系单”办理通关申报手续。在填制内销报关单时，经营企业须在备注栏注明“活期”字样。

（3）海关核对确认无误后，按规定办理内销货物审单、征税、放行等海关手续。

五、暂时进出境货物税款征收

（一）第一类暂时进出境货物

在海关规定期限内，可以暂不缴纳税款。在规定期限届满后不再复运出境或者复运进境的，纳税义务人应当在规定期限届满前向海关申报办理进出口及纳税手续。经海关批准留购的暂时进境货物，以海关审查确定的留购价格作为完税价格，并适用海关接受纳税义务人再次填写报关单申报办理纳税及有关手续之日实施的税率、汇率。

（二）第二类暂时进出境货物

海关按照设定的进出口货物完税价格的有关规定和海关接受该货物申报进出境之日适用的计征汇率、税率，审核确定其完税价格，按月征收税款，或者在规定期限内货物复运出境或者复运进境时征收税款。暂时进出境货物在规定期限届满不再复运出境或复运进境的，纳税义务人应当在规定期限届满前向海关申报办理进出口及纳税手续，缴纳剩余税款。

计征税款的期限为60个月。不足1个月但超过15天的，按1个月计征；不超过15天的，免予计征。计征税款期限自货物放行之日起计算。

按月征收税款的计算公式为：

每月关税税额＝关税总额×1÷60

每月进口环节代征税税额＝进口环节代征税总额×1÷60

上述（一）（二）中的暂时进出境货物未在规定期限内复运出境或复运进境的，且纳税义务人未在规定期限届满前向海关申报办理进出口及纳税手续的，海关除按照规定征收应缴纳的税款外，还应当自规定期限届满之日起至纳税义务人申报纳税之日止按日加征应缴纳税款5‰的滞纳金。

上述规定期限均包括经海关批准的暂时进出境货物延长复运出境或者复运进境的期限。

第八节 海关税款担保与税收保全

一、海关税款担保

税款担保是海关事务担保的一种，是指纳税义务人以法定形式向海关承诺在一定期限内履行纳税义务的行为。为进一步提升贸易便利化水平、更好服务对外开放大局、扎实开展“我为群众办实事”实践活动，海关总署决定实施以企业为单元的税款担保改革，实现一份担保可以同时在全国海关用于多项税款担保业务。

(1)海关税款担保业务范围。

①汇总征税担保，是指为办理汇总征税业务向海关提供的担保。

②纳税期限担保，是指符合《中华人民共和国海关事务担保条例》，在纳税期限内税款尚未缴纳的。

③征税要素担保，是指符合《中华人民共和国海关事务担保条例》，①进出口货物的商品归类、完税价格、原产地尚未确定的；②有效报关单证尚未提供的；③其他海关手续尚未办结的。

(2)除失信企业外，进出口货物收发货人(以下统称“企业”)可凭银行或非银行金融机构(以下统称“金融机构”)开具的海关税款担保保函(格式见附件，以下简称“保函”)、关税保证保险单(以下简称“保单”)办理海关税款担保业务。

(3)企业应在办理货物通关手续前向金融机构申请获取保函或保单。保函受益人或保单被保险人应包括企业备案地和报关单申报地直属海关。

(4)企业备案地直属海关关税职能部门(以下统称“属地关税职能部门”)根据金融机构传输的保函、保单电子数据或验核企业提交的保函、保单正本，为企业在海关业务系统备案担保信息，系统生成担保备案编号。

已联网金融机构向海关传输的保函、保单电子数据与正本具有同等效力，海关不再验核正本；未联网金融机构应向企业出具保函、保单正本。

(5)企业选择办理汇总征税或纳税期限担保通关的，应在报关单申报界面选取担保备案编号；选择办理征税要素担保通关的，应通过单一窗口“征税要素担保备案”模块提交征税要素担保备案申请，海关核批同意后再选取担保备案编号或按照海关规定缴纳保证金。系统成功核扣担保额度或海关核注保证金后，满足放行条件的报关单即可担保放行。

企业缴纳税款或担保核销后，保函、保单的担保额度自动恢复。企业在保函、保单列明的申报地海关办理不同税款担保业务均可共用一份保函或保单，担保额度在有效期内可循环使用。

(6)已备案且尚在有效期的保函、保单，企业确认担保责任已解除的，经与金融机构协商一致，可向属地关税职能部门申请撤销。联网传输的保函、保单，应由金融机构向海关发送撤销的电子数据。人工备案的保函、保单，应由企业向海关提交撤销的书面申请。

(7)企业未在规定的纳税期限内缴纳税款的，海关可以停止其使用保函、保单办理担保通关业务。

金融机构拒不履行担保责任、不配合海关税收征管工作或偿付能力存疑的，属地关税职能部门可不再备案其保函、保单担保信息。

(8)有下列情形之一的，当事人可以在办结海关手续前向海关申请提供担保，要求提前放行货物:①进出口货物的商品归类、完税价格、原产地尚未确定的;②有效报关单证尚未提供的;③在纳税期限内税款尚未缴纳的;④滞报金尚未缴纳的;④其他海关手续尚未办结的。

【注意】国家对进出境货物、物品有限制性规定,应当提供许可证件而不能提供的,以及法律、行政法规规定不得担保的其他情形,海关不予办理担保放行。

(9)当事人申请办理下列特定海关业务的,按照海关规定提供担保:①运输企业承担来往内地与港澳公路货物运输、承担海关监管货物境内公路运输的;②货物、物品暂时进出境的;③货物进境修理和出境加工的;④租赁货物进口的;⑤货物和交通运输工具过境的;⑥将海关监管货物暂时存放在海关监管区外的;⑦将海关监管货物向金融机构抵押的;⑧为保税货物办理有关海关业务的。

【提示】当事人不提供或者提供的担保不符合规定的,海关不予办理所列的特定海关业务。

(10)进出口货物的纳税义务人在规定的纳税期限内有明显的转移、藏匿其应税货物以及其他财产迹象的,海关可以责令纳税义务人提供担保;纳税义务人不能提供担保的,海关依法采取税收保全措施。

(11)有违法嫌疑的货物、物品、交通运输工具应当或者已经被海关依法扣留、封存的,当事人可以向海关提供担保,申请免予或者解除扣留、封存。

有违法嫌疑的货物、物品、交通运输工具无法或者不便扣留的,当事人或者交通运输工具负责人应当向海关提供等值的担保;未提供等值担保的,海关可以扣留当事人等值的其他财产。

有违法嫌疑的货物、物品、交通运输工具属于禁止进出境,或者必须以原物作为证据,或者依法应当予以没收的,海关不予办理担保。

(12)法人、其他组织受到海关处罚,在罚款、违法所得或者依法应当追缴的货物、物品、走私交通运输工具的等值价款未缴清前,其法定代表人、主要负责人出境的,应当向海关提供担保;未提供担保的,海关可以通知出境管理机关阻止其法定代表人、主要负责人出境。

(13)进口已采取临时反倾销措施、临时反补贴措施的货物应当提供担保的,或者进出口货物收发货人、知识产权权利人申请办理知识产权海关保护相关事务等,依照本条例的规定办理海关事务担保。法律、行政法规有特别规定的,从其规定。

(14)按照海关总署的规定经海关认定的高级认证企业可以申请免除担保,并按照海关规定办理有关手续。

(15)当事人在一定期限内多次办理同一类海关事务的,可以向海关申请提供总担保。海关接受总担保的,当事人办理该类海关事务,不再单独提供担保。总担保的适用范围、担保金额、担保期限、终止情形等由海关总署规定。

(16)当事人可以以海关依法认可的财产、权利提供担保,担保财产、权利的具体范围由海关总署规定。

(17)当事人以保函向海关提供担保的,保函应当以海关为受益人,并且载明下列事项:①担保人、被担保人的基本情况;②被担保的法律义务;③担保金额;④担保期限;⑤担保责任;⑥需要说明的其他事项。⑦担保人应当在保函上加盖印章,并注明日期。

(18)当事人提供的担保应当与其需要履行的法律义务相当,除本条例第七条第二款规定的情形外,担保金额按照下列标准确定:

①为提前放行货物提供的担保,担保金额不得超过可能承担的最高税款总额;

②为办理特定海关业务提供的担保,担保金额不得超过可能承担的最高税款总额或者海关总署规定的金额;

③因有明显的转移、藏匿应税货物以及其他财产迹象被责令提供的担保,担保金额不得超过可

能承担的最高税款总额；

④为有关货物、物品、交通运输工具免予或者解除扣留、封存提供的担保，担保金额不得超过该货物、物品、交通运输工具的等值价款；

⑤为罚款、违法所得或者依法应当追缴的货物、物品、走私交通运输工具的等值价款未缴清前出境提供的担保，担保金额应当相当于罚款、违法所得数额或者依法应当追缴的货物、物品、走私交通运输工具的等值价款。

(19)办理担保，当事人应当提交书面申请以及真实、合法、有效的财产、权利凭证和身份或者资格证明等材料。

(20)海关应当自收到当事人提交的材料之日起 5 个工作日内对相关财产、权利等进行审核，并决定是否接受担保。当事人申请办理总担保的，海关应当在 10 个工作日内审核并决定是否接受担保。

符合规定的担保，自海关决定接受之日起生效。对不符合规定的担保，海关应当书面通知当事人不予接受，并说明理由。

(21)被担保人履行法律义务期限届满前，担保人和被担保人因特殊原因要求变更担保内容的，应当向接受担保的海关提交书面申请以及有关证明材料。海关应当自收到当事人提交的材料之日起 5 个工作日内作出是否同意变更的决定，并书面通知当事人；不同意变更的，应当说明理由。

(22)被担保人在规定的期限内未履行有关法律义务的，海关可以依法从担保财产、权利中抵缴。当事人以保函提供担保的，海关可以直接要求承担连带责任的担保人履行担保责任。

【提示】担保人履行担保责任的，不免除被担保人办理有关海关手续的义务。海关应当及时为被担保人办理有关海关手续。

(23)担保财产、权利不足以抵偿被担保人有关法律义务的，海关应当书面通知被担保人另行提供担保或者履行法律义务。

(24)有下列情形之一的，海关应当书面通知当事人办理担保财产、权利退还手续：①当事人已经履行有关法律义务的；②当事人不再从事特定海关业务的；③担保财产、权利被海关采取抵缴措施后仍有剩余的；④其他需要退还的情形。

(25)自海关要求办理担保财产、权利退还手续的书面通知送达之日起 3 个月内，当事人无正当理由未办理退还手续的，海关应当发布公告。

自海关公告发布之日起 1 年内，当事人仍未办理退还手续的，海关应当将担保财产、权利依法变卖或者兑付后，上缴国库。

(26)海关履行职责，金融机构等有关单位应当依法予以协助。

(27)担保人、被担保人违反本条例，使用欺骗、隐瞒等手段提供担保的，由海关责令其继续履行法律义务，处 5 000 元以上、50 000 元以下的罚款；情节严重的，可以暂停被担保人从事有关海关业务或者撤销其从事有关海关业务的注册登记。

(28)海关工作人员有下列行为之一的，给予处分；构成犯罪的，依法追究刑事责任：①违法处分担保财产、权利；②对不符合担保规定的，违法办理有关手续致使国家利益遭受损失；③对符合担保规定的，不予办理有关手续；④与海关事务担保有关的其他违法行为。

【注意】担保人、被担保人对海关有关海关事务担保的具体行政行为不服的，可以依法向上一级海关申请行政复议或者向人民法院提起行政诉讼。

二、"单一窗口"税款担保备案

根据海关总署2021年第100号公告《关于深化海关税款担保改革的公告》,2021年12月1日起海关总署开始实施以企业为单元的税款担保改革措施,实现一份担保可以同时在全国海关用于多项税款担保业务。国际贸易"单一窗口"根据该公告,对系统进行优化完善,为企业提供征税要素担保备案服务。

操作指引:

(1)申请单位登录中国国际贸易"单一窗口"门户:https://www.singlewindow.cn,点击"标准版应用——税费办理"图标,单击"货物贸易税费支付"进入申请系统(见图5—29)。

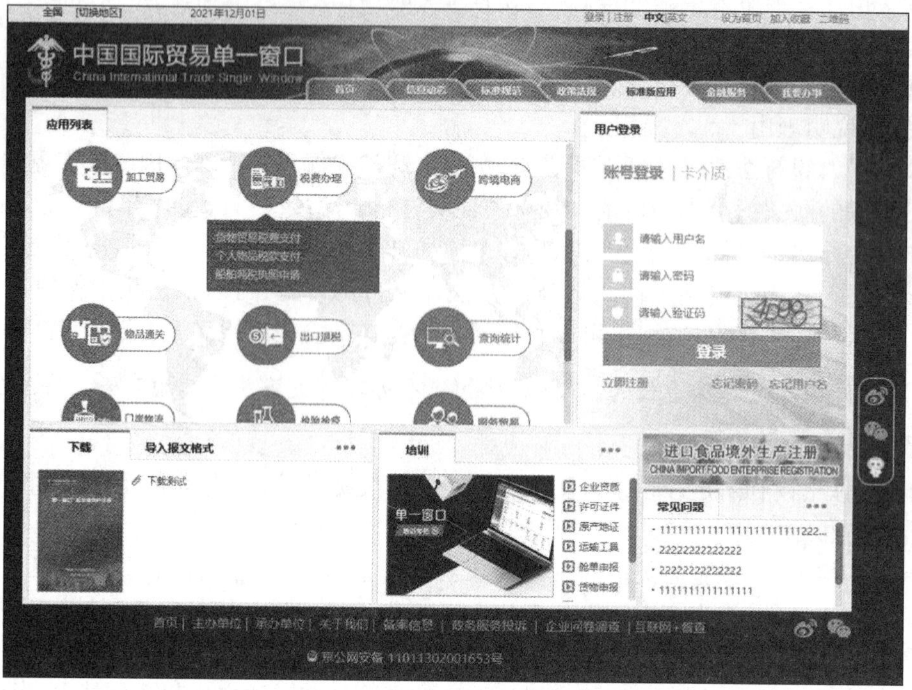

图5—29 "单一窗口"标准版应用——税费办理界面

(2)登入申请系统后,在左侧菜单栏中选择"征税要素担保备案"进入查询界面(见图5—30)。该模块提供新增、复制和查询等功能。

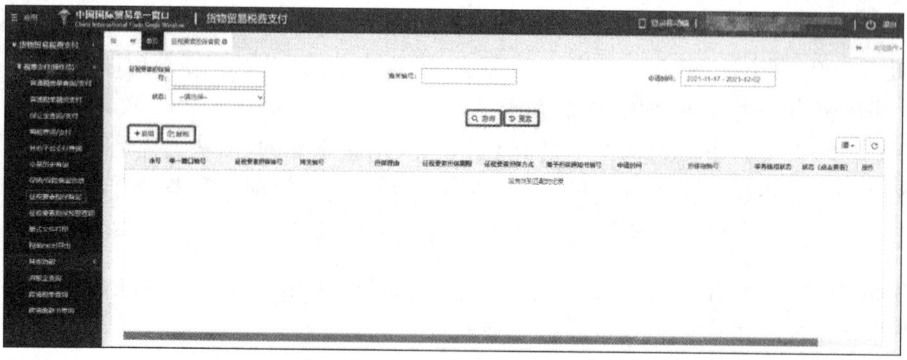

图5—30 征税要素担保备案界面

点击“新增”按钮，系统弹出“征税要素担保备案申请”窗口（见图5—31），申请单位按照界面要求录入相关信息，点击申请界面的“暂存”后，系统保存当前录入信息，点击“选择”按钮可上传相关电子附件，信息录入完整后点击“申请”按钮，即向海关主管部门提交征税要素担保备案申请单。

申请单位可选择历史备案信息，点击“复制”进入征税要素担保备案申请界面，系统将复制历史备案数据，减少数据重复录入操作。

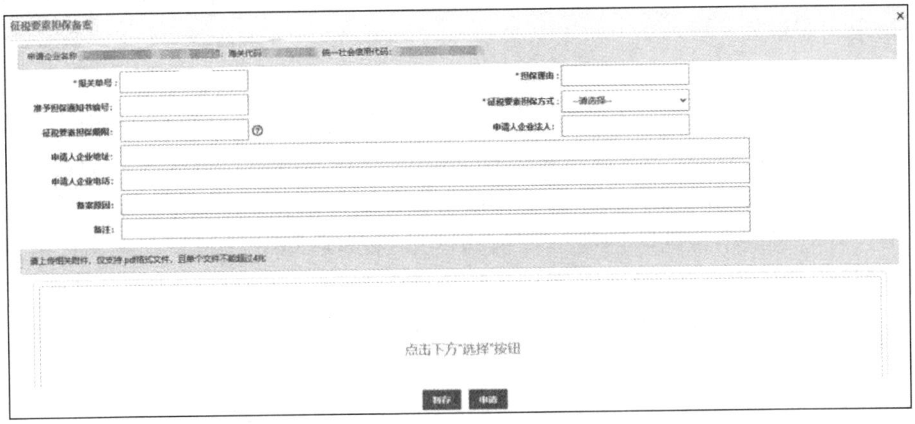

图5—31　征税要素担保备案申请界面

【提示】企业选择办理征税要素担保通关业务时，先通过“征税要素担保备案”模块提交征税要素担保备案申请，待海关核批同意后在报关单申报界面选取担保备案编号或按照海关规定缴纳保证金。系统成功核扣担保额度或海关核注保证金后，满足放行条件的报关单即可担保放行。

(3)申请单位点击左侧菜单栏“征税要素担保预警查询”，进入预警信息查询界面，查询海关主管部门发出的“事务担保预警”（见图5—32）。

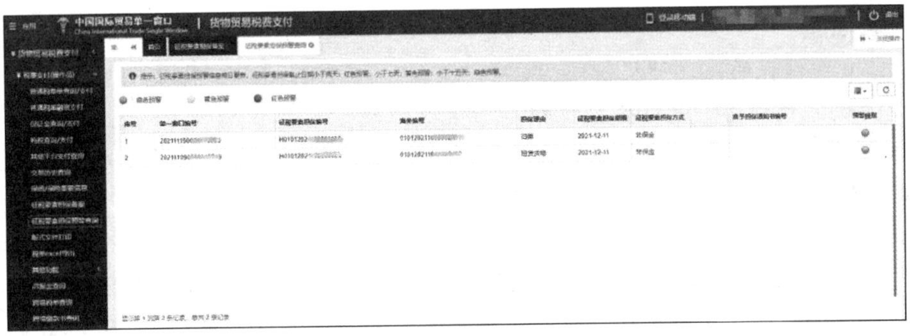

图5—32　预警信息查询界面

三、税收保全和强制执行

（一）保全措施

进出口货物的纳税义务人在规定的纳税限期内发现有明显的转移、隐匿其应纳税的商品、货物，以及其他财产迹象的，海关应责令其提供纳税担保。如果纳税人不能提供纳税担保，经直属海关关长或其授权的隶属海关关长的批准，海关可以采取税收保全措施。

1. 暂停支付存款

海关书面通知纳税义务人开户银行或者其他金融机构暂停支付纳税义务人相当于应纳税款的存款。

纳税义务人在规定的纳税期限内缴纳税款的，海关书面通知金融机构解除对纳税义务人相应存款实施的暂停支付措施。

纳税义务人在规定的纳税期限内未缴纳税款的，海关书面通知金融机构对纳税义务人暂停支付的款项中扣缴相应税款。

2. 暂扣货物或财产

因无法查明纳税义务人账户、存款数额等情形不能实施暂停支付措施的，书面通知（随附扣留清单）纳税义务人扣留其价值相当于应纳税款的货物或者其他财产。货物或者其他财产本身不可分割，又没有其他财产可以扣留的，被扣留货物或者其他财产的价值可以高于应纳税款。

纳税义务人在规定的纳税期限内缴纳税款的，海关书面通知纳税义务人解除扣留措施，随附发还清单，办理确认手续后将有关货物、财产发还纳税义务人。

纳税义务人在规定的纳税期限内未缴纳税款的，海关书面通知纳税义务人依法变卖被扣留的货物或者财产，以变卖所得抵缴税款；变卖所得不足以抵缴税款的，海关继续采取强制措施抵缴税款的差额部分；变卖所得抵缴税款及扣除相关费用后仍有余款的，发还纳税义务人。

（二）强制措施

超过缴税期限 3 个月，强制扣缴和变价抵扣：①海关书面通知金融机构从其存款中扣缴税款；②将应税货物依法变卖，以变卖所得抵缴税款；③扣留并依法变卖其价值相当于应纳税款的货物或者其他财产，以变卖所得抵缴税款。

实施强制措施的，对纳税义务人未缴纳的滞纳金同时强制执行。

应知考核

一、单项选择题

1. 进口环节增值税的组成计税价格为（　　）。

A. 进口关税完税价格＋进口关税税额＋增值税税额

B. 进口关税完税价格＋增值税税额

C. 进口关税完税价格＋进口关税税额＋消费税税额

D. 进口关税完税价格＋进口关税税额

2. 因纳税义务人违反规定造成少征或漏征税款的，海关可以自缴纳税款或自货物放行之日起（　　）年内追征税款，并从缴纳税款或货物放行之日起到海关发现之日止，按日加收少征或漏征税款（　　）的滞纳金。

A. 1；0.5‰　　B. 3；0.5‰　　C. 3；1‰　　D. 1；1‰

3. 某公司从美国进口一套机械设备，发票列明如下：CIF 上海 300 000 美元。此外，该公司还支付了设备进口后的安装及技术服务费用 10 000 美元，支付给其采购代理人的购货佣金 1 500 美元，并支付给卖方代理人的销售佣金 1 500 美元。根据海关成交价格估价方式，该货物的成交价格应为（　　）美元。

A. 313 000　　B. 301 500　　C. 303 000　　D. 310 000

4. 海关于 7 月 8 日（星期五）填发税款缴款书，纳税义务人最迟应于（　　）缴纳税款，才可避免滞纳。

A. 7月22日　　B. 7月23日　　C. 7月24日　　D. 7月25日

5. 在确定进口货物的完税价格时，下列(　　)费用或价值不应计入。

A. 买方承担的除购货佣金以外的佣金和经纪费

B. 作为销售条件，由买方直接或间接支付的特许权使用费

C. 厂房、机械等货物进口后的基建、安装等费用。

D. 卖方直接或间接从买方转售、处置或使用中获得的收益

6. 在认定货物原产地时，下列货物中不可能适用实质性改变标准的是(　　)。

A. 某国渔船捕捞的鱼　　B. 服装

C. 食品　　D. 机械设备

7. 根据《关税法》的规定，进口货物应按照(　　)。

A. 海关填发"海关专用缴款书"之日实施的税率征税

B. 装载货物的交通运输工具申报进境之日实施的税率征税，但经海关核准先行申报的除外

C. 海关接受该货物申报进口之日实施的税率征税

D. 海关放行货物之日实施的税率征税

8.《海关法》规定，进出口货物的纳税义务人应当在海关规定的期限内缴纳税款；逾期缴纳的，由海关征收滞纳金；纳税义务人、担保人超过(　　)仍未缴纳税款的，海关可以依法采取强制扣缴、抵缴措施。

A. 1个月　　B. 3个月　　C. 6个月　　D. 9个月

9. (　　)不属于进出口税费缴纳、退补凭证。

A. 海关专用缴款书　　B. 收入退还书(海关专用)

C. 海关行政事业性收费专用票据　　D. 全国税务统一专用发票

10. 经批准转让或移作他用的减免税货物需缴纳税款的，应当适用(　　)之日实施的税率。

A. 海关接受纳税义务人再次申报办理纳税手续

B. 货物申报进口

C. 货物进境

D. 海关批准

二、多项选择题

1. 关税的征税主体是国家，其征税对象有(　　)。

A. 进出关境的货物　　B. 进出关境的物品

C. 进口货物收货人　　D. 出口货物发货人

2. 下列关于我国进口环节增值税和消费税的表述中，正确的有(　　)。

A. 进口环节的增值税、消费税由海关征收

B. 进口环节增值税、消费税均从价计征

C. 对于进口货物税、费的计算，一般的计算过程为：先计算进口关税额，再计算消费税额，最后计算增值税额

D. 消费税组成计税价格=(关税完税价格+关税税额)÷(1－消费税率)

3. 关于进出口税费的计算，下列表述中正确的有(　　)。

A. 税款的起征点为人民币50元

B. 完税价格计算至元，元以下四舍五入

C. 税额计算至分，分以下四舍五入

D. 进出口货物的成交价格及有关费用以外币计价的，海关应当按照填发税款缴款书之日公布的汇率中间价折合成人民币

4. 海关可以追征和补征税款的范围包括（　　）。

A. 进出口货物放行后，海关发现少征或者漏征税款的

B. 因纳税义务人违反海关规定而造成少征或者漏征税款的

C. 海关监管货物在海关监管期内因故改变用途按照规定需要补征税款的

D. 因税率重大调整原因，造成货物放行之日与货物申报之日产生的较大税额差额的

5.《进出口货物原产地条例》适用于（　　）的原产地确定。

A. 实施最惠国待遇措施　　B. 实施反倾销和反补贴措施

C. 实施保障措施　　D. 实施优惠性贸易措施

三、判断题

1. 关税由海关代表国家向纳税义务人征收，因此关税的征税对象是关税的纳税义务人。（　　）

2. 因纳税义务人违反规定造成少征或者漏征税款的，海关除追征税款外还应加收滞纳金。（　　）

3. 只有当买卖双方没有特殊关系时，进口货物的申报价格才能被海关所接受，作为完税价格的基础。（　　）

4. 以进口货物相同货物的成交价格来确定进口货物的完税价格时，相同货物的销售必须与被估货物处于同一商业水平，数量基本一致，否则上述相同货物的成交价格不能被采用。（　　）

5. 运往境外修理的货物，应当以该出境货物在境外修理时支付的修理费和料件费，加上该货物复运进境的运输及其相关费用、保险费审查确定完税价格。（　　）

6. 对于租赁进口货物，租期届满之日起 15 日内，应办理结关手续。（　　）

7. 滞纳金按每票货物的关税、进口环节增值税、消费税单独计算，起征额为人民币 50 元，不足 50 元的免征。（　　）

8. 相同或类似货物必须与进口货物同时或大约同时进口，其中的“同时或大约同时”，为在进口货物接受申报之日的前后各 15 天以内。（　　）

9. 以海关征收税款和纳税义务人纳税的地点为标准，分为口岸纳税方式和属地纳税方式。（　　）

10. 进口环节增值税或消费税税额在人民币 50 元以下的一票货物免税。（　　）

四、计算题

1. 福州某公司从德国购进一批轿车，成交价格为 FOB100 000.00 美元，另付港商佣金 FOB 3%（非买方佣金），运费 6 000.00 美元，保险费率 3‰。经查，该汽车的税则号列应归入 8 703.2314，适用税率为 50%。要求计算进口关税（外汇中间价折合率为 1 美元=6.970 0 元人民币）。

2. 厦门某进出口公司从日本进口硫酸镁 1 000 吨，进口申报价格为 FOB 横滨 USD500 000，运费总价为 USD10 000，保险费率 3‰，1 美元＝6.970 0 元人民币。经查，硫酸镁的税则号列为 2 833.210 0，税率为 10%。要求计算应纳关税额。

3. 深圳某单位委托香港地区某公司从英国进口柚木木材，运费计 44 200 元人民币，保险费率 3‰，佣金（非购货佣金）为到岸价格（香港）的 3%，进口申报价格为：到岸价格（香港）为 USD

580 000，1 美元＝6.970 0 元人民币。经查，柚木木材的税则号列为 4 407.291 0，税率为 9%。要求计算应纳关税额。

4. 大连某进口货物成交价格为每千克 FOB 首尔 100 美元，总运费为 5 500 美元，净重 1 000 千克，保险费率为 3‰，汇率为 1 美元＝6.970 0 元人民币，关税税率为 15%。分别计算关税完税价格和关税税额。

5. 某出口货物成交价格为总价 CIF 新加坡 30 000 美元，运费总价为 800 美元，净重 100 千克，毛重 110 千克，保险费率为 3‰，汇率为 1 美元＝6.970 0 元人民币，关税税率为 10%。分别计算关税完税价格和关税税额。

6. 厦门某汽车贸易公司从日本进口汽车一辆，成交价格为 CIF 上海 2 000 000 日元/辆，且经上海海关审定。经查，该汽车的适用关税税率为 50%，增值税税率为 13%，消费税税率为 10%，外汇牌价为 1 日元＝0.063 8 人民币。分别计算应纳进口关税额和应纳进口环节消费税额。

7. 某贸易公司从日本进口了 1 000 箱啤酒，规格为 24 支×330 毫升/箱，申报价格为 FOB 神户 USD 10/箱，发票列明：运费为 USD 5 000，保险费率为 0.3%，经海关审查属实。该啤酒的最惠国税率为 3.5 元/升，消费税税额为 220 元/吨(1 吨＝988 升)，增值税税率为 13%，汇率为 1 美元＝6.970 0 元人民币。分别计算该批啤酒的应纳关税、消费税和增值税额。

应会考核

■ 观念应用

内地某公司从香港特区购进日本某款轿车 10 辆，已知该批货物应征关税税额为 352 793.52 元人民币，应征进口环节消费税为 72 860.70 元人民币，进口环节增值税税额为 247 726.38 元人民币。海关于 2025 年 3 月 3 日(星期一)填发“海关专用缴款书”，该公司于 2025 年 3 月 31 日缴纳税款。计算应征收的滞纳金。

■ 技能应用

1. 我国从 A 国(假设 A 国未与我国签订任何贸易协定)进口某货物。该货物在 A 国的工厂交货价(即 A 国生产厂商的出厂价)为每单位 100 美元，该生产厂商为制造每单位该产品使用从他国进口的原辅材料 70 美元。该产品的原产地是否为 A 国？为什么？

2. 我国从 A 国进口的去壳去皮的腰果实际上是 A 国从 B 国输入的带壳带皮的腰果，但 A 国对其进行了“去壳去皮”加工。该批腰果的原产国是 A 国还是 B 国？为什么？

■ 案例分析

1. 有以下四种船舶：(1)在青岛港口航行的日本油轮；(2)在大连港口航行的中国货轮；(3)航行于大连港口被日本商人以期租方式租用的中国籍船舶；(4)航行于国外兼营国内沿海贸易的被中国商人租用的韩国籍船舶。哪一种船舶应征船舶吨税？为什么？

2. 国内某公司从日本某企业购买一批机械设备，成交条件为 CIF 大连。该批货物的发票列示如下：机械设备 USD500 000，运保费 USD5 000，卖方佣金 USD25 000，培训费 USD2 000，设备调试费 USD2 000。该批进口货物的完税价格是多少？

本章实训

【实训项目】

进出口税费。

【实训情景】

广东天宇贸易有限公司从新加坡进口一批"SONY"彩色数字电视机，该产品采用日本牌号和商标，其中显像管为新加坡生产，集成电路板为中国香港生产，机壳由马来西亚生产，最后在新加坡组装成整机。经查《海关进出口税则》获知，该产品最惠国税率为30%，中国—东盟协定税率为12%，普通税率为130%。

【实训要求】

假如你是天宇贸易公司的报关员，工作任务如下：

1. 向海关申报时，该彩色数字电视机的原产地应填报为哪个国家（地区）？
2. 该进口货物在申报时，应适用哪个税率？
3. 应如何向海关进行申报？

【实训结果】

撰写"进出口税费"的实训报告。

《进出口税费》实训报告		
项目实训班级：	项目小组：	项目组成员：
实训时间： 年 月 日	实训地点：	实训成绩：
实训目的：		
实训步骤：		
实训结果：		
实训感言：		
不足与今后改进：		

项目组长评定签字：　　　　　　项目指导教师评定签字：

第六章　关检融合、单一窗口

● **知识目标**

理解：进出口货物报关单的概念和种类；关检融合“整合申报项目”的主要内容。

熟知：进出口货物报关单的法律效力；“单一窗口”系统的基本架构、环境要求以及用户注册流程。

掌握：进出口货物报关单的填制规范；“两步申报”模式的具体操作流程和要求，以及如何在“单一窗口”系统中进行报关单填制和提交。

● **技能目标**

能够熟练地在“单一窗口”系统中进行用户注册、企业注册和业务开通等操作；能够准确、规范地填制进出口货物报关单，包括按照海关规定的格式和要求填写各项内容。

● **素质目标**

培养严谨细致的工作态度，确保报关单填制的准确性和规范性。提升信息化操作能力，熟练掌握“单一窗口”系统的使用技巧。增强法律意识和合规意识，自觉遵守海关监管规定和相关法律法规。培养团队协作和沟通能力，与相关部门和人员有效配合，共同完成进出口业务。

● **思政目标**

深刻认识海关监管在维护国家经济秩序、保障公共利益方面的重要作用，增强国家意识和责任感。弘扬诚信为本的价值观，自觉遵守海关监管规定，做到诚实守信、依法申报。树立开放包容、合作共赢的国际视野，积极融入国际贸易体系，为推动构建开放型世界经济贡献力量。践行社会主义核心价值观，将个人发展与国家发展紧密结合，为实现中华民族伟大复兴的中国梦贡献力量。

○ **课程引例**

以二十大精神为指引，外贸企业“单一窗口”实践展担当

党的二十大报告明确提出了“推进高水平对外开放，稳步扩大规则、规制、管理、标准等制度型开放”的要求。这一精神为我国的对外贸易发展指明了方向，也对进出口货物报关工作提出了更高的要求。某外贸企业积极响应国家号召，加大国际贸易力度，拓展海外市场。在进出口业务中，该企业深刻认识到海关监管和报关工作的重要性，不仅严格遵守海关规定，还积极利用“单一窗口”系统进行高效通关。通过“两步申报”模式，该企业大大缩短了通关时间，降低了物流成本，提高了市场竞争力。

引例导学：本引例充分展示了外贸企业在国家政策引导下，如何积极应对挑战，抓住机遇，实现高质量发展。该外贸企业不仅遵守了法律法规，而且体现了诚信为本、开放包容的价值观。同时，通过高效通关和降低物流成本，该企业也为国家经济发展做出了贡献。这启示我们，在对外贸易中，要始终保持高度的法律意识和合规意识，积极融入国际贸易体系，为推动构建开放型世界经济贡献力量。同时，我们也要将个人发展与国家发展紧密结合，为实现中华民族伟大复兴的中国梦贡献自己的智慧和力量。

○ **知识支撑**

第一节 进出口货物报关单概述

一、进出口货物报关单

(一)进出口货物报关单的概念

进出口货物报关单是指进出口货物的收发货人或其代理人，按照海关规定的格式对进出口货物的实际情况做出书面声明，以此要求海关对其货物按适用的海关制度办理通关手续的法律文书。

(二)进出口货物报关单的类别

按货物的流转状态、贸易性质和海关监管方式不同，进出口货物报关可分为以下几种类型：

(1)按进出口状态，可分为进口货物报关单和出口货物报关单。

(2)按表现形式，可分为纸质报关单和电子数据报关单。

(3)按海关监管方式，可分为进料加工进(出)口货物报关单、来料加工及补偿贸易进(出)口货物报关单、一般贸易及其他贸易进(出)口货物报关单。

(4)按用途，可分为报关单录入凭单、预录入报关单和报关单证明联。

(三)关检融合报关单/入境检验检疫申请

1.进口货物报关单/入境检验检疫申请

进口货物报关单见样例6—1。

样例6—1

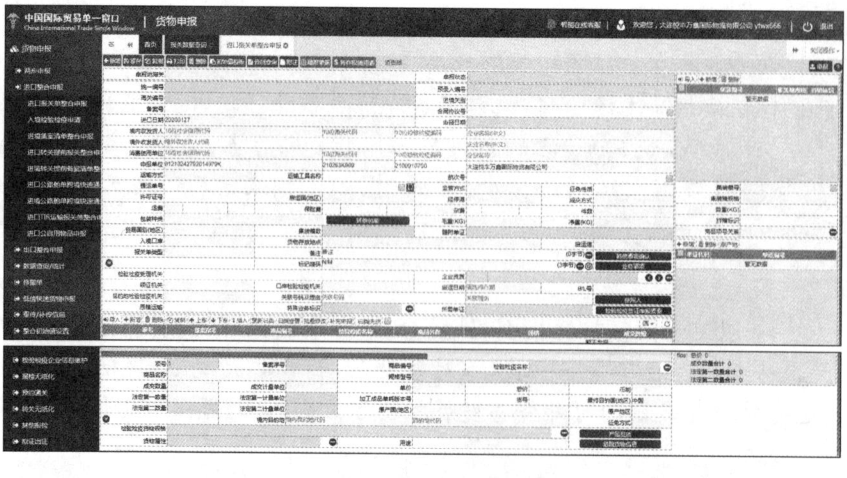

入境检验检疫申请见样例 6—2。

样例 6—2

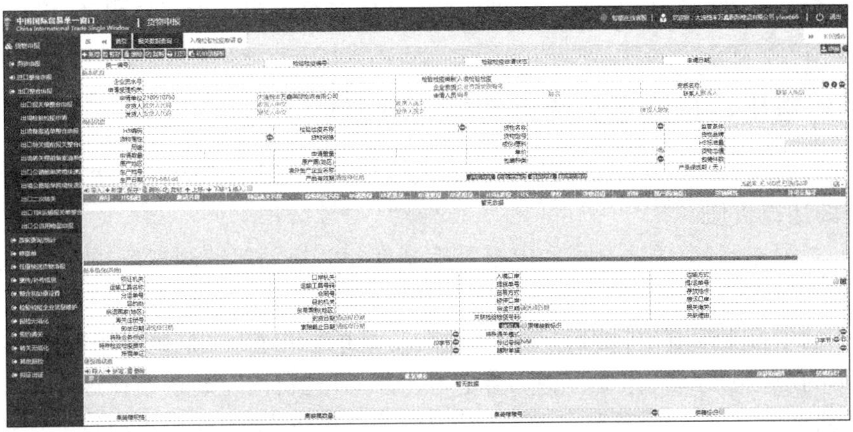

2. 出口货物报关单/出境检验检疫申请

出口货物报关单见样例 6—3。

样例 6—3

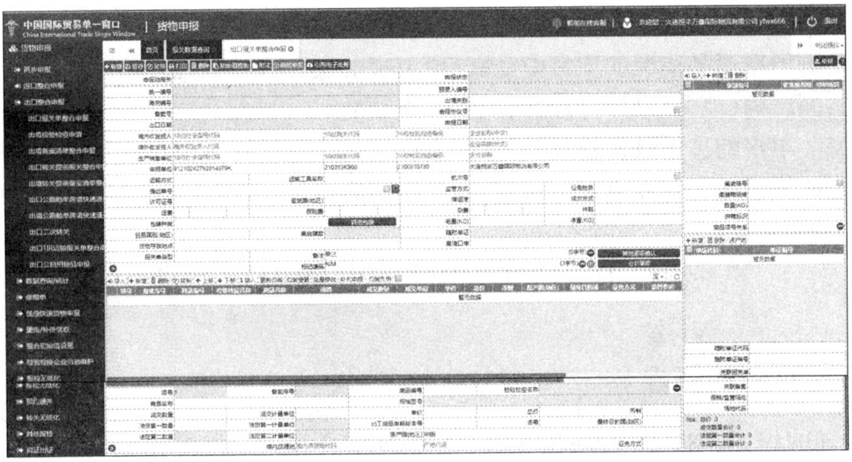

出境检验检疫申请见样例 6—4。

样例 6—4

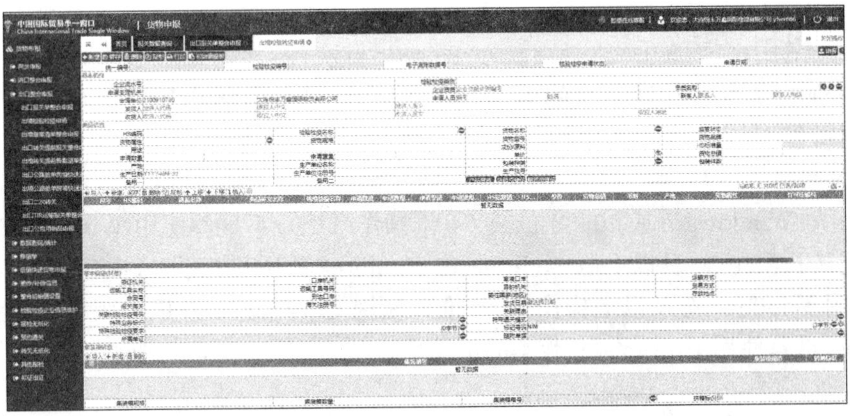

(四)进出口货物报关单的法律效力

进出口货物报关单及其他进出境报关单(证)在对外经济贸易活动中具有十分重要的法律效力,是货物的收发货人向海关报告其进出口货物实际情况及适用海关业务制度、申请海关审查并放行货物的必备法律文书。

二、海关对进出口货物报关单填制的一般要求

申报人在填制报关单时,应当依法如实向海关申报,对申报内容的真实性、准确性、完整性和规范性承担相应的法律责任。

(1)报关人必须按照《海关法》《货物申报管理制度》和《报关单填制规范》的有关规定和要求,向海关如实填报。

(2)报关单的填报必须真实,做到"两个相符":一是单证相符;二是单货相符。

(3)报关单的填报要准确、齐全、完整、清楚,报关单各栏目内容要逐项详细准确填报(打印),字迹清楚、整洁、端正,不得用铅笔或红色复写纸填写;若有更正,必须在更正项目上加盖校对章。

(4)不同批文或合同的货物、同一货物中不同贸易方式的货物、不同备案号的货物、不同提运单的货物、不同征免性质的货物、不同运输方式或相同运输方式但不同航次的货物等,均应分单填报。一份原产地证书只能对应一份报关单。同一份报关单上的商品不能同时享受协定税率和减免税。在一批货物中,对于实行原产地证书联网管理的,如涉及多份原产地证书或含非原产地证书商品,要分单填报。

(5)在反映进出口商品情况的项目中,须分项填报的主要有下列几种情况:商品编号不同的、商品名称不同的、原产国(地区)/最终目的国(地区)不同的。

(6)已向海关申报的进出口货物报关单,如原填报内容与实际进出口货物不一致而又有正当理由的,申报人应向海关递交书面更正申请,经海关核准后,对原填报的内容进行更改或撤销。

第二节 "单一窗口"业务申报准备

一、"单一窗口"的概念

动漫视频

单一窗口

按照联合国的相关标准,将"单一窗口"定义为:使贸易和运输相关各方在单一登记点递交满足全部进口、出口和转口相关监管规定的标准资料和单证的一项措施。"单一窗口"充分吸取现有数据格式规范,实现数据的简化与便利。(注:联合国第33号建议书:建立国际贸易单一窗口。)

二、"单一窗口"系统

(1)"单一窗口"系统采用网页版的B/S架构模式,无须安装客户端。企业可以随时随地通过网页进行申报操作。

(2)系统环境。

①操作系统:Windows 7或10(32位或64位操作系统);不推荐使用Windows XP系统。

②浏览器:Chrome 20及以上版本;Internet Explorer 9及以上版本,推荐使用IE 10或11版本;若用户使用Windows 7及以上操作系统,推荐使用Chrome 50及以上版本;若用户使用Windows XP系统,推荐使用Chrome 26版本的浏览器。

三、"单一窗口"注册前准备工作

"单一窗口"注册前准备工作，如表 6—1 所示。

表 6—1　　"单一窗口"注册前准备工作

企业中文名称	货物申报企业(报关)
统一信用代码号	海关注册编码(海关十位编码)
企业法人姓名	企业法人卡 或 Ukey
法人身份证号	报关员卡 或 Ukey
操作员姓名	货物申报企业(报检)
操作员身份证号	报检注册号
读卡器	原产地证注册号

四、用户注册

第一步：登录网站，选择所在区域。

(1)登录"单一窗口"：https://www.singlewindow.cn。

(2)选择"我要办事"，之后选择用户所在地，如辽宁。

第二步：用户注册(见图 6—1)。

第三步：企业注册(见图 6—2)。

第四步：单一窗口—企业信息—用户注册(见图 6—3)。

第五步：单一窗口—业务开通(见图 6—4)。

第六步：单一窗口—企业管理员—注册完成(见图 6—5)。

"单一窗口"标准版用户手册(企业资质)

图 6—1　用户注册

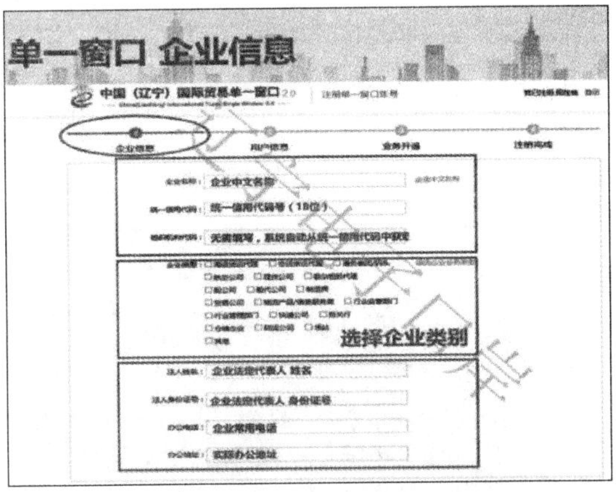

图 6—2　企业注册

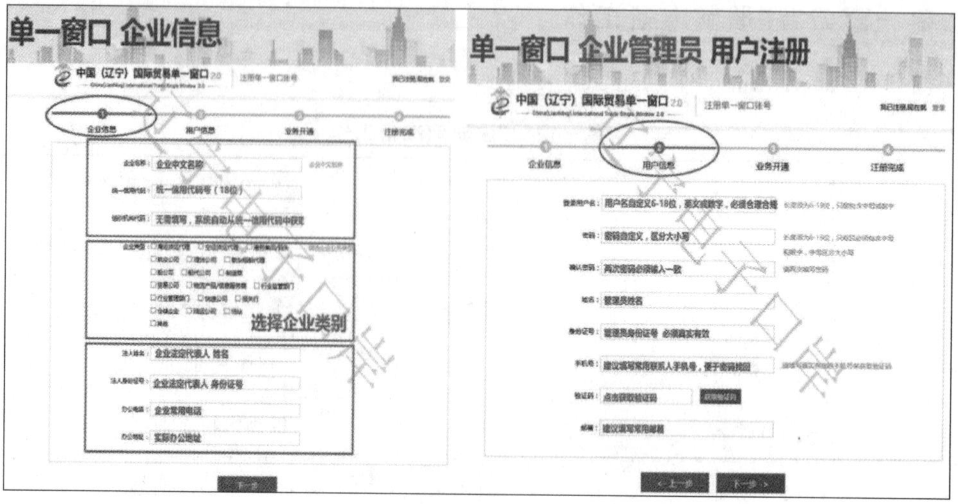

图 6—3　企业注册与用户信息

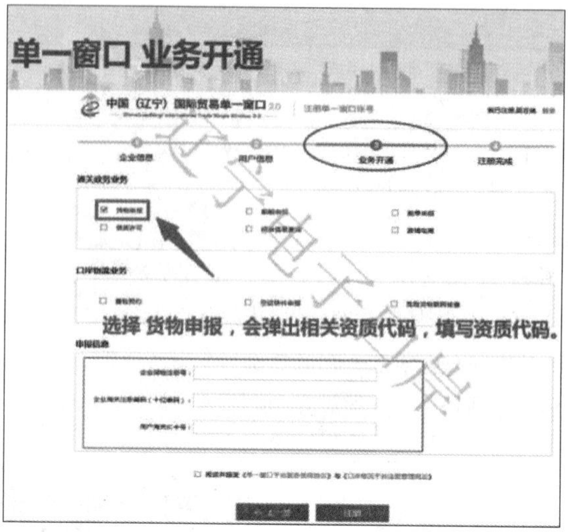

图 6—4　业务开通

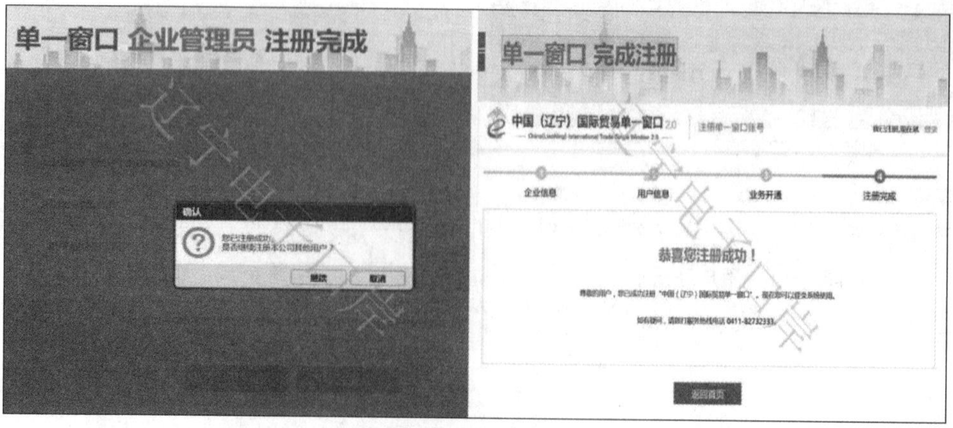

图 6—5　注册完成

【注意】为保障广大企业数据安全及商业隐私，中国国际贸易“单一窗口”货物申报系统于2020年9月20日进行了优化升级。①货物申报系统中报关申报等相关功能仅支持卡介质登录及操作(除出/入境检验检疫申请、数据查询/统计中检验检疫申请查询和检验检疫申请业务统计、检验检疫无纸化、其他检验检疫申报外)。②为保障企业数据信息安全，对非报关单收发货人的用户查询权限做出调整。报关单中收发货人在单据任何状态下均可查询完整数据、申报单位在单据审结前可查询完整数据，审结后部分敏感字段[如贸易国别(地区)等]界面显示为空、生产销售单位/消费使用单位任何状态下都无法查询数据、录入单位只能查看暂存状态数据。

五、“单一窗口”标准版用户手册

具体参见右侧二维码。

“单一窗口”标准版用户手册(用户管理)

第三节　“单一窗口”报关单填制规范

【提示】(1)预录入编号是指预录入报关单的编号，一份报关单对应一个预录入编号，由系统自动生成。报关单预录入编号为18位，其中第1～4位为接受申报海关的代码(海关规定的《关区代码表》中相应海关代码)，第5～8位为录入时的公历年份，第9位为进出口标志(“1”为进口，“0”为出口；集中申报清单“I”为进口，“E”为出口)，后9位为顺序编号。

代码参数表

(2)海关编号是指海关接受申报时给予报关单的编号，一份报关单对应一个海关编号，由系统自动生成。报关单海关编号为18位，其中第1～4位为接受申报海关的代码(海关规定的《关区代码表》中相应海关代码)，第5～8位为海关接受申报的公历年份，第9位为进出口标志(“1”为进口，“0”为出口；集中申报清单“I”为进口，“E”为出口)，后9位为顺序编号。

【注意】(1)本节的介绍以现行企业中的单一窗口申报为依据，增加了“两步申报”，在电子申报栏目项下将鼠标点击进口或出口整合申报，如要填写相应栏目，鼠标在指示的位置时，页面的底端会出现红色的填写提示。

(2)自2019年4月10日起，进出口企业、单位可以通过“互联网+海关”一体化网上办事平台(http://online. customs. gov. cn)“我要查”或中国国际贸易“单一窗口”(https://www. singlewindow. cn)“查询统计”子系统中相关功能，查询海关总署向国家税务总局传输海关出口报关单数据和进口增值税专用缴款书状态信息，方便进出口企业、单位及时办理出口退税和进口增值税抵扣手续。

(3)企业在申报进口时，不需要一次性完成100多个项目的申报，待所有信息通过海关验证后才能放行提货。目前，在“两步申报”模式下，企业无须一次性提交全部申报信息及单证，最少仅需填报9个基本项目，不必等到所有报关资料备齐，就可以将货物提离海关监管作业场所。货物到达目的地后，海关进行合格入市检查，企业须自交通运输工具申报进境之日起14日内，按照报关单填制规范完成第二步的“完整申报”，办理缴纳税款等手续。

(4)2025年3月27日对货物申报系统和加贸保税—海关特殊监管区域系统进行更新。报关单表体的批量修改新增“用途”和“货物属性”；报关单页面右下角(tips)：新增重量合计(千克)展示；两步申报核放单表头新增“车架号”“车自重(kg)”“车架重(kg)”“集装箱箱型”“集装箱箱重(kg)”“货物总毛重(kg)”和“总重量(kg)”字段；业务申报表结案时支持随附单据上传功能。

相关内容见图6—6至图6—8。

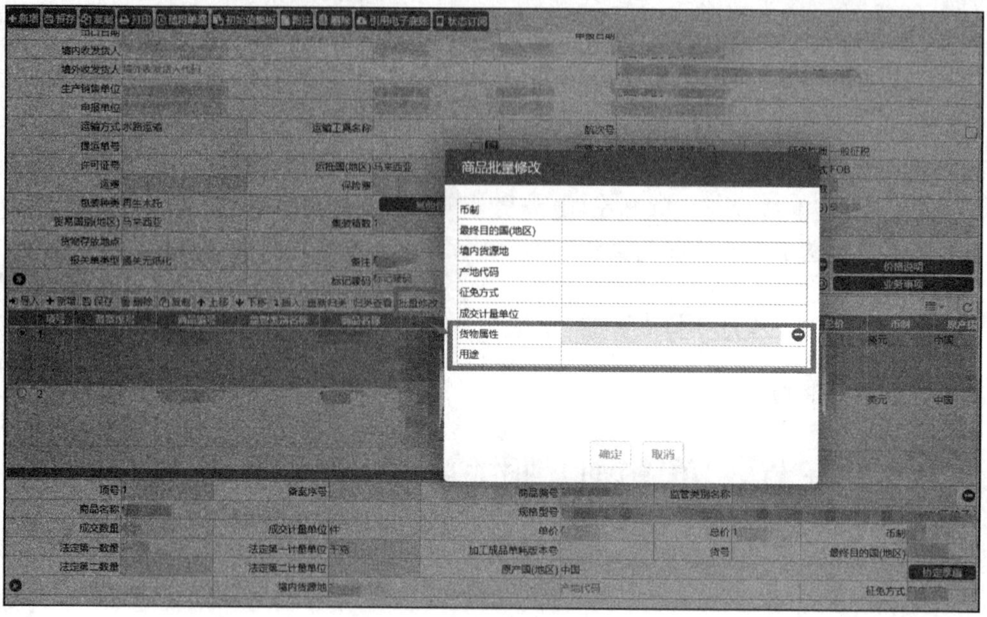

图 6—6　货物属性与用途

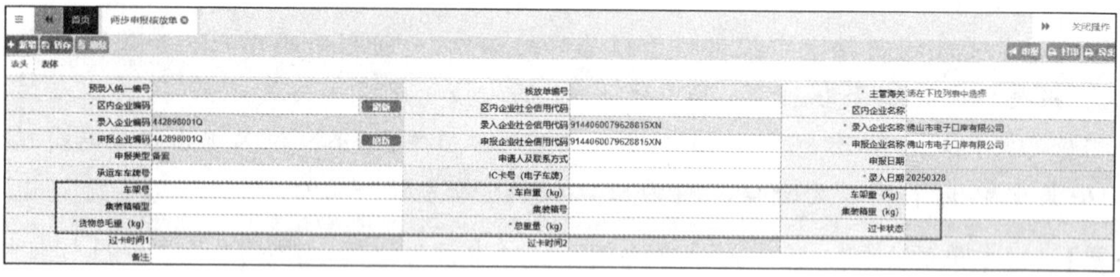

图 6—7　车架号等字段

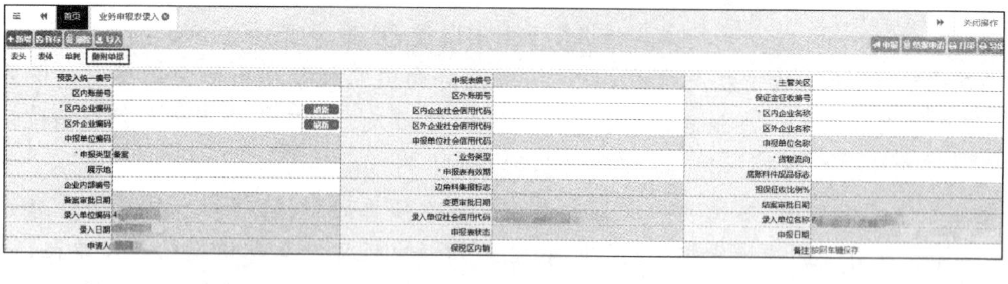

图 6—8　随附单据

(5)根据海关总署业务部门要求，对货物申报—拟证出证下的出境证书申请界面、出境通用证书申请界面、出境证书修改申请界面的数量单位(中文)、重量单位(中文)的下拉参数表进行调整，统一使用报关单的计量单位参数表。相关内容见图 6—9。

(6)根据海关总署业务部门要求，对属地查检系统进行更新，具体内容如下：①出境检验检疫申请界面“目的机关”改名为“查检机关”。②调整电子底账状态的查询权限。③出口危险货物包装危包使用界面“生产日期”改名为“灌装日期”，“联合国编码”调整为必填项且只能录入数字。④出口

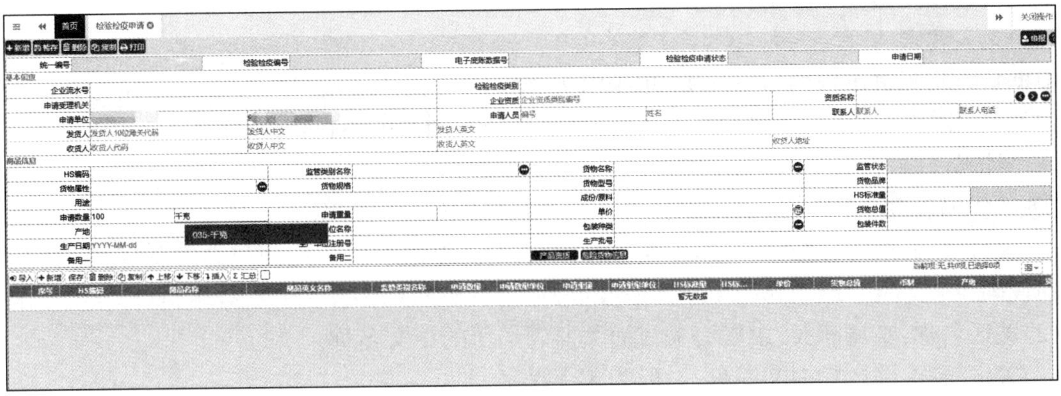

图 6—9 出境证书修改

危险货物包装危包申请和危包查询界面增加“企业流水号”字段。相关内容见图 6—10。

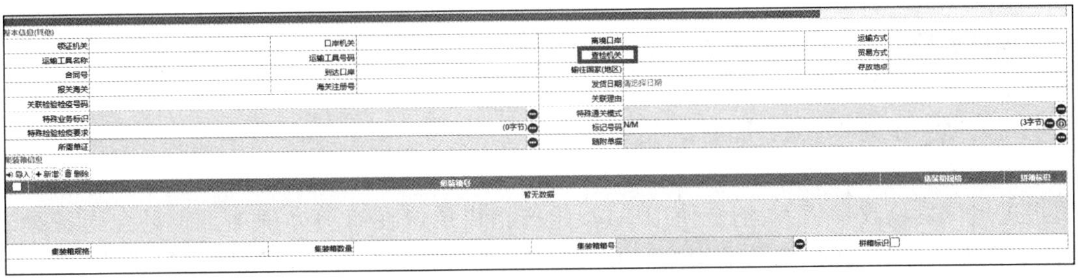

图 6—10 危险货物包装企业流水号

一、申报地海关

（一）项目类型

该申报项目为必填项。

该项目数据类型为 4 位字符型。

（二）录入要求

根据报关人员在货物进出口时的自主选择，填报海关规定的“关区代码表”中相应海关的名称及代码。例如，选择“广州机场”为申报地海关时，应录入“5141”。

（三）编码规则

“关区代码表”由三部分组成，即关区代码、关区名称和关区简称。

（1）关区代码：由 4 位数字组成，前两位采用直属海关关别代码，后两位为隶属海关或海关监管场所的代码。

（2）关区名称：直属海关、隶属海关或海关监管场所的中文名称。

（3）关区简称：关区的中文简称，一般为 4 个汉字。

参数表：关区代码表。

二、进出境关别

（一）项目类型

该申报项目为必填项。

该项目数据类型为 4 位字符型。

(二)录入要求

根据货物实际进出境的口岸海关,填报海关规定的"关区代码表"中相应口岸海关的名称及代码。例如,货物实际进出境的口岸海关为"广州机场"时,则录入"5141"。

(三)编码规则

"关区代码表"由三部分组成,即关区代码、关区名称和关区简称。

(1)关区代码:由 4 位数字组成,前两位采用直属海关关别代码,后两位为隶属海关或海关监管场所的代码。

(2)关区名称:直属海关、隶属海关或海关监管场所的中文名称。

(3)关区简称:关区的中文简称,一般为 4 个汉字。

参数表:关区代码表。

(2)其他。无。

三、备案号

(一)项目类型

该申报项目为选填项。

该项目数据类型为 12 位字符型。

(二)录入要求

填报进出口货物收发货人、消费使用单位、生产销售单位在海关办理加工贸易合同备案或征、减、免税审核确认等手续时,海关核发的"加工贸易手册"、海关特殊监管区域和保税监管场所保税账册、"征免税证明"或其他备案审批文件的编号。

(三)编码规则

备案号为 12 位字符,结构如下:

(1)第 1 位为备案或审批文件的标记。A. 外商投资企业为生产内销产品进口料件。B. 来料加工进出口货物。C. 进料加工进出口货物。D. 加工贸易不作价进口设备。E. 加工贸易电子账册。G. 加工贸易深加工结转异地报关手册。F. 加工贸易异地报关手册。H. 出口加工区电子账册。J. 保税仓库记账式电子账册。K. 保税仓库备案式电子账册。Y. 原产地证书。Z. 征免税证明。Q. 汽车零部件电子账册。

(2)第 2～5 位为核发"加工贸易手册""征免税证明"等海关关区代码。

(3)第 6 位为年份最后一位,出口加工区设备电子账册第 6 位为"D"。

(4)第 7 位区分不同类型分别定义:

①保税仓库电子账册(K、J)第 7 位为保税仓库类型代码。

②"加工贸易手册"第 7 位为企业经济类别代码。

③深加工结转分册第 7 位为"H",用于出口加工区深加工结转分册。

④"征免税证明"第 7 位为归档标志。

(5)第 8～12 位数为顺序码。

四、征免性质

(一)项目类型

该申报项目为选填项。

该项目数据类型为 3 位字符型。

(二)录入要求

根据实际情况,按海关规定的“征免性质代码表”选择填报相应的征免性质简称及代码,持有海关核发的“征免税证明”的,按照“征免税证明”中批注的征免性质填报。

录入时可根据下拉菜单选择征免性质或按海关规定的“征免性质代码表”录入相应的征免性质代码。例如,一般征税的货物,下拉菜单时可选择“101——一般征税”或录入“101”,栏目自动生成“一般征税”。

一份报关单只允许填报一种征免性质。

(三)编码规则

参数表:征免性质代码表。

五、许可证号

(一)项目类型

该申报项目为选填项。

该项目数据类型字符型,最多支持录入 20 位。

(二)录入要求

填报进(出)口许可证、两用物项和技术进(出)口许可证、两用物项和技术出口许可证(定向)、纺织品临时出口许可证、出口许可证(加工贸易)、出口许可证(边境小额贸易)的编号。

六、件数

(一)项目类型

该申报项目为必填项。

该项目数据类型为数字型,最多支持录入 9 位。

(二)录入要求

填报进出口货物运输包装的件数(按运输包装计),不得填报为零,裸装货物填报为“1”。运输包装是指提运单所列货物件数单位对应的包装。

七、毛重

(一)项目类型

该申报项目为必填项。

该项目数据类型为数字型,最多支持录入 19 位,19 位中小数点后最多支持录入 5 位。

(二)录入要求

填报进出口货物及其包装材料的重量之和,计量单位为千克,不足一千克的精确到小数点后 2 位。

八、净重

(一)项目类型

该申报项目为必填项。

该项目数据类型为数字型,最多支持录入 19 位,19 位中小数点后最多支持录入 5 位。

(二)录入要求

填报进出口货物的毛重减去外包装材料后的重量,即货物本身的实际重量,计量单位为千克,不足一千克的精确到小数点后 2 位。

九、成交方式

(一)项目类型

该申报项目为必填项。

该项目数据类型为1位字符型。

(二)录入要求

根据进出口货物实际成交价格条款,按海关规定的“成交方式代码表”选择填报相应的成交方式代码。例如,该货物的成交方式为CIF,下拉菜单时可选择“1—CIF”或录入“1”,栏目自动生成“CIF”。

(三)编码规则

参数表:成交方式代码表。

十、运费标记

(一)项目类型

该申报项目为选填项。

该项目数据类型为1位字符型。

(二)录入要求

运费为进口货物运抵我国境内输入地点起卸前的运输费用,出口货物运至我国境内输出地点装载后的运输费用。运费可按运费单价、总价或运费率三种方式之一填报。

“运费”项下第一栏为“运费标记”栏。

当按照运费率申报时,“运费标记”栏选择填报“1—率”;当按照每吨货物的运费单价申报时,“运费标记”栏选择填报“2—单价”;当按照运费总价申报时,“运费标记”栏选择填报“3—总价”。

(三)编码规则

参数表:运费标记代码表。

十一、运费/率

(一)项目类型

该申报项目为选填项。

该项目数据类型为数字型,最多支持录入19位,19位中小数点后最多支持录入5位。

(二)录入要求

运费为进口货物运抵我国境内输入地点起卸前的运输费用,出口货物运至我国境内输出地点装载后的运输费用。运费可按运费单价、总价或运费率三种方式之一填报。

“运费”项下第二栏为“运费/率”栏。

当“运费标记”栏为“1—率”时,在本栏填报运费率;当“运费标记”栏为“2—单价”时,在本栏填报运费单价;当“运费标记”栏为“3—总价”时,在本栏填报运费总价。

十二、运费币制

(一)项目类型

该申报项目为选填项。

该项目数据类型为3位字符型。

(二)录入要求

填报进口货物运抵我国境内输入地点起卸前的运输费用，出口货物运至我国境内输出地点装载后的运输费用。运费可按运费单价、总价或运费率三种方式之一填报。

“运费”项下第三栏为“运费币制”栏。

当“运费标记”栏为“1—率”时，本栏免予录入；当“运费标记”栏为“2—单价”或“3—总价”时，本栏按海关规定的“货币代码表”录入相应的币种代码。

(三)编码规则

具体规则:《GBT 12406－2008 表示货币和资金的代码》。

参数表:货币代码表。

十三、保险费标记

(一)项目类型

该申报项目为选填项。

该项目数据类型为 1 位字符型。

(二)录入要求

保险费为进口货物运抵我国境内输入地点起卸前的保险费用，出口货物运至我国境内输出地点装载后的保险费用。保险费可按保险费总价或保险费率两种方式之一填报。

“保险费”项下第一栏为“保险费标记”栏。

当按照保险费率申报时，“保险费标记”栏选择填报“1—率”；当按照保险费总价申报时，“保险费标记”栏选择填报“3—总价”。

(三)编码规则

参数表:保费标记代码表。

十四、保险费/率

(一)项目类型

该申报项目为选填项。

该项目数据类型为数字型，最多支持录入 19 位，19 位中小数点后最多支持录入 5 位。

(二)录入要求

保险费为进口货物运抵我国境内输入地点起卸前的保险费用，出口货物运至我国境内输出地点装载后的保险费用。保险费可按保险费总价或保险费率两种方式之一填报。

“保险费”项下第二栏为“保险费/率”栏。

当“保险费标记”栏为“1—率”时，在本栏填报保险费率；当“保险费标记”栏为“3—总价”时，在本栏填报保险费总价。

十五、保险费币制

(一)项目类型

该申报项目为选填项。

该项目数据类型为 3 位字符型。

(二)录入要求

保险费为进口货物运抵我国境内输入地点起卸前的保险费用，出口货物运至我国境内输出地点装载后的保险费用。保险费可按保险费总价或保险费率两种方式之一填报。

“保险费”项下第三栏为“保险费币制”栏。

当“保险费标记”栏为“3—总价”时，本栏按海关规定的“货币代码表”录入相应的币种代码；当“保险费标记”栏为“1—率”时，本栏无须填报。

（三）编码规则

具体规则：《GBT 12406－2008 表示货币和资金的代码》。

参数表：货币代码表。

十六、杂费标记

（一）项目类型

该申报项目为选填项。

该项目数据类型为1位字符型。

（二）录入要求

杂费为成交价格以外的、按照《关税法》相关规定应计入完税价格或应从完税价格中扣除的费用。杂费可按杂费总价或杂费率两种方式之一填报。

“杂费”项下第一栏为“杂费标记”栏。

当按照杂费率申报时，“杂费标记”栏选择填报“1—率”；当按照杂费总价申报时，“杂费标记”栏选择填报“3—杂费总价”。

（三）编码规则

参数表：杂费标记代码表。

十七、杂费/率

（一）项目类型

该申报项目为选填项。

该项目数据类型为数字型，最多支持录入19位，19位中小数点后最多支持录入5位。

（二）录入要求

杂费为成交价格以外的、按照《关税法》相关规定应计入完税价格或应从完税价格中扣除的费用。杂费可按杂费总价或杂费率两种方式之一填报。

“杂费”项下第二栏为“杂费/率”栏。

当“杂费标记”栏为“1—率”时，在本栏填报杂费率；当“杂费标记”栏为“3—杂费总价”时，在本栏填报杂费总价。

十八、杂费币制

（一）项目类型

该申报项目为选填项。

该项目数据类型为3位字符型。

（二）录入要求

填报成交价格以外的、按照《关税法》相关规定应计入完税价格或应从完税价格中扣除的费用。杂费可按杂费总价或杂费率两种方式之一填报。

“杂费”项下第三栏为“杂费币制”栏。

当“杂费标记”栏为“3—杂费总价”时，本栏按海关规定的“货币代码表”录入相应的币种代码；当“杂费标记”栏为“1—率”时，本栏无须填报。

(三)编码规则

具体规则:《GBT 12406－2008 表示货币和资金的代码》。

参数表:货币代码表。

十九、随附单证代码

(一)项目类型

该申报项目为选填项。

该项目数据类型为1位字符型。

(二)录入要求

除进(出)口许可证、两用物项和技术进(出)口许可证、两用物项和技术出口许可证(定向)、纺织品临时出口许可证、出口许可证(加工贸易)、出口许可证(边境小额贸易)以外的其他进出口许可证件或监管证件,按海关规定的“监管证件代码表”选择填报相应证件代码。

(三)编码规则

参数表:监管证件代码表。

二十、随附单证编号

(一)项目类型

该申报项目为选填项。

该项目数据类型为字符型,最多支持录入32位。

(二)录入要求

除进(出)口许可证、两用物项和技术进(出)口许可证、两用物项和技术出口许可证(定向)、纺织品临时出口许可证、出口许可证(加工贸易)、出口许可证(边境小额贸易)以外的其他进出口许可证件或监管证件,填报证件编号。

(三)编码规则

参数表:监管证件代码表。

二十一、随附单据

(一)项目类型

该申报项目为选填项。

该项目数据类型为8位字符型。

(二)录入要求

“报关单类型”为“通关无纸化”的报关单需根据海关各类监管要求,上传相关随附单据。

上传随附单据时,需按海关规定的“随附单据表”录入相应的随附单据编号。例如,上传合同时,“随附单据”栏需录入“00000004”。

(三)编码规则

参数表:随附单据表。

二十二、关联报关单

(一)项目类型

该申报项目为选填项。

该项目数据类型为18位字符型。

(二)录入要求

与本报关单有关联关系的,同时在业务管理规范方面又要求填报的报关单号,填报在电子数据报关单中“关联报关单”栏。

二十三、关联备案

(一)项目类型

该申报项目为选填项。

该项目数据类型为12位字符型。

(二)录入要求

与本报关单有关联关系的,同时在业务管理规范方面又要求填报的备案号,填报在电子数据报关单中“关联备案”栏。

二十四、备案序号

(一)项目类型

该申报项目为选填项。

该项目数据类型为数字型,最多支持录入19位。

(二)录入要求

“项号”第二行填报“备案序号”,专用于加工贸易、减免税等已备案、审批的货物,填报和打印该项货物在“加工贸易手册”或“征免税证明”等备案、审批单证中的顺序编号。

二十五、规格型号

(一)项目类型

该申报项目为必填项。

该项目数据类型为字符型,最多支持录入255位。

(二)录入要求

具体填报要求如下:

(1)规格型号应据实填报,并与进出口货物收发货人或受委托的报关企业所提交的合同、发票等相关单证相符。

(2)规格型号应当足够详细,以能满足海关归类、审价及许可证件管理要求为准,可参照《海关进出口商品规范申报目录》中对规格型号的要求进行填报。

(3)对需要海关签发“货物进口证明书”的车辆,商品名称栏填报“车辆品牌+排气量(注明cc)+车型(如越野车、小轿车等)”。进口汽车底盘不填报排气量。车辆品牌按照“进口机动车辆制造厂名称和车辆品牌中英文对照表”中“签注名称”一栏的要求填报。规格型号栏可填报“汽油型”等。

(4)由同一交通运输工具同时运抵同一口岸并且属于同一收货人、使用同一提单的多种进口货物,按照商品归类规则应当归入同一商品编号的,应当将有关商品一并归入该商品编号。规格型号填报一并归类后商品的规格型号。

(5)加工贸易边角料和副产品内销,边角料复出口,填报其报验状态的规格型号。

(6)进口货物收货人以一般贸易方式申报进口属于“需要详细列名申报的汽车零部件清单”(海关总署2006年第64号公告)范围内的汽车生产件的,规格型号填报汽车零部件的完整编号。在零部件编号前应当加注“S”字样,并与零部件编号之间用“/”相隔,零部件编号之后应当依次加注该零部件适用的汽车品牌和车型。汽车零部件属于可以适用于多种汽车车型的通用零部件的,零部件编号后应当加注“TY”字样，并用“/”与零部件编号相隔。与进口汽车零部件规格型号相关的其他需要申报的要素，或者海关规定的其他需要申报的要素，如“功率”“排气量”等，应当在车型或“TY”之后填报，并用“/”与之相隔。

(7)进口货物收货人以一般贸易方式申报进口属于“需要详细列名申报的汽车零部件清单”(海关总署2006年第64号公告)范围内的汽车维修件的，填报规格型号时，应当在零部件编号前加注“W”，并与零部件编号之间用“/”相隔；进口维修件的品牌与该零部件适用的整车厂牌不一致的，应当在零部件编号前加注“WF”，并与零部件编号之间用“/”相隔。其余申报要求同上条执行。

(8)品牌类型。品牌类型为必填项目。可选择“无品牌”“境内自主品牌”“境内收购品牌”“境外品牌(贴牌生产)”“境外品牌(其他)”如实填报。其中，“境内自主品牌”是指由境内企业自主开发、拥有自主知识产权的品牌；“境内收购品牌”是指境内企业收购的原境外品牌；“境外品牌(贴牌生产)”是指境内企业代工贴牌生产中使用的境外品牌；“境外品牌(其他)”是指除代工贴牌生产以外使用的境外品牌。

(9)出口享惠情况。出口享惠情况为出口报关单必填项目。可选择“出口货物在最终目的国(地区)不享受优惠关税”“出口货物在最终目的国(地区)享受优惠关税”“出口货物不能确定在最终目的国(地区)享受优惠关税”如实填报。进口货物报关单不填报该申报项。

二十六、成交数量

(一)项目类型

该申报项目为必填项。

该项目数据类型为数字型，最多支持录入19位，19位中小数点后最多支持录入5位。

(二)录入要求

填报货物实际成交的数量。

二十七、成交计量单位

(一)项目类型

该申报项目为必填项。

该项目数据类型为3位字符型。

(二)录入要求

通过下拉菜单选择货物实际成交所用的计量单位。例如，成交单位为“台”，则通过下拉菜单选择“001—台”。

(三)编码规则

参数表：计量单位代码表。

二十八、法定第二数量

(一)项目类型

该申报项目为选填项。

该项目数据类型为数字型，最多支持录入19位，19位中小数点后最多支持录入5位。

(二)录入要求

凡列明有法定第二计量单位的，按照法定第二计量单位填报对应的数量。无法定第二计量单位的，无须录入。

二十九、最终目的国(地区)

(一)项目类型

该申报项目为必填项。

该项目数据类型为3位字符型。

(二)录入要求

最终目的国(地区)按海关规定的“国别(地区)代码表”选择填报已知的进出口货物的最终实际消费、使用或进一步加工制造国家(地区)。

(三)编码规则

海关根据国家标准修订的“国别(地区)代码表”由3位英文构成。

参数表:国别(地区)代码表。

三十、征免方式

(一)项目类型

该申报项目为必填项。

该项目数据类型为1位字符型。

(二)录入要求

按照海关核发的“征免税证明”或有关政策规定,对报关单所列每项商品选择海关规定的“征减免税方式代码表”中相应的征减免税方式填报。

(三)编码规则

参数表:征减免税方式代码表。

三十一、特殊关系确认

(一)项目类型

该申报项目为选填项。

该项目数据类型为1位字符型。

(二)录入要求

根据《海关审定进出口货物完税价格办法》(以下简称《审价办法》)第十六条的规定,填报确认进出口行为中买卖双方是否存在特殊关系,有下列情形之一的,应当认为买卖双方存在特殊关系,应在下拉菜单中选择“1—是”,反之则选择“0—否”:

(1)买卖双方为同一家族成员的。

(2)买卖双方互为商业上的高级职员或者董事的。

(3)一方直接或者间接地受另一方控制的。

(4)买卖双方都直接或者间接地受第三方控制的。

(5)买卖双方共同直接或者间接地控制第三方的。

(6)一方直接或者间接地拥有、控制或者持有对方5%以上(含5%)公开发行的有表决权的股票或者股份的。

(7)一方是另一方的雇员、高级职员或者董事的。

(8)买卖双方是同一合伙的成员的。

买卖双方在经营上相互有联系,一方是另一方的独家代理、独家经销或者独家受让人,如果符合前款的规定,也应当视为存在特殊关系。出口货物免予填报,加工贸易及保税监管货物(内销保税货物除外)免予填报。

三十二、价格影响确认

(一)项目类型

该申报项目为选填项。

该项目数据类型为1位字符型。

(二)录入要求

根据《审价办法》第十七条的规定,填报确认纳税义务人是否可以证明特殊关系未对进口货物的成交价格产生影响,纳税义务人能证明其成交价格与同时或者大约同时发生的下列任何一款价格相近的,应当视为特殊关系未对成交价格产生影响,在下拉菜单中选择"0—否",反之则选择"1—是":

(1)向境内无特殊关系的买方出售的相同或者类似进口货物的成交价格。

(2)按照《审价办法》第二十三条的规定所确定的相同或者类似进口货物的完税价格。

(3)按照《审价办法》第二十五条的规定所确定的相同或者类似进口货物的完税价格。

提醒:出口货物免予填报,加工贸易及保税监管货物(内销保税货物除外)免予填报。

三十三、与货物有关的特许权使用费支付确认

(一)项目类型

该申报项目为选填项。

该项目数据类型为1位字符型。

(二)录入要求

根据《审价办法》第十一条和第十三条的规定,填报确认买方是否存在向卖方或者有关方直接或者间接支付与进口货物有关的特许权使用费,且未包括在进口货物的实付、应付价格中。通过下拉菜单方式选择填报。

买方存在需向卖方或者有关方直接或者间接支付特许权使用费,且未包含在进口货物实付、应付价格中,并且符合《审价办法》第十三条的,选择"1—是"。

买方存在需向卖方或者有关方直接或者间接支付特许权使用费,且未包含在进口货物实付、应付价格中,但纳税义务人无法确认是否符合《审价办法》第十三条规定的,选择"1—是"。

买方存在需向卖方或者有关方直接或者间接支付特许权使用费,且未包含在实付、应付价格中,纳税义务人根据《审价办法》第十三条的规定,可以确认需支付的特许权使用费与进口货物无关的,选择"0—否"。

买方不存在向卖方或者有关方直接或者间接支付特许权使用费的,或者特许权使用费已经包含在进口货物实付、应付价格中的,选择"0—否"。

三十四、报关单类型

(一)项目类型

该申报项目为必填项。

该项目数据类型为1位字符型。

(二)录入要求

有纸报关通过下拉菜单选择"0—有纸报关",有纸带清单报关选择"L—有纸带清单报关",无纸带清单报关选择"D—无纸带清单报",通关无纸化选择"M—通关无纸化"。

三十五、自报自缴

（一）项目类型

该申报项目为选填项。

该项目数据类型为1位字符型。

（二）录入要求

进出口企业、单位采用“自主申报、自行缴税”（自报自缴）模式向海关申报时，勾选本项目；反之则不勾选。

三十六、自主报税

（一）项目类型

该申报项目为选填项。

该项目数据类型为1位字符型。

（二）录入要求

进出口企业、单位采用“自主申报、自行缴税”（自报自缴）模式向海关申报时，勾选本栏目；反之则不勾选。

三十七、担保验放

（一）项目类型

该申报项目为选填项。

该项目数据类型为1位字符型。

（二）录入要求

进出口企业、单位采用“担保验放”模式向海关申请通关放行，勾选本栏目；反之则不勾选。

三十八、税单无纸化

（一）项目类型

该申报项目为选填项。

该项目数据类型为1位字符型。

（二）录入要求

进出口企业、单位采用“税单无纸化”模式向海关申报时，勾选本栏目；反之则不勾选。

三十九、保税监管场所

（一）项目类型

该申报项目为选填项。

该项目数据类型为字符型，最长支持录入10位。

（二）录入要求

保税监管场所进出货物，在“保税监管场所”栏目填报本保税监管场所编码[保税物流中心（B型）填报本中心的国内地区代码]，其中涉及货物在保税监管场所间流转的，在本栏目填报对方保税监管场所代码。

四十、货场代码

(一)项目类型

该申报项目为选填项。

该项目数据类型为4位字符型。

(二)录入要求

按照进出口货物海关实际监管点,根据海关规定的"海关货场代码表"准确填报本栏目。黄埔海关专用。

(三)编码规则

参数表:海关货场代码表。

四十一、货号

(一)项目类型

该申报项目为选填项。

该项目数据类型为字符型,最长支持录入30位。

(二)录入要求

申报加工贸易货物进出口报关单时,根据"加工贸易手册"中备案的料件、成品货号填报本栏目。

四十二、加工成品单耗版本号

(一)项目类型

该申报项目为选填项。

该项目数据类型为8位字符型。

(二)录入要求

申报加工贸易货物出口报关单时,系统自动返填与"加工贸易手册"中备案成品单耗一致的版本号。

四十三、境内收发货人代码

(一)项目类型

该申报项目为必填项。

该项目数据类型18位字符型。

(二)录入要求

填报在海关备案的对外签订并执行进出口贸易合同的中国境内法人、其他组织名称及编码。编码填报18位法人和其他组织统一社会信用代码,没有统一社会信用代码的,填报其在海关的备案编码。进口填"境内收货人",出口填"境内发货人"。人工录入企业代码后,系统自动返填企业中文名名称。

【经验小谈6-1】 如何填写境内收发货人编码

我司还没有办理社会统一信用代码。请问:在填报关单时应如何填写境内收发货人编码?

答:根据海关总署公告《中华人民共和国海关进出口货物报关单填制规范》第三条的规定,境内收发货人填报在海关备案的对外签订并执行进出口贸易合同的中国境内法人、其他组织名称及编码。编码填报18位法人和其他组织统一社会信用代码,没有统一社会信用代码的,填报其在海关的备案编码。

特殊情况下，填报要求如下：①进出口货物合同的签订者和执行者非同一企业的，填报执行合同的企业。②外商投资企业委托进出口企业进口投资设备、物品的，填报外商投资企业，并在标记唛码及备注栏注明“委托某进出口企业进口”，同时注明被委托企业的18位法人和其他组织统一社会信用代码。③有代理报关资格的报关企业代理其他进出口企业办理进出口报关手续时，填报委托的进出口企业。④海关特殊监管区域收发货人填报该货物的实际经营单位或海关特殊监管区域内经营企业。

四十四、进出口日期

（一）项目类型

该申报项目为必填项。

该项目数据类型为8位字符型。

（二）录入要求

进口日期填报运载进口货物的交通运输工具申报进境的日期。出口日期是指运载出口货物的交通运输工具办结出境手续的日期，在申报时免予填报。无实际进出境的货物，填报海关接受申报的日期。

进口日期为人工录入，入库后系统自动返填；出口日期在申报时免予填报，入库后系统自动返填。

本栏目为8位数字，顺序为年（4位）、月（2位）、日（2位），格式为“YYYYMMDD”。

四十五、运输方式

（一）项目类型

该申报项目为必填项。

该项目数据类型为1位字符型。

（二）录入要求

运输方式包括实际运输方式和海关规定的特殊运输方式。前者是指货物实际进出境的运输方式，按进出境所使用的交通运输工具分类；后者是指货物无实际进出境的运输方式，按货物在境内的流向分类。

根据货物实际进出境的运输方式或货物在境内流向的类别，按照海关规定的“运输方式代码表”选择填报相应的运输方式。

（三）编码规则

参数表：运输方式代码表。

四十六、交通运输工具名称

（一）项目类型

该申报项目为有条件必填项。

该项目数据类型为字符型，最多支持录入32位。

（二）录入要求

填报载运货物进出境的交通运输工具名称或编号。填报内容应与运输部门向海关申报的舱单（载货清单）所列相应内容一致。

四十七、航次号

(一)项目类型

该申报项目为有条件必填项,在货物实际进出境时触发必填项。

该项目数据类型为字符型,最多支持录入 32 位。

(二)录入要求

填报载运货物进出境的航次号。填报内容应与运输部门向海关申报的舱单(载货清单)所列相应内容一致。

四十八、提运单号

(一)项目类型

该申报项目为有条件必填项,在货物实际进出境时触发必填项。

该项目数据类型为 32 位字符型。

(二)录入要求

填报进出口货物提单或运单的编号。一份报关单只允许填报一个提单或运单号,一票货物对应多个提单或运单时,应分单填报。

四十九、消费使用/生产销售单位代码

(一)项目类型

该申报项目为必填项。

该项目数据类型为 18 位字符型。

(二)录入要求

填报 18 位法人和其他组织统一社会信用代码,无 18 位统一社会信用代码的,填报"NO"。进口填报消费使用单位,出口填报生产销售单位。人工录入企业代码后,系统自动返填企业中文名称。

五十、监管方式

(一)项目类型

该申报项目为必填项。

该项目数据类型为 4 位字符型。

(二)录入要求

根据实际对外贸易情况按海关规定的"监管方式代码表"选择填报相应的监管方式简称及代码。一份报关单只允许填报一种监管方式。

(三)编码规则

监管方式是指以国际贸易中进出口货物的交易方式为基础,结合海关对进出口货物的征税、统计及监管条件综合设定的海关对进出口货物的管理方式。其代码由 4 位数字构成,前两位是按照海关监管要求和计算机管理需要划分的分类代码,后两位是参照国际标准编制的贸易方式代码。

参数表:监管方式代码表。

五十一、合同协议号

(一)项目类型

该申报项目为必填项。

该项目数据类型为字符型,最多支持录入 32 位。

(二)录入要求

填报进出口货物合同(包括协议或订单)编号。未发生商业性交易的,免予填报。

五十二、贸易国(地区)

(一)项目类型

该申报项目为必填项。

该项目数据类型为 3 位字符型。

(二)录入要求

发生商业性交易按海关规定的“国别(地区)代码表”选择填报相应的贸易国别(地区)中文名称及代码。进口填报购自国(地区),出口填报售予国(地区)。

提醒:未发生商业性交易的,填报货物所有权拥有者所属的国家(地区)。

(三)编码规则

海关根据国家标准修订的“国别(地区)代码表”由 3 位英文构成。

参数表:国别(地区)代码表。

(2)其他。无。

五十三、启运国/运抵国(地区)

(一)项目类型

该申报项目为必填项。

该项目数据类型为 3 位字符型。

(二)录入要求

启运国(地区)按海关规定的“国别(地区)代码表”填报进口货物起始发出直接运抵我国或者在运输中转国(地区)未发生任何商业性交易的情况下运抵我国的国家(地区)。例如,申报进口货物的启运国为美国时,根据下拉菜单选择填报“USA—美国”,也可在本栏录入中文“美国”。

运抵国(地区)按海关规定的“国别(地区)代码表”填报出口货物离开我国关境直接运抵或者在运输中转国(地区)未发生任何商业性交易的情况下最后运抵的国家(地区)。例如,申报出口货物的运抵国为马来西亚时,根据下拉菜单选择填报代码为“MYS—马来西亚”,也可在本栏录入中文“马来西亚”。

(三)编码规则

海关根据国家标准修订的“国别(地区)代码表”由 3 位英文构成。

参数表:国别(地区)代码表。

五十四、经停港/指运港

(一)项目类型

该申报项目为必填项。

该项目数据类型为 6 位字符型。

（二）录入要求

经停港按海关规定的“港口代码表”选择填报进口货物在运抵我国关境前的最后一个境外装运港。

指运港按海关规定的“港口代码表”选择填报出口货物运往境外的最终目的港。

（三）编码规则

参数表：港口代码表。

五十五、包装种类

（一）项目类型

该申报项目为必填项。

该项目数据类型为2位字符型。

（二）录入要求

按照海关规定的“包装种类代码表”选择填报进出口货物的所有包装材料，包括运输包装和其他包装。

其中，运输包装即提运单所列货物件数单位对应的包装，按照海关规定的“包装种类代码表”，填报运输包装对应的2位包装种类代码。例如，使用再生木托作为运输包装的，在本栏填报中文“再生木托”或代码“92”。

若还有其他包装，包括货物的各类包装、植物性铺垫材料等，则在“其他包装”栏目的“包装材料种类”中，按照海关规定的“包装种类代码表”填报2位包装种类代码，在“包装件数”栏填报对应件数数字。例如，其他包装中含有纸制或纤维板制盒（箱）包装的，在本栏填报中文“纸制或纤维板制盒（箱）”或代码“22”。

（三）编码规则

参数表：包装种类代码表。

五十六、标记唛码

（一）项目类型

该申报项目为选填项。

该项目数据类型为字符型，最多支持录入400位。

（二）录入要求

填报标记唛码中除图形以外的文字、数字，无标记唛码的填报“N/M”。

五十七、备注

（一）项目类型

该申报项目为选填项。

该项目数据类型为字符型，最多支持录入70位。

（二）录入要求

有以下情况的需按照填制规范的要求录入相关信息：

（1）受外商投资企业委托代理其进口投资设备、物品的，在本栏填报进出口企业名称。

（2）办理进口货物直接退运手续的，在本栏填报“＜ZT”＋“海关审核联系单号或者‘海关责令进口货物直接退运通知书’编号”＋“＞”。

（3）保税监管场所进出货物，在“保税/监管场所”栏填报本保税监管场所编码[保税物流中心

(B型)填报本中心的国内地区代码],若涉及货物在保税监管场所间流转的,在本栏填报对方保税监管场所代码。

(4)涉及加工贸易货物销毁处置的,在本栏填报海关加工贸易货物销毁处置申报表编号。

(5)当监管方式为"暂时进出货物"(2600)和"展览品"(2700)时,填报要求按相应规定进行。

(6)跨境电子商务进出口货物,在本栏填报"跨境电子商务"。

(7)加工贸易副产品内销,在本栏填报"加工贸易副产品内销"。

(8)服务外包货物进口,在本栏填报"国际服务外包进口货物"。

(9)公式定价进口货物,在本栏填报公式定价备案号,格式为:"公式定价"+备案编号+"@"。对于同一报关单下有多项商品的,如某项或某几项商品为公式定价备案的,则在本栏填报为"公式定价"+备案编号+"#"+商品序号+"@"。

(10)进出口与"预裁定决定书"列明情形相同的货物时,按照"预裁定决定书"在本栏填报,格式为"预裁定+'预裁定决定书'编号"。例如,某份预裁定决定书编号为R-2-0100-2018-0001,则填报为"预裁定R-2-0100-2018-0001"。

(11)含归类行政裁定报关单,在本栏填报归类行政裁定编号,格式为"c"+4位数字编号。例如,c0001。

(12)已经在进入特殊监管区时完成检验的货物,在出区入境申报时,在本栏填报"预检验"字样,同时在"关联报检单"栏填报实施预检验的报关单号。

(13)进口直接退运的货物,在本栏填报"直接退运"字样。

(14)企业提供ATA单证册的货物,在本栏填报"ATA单证册"字样。

(15)进出口不含动物源性低风险的生物制品,在本栏填报"不含动物源性"字样。

(16)货物自境外进入境内特殊监管区或者保税仓库的,在本栏填报"保税入库"或者"境外入区"字样。

(17)海关特殊监管区域与境内区外之间采用分送集报方式进出的货物,在本栏填报"分送集报"字样。

(18)军事装备出入境的,在本栏填报"军品"或"军事装备"字样。

(19)申报商品的HS编码为3821000000、3002300000的,填报要求为:属于培养基的,在本栏填报"培养基"字样;属于化学试剂的,在本栏填报"化学试剂"字样;不含动物源性成分的,在本栏填报"不含动物源性"字样。

(20)属于修理物品的,在本栏填报"修理物品"字样。

(21)属于下列情况的,分别在本栏填报"压力容器""成套设备""食品添加剂""成品退换""旧机电产品"等字样。

(22)HS编码为2903890020(入境六溴环十二烷),用途为"其他(99)"的,在本栏填报具体用途。

(23)申报时其他必须说明的事项。

五十八、集装箱号

(一)项目类型

该申报项目为选填项。

该项目数据类型为11位字符型。

(二)录入要求

使用集装箱装载进出口商品的,根据集装箱体上标示的全球唯一编号填报集装箱号。一份报关单有多个集装箱的，则在本栏分别录入集装箱号。

五十九、集装箱规格

（一）项目类型

该申报项目为选填项。

该项目数据类型为4位字符型。

（二）录入要求

使用集装箱装载进出口商品的，在填报集装箱号后，在本栏按照“集装箱规格代码表”选择填报集装箱规格。例如，装载商品的集装箱规格为“普通2*标准箱（L）”，在本栏下拉菜单选择“11—普通2*标准箱（L）”。

（三）编码规则

参数表：集装箱规格代码表。

六十、商品编号

（一）项目类型

该申报项目为必填项。

该项目数据类型为13位字符型。

（二）录入要求

填报由13位数字组成的商品编号。前8位为《进出口税则》和《海关统计商品目录》确定的编码；9、10位为监管附加编号，11～13位为检验检疫附加编号。

例如，申报进口商品“活龙虾”，需先在“商品编号”栏录入“0306329000”10位数编号，再在“检验检疫编码”栏下拉菜单的“101活虾”“102鲜活或冷的带壳或去壳的龙虾（养殖）”和“103鲜活或冷的带壳或去壳的龙虾（野生的）”中，选择“101活虾”检验检疫附加编号。

六十一、商品名称

（一）项目类型

该申报项目为必填项。

该项目数据类型为字符型，最多支持录入255位。

（二）录入要求

填报要求如下：

（1）商品名称应据实填报，并与进出口货物收发货人或受委托的报关企业所提交的合同、发票等相关单证相符。

（2）商品名称应当规范，以能满足海关归类、审价及许可证件管理要求为准，可参照《海关进出口商品规范申报目录》中对商品名称的要求进行填报。

（3）已备案的加工贸易及保税货物，填报的内容必须与备案登记中同项号下货物的商品名称一致。

（4）对需要海关签发“货物进口证明书”的车辆，商品名称栏填报“车辆品牌＋排气量（注明cc）＋车型（如越野车、小轿车等）”。

（5）由同一交通运输工具同时运抵同一口岸并且属于同一收货人、使用同一提单的多种进口货物，按照商品归类规则应当归入同一商品编号的，应当将有关商品一并归入该商品编号。商品名称填报一并归类后的商品名称。

(6)加工贸易边角料和副产品内销，边角料复出口，填报其报验状态的名称。

(7)进口货物收货人以一般贸易方式申报进口属于《需要详细列名申报的汽车零部件清单》(海关总署2006年第64号公告)范围内的汽车生产件的，商品名称填报进口汽车零部件的详细中文商品名称和品牌，中文商品名称与品牌之间用"/"相隔，必要时可加注英文商业名称。

(8)出口享惠情况。出口享惠情况为出口报关单必填项目。可选择"出口货物在最终目的国(地区)不享受优惠关税""出口货物在最终目的国(地区)享受优惠关税""出口货物不能确定在最终目的国(地区)享受优惠关税"如实填报。进口货物报关单不填报该申报项。

六十二、法定第一数量

(一)项目类型

该申报项目为必填项。

该项目数据类型为数字型，最多支持录入19位，19位中小数点后最多支持录入5位。

(二)录入要求

进出口货物按《海关统计商品目录》中确定的法定第一计量单位，填报对应的法定第一数量。

(1)法定计量单位为"千克"的按数量填报，特殊情况下填报要求如下：①装入可重复使用的包装容器的货物，应按货物扣除包装容器后的重量填报，如罐装同位素、罐装氧气及类似品等。②使用不可分割包装材料和包装容器的货物，按货物的净重填报(即包括内层直接包装的净重重量)，如采用供零售包装的罐头、药品及类似品等。③按照商业惯例以公量重计价的商品，应按公量重填报，如未脱脂羊毛、羊毛条等。④采用以毛重作为净重计价的货物，可按毛重填报，如粮食、饲料等大宗散装货物。⑤采用零售包装的酒类、饮料、化妆品，按照液体部分的重量填报。

(2)成套设备、减免税货物如需分批进口，货物实际进口时，应按照实际报验状态确定数量。

(3)具有完整品或制成品基本特征的不完整品、未制成品，根据《商品名称及编码协调制度》归类规则应按完整品归类的，按照构成完整品的实际数量填报。

(4)法定计量单位为立方米的气体货物，折算成标准状况(即摄氏零度及1个标准大气压)下的体积进行填报。

六十三、总价

(一)项目类型

该申报项目为必填项。

该项目数据类型为数字型，最多支持录入19位，19位中小数点后最多支持录入5位。

(二)录入要求

填报同一项号下进出口货物实际成交的商品总价格。无实际成交价格的，填报货值。

录入成交数量、成交单位、单价后，总价会自动生成。例如，某进口商品，录入成交数量1 000，成交单位为千克(代码0.35)，单价10，总价则会自动生成10 000。

六十四、币制

(一)项目类型

该申报项目为必填项。

该项目数据类型为3位字符型。

(二)录入要求

按海关规定的"货币代码表"选择相应的货币名称及代码填报，如"货币代码表"中无实际成交币种，须将实际成交货币按申报日外汇折算率折算成“货币代码表”列明的货币填报。

录入时，可在本栏下拉菜单中选择币制或按“货币代码表”录入相应的币制代码。

（三）编码规则

具体规则：《GBT 12406－2008 表示货币和资金的代码》。

参数表：货币代码表。

六十五、原产国（地区）

（一）项目类型

该申报项目为必填项。

该项目数据类型为3位字符型。

（二）录入要求

原产国（地区）依据《中华人民共和国进出口货物原产地条例》《中华人民共和国海关关于执行〈非优惠原产地规则中实质性改变标准〉的规定》以及海关总署关于各项优惠贸易协定原产地管理规章规定的原产地确定标准，按海关规定的“国别（地区）代码表”选择填报相应的国家（地区）名称及代码。

例如，某进口货物的原产国为“美国”，可在本栏下拉菜单中选择“USA—美国”或录入“USA”，栏目自动生成“USA—美国”。

（三）编码规则

海关根据国家标准修订的“国别（地区）代码表”由3位英文构成。

参数表：国别（地区）代码表。

六十六、境内目的/境内货源地

（一）项目类型

该申报项目为必填项。

该项目数据类型字符型，“境内目的/境内货源地代码”为5位，“目的地/产地代码”为6位。

（二）录入要求

进口申报境内目的地，出口申报境内货源地和产地。

境内目的地填报已知的进口货物在国内的消费、使用地或最终运抵地，其中最终运抵地为最终使用单位所在的地区。境内货源地填报出口货物在国内的产地或原始发货地。

按海关规定的“国内地区代码表”选择填报相应的国内地区名称及代码，并根据“中华人民共和国行政区划代码表”选择填报对应的县级行政区名称及代码。无下属区县级行政区的，可选择填报地市级行政区。

例如，某批货物的境内目的地是广州市花都区。

在“境内目的地”栏下拉菜单选择“44019—广州其他”，或按海关规定的“国内地区代码表”录入“44019”，栏目自动生成“44019—广州其他”。

同时在“目的地”栏下拉菜单选择“440100—广东省广州市”，或根据《中华人民共和国行政区划代码表》录入“440114”，栏目自动生成“广州市花都区”。

（三）编码规则

参数表：国内地区代码表和中华人民共和国行政区划代码表。

六十七、境外收/发货人代码

(一)项目类型

该申报项目为选填项。

该项目数据类型为字符型,最多支持录入20位。

(二)录入要求

境外收货人通常是指签订并执行出口贸易合同中的买方或合同指定的收货人;境外发货人通常是指签订并执行进口贸易合同中的卖方。

对于AEO互认国家(地区)企业的,编码填报AEO编码,填报样式为按照海关总署发布的相关公告要求填报(如新加坡AEO企业填报样式为SG123456789012,韩国AEO企业填报样式为KR1234567)。

六十八、境外收发货人名称(外文)

(一)项目类型

该申报项目为必填项。

该项目数据类型为字符型,最多支持录入100位。

(二)录入要求

境外收货人通常是指签订并执行出口贸易合同中的买方或合同指定的收货人;境外发货人通常是指签订并执行进口贸易合同中的卖方。

六十九、货物存放地点

(一)项目类型

该申报项目为条件必填项。

该项目数据类型为字符型,最多支持录入100位。

(二)录入要求

填报货物进境后存放的场所或地点,包括海关监管作业场所、分拨仓库、定点加工厂、隔离检疫场、企业自有仓库等。

七十、启运港

(一)项目类型

该申报项目为必填项。

该项目数据类型为8位字符型。

(二)录入要求

填报进口货物在运抵我国关境前的第一个境外装运港。

根据实际情况,按海关规定的“港口代码表”填报相应的港口名称及代码。

(三)编码规则

“港口代码表”由3位英文和3位数据组成。例如,缅甸仰光的港口代码为“MMR018”。

参数表:港口代码表。

七十一、入境口岸/离境口岸

(一)项目类型

该申报项目为必填项。

该项目数据类型为6位数字型。

(二)录入要求

入境口岸按海关规定的“国内口岸编码表”选择填报进境货物从跨境交通运输工具卸离的第一个境内口岸的中文名称及代码;采取多式联运跨境运输的,填报多式联运货物最终卸离的境内口岸中文名称及代码;过境货物填报货物进入境内的第一个口岸的中文名称及代码;从海关特殊监管区域或保税监管场所进境的,填报海关特殊监管区域或保税监管场所的中文名称及代码。其他无实际进境的货物,填报货物所在地的城市名称及代码。

出境口岸按海关规定的“国内口岸编码表”选择填报装运出境货物的跨境交通运输工具离境的第一个境内口岸的中文名称及代码;采取多式联运跨境运输的,填报多式联运货物最初离境的境内口岸中文名称及代码;过境货物填报货物离境的第一个境内口岸的中文名称及代码;从海关特殊区域或保税监管场所出境的,填报海关特殊区域或保税监管场所的中文名称及代码。其他无实际出境的货物,填报货物所在地的城市名称及代码。

(三)编码规则

参数表:国内口岸编码表。

七十二、检验检疫编码(原CIQ编码)

(一)项目类型

该申报项目为必填项。

该项目数据类型为13位字符型。

(二)录入要求

13位数字组成的商品编号中,前8位为《进出口税则》《海关统计商品目录》确定的编码;9、10位为监管附加编号,11~13位为检验检疫附加编号。

例如,申报进口商品“活龙虾”,需先在“商品编号”栏录入“0306329000”10位数编号,然后在“检验检疫编码”栏下拉菜单的“101 活虾”“102 鲜活或冷的带壳或去壳的龙虾(养殖)”和“103 鲜活或冷的带壳或去壳的龙虾(野生的)”中,选择“101 活虾”检验检疫附加编号。

七十三、原产国(地区)

(一)项目类型

该申报项目为选填项。

该项目数据类型为6位字符型,最多支持录入50位。

(二)录入要求

入境货物填写在原产国(地区)内的生产区域,如州、省等。例如,申报原产于美国纽约的樱桃,在本栏录入“840097—美国纽约”。

(三)编码规则

参数表:世界各国地区名称和一级行政区划代码表。

七十四、特殊业务标识

（一）项目类型

该申报项目为选填项。

该项目数据类型为10位字符型。

（二）录入要求

属于国际赛事、特殊进出军工物资、国际援助物资、国际会议、直通放行、外交礼遇、转关等特殊业务，根据实际情况勾选。

七十五、企业资质类别

（一）项目类型

该申报项目为有条件必填项。

该项目数据类型为5位字符型。

（二）录入要求

按进出口货物种类及相关要求，须在本栏选择填报货物的生产商/进出口商/代理商必须取得的资质类别。多个资质的须全部填写。

七十六、企业资质编号

（一）项目类型

该申报项目为有条件必填项。

该项目数据类型为40位字符型。

（二）录入要求

按进出口货物种类及相关要求，须在本栏填报货物生产商/进出口商/代理商必须取得的资质对应的注册/备案编号。多个资质的须全部填写。

七十七、B/L号

（一）项目类型

该申报项目为有条件选填项。

该项目数据类型为字符型，最多支持录入20位。

（二）录入要求

填报入境货物的提货单或出库单号码。当运输方式为“航空运输”时，无须填写。

七十八、目的地海关

（一）项目类型

该申报项目为有条件必填项。

该项目数据类型为10位字符型。

（二）录入要求

需要在目的地海关实施检验检疫的，在本栏填写对应的海关。

提醒：不需目的地机构实施检验检疫的，无须填写。

（三）编码规则

参数表：填报海关规定的《关区代码表》中相应目的地海关的名称及代码。

七十九、启运日期

(一)项目类型

该申报项目为必填项。

该项目数据类型为8位字符型。

(二)录入要求

填报装载入境货物的交通运输工具离开启运口岸的日期。

本栏目为8位数字,顺序为年(4位)、月(2位)、日(2位),格式为“YYYYMMDD”。

八十、原箱运输

(一)项目类型

该申报项目为选填项。

该项目数据类型为1位字符型。

(二)录入要求

申报使用集装箱运输的货物,根据是否原集装箱原箱运输,勾选“是”或“否”。

八十一、使用单位联系人

(一)项目类型

该申报项目为选填项。

该项目数据类型为字符型,最多支持录入20位。

(二)录入要求

填报进境货物销售、使用单位的联系人名字。

八十二、使用单位联系电话

(一)项目类型

该申报项目为选填项。

该项目数据类型为字符型,最多支持录入20位。

(二)录入要求

填报进境货物销售、使用单位的联系人的电话。

八十三、UN编码

(一)项目类型

该申报项目是有条件必填项。

该项目数据类型为字符型,最多支持录入20位。

(二)录入要求

进出口货物为危险货物的,须按照“关于危险货物运输的建议书”,在“危险货物信息”中填写危险货物对应的UN编码。

(三)编码规则

参数表:关于危险货物运输的建议书。

八十四、非危险化学品

(一)项目类型

该申报项目是有条件选填项。

该项目数据类型为1位字符型。

(二)录入要求

企业填报的商品HS编码可能是危险化学品时,会弹出“危险货物信息”窗口进行提示,企业可在“非危险化学品”栏选择“是”或“否”。

八十五、危包规格

(一)项目类型

该申报项目有条件选填项。

该项目数据类型为字符型,最多支持录入24位。

(二)录入要求

进出口货物为危险货物的,须根据危险货物包装规格实际情况,按照海关规定的“危险货物包装规格代码表”在“危险货物信息”项下的“危包规格”中,选择填报危险货物的包装规格代码。

(三)编码规则

参数表:危险货物包装规格代码表。

八十六、危包类别

(一)项目类型

该申报项目有条件必填项。

该项目数据类型为4位字符型。

(二)录入要求

进出口货物为危险货物的,须按照“危险货物运输包装类别划分方法”,在“危险货物信息”项下的“危包类别”中,勾选危险货物的包装类别。

危险货物包装根据其内装物的危险程度划分为三种包装类别:一类:盛装具有较大危险性的货物。二类:盛装具有中等危险性的货物。三类:盛装具有较小危险性的货物。

(三)编码规则

参数表:危险货物运输包装类别划分方法。

八十七、危险货物名称

(一)项目类型

该申报项目有条件必填项。

该项目数据类型字符型,最多支持录入80位。

(二)录入要求

进出口货物为危险货物的,须在“危险货物信息”项下的“危险货物名称”中,填写危险货物的实际名称。

八十八、货物属性代码

(一)项目类型

该申报项目有条件必填项。

该项目数据类型为字符型,最多支持录入20位。

(二)录入要求

根据进出口货物的HS编码和货物的实际情况,按照海关规定的“货物属性代码表”,在本栏下拉菜单中勾选货物属性的对应代码。有多种属性的要同时选择。

(三)编码规则

参数表:货物属性代码表。

八十九、用途代码

(一)项目类型

该申报项目为有条件必填项。

该项目数据类型为4位字符型。

(二)录入要求

根据进境货物的使用范围或目的,按照海关规定的“货物用途代码表”在本栏下拉菜单中填报。例如,进口货物为核苷酸类食品添加剂(HS编码2934999001),用于工业时,应在本栏选择“工业用途”;用于食品添加剂时,应在本栏选择“食品添加剂”。

九十、所需单证

(一)项目类型

该申报项目为选填项目。

该项目数据类型字符型,最多支持录入500位。

(二)录入要求

进出口企业申请出具检验检疫证单时,应根据相关要求,在“所需单证”项下的“检验检疫签证申报要素”中,勾选申请出具的检验检疫证单类型。

九十一、检验检疫货物规格

(一)项目类型

该申报项目为选填项。

该项目数据类型为字符型,最多支持录入2 000位。

(二)录入要求

在“检验检疫货物规格”项下,填报“成分/原料/组分”“产品有效期”“产品保质期”“境外生产企业”“货物规格”“货物型号”“货物品牌”“生产日期”“生产批次”等栏目。

九十二、产品许可/审批/备案号码

(一)项目类型

该申报项目为有条件必填项。

该项目数据类型字符型,最多支持录入40位。

(二)录入要求

进出口货物取得了许可、审批或备案等资质时,应在“产品资质”项下的“产品许可/审批/备案号码”中填报对应的许可、审批或备案证件编号。

九十三、产品许可/审批/备案核销货物序号

(一)项目类型

该申报项目为有条件必填项。

该项目数据类型为2位字符型。

(二)录入要求

进出口货物取得了许可、审批或备案等资质时,应在“产品资质”项下的“产品许可/审批/备案核销货物序号”中填报被核销文件中对应货物的序号。

提醒:特殊物品审批单支持导入。

九十四、产品许可/审批/备案核销数量

(一)项目类型

该申报项目为有条件必填项。

该项目数据类型为字符型,最多支持录入20位。

(二)录入要求

进出口货物取得了许可、审批或备案等资质时,应在“产品资质”项下的“产品许可/审批/备案核销数量”中,填报被核销文件中对应货物的本次实际进出口数(重)量。

提醒:特殊物品审批单支持导入。

九十五、产品许可/审批/备案类别代码

(一)项目类型

该申报项目为有条件必填项。

该项目数据类型为5位字符型。

(二)录入要求

进出口货物取得了许可、审批或备案等资质时,应在“产品资质”项下的“产品许可/审批/备案类别代码”中填报对应的许可、审批或备案证件类别。

九十六、产品许可/审批/备案名称

(一)项目类型

该申报项目为有条件必填项。

该项目数据类型为字符型,最多支持录入100位。

(二)录入要求

进出口货物取得了许可、审批或备案等资质时,应在“产品资质”项下的“产品许可/审批/备案名称”中填报对应的许可、审批或备案证件名称。

九十七、集装箱拼箱标识

(一)项目类型

该申报项目为选填项。

该项目数据类型为1位字符型。

(二)录入要求

进出口货物装运集装箱为拼箱时,在本栏下拉菜单中选择“是”或“否”。

九十八、集装箱商品项号关系

(一)项目类型

该申报项目为必填项。

该项目数据类型为字符型,最多支持录入255位。

(二)录入要求

当使用集装箱装载货物时,须填报集装箱体信息,包括集装箱号、集装箱规格、集装箱商品项号关系、集装箱货重。

其中,集装箱商品项号关系信息填报单个集装箱对应的商品项号,用半角逗号分隔。例如,“APJU4116601”箱号的集装箱中装载了项号为1、3和5的商品时,应在“商品项号关系”录入“1,3,5”。

九十九、集装箱货重

(一)项目类型

该申报项目为必填项。

该项目数据类型为数字型,最多支持录入19位,19位中小数点后最多录入5位。

(二)录入要求

当使用集装箱装载货物时,需填报集装箱体信息,包括集装箱号、集装箱规格、集装箱商品项号关系、集装箱货重。

其中,集装箱货重录入集装箱箱体自重(千克)+装载货物重量(千克)。例如,集装箱重量和箱内装载的200箱商品重量合计为15 555千克时,在本栏录入“15 555千克”。

一〇〇、关联号码及理由

(一)项目类型

该申报项目为有条件必填项。

该项目数据类型为2位数字。

(二)录入要求

进出口货物报关单有关联报关单时,在本栏中填报相关关联报关单号码,并在下拉菜单中选择关联报关单的关联理由。

一〇一、检验检疫签证申报要素

(一)项目类型

该申报项目为有条件必填项。

该项目数据类型为字符型,最多支持录入4 000位。

(二)录入要求

填报“所需单证”项下“检验检疫签证申报要素”时,在确认境内收发货人名称(外文)、境外收发货人名称(中文)、境外收发货人地址、卸毕日期和商品英文名称后,根据现行相关规定和实际需要,勾选申请单证类型,确认申请单证正本数和申请单证副本数后保存数据。

一〇二、VIN 信息

（一）项目类型

该申报项目为有条件必填项。

该项目数据类型为字符型。

（二）录入要求

申报进口已获 3C 认证的机动车辆时，填报机动车车辆识别代码，包括 VIN 序号、车辆识别代码（VIN）、单价、底盘（车架号）、发动机号或电机号、发票所列数量、品名（英文名称）、品名（中文名称）、提运单日期、型号（英文）、质量保质期共 11 项内容。

【同步案例 6－1】　　报关单规范申报错误

案例评析

情境 1：申报数量错误，小数点类典型错误，相差 10 倍。2022 年 4 月 6 日，当事人受××公司委托向海关申报进口一般贸易项下含矿物油的美孚润滑油 113 900 千克，申报 CIF 总价为 748 323 美元，申报第二数量为 12 825.14 升，报关单号为××。经查，上述货物实际第二数量为 128 251.4 升。经核定，上述货物漏缴税款人民币 198 256.18 元。上述事实业已构成违反海关监管规定的行为。以上行为有海关进口货物报关单证等为证。2023 年 1 月 30 日，海关向当事人送达《中华人民共和国上海浦江海关行政处罚告知单》。根据《中华人民共和国海关法》《中华人民共和国海关行政处罚实施条例》的规定，决定对当事人作出如下行政处罚：科处罚款人民币 99 000 元。

情境 2：运费栏申报错误。当事人受××公司委托，于 2021 年 11 月 12 日以一般贸易方式向海关申报进口货物 1 票，报关单号为××，申报货物共 13 项，申报成交方式为 EXW，运费栏申报为 EUR/3 384.48/（空白）。经海关核查发现，上述运费栏实际应为 EUR/3 384.48/3，因运费栏填制不全导致运费未确认申报。经海关核定，上述漏报运保费的完税价格共计人民币 25 288.66 元，漏缴税款人民币 3 950.35 元。上述事实业已构成违反海关监管规定的行为。以上行为有海关进口货物报关单证等为证。根据《中华人民共和国海关法》《中华人民共和国海关行政处罚实施条例》的规定，对当事人作出如下行政处罚：科处罚款人民币 2 400 元。

情境 3：申报总价错误，相差 100 倍。当事人受××公司委托，于 2023 年 2 月 7 日以一般贸易方式向海关申报出口货物一票，报关单号为××，申报品名为塑料标签，申报商品编号为 3919909090（对应的出口退税率为 13%），申报数量为 4.65 千克，申报总价为 FOB79900 美元。经查，上述货物的实际总价为 799 美元，与申报不符。上述事实业已构成违反海关监管规定的行为。以上行为有海关出口货物报关单证等为证。根据《中华人民共和国海关法》《中华人民共和国海关行政处罚实施条例》的规定，决定对当事人作出如下行政处罚：科处罚款人民币 500 元。

情境 4：币制申报错误，人民币申报为美元。2022 年 3 月 1 日，当事人受××公司委托，以一般贸易方式向海关申报出口电刷 1 个、垫圈 1 个、滤芯 7 个、密封垫 18 个、锁紧螺母 1 个、叶轮 4 个、叶片马达模块 29 个、止逆阀 2 个、滚珠轴承 1 个，报关单号为××，申报总金额为 67 819.28 美元。上述货物申报出口后，2022 年 3 月 3 日，海关发现该票出口货物申报币制与实际不符，实际币制应为人民币。后当事人主动向海关说明情况并向海关申请办理改单手续，同时及时联系××公司暂停办理该票货物退税业务。2022 年 3 月 8 日，××公司向税务部门办理了该票货物的《出口货物未退税证明》。经查，委托人提供给当事人的申报单证无误，造成上述出口货物币制申报不实情形的原因系当事人工作疏忽，在预录入数据时操作失误、审核不仔细所致。当事人作为报关企业，受进出口货物收发货人委托向海关申报出口货物时币制申报与实际不符的行为，影响了海关监管秩序。决定对当事人作出如下行政处罚：科处罚款人民币 1 000 元整。

在进出口贸易中，准确申报是企业应尽的法律责任，也是维护国家经济安全和市场秩序的重要保障。这些案例反映了企业在报关过程中存在的不规范行为，不仅影响了海关监管秩序，还可能导致国家税收损失。作为企业，应严格遵守国家法律法规，增强法律意识和诚信意识，确保申报信息的真实性和准确性。同时，企业应加强内部管理，提高业务水平，避免因疏忽或操作失误导致违规行为的发生。这不仅是对企业的自我保护，更是对国家和社会负责的表现。

请问：

(1)申报数量错误的后果是什么？

(2)运费栏申报错误会导致什么问题？

(3)申报总价错误的后果是什么？

(4)币制申报错误的后果是什么？

(5)如何避免报关单申报错误？

【学中做 6—1】 **“单一窗口”报关单填制实战**

芜湖信息电子有限公司(海关十位代码:3402240088)遇到了一个问题:他们需要修理因质量问题无法使用的测试设备“节气门体驱动控制盒”。该公司计划在 2024 年 12 月委托美国公司进行修理，并通过浦东机场海关出口。货物来源于芜湖经济技术开发区。公司委托安徽长江报关有限公司(海关十位代码:3402280004)代理出口通关手续。

补充信息如下：出口运费为 1 000 元人民币。

商品信息如表 6—2 所示：

表 6—2

商品名称	HS 编码	商品信息
节气门体驱动控制盒	9032899099	工作原理：模拟汽车节气门工作环境驱动其工作，同时接收各项数据反馈并自动调节，以实现闭环控制，通过驱动器 CPU 数字化运算，将直流电转换为交流电驱动，伺服马达运转，同时反馈其运转状态与输入的控制信号，进行比较并作相应调整，自动调整输出的控制信号功能，无中文品牌，外文品牌 ORION 无型号。

请根据背景单证，登录仿真中国国际贸易单一窗口填制报关单。

第四节 单一窗口、两步申报

一、“两步申报”概述

动漫视频

走你，
“两步申报”

在“两步申报”通关模式下，企业将 100 多个申报项目分为两步分别申报。第一步为概要申报，对于不涉及进口禁限管制、检验或检疫的货物，企业只需申报 9 个项目，确认 2 个物流项目；对于涉及进口禁限管制、检验或检疫的，分别增加申报 2 个和 5 个项目，应税的须选择符合要求的担保备案编号。如果货物无须查验，即可提离；涉税货物已经提交税款担保的，或需查验货物海关已完成查验的，也可以提离。第二步为完整申报，企业在规定时间内补充申报其他项目，办理缴纳税款等通关手续。

【注意】

(1)自交通运输工具申报进境之日起 14 日后申报的、对需经特殊通道申报的报关单，暂不适用“两步申报”，可采用“一次申报，分步处置”模式进行申报。

(2)特殊监管区域一线进境货物适用“两步申报”,自贸区内特殊监管区域外适用普通货物“两步申报”流程。

(3)企业在概要申报时上传电子版的代理报关委托书。纸质版代理报关委托书暂不适用“两步申报”。

二、“两步申报”模式相比现有申报模式的不同

具体包括:①“时点申报”变为“过程申报”,企业不必一次性填报完整,而是根据掌握的信息分步填报,概要申报环节仅申报“9+2+N”(申报9个基础项目、确认2个物流项目,如果涉证、涉检分别补充相应申报项目),其他项目在完整申报时补充;②货物提离加快,第一步概要申报后,如果货物不需要查验,即可将货物提离海关监管场所;③税收担保创新,依托社会信用体系,建立概要申报的担保制度,高级认证企业可向海关申请免除担保;④监管理念转变,秉承“告知承诺制”,企业在概要申报时自行确认是否涉证涉检涉税,这一确认行为视同企业向海关作出守法承诺。相关内容如图6—11和图6—12所示。

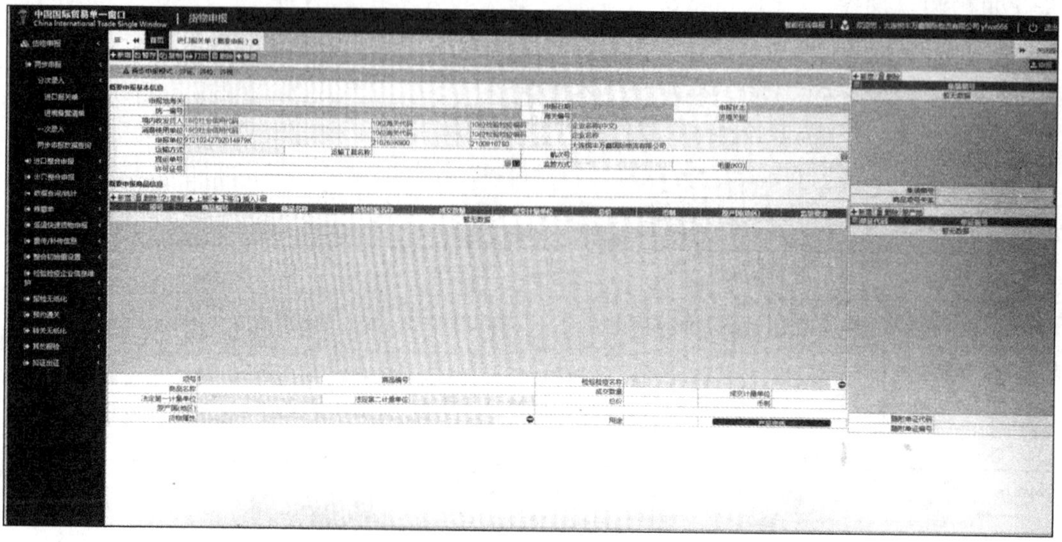

图6—11 两步申报下,分次录入,进口报关单(涉证、涉检、涉税)

三、“两步申报”的适用条件

具体包括:①只限进境货物;②企业信用等级是一般信用及以上;③货物经由试点海关实际进境的;④涉及的监管证件已实现联网核查的。

转关业务暂不适用“两步申报”。

四、“两步申报”的具体流程

第一步,概要申报:登录国际贸易“单一窗口”→“两步申报”模块→选择“是否涉证”“是否涉税”“是否涉检”→按照系统界面要求,录入相关信息。

第二步,完整申报:登录“单一窗口”→“两步申报”模块→查找已完成概要申报并可以进行完整申报的报关单,按照系统界面要求,录入相关信息。

在概要申报阶段,企业必须按照货物的实际情况,如实选择是否需检验或检疫、是否涉及监管

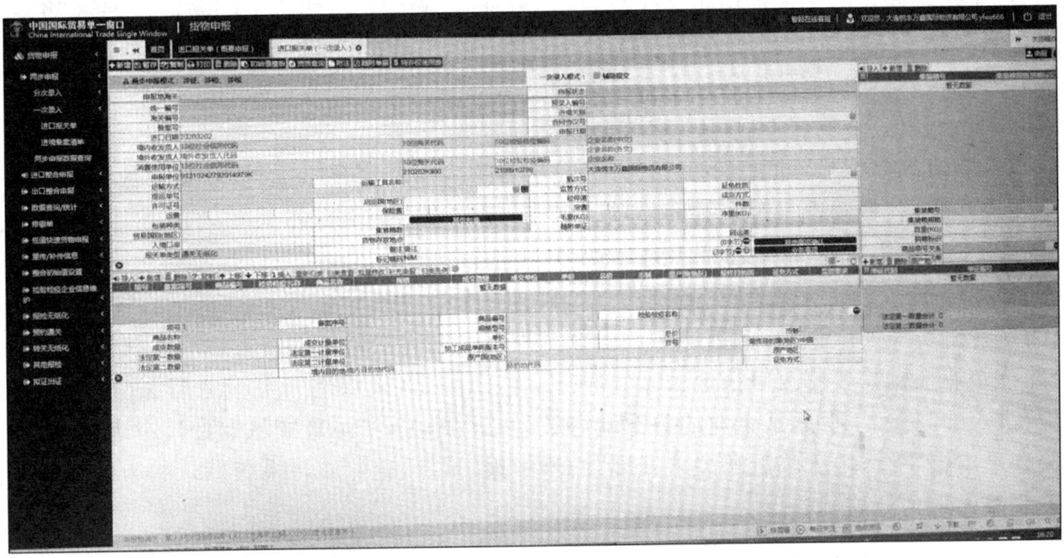

图 6—12 两步申报下,一次录入,进口报关单(涉证、涉检、涉税)

证件、是否需要缴纳税款,并且承诺在规定时限内进行完整申报。对于一线进境特殊监管区域货物或者加工贸易进口货物,在完整申报时,需采用区港联动核注清单,企业从金关二期加贸系统录入或导入核注清单,在核注清单表头填写已放行的报关单号,核注清单预审核通过后,自动生成报关单草稿数据,在国际贸易“单一窗口”中查询核注清单生成的完整申报的报关单草稿进行补充修改,提交完整申报。两步申报流程如图 6—13 所示。

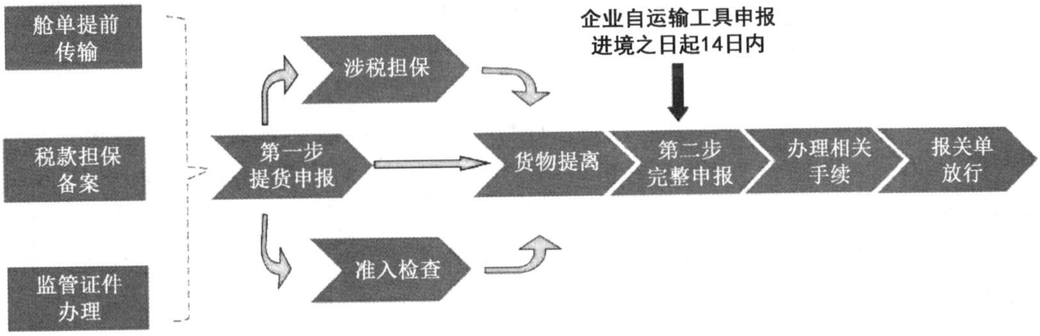

图 6—13 两步申报流程

五、概要申报的内容

(1)不属于禁限管制且不属于依法需检验或检疫的,申报 9 个项目,并确认涉及物流的 2 个项目,应税的须选择符合要求的担保备案编号。9 个项目为:境内收发货人、运输方式/交通运输工具名称及航次号、提运单号、监管方式、商品编号(6 位)、商品名称、数量及单位、总价、原产国(地区)。其中,商品编号(6 位)填报《进出口税则》和《海关统计商品目录》确定编码的前 6 位;数量及单位填报成交数量、成交计量单位;总价填报同一项号下进口货物实际成交的商品总价格和币制,如果无法确定实际成交商品总价格,则填报预估总价格。其他项目按照《海关进出口货物报关单填制规范》要求填写。确认涉及物流的 2 个项目为毛重、集装箱号。

(2)属于禁限管制的须增加申报2个项目:许可证号/随附证件代码及随附证件编号、集装箱商品项号关系。

(3)依法需检验或检疫的须增加申报5个项目:产品资质(产品许可/审批/备案)、商品编号(10位)+监管类别名称、货物属性、用途、集装箱商品项号关系。

(4)若10位商品编号不同,不可以合并商品项申报。由于完整申报时,商品项数和前6位商品编号不允许修改,若概要申报时合并商品项,将导致完整申报时无法准确填写商品信息。因此,若6位商品编号相同但10位商品编号不同,仍需分开商品项申报。

(5)概要申报和完整申报是同一份报关单,只有一个报关单号。

(6)企业进行概要申报时,申报地海关由系统根据境内收发货人的备案地海关代码进行自动反填,并允许企业根据需要修改申报地关区代码。应注意的是,试点期间申报地海关应选择开展"两步申报"试点的海关。例如,某企业的备案地海关为临沂海关,实际货物从烟台口岸进境,企业从烟台海关办理申报手续,由于临沂海关未开展"两步申报"试点,企业应将系统默认的申报地海关由临沂海关修改为烟台海关。

六、完整申报的内容

(1)在概要申报和完整申报环节,布控查验只会在概要申报环节产生,不会在完整申报环节产生。

(2)企业通过国际贸易"单一窗口"收到"补充申报"或"提货放行"回执之后,自交通运输工具申报进境之日起14日内,完成完整申报。

(3)完整申报的申报内容:第二步完整申报,申报界面与原整合申报一致,企业完成100项全项申报。完整申报允许补齐概要申报时仅申报6位商品编号至10位(原概要申报的HS编码6位不能变,只能增加后4位),允许企业按实际成交总价修改总价,其余概要申报字段不允许修改。

(4)概要申报与完整申报均需在自交通运输工具申报进境之日起14日内完成。概要申报可以实施提前申报。

(5)企业适用"两步申报"须承诺按照规定时限进行完整申报。海关对报关单概要申报的申报时间进行记录,对因企业原因未在规定时限内进行完整申报的,将作为调整企业适用"两步申报"资格及信用等级的依据之一。

(6)海关自交通运输工具申报进境之日起14日后向企业发送允许货物提离信息的,企业须在收到信息后3日内完成完整申报。

七、申报时须申报"涉证"

(1)进境货物属于禁限管制,且相关监管证件已实现联网核查的,概要申报时须选择"涉证"。

(2)进口货物列入《出入境检验检疫机构实施检验检疫的进出境商品目录》(简称《法检目录》),以及虽未列入《法检目录》但根据法律法规规定须实施检验或检疫。例如,列入《危险化学品目录》(2015)中的货物以及旧机电设备等。

(3)若企业不能确定自己货物是否涉证、涉检、涉税,建议采用现有申报模式进行申报。若货物本身涉证、涉检、涉税,但企业在概要申报时选择不涉证、不涉检、不涉税,海关将视为申报不实,并有权依法进行处理。

(4)完成概要申报电子审单后,企业不可以再进行涉证涉税和涉及检验检疫的改动。如需改动,应在海关处理完毕之后撤销报关单重新申报。

八、“两步申报”报关单如何修改撤销?

(1)概要申报的报关单。当系统回执为“概要申报退单”时,允许对概要申报字段进行修改。当系统回执为“概要申报入库”“概要申报审结”“查验通知”时,仅允许查看概要申报字段,不允许修改。如果确属“概要申报”申报错误,企业应按照报关单撤销的相关规定撤销概要申报的报关单后再重新申报。

(2)在进行完整申报的报关单。除“总价”可以按照实际成交总价进行修改以及6位商品编号补充至10位以外,其余数据项不能修改(商品编号前6位也不允许修改)。

(3)完整申报审结之后的报关单,可参照现有模式进行报关单修改撤销。

如果概要申报的报关单撤销后重新申报已超过申报时限的,应按照“一次申报,分步处置”模式进行申报,产生滞报金的按照相关规定执行。

九、“两步申报”下缴税和税收担保

(1)涉税货物在概要申报环节无须缴税,在完整申报环节缴纳税款。为便于企业在概要申报后提离货物,企业须在概要申报前完成税收担保备案,并在概要申报时提供相应的担保信息。

(2)企业须按照相关要求向备案地直属海关关税职能部门办理税收担保备案。已经办理汇总征税担保备案的可用于“两步申报”,无须重新办理。

(3)进行“两步申报”时:

①涉税货物需要提供税款担保。

②对涉税货物,企业须提前向备案地直属海关关税职能部门(以下简称“属地关税职能部门”)提交税收担保备案申请,税收担保应当依法以海关认可的形式;受益人应包括企业备案地直属海关以及其他进出口地直属海关;企业担保额度以企业上一年度的月均纳税额或上一年度的单月最大纳税额作为参考标准,由属地关税职能部门审定;新注册企业的额度由属地关税职能部门根据企业申报的年度进口计划审定;担保额度可根据企业税款缴纳情况循环使用。

高级认证企业可向海关申请免除担保,并按照规定办理有关手续。

进口货物有减免税要求的,减免税申请人应在概要申报前,根据相关规定向主管海关办理减免税审核确认手续。对符合《海关进出口货物减免税管理办法》或有关进口税收政策管理措施规定的情形,需要通过办理减免税货物税款担保手续在完整申报后继续税款担保的,减免税申请人应在完整申报前向主管海关办理准予减免税货物担保手续。

③在概要申报时,企业录入境内收发货人编号后,选择符合要求的担保备案编号。

十、加工贸易及特殊监管区域货物的“两步申报”

(1)加工贸易和海关特殊监管区域内企业以及保税监管场所的货物申报在使用金关二期系统开展“两步申报”时,第一步概要申报环节不使用保税核注清单,第二步完整申报环节报关单按原有模式,由保税核注清单生成。

(2)特殊区域的“两步申报”与区外流程的不同:①进入特殊区域的商品无须缴纳税款,不实行进出口配额、许可证件管理,但法律、行政法规和规章另有规定的除外。②概要申报阶段,不使用核注清单,最少仅需申报9项即可完成概要申报,企业可以充分享受到概要申报的便利。③在概要申报完成后,企业在金关二期系统录入核放单,审核通过后,比对物流信息无误,进入特殊监管区。可根据实际情况,先行理货,理货完成后,录入或导入核注清单生成报关单草稿,直接生成完整申报报关单,充分考虑了跨境贸易等外贸新业态的需要。

(3)概要申报放行后，货物可以进入特殊区域。企业在金关二期系统中录入“两步申报核放单”，经审核无误后，确认审核通过，企业将货物运至特殊监管区，比对核放单无误后，特殊监管区自动放行，货物进入特殊监管区域内。区港联动核注清单生成报关单审结后会自动核增账册。

应知考核

一、单项选择题

1. 海关规定对在海关注册登记的企业给予10位数代码编号，称为“经营单位代码”。在下列选项中，10位数代码的正确组成规定是(　　)。

A. 地区代码、企业性质代码和顺序代码

B. 企业详细地址代码、特殊地区代码、企业性质代码和顺序代码

C. 企业所在省、直辖市代码，特殊地区代码，企业性质代码和顺序代码

D. 企业的属地行政区代码、经济区代码、企业性质代码和企业顺序代码

2. 英国生产的产品，中国某公司自新加坡购买，从新加坡启运经中国香港转运至中国内地，填写报关单时启运地为(　　)。

A. 英国　　B. 新加坡　　C. 中国香港　　D. 不用填

3. 我国某进出口公司(甲方)与新加坡某公司(乙方)签订一出口合同。合同中订明，甲方向乙方出售5 000件衬衫，于2025年4月10日在上海装船，途经中国香港运往新加坡。在签订合同时，甲方得知乙方还要将该批货物从新加坡运往智利。根据上述情况填写报关单时，以下填写正确的是(　　)。

A. 运抵国(地区)为“香港”，最终目的国(地区)为“新加坡”

B. 运抵国(地区)为“新加坡”，最终目的国(地区)为“智利”

C. 运抵国(地区)为“香港”，最终目的国(地区)为“智利”

D. 运抵国(地区)为“智利”，最终目的国(地区)为“智利”

4. 100美元的运费单价应填报(　　)。

A. 502/100/1　　B. 100美元　　C. 100　　D. 502/100/2

5. 大连盛凯公司(0903535020)委托辽宁省机械设备进出口公司(0801914031)与日本三菱重工签约进口工程机械，并委托大连外运公司代理报关，在填制进口报关单时，“经营单位”栏应为(　　)。

A. 大连盛凯公司(0903535020)

B. 辽宁省机械设备进出口公司(0801914031)

C. 大连盛凯公司

D. 大连外运公司

6. 某进出口公司向从国外进口一批钢板共70吨，在运输过程中加以捆扎放于船的甲板上。进口报关单上的“件数”和“包装种类”两个项目的正确填报应是(　　)。

A. 件数为70，包装种类为“吨”　　B. 件数为1，包装种类为“散装”

C. 件数为1，包装种类为“裸装”　　D. 件数为1，包装种类为“其他”

7. 某进出口公司向某国出口500吨散装小麦，该批小麦分装在一条船的三个船舱内，海关报关单上的“件数”和“包装种类”两个项目的正确填报应是(　　)。

A. 件数为500吨，包装种类为“吨”　　B. 件数为1，包装种类为“船”

C. 件数为3，包装种类为“船舱”　　D. 件数为1，包装种类为“散装”

8. 我国某进出口公司从香港特区购进一批"SONY"电视机，该电视机为日本品牌，其中显像管为韩国生产，集成电路板由新加坡生产，其他零件均为马来西亚生产，最后由韩国组装成整机。该公司向海关申报进口该批电视机时，原产地应填报为(　　)。

A. 日本　　B. 韩国　　C. 新加坡　　D. 马来西亚

9. 某工厂从无关系的美国某企业购买了一批机械设备，成交条件为 CIF 广州，该批货物的发票列示如下：机械设备 USD10 000，运保费 USD500，卖方佣金 USD3 500，培训费 USD500，设备调试费 USD700。该批货物向海关申报的总价应是(　　)。

A. USD10 500　　B. USD14 500　　C. USD14 000　　D. USD15 200

10. 在中国台湾纺成的纱线，运到日本织成棉织物，并进行冲洗、烫、漂白、染色、印花。上述棉织物又被运往越南制成睡衣，后又经中国香港更换包装转销中国内地。中国海关应以(　　)为该货物的原产地。

A. 日本，因为成衣在日本进行了第一次实质性加工

B. 中国台湾，因为纱线是在中国台湾完成制造的

C. 越南，因为制成成衣在税则归类方面已经有了改变

D. 中国香港，因为该货物是从中国香港进口的

二、多项选择题

1. 某公司从日本进口联合收割机 10 台，同时进口部分附件，分装 30 箱装运进口，发票注明每台单价为 CIF SHANGHAI USD22 400，总价为 USD224 000，附件不另计价。进口货物报关单中以下栏目填报正确的有(　　)。

A. 成交方式：海运　　B. 件数：30

C. 商品名称：联合收割机及附件　　D. 单价：22 400

2. 某合资企业从英国进口一批作为投资的机器设备，该企业委托 A 进出口公司对外签订进口合同，并代办进口手续，A 公司与外商订货后，随即委托 B 公司具体办理货物运输事宜，同时委托 C 报关公司负责办理进口报关手续。根据这种情况，请指出下列出现在报关单栏目内的单位中错误的有(　　)。

A. 经营单位：A 进出口公司　　B. 收货单位：某合资企业

C. 经营单位：B 公司　　D. 收货单位：A 进出口公司

3. 下列叙述中正确的有(　　)。

A. 件数栏目裸装货物填报为 1

B. 进出口货物及其包装材料的重量之和，计量单位为千克，不足 1 千克的精确到小数点后 2 位

C. 0.3%的保险费率，币制是美元，填报为 502/0.3/1

D. 应计入完税价格的 502 英镑杂费总价在报关单杂费栏中填报为 303/502/3

4. 在填报报关单"总价"项目时，下列叙述中正确的有(　　)。

A. "一般贸易"货物应按合同上订明的实际价格填报

B. 总价如非整数，其小数点后保留 4 位，第 5 位及以后略去

C. 无实际成交价格，可以免予填报

D. 某公司进口数码相机 1 000 台，单价为 300 美元，则总价栏目应该填写"502/300 000/3"

5. 北京某合资企业，经海关同意，将原从日本横滨港(港口航线代码 1354)海运进口的投资设备转为内销。其进口货物报关单上的"装货港"应填报为(　　)。

A. 日本横滨港(1354)　　B. 中国境内

C. 0142　　　　　　　　　　　　D. 142

三、判断题

1. 某化工进出口公司下属某厂以进料加工贸易方式进口原料一批，经海运抵港后，进口报关单的“备案号”栏应填报为该货物的“进料加工登记手册”的编号。（　）

2. 同一张报关单上不允许填写不同海关统计商品编号的货物。（　）

3. 报关单上的“收货单位”应为进口货物在境内的最终消费、使用的单位名称，“发货单位”应为出口货物在境内的生产或销售的单位名称。（　）

4. 一份报关单可以允许填报多个许可证号。（　）

5. 经营单位编码的第6位数为“1”，则表示该企业的经济类型为“有进出口经营权的集体企业”。（　）

6. 申报地海关的关别代码后两位为“00”。（　）

7. 一份报关单只允许填报一个备案号，一份报关单只允许填报一种征免性质。（　）

8. 报关单毛重栏目不得为空，不足1千克的精确到小数点后2位。（　）

9. 保险费币制为美元，“保险费币制”应录入“USD”。（　）

10. 加工贸易内销征税报关单，“随附单证代码”栏填报“Y”。一般贸易进出口货物“随附单证代码”栏填报“C”。（　）

应会考核

■ 观念应用

众所周知，海关有四大任务，即监管、征税、缉私和统计。王红对于前面三个任务都能理解，但对于“统计”这一任务却犯难了。海关是如何实行统计的呢？有人说，海关是利用H2000系统对电子录入报关单的栏目自动进行统计的，王红将信将疑。您能解答王红的疑惑吗？

■ 技能应用

北京煤炭进出口总公司对巴基斯坦签约出口“水洗炼焦煤”10万吨，由唐山煤炭分公司执行合同，组织货源，并安排出口。在这一情况下报关单“经营单位”栏目应填报为“北京煤炭进出口总公司”11091×××××(北京煤炭进出口总公司的编号)。该填报是否正确？为什么？

■ 案例分析

(1)一报关员认为，进口货物报关单上的“收货单位”应为进口货物在境内的最终消费、使用的单位名称，出口货物报关单上的“发货单位”应为出口货物在境内的生产或销售的单位名称。这种想法是否正确？为什么？

(2)某汽车进出口公司进口50辆德国生产小轿车，每辆车上附带一套法国生产的维修工具。进口报关时，维修工具的原产国应按小轿车填报德国。该处理是否正确？为什么？

本章实训

【实训项目】

关检融合、单一窗口报关单。

【实训情境】

通过本章的实训，掌握和熟悉关检融合、单一窗口报关单的基本填制规范，能够独立地完成进出口报关单的实际操作。同时，能够结合商业发票(Commercial Invoice)、装箱单(Packing List)、提单(Bill of Lading，B/L)、合同(Sales Contract，S/C)、原产地证书(Certificate of Origin)、代理报关协议等，完成关检融合、单一窗口报关单的基本申报业务。

【实训要求】

请结合下列单据完成一般贸易货物进口报关单和相关单据，模拟演练报关单的实际操作，并注意填写事项，请先对英文单据进行解读并翻译成中文。

合　　同
CONTRACT

Contract No.: SME/HGH/200120

Date: January 20, 2020

买方：　建发物流集团有限公司
BUYER:　C and D Logistics Group Co., Ltd.
Address:　27/F, C&D International Building, No.1699 Huandao East Road Xiamen, China (P.C.361008)

卖方：　巴基斯坦辛迪加矿业公司
SELLER:　Syndicate Minerals Export Co.
Address:　108, Cotton Exchange Building, I.I. Chundrigar Road, Karachi, Pakistan

兹经买卖双方同意，买方购进，卖方出售下列货物，并按下列条款签订本合同。
This Contract is made by and between the Buyer and the Seller; hereby, the Buyer agrees to buy and the Seller agrees to sell the under-mentioned goods under the terms and conditions stated below.

1.货物名称：巴基斯坦铬精矿
Commodity: Pakistan Chrome Concentrate

2.原产地：　巴基斯坦
Country of Origin: Pakistan

3.装运港：　卡拉奇，巴基斯坦
Port of Loading: Karachi, Pakistan

4.目的港：　大连港，中国
Port of Destination: Dalian, China

5.包装：　集装箱内吨袋包装
Packing:　in 1MT strong PP big bags net each and loading in 20'FCL

6.数量：　粒度0-1MM　150吨　+/- 10%　卖方选择
　　　　　粒度1-3MM　150吨　+/- 10%　卖方选择

Quantity:　Size 0-1MM　150 Metric Tons +/- 10% at Seller's option
　　　　　Size 1-3MM　150 Metric Tons +/- 10% at Seller's option

7.最迟装运期：2020年3月15日
Latest Shipment: March 15, 2020
Partial shipment allowed

8.规格：Specification:
For Size 0-1MM:

Cr_2O_3	55% Min. (below 55% reject)
SiO_2	1.3% Max.
Fe_2O_3	17% Max.
MgO	18% Max.
Cr: Fe	3.0:1 Min.
CaO	0.8% Max.
SIZE:	0-1 MM 90% Min. 150MT

For Size 1-3MM

Cr_2O_3	54.5% Min. (below 54.5% reject)
SiO_2	2.0% Max.
Fe_2O_3	17% Max.
MgO	18% Max.
Cr: Fe	3.0:1 Min.
CaO	0.8% Max.
SIZE:	1-3 MM 90% Min. 150MT

9.单价：Price

For Size 0-1MM: USD 350.00/MT CIF Dalian Port, China on 55% Cr_2O_3 basis
For Size 1-3MM: USD 350.00/MT CIF Dalian Port, China on 54.5% Cr_2O_3 basis

10.唛头: Shipping mark:

For Size 0-1MM
Pakistan Chrome Concentrate
Net weight: 1,000kgs.
Specs: Cr_2O_3: 55%, SiO_2: 1.3%, Cr:Fe: 3.0:1
Size:
Batch No.

For Size 1-3MM
Pakistan Chrome Concentrate
Net weight: 1,000kgs.
Specs: Cr_2O_3: 54.5%, SiO_2: 2.0%, Cr:Fe: 3.0:1
Size:
Batch No.

11.付款方式：Payment terms:

L/C 90 days and 100% payment against SGS

12.付款单据：

(1) 基于SGS出具的质量，重量证书所做的商业发票.
(2) 一套清洁海运提单，注明运费已付及收货人.
(3) 装箱单.
(4) 由SGS出具的质量证书.
(5) 由SGS出具的重量证书.
(6) 由卡拉奇工商业协会出具的原产地证.
(7) 包含船名.提单号及提单日期的装船通知.
(8) 一套保险单据，按照货值的110%承保.

Documents required:

(1) Seller Commercial Invoice in 3 original based on certificate of quality and weight issued by SGS at loading port.
(2) Full set of 3/3 clean on board Bills of Lading made out to order, marked "freight Prepaid" blank endorsed and notify Buyer.
(3) Packing list in 3 originals.
(4) Certificate of Quality issued by SGS at Loading Port in 1 original.
(5) Certificate of Weight issued by SGS at Loading Port in 1 original.
(6) Certificate of Origin in 1 original issued by Karachi Chamber of Commerce and Industry.

建发物流集团有限公司
合同审核章
审核人：
年 月 日

(7) Shipping advice to the buyer by fax within 3 working days after shipment of vessel name, B/L date, B/L No.
(8) One set of insurance policy, for 110% of shipment value.

13. 检验：
在装运港，由卖方安排 SGS 做合同所规定的质量，重量检验。
在卸货港，由买方安排 CIQ 做合同所规定的质量，重量检验。

ANALYSIS:
At loading port, the Seller shall arrange SGS to determine the free moisture, Cr_2O_3, Cr/Fe ratio and other chemical elements called for in this contract.
At discharging port, the Buyer shall arrange CIQ to determine the free moisture, Cr_2O_3, Cr/Fe ratio and other chemical elements called for in this contract.
14.不可抗力:
签约双方的任何一方，由于战争、洪水、地震和风暴等人力不可抗拒的事故，而影响合同执行时，则延长履行合同的期限。事故发生方应在7(七)天内将发生不可抗拒事故的情况以电报或传真的方式及时通知另一方，并在14(十四)天内航寄一份政府有关当局出具的证明文件给对方。如果人力不可抗拒事故延续60(六十)天以上时， 双方应通过友好协商解决本合同的继续执行问题，并应尽快达成协议。

FORCE MAJEURE: If the Seller or the Buyer meets war, flood, typhoon, earthquake & windstorm, etc, Influencing the performance of the Contract, the performance should be postponed until the end of the influence. The influenced side should inform the other side of the Force Majeure within 7(seven) days by fax or by cable, & airmail the certificates issued by the government authorities to confirm within 14(fourteen) days. If the Force Majeure lasts more than 60(sixty) days, the Seller & the Buyer shall negotiate amicably, & sign an agreement upon the performance of the Contract as soon as possible.

15.仲裁：一切因执行本合同或与本合同有关的争执，应由双方通过友好方式协商解决。经协商不能解决时，应提交中国国际经济贸易仲裁委员会北京总会，根据该会仲裁规则进行仲裁，仲裁委员会的裁决为终局裁决，对双方都有约束力。仲裁费用除非仲裁委员会另有决定外，由败诉一方负担。

ARBITRATION: All disputes in connection with this Contract or the execution thereof shall be settled by Friendly negotiation. If no settlement can be reached, the case in dispute shall then be submitted for arbitration to China International Economic and Trade Arbitration Commission in Beijing. The arbitration award is final and binding upon both parties. The fees for arbitration shall be borne by the losing party, unless otherwise awarded by the Commission.

本合同共两份，用中英文书写，两种文字具有同等法律效力，双方各执一份。合同附件与该合同是不可分割的一部分，与该合同同时生效，并具有同等效力。

This Contract is made out in two originals in both Chinese and English, each language being legal of the equal effect. Each party keeps one original of the two after signing, Annex of this contract is the integral part of this contract, and comes into force together with this contract, and shall have the same force as the contract.

买方签字SIGNATURE OF THE BUYER:

建发物流集团有限公司

C AND D LOGISTICS GROUP CO., LTD.

卖方签字SIGNATURE OF THE SELLER:

巴基斯坦辛迪加矿业公司

SYNDICATE MINERALS EXIM CO.

Proprietor

SYNDICATE MINERALS EXPORT CO.

108, COTTON EXCHANGE BUILDING, I.I CHUNDRIGAR ROAD, KARACHI-PAKISTAN.
TELEPHONE : (92-21) 32412946-49, 32415307 Fax : 32416725 - 32411874
www.haswanigroup.com E-mail: syndicate.minerals@hashwanigroup.com

COMMERCIAL INVOICE

For Account of

C AND D LOGISTICS GROUP CO., LTD
ADD:- 14/F C AND D INTERNATIONAL
BUILDING , NO. 1699 HUANDAO EAST ROAD
XIAMEN, CHINA (P.C.361008)
TEL : 0592 - 2263176
FAX : 0592 - 2110075

Notify

C AND D LOGISTICS GROUP CO., LTD
ADD:- 14/F C AND D INTERNATIONAL
BUILDING , NO. 1699 HUANDAO EAST ROAD
XIAMEN, CHINA (P.C.361008)
TEL : 0592 - 2263176
FAX : 0592 - 2110075

Invoice No. SME/008/2019 -20 **Date** 02/04/2020

Contract Number SME/HIGH/200120

Vessel Name & Voyage Number KMTC DUBAI VOY 2002E

Bill of lading Number & date KMTCKHI0507173 DT. 31/03/2020

Destination DALIAN PORT CHINA

L/C Number LC # LC0957620000908 DT. 19/02/2020

Opening Bank BANK OF CHINA (FUJIAN BRANCH) FUZHOU

Negotiating Bank STANDARD CHARTERED BANK (PAKISTAN) LIMITED

Form E Number SCB -2020-0000001916 DT. 20/03/2020

Export Registration No. W/247406

Price

USD: 350 / MT CIF DALIAN PORT CHINA. USD $ 35,056.00

Marks and Numbers

Description of Goods

PAKISTAN CHROME CONCENTRATE

ORIGIN : PAKISTAN
PACKING : IN 1MT PP BIG BAGS NET EACH AND LOADING IN 20 ' FCL

CALCULATION AS PER SGS (0 - 1 MM)

CR2O3	56.54 %	
CR:FE RATIO	3.26:1	
MGO	15.03%	
SIO2	1.29 %	
CAO	0.42 %	
FE2O3	16.99 %	
SIZE	0 - 1 MM	98.03%

CALCULATION AS PER SGS (1 - 3 MM)

CR2O3	55.65 %	
CR:FE RATIO	3.40:1	
MGO	15.32 %	
SIO2	1.52 %	
CAO	0.60 %	
FE2O3	16.01 %	
SIZE	1- 3 MM	98.00 %

Gross Weight	Tare	Net Weight	
			Kgs.
100.380 MT	0.220	100.160 MT	Lbs.

Controller:

We hereby certify that the goods are of PAKISTAN ORIGIN

For SYNDICATE MINERALS EXPORT CO.

Syndicate Minerals Export Co. Karachi

海关专用
电子签章
发票

SMEC
SYNDICATE MINERALS EXPORT COMPANY

PACKING LIST

Applicant	**C AND D LOGISTICS GROUP CO., LTD** **ADD: 14/F C AND D INTERNATIONAL BUILDING, NO. 1699 HUANDAO EAST ROAD, XIAMEN , CHINA (P.C.361008)** **TEL :- 0592 - 2263176** **FAX :- 0592 - 2110075**
Vessel	**KMTC DUBAI VOY 2002E**
B/L NO & date	**KMTCKHI0507173 DT. 31/03/2020**
Invoice No.	**SME/008/2019-20**
GOODS	**PAKISTAN CHROME CONCENTRATE**
SHIPPING FROM	**KARACHI PORT, PAKISTAN**
TO	**DALIAN PORT CHINA**
LC NO.	**LC0957620000908 DT. 19/02/2020**
CONTRACT NO.	**SME/HIGH/200120**

DESCRIPTION	QUANTITY	GROSS WEIGHT	NET WEIGHT
PAKISTAN CHROME CONCENTRATE 1MT STRONG PP BIG BAGS LOADED IN 04 X 20' CONTAINERS	100.380 MT	100.380 MT	100.160 MT
TOTAL	100.380 MT	100.380 MT	100.160 MT

Signature

Syndicate Minerals Export Co. Karachi

SYNDICATE MINERALS EXPORT COMPANY
108, First Floor, The Cotton Exchange Building, I.I. Chundrigar Road, Karachi, Pakistan
Tel: +92 21 32412946-49 | Fax: +92 21 32410846 | www.hashwanigroup.com| syndicate.minerals@hashwanigroup.com

报关专用
电子签章
装箱清单

Shipper
SYNDICATE MINERALS EXPORT CO.,
108 COTTON EXCHANGE BUILDING
I.I. CHUNDRIGAR ROAD KARACHI,
PAKISTAN TEL:0092-21-32412946
FAX:0092-21-32411874

Booking No. PK00059973

B/L No. KMTCKHIO507173

SPECIAL ADHESIVE STAMP DUTY RUPEES

KMTC LINE
KOREA MARINE TRANSPORT CO., LTD.
www.ekmtc.com

Port-to-Port or Combined Transport

BILL OF LADING

Consignee (Non-Negotiable unless consigned "to order")
TO ORDER

RECEIVED by the Carrier from the shipper in apparent external good order and condition unless otherwise indicated herein, the total number or quantity of containers or other packages or units indicated below stated by the shipper to comprise the cargo specified for transportation subject to all the terms and conditions hereof from the place of receipt or the port of loading, whichever is applicable, to the port of discharge or the place of delivery, whichever is applicable.

Notify Party (Carrier not responsible for failure to notify)
C AND D LOGISTICS GROUPCO., LTD
ADD : 14/F, C AND D INTERNATIONAL
BUILDING, NO. 1699 HUANDAO EAST
ROAD, XIAMEN, P.C. 361008, CHINA.
TEL :-0592 - 2263176 FAX :-0592 - 2110075

Forwarding Agent-References

Place of Receipt (Combined Transport Only)

Pre-carriage by (Combined or Through Transport Only)

Place of Delivery (Combined Transport Only)

Vessel / Voy No.
KMTC DUBAI /2002E

Final Destination(For the Merchant's Reference)
DALIAN PORT, CHINA

Port of Loading
KARACHI PORT, PAKISTAN

Port of Discharge
DALIAN PORT, CHINA

PARTICULARS FURNISHED BY SHIPPER

Container No. /Seal No. Marks & Numbers	No. of Containers or P'kgs	Description of Goods	Gross Weight (KGS)	Measurement (CBM)
DFSU1864710/224950 SEGU2420085/224697 SEGU2432698/224722 SEGU2442675/224931	"SHIPPER'S LOAD, COUNT & SEAL" "SAID TO CONTAIN" 4 X 20' GP FCL CONTAINERS 100 BAGS	PAKISTAN CHROME CONCENTRATE FORM "E" NO: SCB-2020-0000001916 DATED: 20/03/2020 GROSS WEIGHT: 100.380 M.TONS NET WEIGHT: 100.160 M.TONS 21 DAYS FREE TIME AT DISCHARGING PORT "FREIGHT PREPAID"	100,380.000	

ORIGINAL

Total Number of Containers or Packages (in words) SAY : FOUR (4) CONTAINERS ONLY.

Above particulars as declared by shipper, but without responsibility of or representation by carrier.

Freight & Charges	Basis	Rate	Per	Curr.	Payable At POL	POD	Elsewhere
FREIGHT PREPAID AS ARRANGED							

COPY

This Bill of Lading duly endorsed must be surrendered by the Merchant to the Carrier in exchange for the Goods or delivery order unless otherwise provided herein.
IN ACCEPTING this Bill of Lading, the Merchant expressly accepts and agrees to all its terms and conditions on the face and back hereof, INCLUDING BUT NOT LIMITED TO ARBITRATION CLAUSE, whether written, typed, stamped or printed, or otherwise incorporated notwithstanding the non-signing of this Bill of Lading by the Merchant. IN WITNESS whereof, the number of original Bills of Lading stated on this side have been signed and wherever one original Bill of Lading has been surrendered, any others shall be void.
(Terms of Bill of Lading continued on Back hereof)

Ex. Rate	Freight Payable at	Type of Movement
	KARACHI, PAKISTAN	CY - CY

Total Prepaid in Local Currency	No. of Original B/L	Place and Date of Issue
	THREE (3)	KARACHI, PAKISTAN Mar.31,2020

Shipped On Board SECOND ORIGINAL

Date Mar.31,2020

United Marine Agencies (Pvt.) Ltd.
Korea Marine Transport Co., Ltd

By AS AGENT FOR CARRIER KMTC LINE
As Agents

Exporter (Name, Address and Country) SYNDICATE MINERALS EXPORT CO. 108, COTTON EXCHANGE BUILDING, I.I. CHUNDRIGAR ROAD, KARACHI,PAKISTAN.	REFERENCE NUMBER 47-4999 CERTIFICATE OF ORIGIN 336510
Consignee Importer (Name, Address and Country) C AND D LOGISTICS GROUP CO., LTD ADD:- 14/F C AND D INTERNATIONAL BUILDING , NO. 1699 HUANDAO EAST ROAD XIAMEN, CHINA (P.C.361008)	
Exporter's Membership Number 33999	Karachi Chamber of Commerce & Industry P.O. Box No. 4158, Aiwan-e-Tijarat Road, Off: Shahrah-e-Liaquat, Karachi-74000, Pakistan. T: +92 21 99218001-09 F: +92 21 99218010 E: attestation@kcci.com.pk info@kcci.com.pk U: www.kcci.com.pk
Particulars of Transport (as far as known) KMTC DUBAI VOY 2002E KMTCKHI0507173 DT. 31/03/2020	

Marks & Number	Number and kind of Packages	Description of Goods	Gross Weight or other Quantity	Country of Origin
	04 X 20 CONT	100.160 MT PAKISTAN CHROME CONCENTRATE GROSS WEIGHT: 100.380 MT NET WEIGHT : 100.160 MT	100.160 MT	Pakistan

Other Information

It is hereby declared that the above mentioned goods originate in:

(PAKISTAN)

Exporter's Signature: Niram Hashwani

Name: Proprietor

Designation:

Company: 02-04-20 Stamp

Place: Karachi Date:

Syndicate Minerals Export Co. Karachi

It is hereby Certified that to the best of my knowledge and according to the documents produced before me, this declaration appears to be correct.

Umair Khalil Khan
Attestation Officer
Karachi Chamber of Commerce & Industry
Karachi (Pakistan)

Authorized Signatory
Attestation Officer
Karachi Chamber of Commerce & Industry

KARACHI PAKISTAN
Place and date of Issue

Emboss

Karachi Chamber of Commerce & Industry
Certifying body

报关专用
电子签章
原产地证据文件

SGS Pakistan (Private) Limited
H-3/3, Sector 5, Korangi Industrial Area,
Karachi-74900, Pakistan
UAN: +92 21 111 222 747
Tel: +92 21 3512 1388 - 95
Fax: +92 21 3512 1329
Email: mineral.pakistan@sgs.com

SGS

Affiliate Code : F590201
Certificate N° : 20040602EF

Page N°: 1/ 3

SGS Ref.: BO2012670
April 06, 2020

CERTIFICATE OF QUALITY

CONSIGNMENT DESIGNATED AS VESSEL	:	INDICATED TO BE "KMTC DUBAI" VOY: 2002E
GOODS DESCRIPTION	:	PAKISTAN CHROME CONCENRTATE
QUANTITY	:	100.380 MT GROSS IN 04 CONTAINERS (20FT)
L / C NUMBER	:	LC0957620000908 DATED: 200219
CONTRACT NUMBER	:	SME/HIGH/200120
B / L NUMBER	:	KMTCKHI0507173 DATED: 31-MAR-2020
NOTIFY PARTY	:	C AND D LOGISTICS GROUPCO., LTD ADD : 14/F, C AND D INTERNATIONAL BUILDING, NO. 1699 HUANDAO EAST ROAD, XIAMEN, P.C. 361008, CHINA. TEL :-0592 – 2263176 FAX :-0592 - 2110075
SHIPPER	:	SYNDICATE MINERALS EXPORT COMPANY 108, COTTON EXCHANGE BUILDING I.I. CHUNDRIGAR ROAD KARACHI, PAKISTAN

Reference to our "CERTIFICATE OF WEIGHT" No.: 20040602F0 for the above goods.

In pursuance of the instructions received from shipper, we attended their advised stockyard at S.I.T.E area, Karachi on March 30, 2020 to carry out sampling of tendered consignment from stockyard during stuffing of one ton capacity jumbo bags into containers and conduct analysis on final composite samples. We report our findings as follows:

TENDERED CARGO : At the time of our intervention, lot/size wise cargo was tendered in jumbo bags and laying on finished floor in an open area for inspection. As per shipper's advice, total of about 100 jumbo bags were tendered to us for our inspection.

FILLING EXERCISE : All the bags were loaded / stuffed into containers with the help of fork lifter.

PACKING / GENERAL CONDITION : Lot/Size wise consignment was tendered in one metric ton capacity jumbo bags; mouths of the bags were tied.

MARKING : Following label mark was found on tendered bags of both size wise lots.

LOT/SIZE 1-0 MM (50 BAGS)

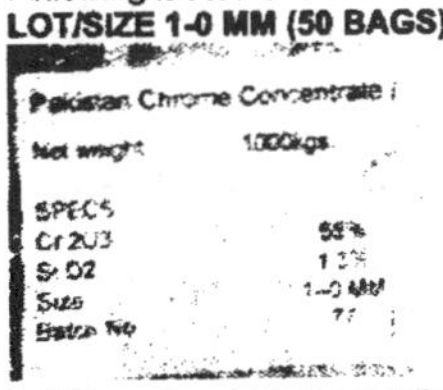

LOT/SIZE 3-1 MM (50 BAGS)

SAMPLING EXERCISE : Lot/Size wise random sampling conducted from tendered cargo based on ISO 6153:1989 and requisite number of increments collected from the randomly selected bags during loading of cargo into containers.

Cont'd.... P/2

SGS Pakistan (Private) Limited
H-3/3, Sector 5, Korangi Industrial Area,
Karachi-74900, Pakistan
UAN: +92 21 111 222 747
Tel: +92 21 3512 1388 - 95
Fax: +92 21 3512 1329
Email: mineral.pakistan@sgs.com

Affiliate Code : F590201
Certificate N° : 20040602EF

Page N°: 2/ 3

SGS Ref.: BO2012670
April 06, 2020

INITIAL SAMPLE PREPRATION : Upon completion of sampling operation, lot/size wise sample preparation was performed based on ISO 6154:1989 initially at shipper's provided facility to obtain the lot/size wise composite bulk samples.

Lot/size wise prepared samples kept in WPP bag separately, duly labeled, sealed and brought to SGS Lab for final sample preparation and analysis.

Whereas, moisture sample preparation and size assessment were carried out at inspection site.

SIZE ASSESSMENT : Size assessment was performed on our collected lot wise drawn samples ascertained as under,

LOT/SIZE (1-0 MM)

0-1 mm : 98.03%

LOT/SIZE (3-1 MM)

1-3 mm : 98.00 %

MOISTURE SAMPLE : Lot/Size wise moisture samples analyzed at SGS lab, test results obtained from our lab are given as under,

[illegible]	[illegible]	[illegible]	[illegible]	[illegible]	[illegible]
Moisture	ISO 6129 – 1981 (E)		%	0.28	0.03

FINAL SAMPLE PREPARATION : At SGS Prep, lot/size wise composite bulk samples were further mixed and reduced and then pulverized in order to obtain lot/size wise composite shipment samples in five sets duly labeled and sealed by SGS plastic seal.

SAMPLE DISTRIBUTION : Following is the distribution of lot wise prepared shipment composite samples,

- One set of sealed sample submitted in SGS lab for analysis on contractual parameters.
- Two set of sealed samples prepared for shipper & retained with SGS for the period of three months from sampling date, unless otherwise instructed.
- Two set of sealed samples retained with SGS for the period of three months from sampling date, unless otherwise instructed.

Cont'd.... P/3

SGS Pakistan (Private) Limited
H-3/3, Sector 5, Korangi Industrial Area,
Karachi-74900, Pakistan
UAN: +92 21 111 222 747
Tel: +92 21 3512 1388 - 95
Fax: +92 21 3512 1329
Email: mineral.pakistan@sgs.com

Affiliate Code : F590201
Certificate N° : 20040602EF

Page N°: 3/ 3

SGS Ref.: BO2012670
April 06, 2020

CHEMICAL ANALYSIS : Lot/Size wise test results obtained from our Lab are reproduced are as under,

TEST PARAMETER	TEST METHOD	UNIT	TEST RESULT	
			(1-0 MM)	(3-1 MM)
Chromium Oxide (Cr_2O_3)	Based on ISO 6331-1983 (E)	%	56.54	55.65
Silica (SiO_2)	Based on ISO 5997-1984 (E) / ICP-OES	%	1.29	1.52
Magnesium Oxide (MgO)	Based on ISO 6331-1983 (E) / ICP-OES	%	15.03	15.32
Iron as (Fe_2O_3)	Based on ISO 6130-1985 (E) / ICP-OES	%	16.99	16.01
Calcium Oxide (CaO)	Based on ISO 6331-1983 (E) / ICP-OES	%	0.42	0.60
Cr : Fe	Based on ISO 6331-1983 (E) / ICP-OES Calculated	-	3.26 : 1	3.40 : 1

STUFFING & WEIGHING : Lot/Size wise cargo was filled in one ton capacity jumbo bags and stuffed into 04X20ft containers in our presence and weighed at shipper's designated weighbridge. Following is the summary of weight,

- Gross weight of loaded cargo (100 bags) ascertained at weighbridge: 100.380 MT

The responsibility for the above findings is limited to time, date and place of intervention only and does not refer to any other matter.

Quality is final at the time of loading of bagged cargo into 04x20ft containers at shipper's warehouse in Karachi.

Any holder of this document is advised that information contained hereon is limited to the visual examination of the safety and readily accessible portions of the consignment only. Due to the nature of the cargo and limited access during inspection, items not recorded in the above description may be present.

The manual sampling method was agreed with the SGS Principal, as sampling by more reliable methods that provide probability samples was not possible. The Holder of this document is cautioned that collected MANUAL samples of this type do not satisfy the minimum requirements for probability sampling, and as such cannot be used to draw statistical inferences such as precision, standard error, or bias.

****

[AT LOADING PORT]

SGS Pakistan (Private) Limited
H-3/3, Sector 5, Korangi Industrial Area,
Karachi-74900, Pakistan
UAN: +92 21 111 222 747
Tel: +92 21 3512 1388 - 95
Fax: +92 21 3512 1329
Email: mineral.pakistan@sgs.com

Affiliate Code : F590201
Certificate N° : 20040602F0

Page N°: 1/ 2

SGS Ref.: BO2012670
April 06, 2020

CERTIFICATE OF WEIGHT

CONSIGNMENT DESIGNATED AS

VESSEL	:	INDICATED TO BE "KMTC DUBAI" VOY: 2002E
GOODS DESCRIPTION	:	PAKISTAN CHROME CONCENRTATE
QUANTITY	:	100.380 MT GROSS IN 04 CONTAINERS (20FT)
L / C NUMBER	:	LC0957620000908 DATED: 200219
CONTRACT NUMBER	:	SME/HIGH/200120
B / L NUMBER	:	KMTCKHI0507173 DATED: 31-MAR-2020
NOTIFY PARTY	:	C AND D LOGISTICS GROUPCO., LTD ADD : 14/F, C AND D INTERNATIONAL BUILDING, NO. 1699 HUANDAO EAST ROAD, XIAMEN, P.C. 361008, CHINA. TEL :-0592 – 2263176 FAX :-0592 - 2110075
SHIPPER	:	SYNDICATE MINERALS EXPORT COMPANY 108, COTTON EXCHANGE BUILDING I.I. CHUNDRIGAR ROAD KARACHI, PAKISTAN

Reference to our "CERTIFICATE OF QUALITY" No.: 20040602EF for the above goods.
In pursuance of the instructions received from shipper, we attended their designated Navroz Weighbridge near S.I.T.E area, Karachi on March 30, 2020 to witness the weighbridge weighing exercise of 04x20ft containers having above mentioned goods. We report our findings as follows:

TENDERED CARGO : At the time of our intervention, lot/size wise cargo was tendered in jumbo bags and laying on finished floor in an open area for inspection. As per shipper's advice, total of about 100 jumbo bags were tendered to us for our inspection.

PACKING AND MARKING : Lot/Size wise consignment was tendered in one metric ton capacity jumbo bags; mouths of the bags were tied.

LOT/SIZE 1-0 MM (50 BAGS)

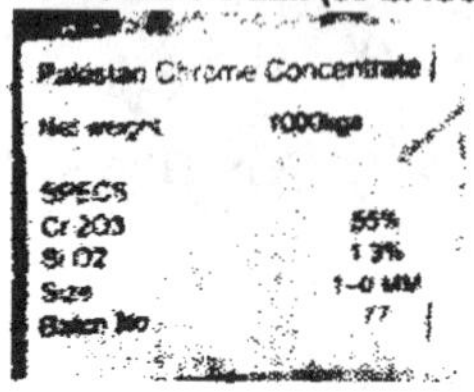

LOT/SIZE 3-1 MM (50 BAGS)

Cont'd…. P/2

SGS Pakistan (Private) Limited
H-3/3, Sector 5, Korangi Industrial Area,
Karachi-74900, Pakistan
UAN: +92 21 111 222 747
Tel: +92 21 3512 1388 - 95
Fax : +92 21 3512 1329
Email: mineral.pakistan@sgs.com

SGS

Affiliate Code : F590201
Certificate N° : 20040602F0

Page N°: 2/ 2

SGS Ref.: BO2012670
April 06, 2020

WITNESSING OF WEIGHING EXERCISE AT WEIGHBRIDGE : As per shipper's instruction, cargo of lot/size (1-0mm) was loaded into 01 - 02 containers. Whereas, cargo of lot/size (3-1mm) was loaded into 03 - 04 containers. The total cargo stuffed into 04x20ft containers and weighed at Navroz weighbridge in our presence. Following is the calibration details received from the designated Navroz weighbridge,

- Max/Min. Capacity of Scale : 60,000 Kg / 05 Kg
- Calibration Validity : 09-03-2021
- Following is the summary of weight,
- Gross weight of loaded cargo (100 bags) ascertained at weighbridge: 100.380 MT
- Net weight of cargo (as per B/L): 100.160 MT
- Details of each container number with individual weights and SGS seal numbers are as under,

01	DFSU 186471-0	25	36,010.00	10,950.00	25,060.00	D096276
02	SEGU 244267-5	25	35,860.00	10,700.00	25,160.00	D096277
SUB TOTAL		50	71,870.00	21,650.00	50,220.00	–
(LOT/SIZE 3-1 MM)						
03	SEGU 243269-8	25	35,900.00	10,880.00	25,020.00	D096278
04	SEGU 242008-5	25	35,930.00	10,790.00	25,140.00	D096279
SUB TOTAL		50	71,830.00	21,670.00	50,160.00	–
Grand Total		100	143,700.00	43,320.00	100,380.00	–

The responsibility for the above findings is limited to time; date and place of intervention only and does not refer to any other matter.
Weight is final at the time of loading of bagged cargo into 04x20ft containers at shipper's warehouse in Karachi.
In accordance with Client's instructions, the Company's involvement has been limited to witnessing/observing a third party's intervention(s) at the third party's weighbridge/test house or other facilities and installations used for the intervention(s). The Company's sole responsibility was to be present at the time of the third party's intervention(s) to forward the results, or confirm the occurrence, of the intervention(s). The Company is not responsible for the condition or calibration of apparatus, instruments and measuring devices used, the testing methods applied the qualifications, actions or omissions of the third party's personnel or the testing results

****

[AT LOADING PORT]

SOCIETE GENERALE DE SURVEILLANCE SGS

代理报关委托书

编 号：

：

我单位现 (A/逐票、B 长期)委托贵公司代理 等通关事宜。〔A、填单申报 B、申请、联系和配合实施检验检疫 C、辅助查验 D、代缴税款 E、设立手册（账册）F、核销手册（账册）G、领取海关相关单证 H、其他〕详见《委托报关协议》

我单位保证遵守海关有关法律、法规、规章，保证所提供的情况真实、完整、单货相符，无侵犯他人知识产权的行为。否则，愿承担相关法律责任。

本委托书有效期自签字之日起至 年 月 日止。

委托方（盖章）：兵王印志

法定代表人或其授权签署《代理报关委托书》的人（签字）

20 年 4 月 20日

委托报关协议

为明确委托报关具体事项和各自责任，双方经平等协商签定协议如下：

委托方	
主要货物名称	
HS 编码	□□□□□□□□□□
进/出口日期	年 月 日
提（运）单号	KMTCKHI0507173
贸易方式	
数（重）量	
包装情况	
原产地/货源地	
其他要求：双抬头	
背面所列通用条款是本协议不可分割的一部分，对本协议的签署构成了对背面通用条款的同意。	
委托方签章：兵王印志 经办人签字： 联系电话： 年 月 日	

被委托方		
*报关单编码	No.	
收到单证日期	年 月 日	
收到单证情况	合同□	发票□
	装箱清单□	提（运）单□
	加工贸易手册□	许可证件□
	其他	
报关收费	人民币： 元	
承诺说明：		
背面所列通用条款是本协议不可分割的一部分，对本协议的签署构成了对背面通用条款的同意。		
被委托方签章： 报关人员签名： 联系电话： 年 月 日		

中国报关协会监制

1

报关专用
电子签章
委托报关协议

中华人民共和国海关进口货物报关单

0908202010800706 15

汇总征税

预录入编号：090820201080070615　　海关编号：090820201080070615　（连大窑湾）　　页码/页数：1/1

境内收货人（91350200705460373F） 建发物流集团有限公司	进境关别（0908） 连大窑湾	进口日期 20200518	申报日期 20200518	备案号
境外发货人 SYNDICATE MINERALS EXPORT CO.	运输方式（2） 水路运输	运输工具名称及航次号 HYUNDAI FORWARD/101N	提运单号 KMTCKHI0507173	货物存放地点 DCT
消费使用单位（91210202311541293P） 大连海明日盛国际贸易有限公司	监管方式（0110） 一般贸易	征免性质（101） 一般征税	许可证号	启运港（PAK006） 卡拉奇（巴基斯坦）
合同协议号 SME/HIGH/200120	贸易国（地区）（PAK） 巴基斯坦	启运国（地区）（PAK） 巴基斯坦	经停港（KOR003） 釜山（韩国）	入境口岸（210101） 大连港大窑湾港区

包装种类（06）	件数	毛重(千克)	净重(千克)	成交方式（1）	运费	保费	杂费
包/袋	100	100380	100160	CIF			

随附单证及编号
随附单证2：发票；装箱单；合同；提/运单；原产地证据文件；代理报关委托协议（纸质）；企业提供的其他

标记唛码及备注
备注：<总担保370020CCPIC000000025>原产地证号：336510 N/M　集装箱标箱数及号码：4；SEGU2432698；SEGU2442675；DFSU1864710；SEGU2420085；

项号	商品编号	商品名称及规格型号	数量及单位	单价/总价/币制	原产国(地区)	最终目的国(地区)	境内目的地	征免
1	2610000000	铬精矿 0|3|破碎，水洗|黑灰色精粉末状|CR2O3 56.54% MGO 15.03% SIO2 1.29% CAO 0	100160千克 100160千克	0.3500 35056.00 美元	巴基斯坦 (PAK)	中国 (CHN)	(21029/210201)大连其他/大连市市辖区	照章征税 (1)

特殊关系确认：否　　价格影响确认：否　　支付特许权使用费确认：否　　自报自缴：是

报关人员　　报关人员证号09103337　　电话　　兹申明对以上内容承担如实申报、依法纳税之法律责任

申报单位（91210242792014979K）大连悦丰万鑫国际物流有限公司　　申报单位（签章）

海关批注及签章

【实训结果】

撰写“关检融合、单一窗口报关单”的实训报告。

《关检融合、单一窗口报关单》实训报告		
项目实训班级：	项目小组：	项目组成员：
实训时间：　年　月　日	实训地点：	实训成绩：
实训目的：		
实训步骤：		
实训结果：		
实训感言：		
不足与今后改进：		

项目组长评定签字：　　　　　　　　项目指导教师评定签字：

第七章　海关其他管理制度

● 知识目标

理解：海关事务担保、知识产权海关保护、海关行政处罚、海关行政复议及海关行政申诉的概念。

熟知：海关事务担保的实施；知识产权权利人的法律责任；海关行政处罚的程序；海关行政复议的程序；海关行政申诉程序。

掌握：海关事务担保、知识产权海关保护、海关行政处罚、海关行政复议及海关行政申诉的基本内容。

● 技能目标

能够根据海关事务担保制度的要求，指导企业或个人正确办理担保手续；学会识别企业在进出口活动中可能面临的知识产权侵权风险；掌握如何通过海关备案、申请扣留等措施保护自身知识产权；熟悉海关行政处罚的程序和要求，帮助企业或个人在进出口活动中遵守海关法规，避免因违规行为受到行政处罚；掌握海关行政复议和行政申诉的程序，能够在对海关具体行政行为不服时，依法申请复议或申诉，维护自身合法权益。

● 素质目标

增强对海关相关法律法规的理解和尊重，自觉遵守海关法规，维护国家进出境管理秩序。通过学习海关事务担保和知识产权保护制度，培养诚信经营的意识，自觉抵制侵权、走私等违法行为。明确企业在进出口活动中应承担的责任，如按时履行担保义务、保护知识产权等，提高企业的社会责任感。强化企业在进出口活动中的合规意识，确保各项操作符合海关法规要求，避免因违规行为给企业带来不必要的损失。

● 思政目标

树立法治观念，增强对国家法律法规的敬畏之心，自觉遵守法律法规，维护国家利益和社会公共利益。了解海关在维护国家主权、保护国家利益方面的重要作用，增强爱国意识和民族自豪感，自觉维护国家的进出境管理秩序。认识到企业在进出口活动中不仅追求经济利益，而且要承担社会责任，如保护知识产权、遵守海关法规等，培养企业的社会责任感和担当精神。强调诚信在进出口活动中的重要性，倡导诚信经营、守法自律的价值观，营造良好的进出口贸易环境。

○ **课程引例**

进出口企业因货物归类争议面临海关担保与行政复议的抉择

某进出口企业在进口一批机械设备时，因货物归类问题与海关发生争议。海关认为该批货物应归类为某一特定税号，而企业则认为应归类为另一税号，导致双方对关税金额产生分歧。海关要求企业提供担保后放行货物，企业对海关的归类决定和担保要求不服，希望通过合法途径维护自身权益。

问题引入：

(1)企业应如何正确办理海关事务担保手续，以确保货物顺利放行？

(2)企业在进出口活动中如何避免知识产权侵权风险，保护自身合法权益？

(3)当企业对海关具体行政行为不服时，应如何依法申请行政复议或申诉，维护自身合法权益？

引例导学：面对这一争议，企业首先需要了解海关事务担保的具体流程和要求，包括提供担保的方式、担保金额的确定、担保期限等，以确保货物能够顺利放行。同时，企业在进出口活动中应加强知识产权保护意识，避免因侵权行为导致的法律风险。了解知识产权海关保护的备案、扣留及调查处理程序，有助于企业在遇到侵权嫌疑时采取有效措施。此外，当企业对海关的具体行政行为不服时，可以通过行政复议或申诉的方式维护自身合法权益。了解行政复议和申诉的程序、条件及救济途径，有助于企业依法维权。

在这一过程中，企业应增强法治意识，自觉遵守海关法律法规，通过合法途径解决与海关的争议，维护自身合法权益。习近平法治思想强调"法治是最好的营商环境"，企业应积极响应国家政策，提升自身管理水平，实现高质量发展。同时，企业应树立诚信经营的理念，如实申报货物信息，避免因虚假申报导致的法律风险。党的二十大报告提出要推进诚信建设制度化，海关事务担保制度的优化，如简化手续、加速通关，体现了国家推进高水平对外开放的决心。企业应通过合法合规的经营，为国家经济高质量发展贡献力量，同时也有助于提升企业的社会形象和市场竞争力。

通过这一案例，我们可以看到海关各项制度不仅为企业提供了便利，也对企业的经营和社会经济发展具有重要意义。企业应积极响应国家政策，提升自身管理水平，实现高质量发展，同时也要承担起社会责任，为国家经济高质量发展贡献力量。

○ **知识支撑**

第一节 海关事务担保制度

一、海关事务担保的概念和性质

海关事务担保，是指与进出境活动有关的自然人、法人或者其他组织(通常统称"当事人")在向海关申请从事特定的经营业务或者办理特定的海关事务时，以向海关提交保证金保函等担保，承诺在一定期限内履行其法律义务的法律行为。

海关事务担保制度从本质上讲，是海关支持和促进对外贸易发展和科技文化交流的措施，既保障国家利益不受损害又便利进出境活动，有利于对外贸易效率的提高。同时，担保制度对进出境活动的当事人也产生较强的制约作用，促进企业守法自律，按时履行其承诺的诸如补交单证、补纳税款、按规定复出(进)口等义务。

海关事务担保具有以下性质：①履行性。当事人提供的担保，具有在规定期限内由当事人履行其在正常情况下应当履行其承诺义务的性质。②惩罚性。若由于当事人的过错，不能履行担保事项所列明的义务，海关将依法对当事人给予惩罚，让其承担一定的法律责任，以达到惩戒和教育的目的。③补偿性。对涉及税款的担保，无论是责令补缴税款，还是将保证金抵作税款，或是通知银行扣缴税款，主要目的还是在于补偿进出口税的收入。

二、海关事务担保的基本内容

（一）海关事务担保的适用范围

1. 一般适用

为使当事人获得提前放行、办理特定海关业务及免于扣留财产等便利，《海关事务担保条例》主要规定了四种情形下的海关事务担保。

（1）当事人申请提前放行货物的担保

当事人申请提前放行货物的担保是指在办结商品归类、估价和提供有效报关单证等海关手续前，当事人向海关提供与应纳税款相适应的担保，申请海关提前放行货物。

有下列情形之一的，当事人可以在办结海关手续前向海关申请提供担保，要求提前放行货物：①进出口货物的商品归类、完税价格、原产地尚未确定的；②有效报关单证尚未提供的；③在纳税期限内税款尚未缴纳的；④滞报金尚未缴纳的；⑤申请按“两步申报”模式通关的；⑥其他海关手续尚未办结的。

【提示】国家对进出境货物、物品有限制性规定，应当提供许可证件而不能提供的，以及法律、行政法规规定不得担保的其他情形，海关不予办理担保放行。

（2）当事人申请办理特定海关业务的担保

当事人申请办理下列特定海关业务的，按照海关规定提供担保：①运输企业承担来往内地与港澳公路货物运输、承担海关监管货物境内公路运输的；②货物、物品暂时进出境的；③货物进境修理和出境加工的；④租赁货物进口的；⑤货物和运输工具过境的；⑥将海关监管货物暂时存放在海关监管区外的；⑦将海关监管货物向金融机构抵押的；⑧为保税货物办理有关海关业务的。

【注意】当事人不提供或者提供的担保不符合规定的，海关不予办理前款所列特定海关业务。

（3）税收保全担保

进出口货物的纳税义务人在规定的纳税期限内有明显的转移、藏匿其应税货物以及其他财产迹象的，海关可以责令纳税义务人提供担保；纳税义务人不能提供担保的，海关依法采取税收保全措施。

（4）免于扣留财产的担保

①有违法嫌疑的货物、物品、运输工具应当或者已经被海关依法扣留、封存的，当事人可以向海关提供担保，申请免于或者解除扣留、封存。

②有违法嫌疑的货物、物品、运输工具无法或者不便扣留的，当事人或者运输工具负责人应当向海关提供等值的担保；未提供等值担保的，海关可以扣留当事人等值的其他财产。

③有违法嫌疑的货物、物品、运输工具属于禁止进出境，或者必须以原物作为证据，或者依法应当予以没收的，海关不予办理担保。

④法人、其他组织受到海关处罚，在罚款、违法所得或者依法应当追缴的货物、物品、走私运输工具的等值价款未缴清前，其法定代表人、主要负责人出境的，应当向海关提供担保；未提供担保的，海关可以通知出境管理机关阻止其法定代表人、主要负责人出境。

2. 其他适用

进口已采取临时反倾销措施、临时反补贴措施的货物应当提供担保的，或者进出口货物收发货人、知识产权权利人申请办理知识产权海关保护相关事务等，依照本条例的规定办理海关事务担保。法律、行政法规有特别规定的，从其规定。

（二）海关事务担保的免除

《海关法》的有关条款规定，如其他法律、行政法规根据实践需要规定在特定情形下可以免除担保提前放行货物的，这种“免除担保”的特别规范优先于“凭担保放行”的一般规范。因此，在这种特别规范的适用范围内，因各种原因未办结海关手续的货物，可以免除担保而被收发货人先予提取或装运出境。但同时规定，海关对享受免除担保待遇的进出口企业实行动态管理，当事人不再符合规定条件的，海关应当停止对其适用免除担保。

【注意】按照海关总署的规定，经海关认定的高级认证企业可以申请免除担保，并按照海关规定办理有关手续。

（三）海关事务总担保

为了使进出口货物品种、数量相对稳定且业务频繁的企业免于反复办理担保，《海关事务担保条例》规定，当事人在一定期限内多次办理同一类海关事务的，可以向海关申请提供总担保；提供总担保后，当事人办理该类海关事务，不再单独提供担保。同时规定，总担保的适用范围、担保金额、担保期限、终止情形等由海关总署规定。

可申请总担保的常见情形有：①ATA单证册项下暂准出口货物由中国国际商会统一向海关总署提供总担保；②经海关同意，知识产权权利人可以向海关提供总担保，总担保金额不得低于20万元人民币；③由银行对纳税义务人在一定时期内通过网上支付方式申请缴纳的进出口税费提供总担保。

（四）海关事务担保担保人

《海关法》规定：“具有履行海关事务担保能力的法人、其他组织或者公民，可以成为担保人。法律规定不得为担保人的除外。”具有履行海关担保义务能力是对自然人、法人或其他组织作为担保人的基本要求。

对担保人而言，其履行义务的能力主要表现在应当拥有足以承担担保责任的财产。公民作为担保人还应当具有民事行为能力，无民事行为能力或者限制行为能力的公民，即使拥有足以承担担保责任的财产，也不能作为担保人。如其他有关法律对担保人资格已作出限制性规定的，则这种法人、其他组织或公民就不能作为担保人。

担保人可以以下列财产、权利提供担保：①人民币、可自由兑换货币；②汇票、本票、支票、债券、存单；③银行或者非银行金融机构的保函；④海关依法认可的其他财产、权利。

三、海关事务担保的实施

当事人以保函向海关提供担保的，保函应当以海关为受益人，并且载明下列事项：①担保人、被担保人的基本情况；②被担保的法律义务；③担保金额；④担保期限；⑤担保责任；⑤需要说明的其他事项。

【提示】担保人应当在保函上加盖印章，并注明日期。

当事人提供的担保应当与其需要履行的法律义务相当，除本条例第七条第二款规定的情形外，担保金额按照下列标准确定：

（1）为提前放行货物提供的担保，担保金额不得超过可能承担的最高税款总额；

（2）为办理特定海关业务提供的担保，担保金额不得超过可能承担的最高税款总额或者海关总署规定的金额；

（3）因有明显的转移、藏匿应税货物以及其他财产迹象被责令提供的担保，担保金额不得超过可能承担的最高税款总额；

(4)为有关货物、物品、运输工具免于或者解除扣留、封存提供的担保，担保金额不得超过该货物、物品、运输工具的等值价款；

(5)为罚款、违法所得或者依法应当追缴的货物、物品、走私运输工具的等值价款未缴清前出境提供的担保，担保金额应当相当于罚款、违法所得数额或者依法应当追缴的货物、物品、走私运输工具的等值价款。

办理担保，当事人应当提交书面申请以及真实、合法、有效的财产、权利凭证和身份或者资格证明等材料。海关应当自收到当事人提交的材料之日起5个工作日内对相关财产、权利等进行审核，并决定是否接受担保。当事人申请办理总担保的，海关应当在10个工作日内审核并决定是否接受担保。符合规定的担保，自海关决定接受之日起生效。对不符合规定的担保，海关应当书面通知当事人不予接受，并说明理由。被担保人履行法律义务期限届满前，担保人和被担保人因特殊原因要求变更担保内容的，应当向接受担保的海关提交书面申请以及有关证明材料。海关应当自收到当事人提交的材料之日起5个工作日内作出是否同意变更的决定，并书面通知当事人，不同意变更的，应当说明理由。被担保人在规定的期限内未履行有关法律义务的，海关可以依法从担保财产、权利中抵缴。当事人以保函提供担保的，海关可以直接要求承担连带责任的担保人履行担保责任。担保人履行担保责任的，不免除被担保人办理有关海关手续的义务。海关应当及时为被担保人办理有关海关手续。

【注意】担保财产、权利不足以抵偿被担保人有关法律义务的，海关应当书面通知被担保人另行提供担保或者履行法律义务。

有下列情形之一的，海关应当书面通知当事人办理担保财产、权利退还手续：①当事人已经履行有关法律义务的；②当事人不再从事特定海关业务的；③担保财产、权利被海关采取抵缴措施后仍有剩余的；④其他需要退还的情形。

自海关要求办理担保财产、权利退还手续的书面通知送达之日起3个月内，当事人无正当理由未办理退还手续的，海关应当发布公告。自海关公告发布之日起1年内，当事人仍未办理退还手续的，海关应当将担保财产、权利依法变卖或者兑付后，上缴国库。

担保人、被担保人违反本条例，使用欺骗、隐瞒等手段提供担保的，由海关责令其继续履行法律义务，处5 000元以上、50 000元以下的罚款；情节严重的，可以暂停被担保人从事有关海关业务或者撤销其从事有关海关业务的注册登记。

海关工作人员有下列行为之一的，给予处分；构成犯罪的，依法追究刑事责任：①违法处分担保财产、权利；②对不符合担保规定的，违法办理有关手续致使国家利益遭受损失；③对符合担保规定的，不予办理有关手续；④与海关事务担保有关的其他违法行为。

【提示】担保人、被担保人对海关有关海关事务担保的具体行政行为不服的，可以依法向上一级海关申请行政复议或者向人民法院提起行政诉讼。

【学思践悟】　　海关事务担保制度：助力对外开放战略实施

海关事务担保制度作为我国对外贸易管理的重要法律制度，其设立与实施深刻体现了国家在对外开放新格局下的战略考量与法治精神。学习这一制度的过程中，不仅要理解其概念、性质及具体操作流程，更要站在国家发展战略的高度，领悟其背后的深层意义。

海关事务担保制度通过提供灵活多样的担保方式，既保障了国家税收安全，又促进了贸易便利化，这与党的二十大报告中提出的“推进高水平对外开放，稳步扩大规则、规制、管理、标准等制度型开放”的要求高度契合。它体现了我国在对外贸易领域坚持依法治国、依法行政的原则，通过法治手段优化营商环境，吸引外资，促进国际贸易合作。习近平总书记强调，“发展是第一要务，人才是第一资源，创新是第一动力”。海关事务担保制度在促进对外贸易发展的同时，也为企业创新提供了有力支持。通过允许企业以担保形式提前放行货物，加快了资金周转，降低了运营成本，激发了企业创新活力。这体现了习近平经济思想中关于创新驱动发展的理念，即通过制度创新推动经济高质量发展。

党的二十届二中、三中全会进一步强调了深化改革开放、优化营商环境的重要性。海关事务担保制度作为海关管理领域的一项重要改革措施，正是对这一精神的积极响应。它通过简化手续、提高效率，为企业提供了更加便捷、高效的通关服务，有助于构建更加开放、透明、便利的国际贸易环境。

【悟有所得】

海关事务担保制度不仅是海关管理领域的重要法律基石，更是国家对外开放战略与法治化营商环境构建的关键一环。作为新时代的参与者，我们应当从多个维度去领悟并践行这一制度的精神实质。首先，法治意识的强化是基础。海关事务担保制度以法律为准绳，明确了进出境活动中各方的权利与义务，这要求我们必须树立牢固的法治观念，将法律法规内化于心、外化于行，自觉维护国家利益和贸易秩序的公平公正。其次，专业素养的提升是关键。海关事务担保涉及国际贸易、海关管理、法律等多个领域的知识，要求我们不断学习、不断积累，提升自己的专业水平和综合能力。只有这样，我们才能更好地理解和运用这一制度，为企业提供更加专业、高效的服务。再者，创新思维的激发是动力。在理解和运用海关事务担保制度的过程中，我们不能仅仅停留在表面的操作层面，而应积极探索新的工作方法和思路，勇于创新，敢于突破。通过创新思维，我们可以发现制度的潜在价值，为企业创造更多的便利和效益，推动海关管理领域的持续进步。最后，大局观念的树立是方向。海关事务担保制度是国家对外开放战略的重要组成部分，它服务于国家整体利益，促进国际贸易合作与发展。因此，我们在学习和实践这一制度时，必须站在国家发展战略的高度，树立大局观念，将个人行动与国家利益紧密结合，不断提升自己的专业素养和综合能力，为推动我国对外贸易的高质量发展贡献自己的一份绵薄之力，为实现中华民族伟大复兴的中国梦贡献自己的力量。

第二节　知识产权海关保护制度

一、知识产权海关保护概述

(一)知识产权海关保护的概念

知识产权，概括地说是指公民、法人或其他组织对其在科学技术和文学艺术等领域内，主要基于脑力劳动创造完成的智力成果所依法享有的专有权利，因此又称智力成果权。

知识产权海关保护，则是指海关对与进出口货物有关并受中华人民共和国法律、行政法规保护的商标专用权、著作权和与著作权有关的权利、专利权(以下统称“知识产权”)实施的保护。

(二)知识产权海关保护的范围

知识产权具有无形性、专有性、地域性、时间性和可复制性的特点。世界贸易组织(WTO)关于《与贸易有关的知识产权协议》将与贸易有关的知识产权的范围确定为：著作权和与著作权有关的权利、商标权、地理标志权、工业品外观设计权、专利权、集成电路布图设计权、未披露过的信息专有权。

根据《知识产权海关保护条例》及其他法律、行政法规的规定，我国知识产权海关保护的适用范围为：与进出口货物有关并受中华人民共和国法律、行政法规保护的知识产权，包括商标专用权、著作权和与著作权有关的权利、专利权、奥林匹克标志专有权、世界博览会标志专有权。具体来说，以下知识产权可以向海关申请备案保护：①国家工商行政主管部门核准注册的商标；②在世界知识产权组织注册并延伸至我国的国际注册商标；③国家专利行政主管部门授予专利权的发明、外观设计、实用新型专利；④《伯尔尼保护文学和艺术作品公约》成员方的公民或者组织拥有的著作权和与著作权有关的权利。

《知识产权海关保护条例》同时规定，侵犯受法律、行政法规保护的知识产权的货物禁止进出口。此外，根据《奥林匹克标志保护条例》和《世界博览会标志保护条例》的规定，我国海关也应当对奥林匹克标志和世界博览会标志实施保护。

【注意】国家禁止侵犯知识产权的货物进出口。

（三）知识产权海关保护的模式

中国海关对知识产权的保护可以划分为“依申请保护”和“依职权保护”两种模式：

（1）依申请保护，是指知识产权权利人发现侵权嫌疑货物即将进出口时，根据《知识产权海关保护条例》第十二条、第十三条和第十四条的规定向海关提出采取保护措施的申请，由海关对侵权嫌疑货物实施扣留的措施。由于海关对依申请扣留的侵权嫌疑货物不进行调查，知识产权权利人需要就有关侵权纠纷向人民法院起诉，所以依申请保护也被称作海关对知识产权的“被动保护”模式。

（2）依职权保护，是指海关在监管过程中发现进出口货物有侵犯在海关总署备案的知识产权的嫌疑时，根据《知识产权海关保护条例》第十六条的规定，主动中止货物的通关程序并通知有关知识产权权利人，并根据知识产权权利人的申请对侵权嫌疑货物实施扣留的措施。由于海关依职权扣留侵权嫌疑货物属于主动采取措施制止侵权货物进出口，而且海关还有权对货物的侵权状况进行调查和对有关当事人进行处罚，所以依职权保护也被称作海关对知识产权的“主动保护”模式。

【提示】知识产权权利人向海关申请采取依职权保护措施前，应当按照《知识产权海关保护条例》第七条的规定，将其知识产权及其他有关情况向海关总署进行备案。

二、知识产权海关保护制度的基本内容

（一）知识产权海关保护的备案

1.知识产权海关保护备案的概念

知识产权海关保护备案，是指知识产权权利人按照《知识产权海关保护条例》的规定，将其知识产权的法律状况、有关货物的情况、知识产权合法使用情况和侵权货物进出口情况以书面形式通知海关总署，以便海关在对进出口货物的监管过程中能够主动对有关知识产权实施保护。

2.知识产权海关保护备案的意义

根据《知识产权海关保护条例》，知识产权权利人在向海关申请保护前不要求必须进行知识产权备案。但是，对商标专用权权利人等某些知识产权权利人而言，备案与否有很大的差异，主要体现在：

（1）备案是海关采取主动保护措施的前提条件。根据《知识产权海关保护条例》的规定，知识产权权利人如果事先没有将其知识产权向海关备案，海关即便发现侵权货物即将进出境，也没有权力主动中止其进出口，也无权对侵权货物进行调查处理。

（2）有助于海关发现侵权货物。由于知识产权权利人在备案时，需要提供有关知识产权的法律状况、权利人的联系方式、合法使用知识产权情况、侵权嫌疑货物情况、有关图片和照片等情况，使海关有可能在日常监管过程中发现侵权嫌疑货物并主动予以扣留。所以，事先进行知识产权备案，可以使权利人的合法权益得到及时的保护。

(3)知识产权权利人的经济负担较轻。根据海关总署有关《知识产权海关保护条例》的实施办法规定，在海关依职权保护模式下，知识产权权利人向海关提供的担保最高不超过 10 万元人民币。如果知识产权权利人事先未进行知识产权备案，则不能享受上述待遇而必须提供与其要求扣留的货物等值的担保。

(4)可以对侵权人产生震慑作用。由于海关对进出口侵权货物予以没收并给予进出口企业行政处罚，尽早进行知识产权备案，可以对那些过去毫无顾忌地进出口侵权货物的企业产生警告和震慑作用，促使其自觉地尊重有关知识产权。此外，有些并非恶意出口侵权产品的企业也可以通过查询备案，了解其承揽加工和出口的货物是否可能构成侵权。

3. 知识产权海关保护的备案申请

(1)知识产权海关保护备案的申请人应为知识产权权利人，知识产权权利人可以委托代理人办理知识产权海关保护备案。

(2)知识产权海关保护备案申请的文件及证据：

①申请书。知识产权权利人向海关总署申请知识产权海关保护备案的，应当向海关总署提交申请书。申请书应当包括以下内容：知识产权权利人的名称或者姓名、备案地或者国籍等；知识产权的名称、内容及其相关信息；知识产权许可行使状况；知识产权权利人合法行使知识产权的货物的名称、产地、进出境地海关、进出口商、主要特征、价格等；已知的侵犯知识产权货物的制造商、进出口商、进出境地海关、主要特征、价格等。

②随附文件、证据。知识产权权利人向海关总署提交备案申请书的内容有证明文件的，知识产权权利人应当附送证明文件。知识产权权利人向海关总署提交的上述文件和证据应当齐全、真实和有效。有关文件和证据为外文的，应当另附中文译本。海关总署认为必要时，可以要求知识产权权利人提交有关文件或者证据的公证、认证文书。

(3)知识产权海关保护备案申请的受理

海关总署应当自收到申请人全部申请文件之日起 30 个工作日内作出是否准予备案的决定，并书面通知申请人。不予备案的，海关须说明理由。有下列情形之一的，海关总署不予受理：①申请文件不齐全或者无效的；②申请人不是知识产权权利人的；③知识产权不再受法律、行政法规保护的。

4. 知识产权海关保护备案的时效

(1)备案有效期。知识产权海关保护备案自海关总署核准备案之日起生效，有效期为 10 年。自备案生效之日起知识产权的有效期不足 10 年的，备案的有效期以知识产权的有效期为准。

(2)续展备案有效期。知识产权有效的，知识产权权利人可以在知识产权海关保护备案有效期届满前 6 个月内，向海关总署申请续展备案。每次续展备案的有效期为 10 年。知识产权海关保护备案有效期届满而不申请续展或者知识产权不再受法律、行政法规保护的，知识产权海关保护备案随即失效。

5. 知识产权海关保护备案的变更或注销

知识产权备案情况发生改变的，知识产权权利人应当自发生改变之日起 30 个工作日内，向海关总署办理备案变更或者注销手续。

6. 知识产权海关保护备案的撤销

(1)海关发现知识产权权利人申请知识产权备案未如实提供有关情况或者文件的，海关总署可以撤销其备案。

(2)知识产权权利人未依照规定办理备案变更或者注销手续，给他人合法进出口或者海关依法履行监管职责造成严重影响的，海关总署可以根据有关利害关系人的申请撤销有关备案，也可以主动撤销有关备案。

（二）**申请扣留侵权嫌疑货物及提供担保**

知识产权权利人发现侵权嫌疑货物即将进出口，或者接到海关就实际监管中发现进出口货物涉嫌侵犯在海关总署备案的知识产权而发出书面通知的，可以向货物进出境地海关提出扣留侵权嫌疑货物的申请，并按规定提供相应的担保。

1. 知识产权权利人申请扣留（海关依申请保护）

知识产权权利人发现侵权嫌疑货物即将进出口并要求海关予以扣留的，应当向货物进出境地海关提交申请书及相关证明文件。有关知识产权未在海关总署备案的，知识产权权利人还应当随附有关知识产权的证明文件及证据。

知识产权权利人提交的证据，应当能够证明以下事实：①请求海关扣留的货物即将进出口；②在货物上未经许可使用了侵犯其商品专用权的商标标志、作品或者实施了其专利。

知识产权权利人发现侵权嫌疑货物即将进出口，请求海关扣留侵权嫌疑货物，应当在海关规定的期限内，向海关提供相当于货物价值的担保。知识产权权利人提出的申请不符合规定或者未按规定提供担保的，海关应驳回其申请并书面通知知识产权权利人。

2. 知识产权权利人接到海关通知的扣留申请（海关依职权保护）

海关对进口货物实施监管时发现进出口货物涉及在海关总署备案的知识产权且进出口商或者制造商使用有关知识产权的情况未在海关总署备案的，可以要求收发货人在规定期限内申报货物的知识产权状况和提交相关证明文件。收发货人未按照有关规定申报货物知识产权状况和提交相关证明文件，或者海关有理由认为货物涉嫌侵犯在海关总署备案的知识产权的，海关应当中止放行货物并书面通知知识产权权利人。

【提示】知识产权权利人在接收到海关书面通知之日起3个工作日内应予以回复。

认为有关货物侵犯其在海关总署备案的知识产权并要求海关予以扣留的，向海关提出扣留侵权嫌疑货物的书面申请。其扣留申请办法与知识产权权利人发现侵权嫌疑的扣留申请相同。

认为有关货物未侵犯其在海关总署备案的知识产权或者不要求海关扣留的，向海关书面说明理由。经海关同意，知识产权权利人可以查看有关货物。

知识产权权利人在接到海关发现侵权嫌疑货物通知后，认为有关货物侵犯其在海关总署备案的知识产权并提出申请要求海关扣留侵权嫌疑货物的，应当按照以下规定向海关提供担保：货物价值不足人民币2万元的，提供相当于货物价值的担保；货物价值为人民币2万元至20万元的，提供相当于货物价值50%的担保，但担保金额不得少于人民币2万元；货物价值超过人民币20万元的，提供人民币10万元的担保。

3. 总担保

知识产权权利人根据规定请求海关扣留涉嫌侵犯商标专用权货物的，可以向海关总署提供总担保。

在海关总署备案的商标专用权的知识产权权利人，经海关总署核准可以向海关总署提交银行或者非银行金融机构出具的保函，为其向海关申请商标专用权海关保护措施提供总担保。

自海关总署核准其使用总担保之日至当年12月31日，知识产权权利人在接到海关发现侵权嫌疑货物通知后，请求海关扣留涉嫌侵犯其已在海关总署备案的商标专用权的进出口货物的，无须另行提供担保，但知识产权权利人未按规定支付有关费用或者未按规定承担赔偿责任，海关总署向担保人发出履行担保责任通知的除外。

知识产权权利人申请使用总担保，应向海关总署提交知识产权海关保护总担保申请书，并随附已获准在中国境内开展金融业务的银行出具的为知识产权权利人申请总担保承担连带责任的总担保保函和知识产权权利人上一年度向海关申请扣留侵权嫌疑货物后发生的仓储处置费的清单。总担保的金额应相当于知识产权权利人上一年度向海关申请扣留侵权嫌疑货物后发生的仓储、保管和处置等费用之和;知识产权权利人上一年度未向海关申请扣留侵权嫌疑货物或者仓储处置费不足人民币20万元的,总担保的保证金资金额为人民币20万元。

总担保保函的有效期是指作为担保人的银行承担履行担保责任的期间,即总担保保函签发之日起至第二年6月30日。

担保事项发生期间是指知识产权权利人在向海关提出采取保护措施申请时无须另行提供担保的期间,即自海关总署核准之日起至当年12月31日。知识产权权利人未提出申请或者未提供担保的,海关将放行货物。

(三)对侵权嫌疑货物的调查处理

1.扣留

知识产权权利人申请扣留侵权嫌疑货物并提供担保的,海关应当扣留侵权嫌疑货物并将扣留侵权嫌疑货物的扣留凭单送达收发货人。经海关同意,收发货人可以查看海关扣留的货物。

2.调查

海关依职权扣留侵权嫌疑货物属于主动采取制止侵权货物进出口的措施,海关扣留侵权嫌疑货物后,应当依法对侵权嫌疑货物及其他有关情况进行调查。收发货人和知识产权权利人应当对海关调查予以配合,如实提供有关情况和证据。海关对依申请扣留的侵权嫌疑货物不进行调查,知识产权权利人需要就有关侵权纠纷向人民法院起诉。海关对侵权嫌疑货物进行调查,可以请求有关知识产权主管部门提供咨询意见。

知识产权权利人与收发货人就海关扣留的侵权嫌疑货物达成协议,向海关提出书面申请并随附相关协议,要求海关解除扣留侵权嫌疑货物的,海关除认为涉嫌构成犯罪外,可以终止调查。

3.放行被扣留货物

海关对扣留的侵权嫌疑货物进行调查,不能认定货物是否侵犯有关知识产权的,应当自扣留侵权嫌疑货物之日起30个工作日内书面通知知识产权权利人和收发货人。海关不能认定货物是否侵犯有关专利权的,收发货人向海关提供相当于货物价值的担保后,可以请求海关放行货物。海关同意放行货物的,应当书面通知知识产权权利人。

知识产权权利人就有关专利侵权纠纷向人民法院起诉的,应当在海关放行货物的书面通知送达之日起30个工作日内,向海关提交人民法院受理案件通知书的复印件。

对海关不能认定有关货物是否侵犯其知识产权的,知识产权权利人可以依法在起诉前向人民法院申请采取责令停止侵权行为或者财产保全的措施。

海关自扣留侵权嫌疑货物之日起50个工作日内收到人民法院协助扣押有关货物书面通知的,应当予以协助;未收到人民法院协助扣押通知或者知识产权权利人要求海关放行有关货物的,海关应当放行货物。

4.没收被扣留货物

被扣留的侵权嫌疑货物,海关经调查后认定侵犯知识产权的,予以没收,并应当将侵犯知识产权货物的情况书面通知知识产权权利人。

进出口货物或者进出境物品经海关调查认定侵犯知识产权,根据规定应当由海关予以没收但当事人无法查清的,自海关制发有关公告之日起满3个月后可由海关予以收缴。

对没收的侵权货物海关应当按照下列规定处置:有关货物可以直接用于社会公益事业或者知识产权权利人有收购意愿的,将货物转交给有关公益机构用于社会公益事业或者有偿转让给知识产权权利人。有关货物不能转交给有关公益机构用于社会公益事业或者有偿转让给知识产权权利人，且侵权特征能够消除的，在消除侵权特征后依法拍卖；但对进口假冒商标货物，除特殊情况外，不能仅清除货物上的商标标识即允许其进入商业渠道。拍卖货物所得款项上交国库。有关货物不能按照上述项规定处置的，应当予以销毁。

海关拍卖侵权货物，应当事先征求有关知识产权权利人的意见。海关销毁侵权货物，知识产权权利人应当提供必要的协助。有关公益机构将海关没收的侵权货物用于社会公益事业，以及知识产权权利人接受海关委托销毁侵权货物的，海关应当进行必要的监督。

三、知识产权权利人的法律责任

海关协助人民法院扣押侵权嫌疑货物或者放行被扣留货物的，知识产权权利人应当支付货物在海关扣留期间的仓储、保管和处置等费用。

海关没收侵权货物的，知识产权权利人应当按照货物在海关扣留后的实际存储时间支付仓储、保管和处置等费用。但海关自没收侵权货物的决定送达收发货人之日起 3 个月内不能完成货物处置，且非因收发货人申请行政复议、提起行政诉讼或者货物处置方面的其他特殊原因导致的，知识产权权利人无须支付 3 个月后的有关费用。

知识产权权利人未支付有关费用的，海关可以从其向海关提供的担保金中予以扣除或者要求其担保人履行有关担保责任。侵权嫌疑货物被认定为侵犯知识产权的，知识产权权利人可以将其支付的有关仓储、保管和处置等费用计入其为制止侵权行为所支付的合理开支。

海关接受知识产权保护备案和采取知识产权保护措施的申请后，因知识产权权利人未提供确切情况而未能发现侵权货物，未能及时采取保护措施或者采取保护措施不力的，由知识产权权利人自行承担责任。

知识产权权利人请求海关扣留侵权嫌疑货物后，海关不能认定被扣留的侵权嫌疑货物侵犯知识产权权利人的知识产权或者人民法院判定不侵犯知识产权权利人的知识产权的，知识产权权利人应当依法承担赔偿责任。

四、对担保的处理

海关没收侵权货物的，应当在货物处置完毕并结清有关费用后，向知识产权权利人退还担保金或者解除担保人的担保责任。

海关协助人民法院扣押侵权嫌疑货物或者根据规定放行被扣留货物的，收发货人可以就知识产权权利人提供的担保向人民法院申请财产保全。海关自协助人民法院扣押侵权嫌疑货物或者放行货物之日起 20 个工作日内，未收到人民法院就知识产权权利人提供的担保采取财产保全措施的协助执行通知的，海关应当向知识产权权利人退还担保金或者解除担保人的担保责任；收到人民法院协助执行通知的，海关应当协助执行。

海关放行被扣留的涉嫌侵犯专利权的货物后，知识产权权利人向海关提交人民法院受理案件通知书复印件的，海关应当根据人民法院的判决结果处理收发货人提交的担保金；知识产权权利人未提交人民法院受理案件通知书复印件的，海关应当退还收发货人提交的担保金。

五、海关知识产权备案信息查询

海关通过“知识产权海关保护备案子系统”公示已在海关备案的知识产权。申请人可以通过系统向海关总署传输备案申请、备案续展申请的电子数据并将电子数据打印成纸面申请书后随同需要提交的证明文件邮寄至海关总署。申请人申请办理变更备案申请人、变更备案代理人、注销知识产权海关保护备案的，应当直接向海关总署提交规定格式的纸面申请，无须通过该系统传输电子数据。

【同步案例 7—1】 乌鲁木齐、福州、重庆、郑州海关查获跨境电商渠道侵权商品系列案

案例评析

2023 年 7 月，乌鲁木齐海关所属霍尔果斯国际边境合作中心海关在对霍尔果斯某公司以跨境电商贸易方式申报出口的一批商品进行查验时，发现侵权嫌疑运动鞋 14 144 双。经权利人确认均为侵权商品。2023 年 7 月，福州海关所属平潭海关在对平潭某公司以跨境电商贸易方式申报出口的一批商品进行查验时，发现侵权嫌疑服装、箱包等商品共计 2 517 件，使用了 40 个不同标识。经权利人确认均为侵权商品。2023 年 8 月，重庆海关所属重庆江北机场海关在对佛山某公司以跨境电商贸易方式申报出口的一批商品进行查验时，发现被布控的 2 个清单内的货物涉嫌侵权，经扩大查验，发现侵权嫌疑服装、鞋类、箱包、手表、饰品等商品共计 2 388 件，使用 44 个标识，经权利人确认均为侵权商品。2023 年 9 月，郑州海关所属郑州新区海关在对深圳某公司以跨境电商贸易方式申报出口的一批商品进行查验时，发现侵权嫌疑运动鞋、箱包等商品共计 549 件，使用 26 个标识，经权利人确认均为侵权商品。

请问：从这一系列海关查获跨境电商渠道侵权商品案例中，反映出海关在知识产权保护方面采取了哪些针对性举措，以及在当前我国积极培育外贸新业态、新模式，跨境电商成为外贸发展新动能、转型升级新渠道和高质量发展新抓手的大背景下，海关的这些举措对于维护国家经济安全、促进创新发展以及营造公平有序的国际贸易环境有着怎样的重要意义？

第三节 海关行政处罚制度

一、海关行政处罚概述

（一）海关行政处罚的概念

海关行政处罚是指海关依法对公民、法人或者其他组织违反海关法的行为实施的处罚。

（二）海关行政处罚的性质

海关行政处罚作为一种行政制裁行为，通过对违反海关法的当事人财产、资格或声誉予以一定的剥夺或者限制，以达到规范进出境监管秩序、保护国家利益和他人合法权益的目的。海关行政处罚以当事人的行为违反海关法律、行政法规，并需要追究当事人的行政法律责任为前提，因此不能把海关行政处罚和海关行政强制措施相混淆。同时，对于应追究刑事法律责任的违反海关法的行为也不能以罚代刑，即不能用海关行政处罚代替刑事惩罚。

（三）海关行政处罚的基本原则

1. 公正、公开原则

(1)公正原则

公正原则是指海关对公民、法人或者其他组织的行政处罚，应当同其违反海关法行为的事实、性质、情节及危害程度相当；对有基本相同的违法行为的 2 个以上的公民、法人或者其他组织，如果其违法行为发生的环境条件、危害程度基本相同，受到的处罚也应基本相同。

(2)公开原则

公开原则是指有关海关行政处罚的法律、行政法规及规章应当公布；海关执法人员应当公开执法身份，出示执法证件；海关行政处罚的依据、证据、理由等应当向当事人公开。

2. 法定原则

法定原则包括海关行政处罚的法律依据是法定的，海关行政处罚的程序是法定的，海关行政处罚的主体及其职权是法定的等。

3.处罚与教育相结合的原则

海关行政处罚的功能不只是单纯的处罚和惩戒，而是通过制裁手段，使违法者改正违法行为，形成守法自律意识，因此海关行政处罚的过程包含着教育的内容。

4.救济原则

按照现代行政法治的要求，“有处罚即有救济”。也就是说，行为人受到处罚，同时应具有救济手段。海关行政处罚中的救济手段包括行政申诉、行政复议、行政诉讼和行政赔偿。

二、海关行政处罚制度的基本内容

（一）海关行政处罚的范围

《行政处罚法》《海关法》《海关行政处罚实施条例》仅适用于应受海关行政处罚行为的处理。应受海关行政处罚行为包括不予追究刑事责任的走私行为、违反海关监管规定行为和违反出入境检验检疫法律法规的行为，以及法律、行政法规规定由海关实施行政处罚的行为。

根据《海关法》的规定，走私情节严重的（主要以走私物的品种、数量和逃税额为标准），构成走私罪。认定和惩罚走私罪（追究刑事责任）属于司法机关的职能，不在海关行政处罚范围内；而依法不追究刑事责任的走私行为，以及涉嫌走私罪但人民检察院依法不追究刑事责任、构成走私犯罪但人民法院依法决定免于追究刑事责任的，应由海关依据《海关行政处罚实施条例》进行行政处罚。

1.依法不追究刑事责任的走私行为

（1）走私行为

①走私行为的含义

根据《海关行政处罚实施条例》的规定，违反《海关法》及其他有关法律、行政法规，逃避海关监管，偷逃应纳税款、逃避国家有关进出境的禁止性或者限制性管理，并有《海关行政处罚实施条例》第七条所列行为之一的是走私行为。

《海关行政处罚实施条例》第七条所列行为包括：未经国务院或者国务院授权的机关批准，从未设立海关的地点运输、携带国家禁止或者限制进出境的货物、物品或者依法应当缴纳税款的货物、物品进出境的；经过设立海关的地点，以藏匿、伪装、瞒报、伪报或者其他方式逃避海关监管运输、携带、邮寄国家禁止或者限制进出境的货物、物品或者依法应当缴纳税款的货物物品进出境的；使用伪造、变造的手册、单证、印章、账册、电子数据或者以其他方式逃避海关监管，擅自将海关监管货物、物品、进境的境外运输工具，在境内销售的；使用伪造、变造的手册、单证、印章、账册、电子数据或者以伪报加工贸易制成品单位耗料量等方式，致使海关监管货物、物品脱离监管的；以藏匿、伪装、瞒报、伪报或者其他方式逃避海关监管，擅自将保税区、出口加工区等海关特殊监管区域内的海关监管货物、物品，运出区外的；有逃避海关监管，构成走私的其他行为的。

走私行为在客观上首先表现为违反《海关法》及其他有关法律、行政法规，其次表现为逃避海关监管，这是构成走私行为必不可少的两个前提条件，二者缺一不可。

②走私行为的构成特征

走私行为的构成特征可以从四个方面来理解：第一，违反的法律。走私行为违反的是《海关法》及其他有关法律、行政法规。第二，走私的目的。走私行为的目的是偷逃应纳税款、逃避国家有关进出境的禁止性或者限制性管理。第三，走私的行为特征。走私的行为特征是逃避海关监管，非法运输、携带、邮寄进出境，或者擅自在境内销售等。第四，走私的对象。走私的对象是国家禁止、限制进出口或者依法应当缴纳税款的货物、物品，或者是未经海关许可并且未缴应纳税款、交验有关许可证件的保税货物、特定减免税货物，以及其他海关监管货物、物品、进境的境外运输工具等。

(2)按走私行为论处的行为

《海关行政处罚实施条例》第八条还规定，有下列行为之一的，按走私行为论处：

①明知是走私进口的货物、物品，直接向走私人非法收购的；"明知是走私进口的货物、物品，直接向走私人非法收购的"，应当同时符合三个条件才能判定为"按走私行为论处"：一是行为人必须明知收购的货物、物品是走私进口的货物、物品；二是行为人必须明知对方是走私人，而直接向走私人非法收购走私进口的货物、物品，即所谓的"第一手交易"，如果不是直接向走私分子收购走私进境的货物、物品，而是经过第二手、第三手，甚至更多的收购环节，则不能按走私行为论处；三是收购的行为是非法进行的。

②在内海、领海、界河、界湖，船舶及所载人员运输、收购、贩卖国家禁止或者限制进出境的货物、物品，或者运输、收购、贩卖依法应当缴纳税款的货物，没有合法证明的。

"在内海、领海、界河、界湖，船舶及所载人员运输、收购、贩卖国家禁止或者限制进出境的货物、物品，或者运输、收购、贩卖依法应当缴纳税款的货物，没有合法证明的"要按走私行为论处，必须符合四个条件：一是区域，行为人必须是在特定的区域，即在内海、领海、界河、界湖运输、收购、贩卖国家禁止或者限制进出境的货物、物品，或者运输、收购、贩卖依法应当缴纳税款的货物，如果是在内地运输、收购、贩卖，则不是本项规定的按走私论处的行为；二是行为方式，即运输、收购、贩卖；三是运输、收购、贩卖的对象是国家禁止、限制进出境的货物、物品，或者是依法应当缴纳税款的货物；四是在上述特定区域运输、收购、贩卖上述货物、物品，没有合法证明，"合法证明"是指船舶及其所载人员依照国家有关规定或者依照国际运输惯例所必须持有的证明其运输、携带、收购、贩卖所载货物、物品真实、合法、有效的商业单证、运输单证及其他有关证明、文件。

上述两项按走私行为论处的行为不具有典型的走私特征，但这些行为与走私行为联系密切，为走私货物、物品提供了销售、流通渠道，成为完成走私的一个重要环节，其违法性质、危害后果与直接走私行为相近。因此，为严厉打击走私违法行为，应当按走私行为论处。

(3)以走私的共同当事人论处

此外，《海关行政处罚实施条例》第十条还规定了"与走私人通谋为走私人提供贷款、资金、账号、发票、证明、海关单证的，与走私人通谋为走私人提供走私货物、物品的提取、发运、运输、保管、邮寄或者其他方便的，以走私的共同当事人论处"，即以上行为也应包含在"走私行为"的范围内。

2. 违反海关监管规定的行为

违反海关监管规定的行为是指海关管理相对人在从事运输工具、货物、物品的进出境活动或从事海关监管货物的运输、储存、加工、装配、寄售、展示等业务活动中，违反《海关法》及其他有关法律、行政法规的规定，且未构成走私的行为。它主要是违反海关关于进出境监管的具体要求、监管程序和监管手续，没有按照海关规定履行应尽的义务，执法实践中简称为"违规行为"。

根据《海关行政处罚实施条例》，违反海关监管规定的行为主要有：①违反国家进出口管理规定，进出口国家禁止进出口货物的；②违反国家进出口管理规定，进出口国家限制进出口的货物或属于自动进出口许可管理的货物，进出口货物的收发货人向海关申报时不能提交许可证件的；③进出口货物的品名、税则号列、数量、规格、价格、贸易方式、原产地、启运地、运抵地、最终目的地或者其他应当申报的项目未申报或者申报不实的；④擅自处置监管货物，违规存放监管货物，监管货物短少灭失且不能提供正当理由的，未按规定办理保税手续，单耗申报不实，过境、转运、通运货物违规，暂时进出口货物违规的；⑤报关单位违规（非法代理、行贿、未经许可从事报关业务、骗取许可）；⑥其他违法（中断监管程序，伪造、变造、买卖单证，进出口侵犯知识产权货物等）。

3. 走私行为与违规行为的区别

《海关法》和《海关行政处罚实施条例》将违反《海关法》及其他有关法律、行政法规的行为分为走私行为和违规行为。这是两类性质完全不同的行为，有着本质的不同。

第一，主观故意不同。走私具有很强的主观目的性，其行为的目的就是在于偷逃国家应缴税款或逃避国家对进出境运输工具、货物、物品的禁止或限制性管制，并往往有针对性地采取各种伪装欺骗手法企图逃避海关监管。而违规行为在主观认识上通常表现为“过失”状态，没有很明确的追求逃税、逃证的主观目的性，通常也不会采取有针对性的欺骗手法来逃避海关监管。

第二，客观行为不同。走私是为了达到逃税、逃证的目的，通常会采取欺骗手法逃避海关监管，而且这种逃避海关监管的手法是行为人在明知或应知条件下有针对性采取的。而违规行为一般都不会采取欺骗手法来掩饰自己的过失行为，其行为往往没有明确的逃税、逃证的针对性和目的性，多是在程序和手续方面不履行海关规定。

第三，行为危害结果不同。走私行为侵害的主体是国家关于运输工具、货物、物品进出境税收和管制的实体性规定，通常会产生逃税、逃证的实质性危害。《海关行政处罚实施条例》规定的走私行为和按走私行为论处的行为都会直接产生逃税、逃证的结果。而违规行为侵害的是海关监管的程序、手续，以及具体要求等进出境管理秩序。

（二）海关行政处罚的管辖

海关行政处罚的管辖是指海关实施行政处罚权限的划分和分工。根据《海关行政处罚实施条例》，海关行政处罚的管辖原则是：第一，由发现违法行为的海关管辖，也可以由违法行为发生地海关管辖；第二，两个以上海关都有管辖权的案件，由最先发现违法行为的海关管辖；第三，管辖不明确的案件，由有关海关协商确定管辖，协商不成的，报请共同的上级海关指定管辖；第四，重大、复杂的案件，可以由海关总署指定管辖。

【提示】上述第一点、第二点针对的是明确规定的管辖；第三点针对的是不明确的情况，规定协商或指定管辖；第四点针对的是特殊情况，规定由海关总署指定管辖。一个海关只有同时具有地域管辖、级别管辖、职权管辖三个权能，才具有行政处罚权。

（三）海关行政处罚的方式

1. 对走私行为的行政处罚

《海关行政处罚实施条例》对走私行为规定了下列处罚方式：①没收走私货物、物品及违法所得。②罚款。③没收专门用于走私的运输工具或者用于掩护走私的货物、物品。④没收2年内3次以上用于走私的运输工具或者用于掩护走私的货物、物品。⑤藏匿走私货物、物品的特制设备、夹层、暗格，应当予以没收或者责令拆毁。⑥海关准予从事海关监管货物的运输、储存、加工、装配、寄售、展示等业务的企业，构成走私犯罪或者1年内有2次以上走私行为的，海关可以撤销其注册登记；报关企业、报关人员有上述情形的，禁止其从事报关活动。

2. 对违规行为的行政处罚

《海关行政处罚实施条例》对违规行为规定了下列处罚方式：①警告。警告应严格按照法定程序实施，单独给予警告处罚的，可以适用行政处罚简易程序。②罚款。《海关行政处罚实施条例》在处罚幅度上规定了上下限，减少了处罚的随意性。③没收违法所得。④暂停有关企业从事有关业务，情节严重的，禁止其从事报关活动。⑤未经海关备案从事报关活动的，责令改正，没收违法所得，可以并处10万元以下罚款。

三、海关行政处罚的程序

（一）案件调查

除依法可以当场作出的行政处罚外，海关发现公民、法人或者其他组织有依法应当由海关给予行政处罚的行为的，必须全面、客观、公正地调查，收集有关证据；必要时，依照法律、行政法规的规定，可以进行检查。符合立案标准的，海关应当及时立案。

执法人员在调查或者进行检查时，应当主动向当事人或者有关人员出示执法证件。当事人或者有关人员有权要求执法人员出示执法证件。执法人员不出示执法证件的，当事人或者有关人员有权拒绝接受调查或者检查。当事人或者有关人员对海关调查或者检查应当予以协助和配合，不得拒绝或者阻挠。

海关发现的依法应当由其他行政机关或者刑事侦查部门处理的违法行为，应当制作案件移送函，及时将案件移送有关行政机关或者刑事侦查部门。

办案人员有下列情形之一的，应当回避当事人或其代理人有权申请其回避：①当事人的近亲属；②本人或者其近亲属与本案有利害关系的；③与本案当事人有其他关系，可能影响案件公正处理的。

（二）调查取证

海关立案后应当全面、客观、公正、及时地进行调查、搜集证据。海关调查、搜集证据，应当按照法律、行政法规及其他有关规定的要求办理。调查、搜集证据涉及国家秘密、商业秘密或者个人隐私的，海关应当保守秘密。

调查取证的手段包括查问违法嫌疑人，询问证人，依法检查运输工具和场所；查验货物、物品，对有关货物、物品进行取样检测、检验、检疫、技术鉴定；查询案件涉嫌单位和嫌疑人员在金融机构、邮政企业的存款及汇款，依法扣留货物、物品、运输工具、其他财产及账册、单据等资料。执法查询时，应当主动向当事人或者有关人员出示执法证件和海关协助查询通知书。海关办理行政处罚案件的调查，所获取的证据主要有书证、物证、视听资料、电子数据、证人证言、当事人的陈述、鉴定意见、勘验笔录、现场笔录。证据应当经查证属实，才能作为认定事实的根据。以暴力、威胁、引诱、欺骗以及其他非法手段取得的证据，不得作为认定案件事实的根据。

（三）调查终结

经调查后行政处罚案件有下列情形之一的，可以终结调查：违法事实清楚，法律手续完备，据以定性处罚的证据充分；违法事实不能成立的；作为当事人的自然人死亡的；作为当事人的法人或者其他组织终止，无法人或者其他组织承受其权利义务，又无其他关系人可以追查的；案件已经移送其他行政机关或者司法机关的；其他依法应当终结调查的情形。

（四）行政处罚适用

不满 14 周岁的人有违法行为，不予行政处罚，但是应当责令其监护人加以管教。已满 14 周岁不满 18 周岁的人有违法行为的，从轻或者减轻行政处罚。精神病人在不能辨认或者不能控制自己行为时有违法行为的，不予行政处罚，但应当责令其监管人严加看管和治疗。间歇性精神病人在精神正常时有违法行为的，应当给予行政处罚。

违法行为轻微并及时改正，没有造成危害后果的，不予行政处罚。初次违法且危害后果轻微并及时改正的，可以不予行政处罚。对当事人的违法行为依法不予行政处罚的，海关应当对当事人进行教育。当事人有证据足以证明没有主观过错的，不予行政处罚。法律、行政法规另有规定的，从其规定。

当事人有主动消除或者减轻违法行为危害后果，受他人胁迫或者诱骗实施违法行为，主动供述海关尚未掌握的违法行为，配合海关查处违法行为有立功表现，以及法律、行政法规、海关规章规定其他应当从轻或者减轻行政处罚的情形，应当从轻或者减轻行政处罚。

发生重大传染病疫情等突发事件，为了控制、减轻和消除突发事件引起的社会危害，海关对违反突发事件应对措施的行为，依法快速、从重处罚。

违法行为在2年内未被发现的，不再给予行政处罚；涉及公民生命健康安全、金融安全且有危害后果的，上述期限延长至5年；法律另有规定的除外。前款规定的期限，从违法行为发生之日起计算；违法行为有连续或者继续状态的，从行为终了之日起计算。

实施行政处罚，适用违法行为发生时的法律、行政法规、海关规章的规定。但是，作出行政处罚决定时，法律、行政法规、海关规章已被修改或者废止，且新的规定处罚较轻或者不认为是违法的，适用新的规定。

海关可以依法制定行政处罚裁量基准，规范行使行政处罚裁量权。行政处罚裁量基准应当向社会公布。

（五）法制审核

海关对已经调查终结的行政处罚普通程序案件，应当由从事行政处罚决定法制审核的人员进行法制审核；未经法制审核或者审核未通过的，不得作出处理决定，但是快速办理的案件除外。海关初次从事行政处罚决定法制审核的人员，应当通过国家统一法律职业资格考试取得法律职业资格。

海关对行政处罚案件进行法制审核时，应当重点审核：执法主体是否合法；执法人员是否具备执法资格；执法程序是否合法；案件事实是否清楚，证据是否合法充分；适用法律、行政法规、海关规章等依据是否准确；自由裁量权行使是否适当；是否超越法定权限；法律文书是否完备、规范；违法行为是否依法应当移送其他行政机关或者司法机关处理。

（六）告知、复核和听证

海关在作出行政处罚决定或者不予行政处罚决定前，应当告知当事人拟作出的行政处罚或者不予行政处罚内容及事实、理由和依据，并且告知当事人依法享有的陈述、申辩、要求听证等权利。海关未依照前款规定履行告知义务，或者拒绝听取当事人的陈述、申辩，不得作出行政处罚决定或者不予行政处罚决定。在履行告知义务时，海关应当制发行政处罚告知单或者不予行政处罚告知单，送达当事人。

除因不可抗力或者海关认可的其他正当理由外，当事人应当在收到行政处罚告知单的5个工作日内提出书面陈述、申辩和听证申请。逾期视为放弃陈述、申辩和要求听证的权利。当事人放弃陈述、申辩和听证权利的，海关可以直接作出行政处罚决定。当事人放弃陈述、申辩和听证权利应当有书面记载，并且由当事人或者其代理人签字或者盖章确认。

经复核后，变更原处罚告知事实、理由、依据、处罚幅度的，应当重新制发海关行政处罚告知单或不予处罚告知单。

（七）处理决定

海关应当根据对行政处罚案件审查的不同结果，依法作出以下决定：①确有违法行为，应当给予行政处罚的，根据其情节和危害后果的轻重，作出行政处罚决定；②依法不予行政处罚的，作出不予行政处罚的决定；③违法事实不能成立的，不予行政处罚，撤销案件；④符合“作为当事人的自然人死亡的或作为当事人的法人或者其他组织终止，无法人或者其他组织承受其权利义务，又无其他关系人可以追查的”，撤销案件；⑤符合《海关行政处罚实施条例》规定的收缴条件的，予以收缴；⑥应当由其他行政机关或者司法机关处理的，移送有关行政机关或者司法机关依法办理。海关依法作出行政处罚决定或者不予行政处罚决定的，应当制发行政处罚决定书或者不予行政处罚决定书。

海关应当自行政处罚案件立案之日起6个月内作出行政处罚决定；确有必要的，经海关负责人批准可以延长期限，延长期限不得超过6个月。案情特别复杂或者有其他特殊情况，经延长期限仍不能作出处理决定的，应当由直属海关负责人集体讨论决定是否继续延长期限，决定继续延长期限的，应当同时确定延长的合理期限。上述期间不包括公告、检测、检验、检疫、技术鉴定、复议、诉讼的期间。在案件办理期间，发现当事人另有违法行为的，自发现之日起重新计算办案期限。

行政处罚决定书应当在宣告后，当场交付当事人；当事人不在场的，海关应当在 7 日内将行政处罚决定书送达当事人。

具有一定社会影响的行政处罚决定，海关应当依法公开。公开的行政处罚决定被依法变更撤销、确认违法或者确认无效的，海关应当在 3 个工作日内撤回行政处罚决定信息并公开说明理由。

根据《海关行政处罚实施条例》的规定，收缴有关货物、物品、违法所得、运输工具、特制设备的，应当制作收缴清单送达被收缴人。

（八）听证程序

1. 海关组织听证的情形

海关拟作出下列行政处罚决定，应当告知当事人有要求听证的权利，当事人要求听证的，海关应当组织听证：①对公民处 1 万元以上罚款、对法人或者其他组织处 10 万元以上罚款；②对公民处没收 1 万元以上违法所得、对法人或者其他组织处没收 10 万元以上违法所得，没收有关货物、物品、走私运输工具；③降低资质等级、吊销许可证件，责令停产停业、责令关闭、限制从业，其他较重的行政处罚；④法律、行政法规、海关规章规定的其他情形。

2. 听证时效

海关决定组织听证的，应当自收到听证申请之日起 20 个工作日以内举行听证，并在举行听证的 7 个工作日前将举行听证的时间、地点通知听证参加人和其他相关人员。

3. 听证程序

(1)听证主持人核对当事人及其代理人、第三人及其代理人、案件调查人员的身份；

(2)听证主持人宣布听证参加人，翻译人员，检测、检验、检疫、技术鉴定人名单，询问当事人及其代理人、第三人及其代理人、案件调查人员是否申请回避；

(3)宣布听证纪律；

(4)听证主持人宣布听证开始并介绍案由；

(5)案件调查人员陈述当事人违法事实，出示相关证据，提出拟作出的行政处罚决定和依据；

(6)当事人及其代理人陈述、申辩，提出意见和主张；

(7)第三人及其代理人陈述，提出意见和主张；

(8)听证主持人就案件事实、证据、处罚依据进行提问；

(9)当事人及其代理人、第三人及其代理人、案件调查人员相互质证、辩论；

(10)当事人及其代理人、第三人及其代理人、案件调查人员作最后陈述；

(11)宣布听证结束。

4. 听证笔录

听证应当制作笔录，听证笔录应当载明：案由；听证参加人及其他人员的姓名或者名称；听证主持人、听证员、记录员的姓名；举行听证的时间、地点和方式；案件调查人员提出的本案的事实、证据和拟作出的行政处罚决定及其依据；陈述、申辩和质证的内容；证人证言；按规定应当载明的其他事项。

【注意】听证结束后，海关应当根据听证笔录，进行复核及作出决定。

（九）简易程序和快速办理

1. 简易程序

违法事实确凿并有法定依据，对公民处以 200 元以下、对法人或者其他组织处以 3 000 元以下罚款或者警告的行政处罚的，海关可以适用简易程序当场作出行政处罚决定。执法人员当场作出行政处罚决定的，应当向当事人出示执法证件，填写预定格式、编有号码的行政处罚决定书，并当场交付当事人。当事人拒绝签收的，应当在行政处罚决定书上注明。上述行政处罚决定书应当载明当事人的违法行为，行政处罚的种类和依据、罚款数额、时间、地点，申请行政复议、提起行政诉讼的途径和期限以及海关名称，并由执法人员签名或者盖章。

2. 快速办理

对于不适用简易程序，但是事实清楚，当事人书面申请、自愿认错认罚且有其他证据佐证的行政处罚案件，海关可以通过简化取证、审核、审批等环节，快速办理案件。适用快速办理的情形有：①适用《海关行政处罚实施条例》第十五条第一项、第二项规定进行处理的；②报关企业、报关人员对委托人所提供情况的真实性未进行合理审查，或者因为工作疏忽致使发生《海关行政处罚实施条例》第十五条第一项、第二项规定情形的；③适用《海关行政处罚实施条例》第二十条至第二十三条规定进行处理的；④违反海关监管规定携带货币进出境的；⑤旅检渠道查获走私货物、物品价值在5万元以下的；⑥其他违反海关监管规定案件货物价值在50万元以下或者物品价值在10万元以下，但是影响国家出口退税管理案件货物申报价格在50万元以上的除外；⑦法律、行政法规、海关规章规定处警告、最高罚款3万元以下的；⑧海关总署规定的其他情形。

【提示】快速办理行政处罚案件，当事人在自行书写材料或者查问笔录中承认违法事实、认错认罚并有查验、检查记录和鉴定意见等关键证据能够相互印证的，海关可以不再开展其他调查取证工作。海关应当在立案之日起7个工作日内制发行政处罚决定书或者不予行政处罚决定书。

（十）执行

海关作出行政处罚决定后，当事人应当在行政处罚决定书规定的期限内予以执行。海关作出罚款决定的，当事人应当自收到行政处罚决定书之日起15日内，到指定的银行或者通过电子支付系统缴纳罚款。海关对当事人依法作出暂停从事有关业务、情节严重的禁止其从事报关活动等行政处罚决定的，执行程序由海关总署另行制定。当事人确有经济困难向海关提出延期或者分期缴纳罚款的，应当以书面方式提出申请。海关在收到当事人延期申请、分期执行申请后，应当在10个工作日内作出是否准予延期、分期缴纳罚款的决定，并且制发通知书送达申请人。当事人逾期不履行行政处罚决定的，海关可以采取下列主要措施：到期当事人不缴纳罚款的，每日按照罚款数额的3%加处罚款，加处罚款的数额不得超出罚款的数额；当事人逾期不履行海关的处罚决定又不申请复议或者向人民法院提起诉讼的，海关可以将扣留的货物、物品、运输工具变价抵缴，或者以当事人提供的担保抵缴，也可以申请人民法院强制执行；根据法律规定，采取其他行政强制执行方式。

第四节　海关行政复议制度

一、海关行政复议的概念和特征

海关行政复议是指公民、法人或者其他组织不服海关及其工作人员做出的具体行政行为，认为该行政行为侵犯其合法权益，依法向海关复议机关提出复议申请，请求重新审查并纠正原具体行为，海关复议机关按照法定程序对上述具体行政行为的合法性和适当性进行审查并作出决定的海关法律制度。

海关行政复议具有以下特征：①海关行政复议的申请人是公民、法人或者其他组织；②海关行政复议的被申请人是做出具体行政行为的海关；③海关行政复议是因公民、法人或其他组织认为海关具体行政行为侵犯其合法权益而引起的。海关行政复议机关是做出具体行政行为海关的上一级海关。

【提示】 对海关总署直接做出的具体行政行为不服而申请复议的，海关总署是复议机关。根据有关法律、行政法规的规定，公民、法人或者其他组织对海关具体行政行为不服的，可以申请行政复议。

海关具体行政行为中，确定纳税义务人、完税价格、商品归类、原产地、适用税率和汇率、减征或者免征税款、补税、退税、征收滞纳金、计征方式、纳税地点，以及其他涉及税款征收的具体行政行为，即因纳税争议而产生的事项，公民、法人或者其他组织应当依据《海关法》的规定先向海关行政复议机关申请行政复议，对海关行政复议决定不服的，再向人民法院提起行政诉讼，即实行复议前置的原则。

二、海关行政复议的基本内容

（一）海关行政复议的管辖

海关行政复议的管辖，是指有关海关复议机关在受理海关行政复议案件上的分工和权限。海关行政复议实行上级复议的原则，即对海关具体行政行为不服申请复议的，做出该具体行政行为海关的上一级海关为复议机关。对海关总署做出的具体行政行为不服申请复议的，海关总署为复议机关。两个以上海关以共同的名义做出具体行政行为的，其共同的上一级海关为复议机关。海关与其他行政机关以共同的名义做出具体行政行为的，海关和其他行政机关的共同上一级行政机关为复议机关。

对海关总署与国务院其他部门共同做出的具体行政行为不服的，由海关总署、国务院其他部门共同作出处理决定。

海关设立的派出机构、内设机构或者其他组织，未经法律、行政法规授权，对外以自己名义做出具体行政行为的，该海关的上一级海关为复议机关。

（二）海关行政复议当事人

海关行政复议申请人，是指认为自己的合法权益受到海关具体行政行为的侵犯，依法向海关复议机关申请行政复议的公民、法人或者其他组织。

公民、法人或者其他组织对海关做出的具体行政行为不服申请行政复议的，做出该具体行政行为的海关是被申请人。两个以上海关以共同的名义做出具体行政行为的，以做出具体行政行为的海关为共同被申请人。海关与其他行政机关以共同的名义做出具体行政行为的，海关和其他行政机关为共同被申请人。下级海关经上级海关批准后以自己的名义做出具体行政行为的，以作出批准的上级海关为被申请人。

海关设立的派出机构、内设机构或者其他组织，未经法律、行政法规授权，对外以自己名义做出具体行政行为的，以该海关为被申请人。

在行政复议期间，申请人以外的公民、法人或者其他组织认为与被审查的海关具体行政行为有利害关系的，可以向海关行政复议机构申请作为第三人参加行政复议；海关行政复议机构认为申请人以外的公民、法人或者其他组织与被审查的具体行政行为有利害关系的，应当通知其作为第三人参加行政复议。

三、海关行政复议的程序

（一）申请

公民、法人或者其他组织认为海关具体行政行为侵犯其合法权益的，可以自知道该具体行政行为之日起 60 日内提出行政复议申请;但是法律规定的申请期限超过 60 日的除外。因不可抗力或者其他正当理由耽误法定申请期限的,期限自障碍消除之日起继续计算。

申请人可以以书面形式,也可以以口头形式申请行政复议。口头申请的,复议机构应当当场制作行政复议申请笔录,交申请人核对或者向申请人宣读,并且由其签字确认。

(二)申请受理

海关行政复议机关收到行政复议申请后,对复议申请进行审核。不予受理的,应制作行政复议申请不予受理决定书,并送达申请人。凡是符合法定的范围、条件和要求的,自收到复议申请书之日起 5 个工作日内作出受理决定,并制作行政复议申请受理通知书和行政复议答复通知书分别送达申请人和被申请人,行政复议申请自海关行政复议机构收到之日起即为受理。

申请人就同一事项向两个或者两个以上有权受理的海关申请行政复议的,由最先收到行政复议申请的海关受理;同时收到行政复议申请的,由双方在 10 日内协商确定;协商不成的,由共同上一级海关在 10 日内指定受理海关。

两个以上的复议申请人对同一海关具体行政行为分别向海关复议机关申请复议,或同一申请人对同一海关的数个相同类型或者具有关联性的具体行政行为分别向海关行政复议机关申请行政复议的,海关复议机关可以并案审理,并以后一个申请复议的日期为正式受理的日期。

(三)审理

海关行政复议的审理工作是指海关行政复议机关受理复议案件后,对复议案件的事实是否清楚、适用依据是否准确、程序是否合法等方面进行的全面审查。

每一个海关行政复议案件由不得少于三人的、单数的行政复议人员实行合议制审理,由其中一名行政复议人员担任主审。对事实清楚、案情简单、争议不大的案件,也可以不适用合议制,但是应当由两名以上行政复议人员参加审理。

案件审理中,复议机构应当向有关组织和人员调查情况,听取申请人、被申请人和第三人的意见;海关行政复议机构认为必要时可以实地调查核实证据;对于事实清楚、案情简单、争议不大的案件,可以采取书面审查的方式进行审理。同时,申请人、第三人也可以申请查阅被申请人提出的书面答复,提交的做出具体行政行为的证据、依据和其他有关材料。

审理后,复议机关对复议案件提出处理意见。行政复议期间海关具体行政行为不停止执行,但具有法定情形的,可以停止执行。

(四)听证

案件受理后,对于申请人提出听证要求的,申请人与被申请人对事实争议较大的,申请人对具体行政行为适用依据有异议的,案件重大复杂或者争议的标的价值较大的,以及海关行政复议机构认为有必要听证的其他情形,海关行政复议机构可以采取听证的方式审理。除涉及国家秘密、商业秘密、海关工作秘密或者个人隐私的案件外,听证应当公开举行。

(五)决定

海关复议机构在对案件依法审理后,提出处理意见,经海关行政复议机关负责人审查批准后,作出复议决定。

行政复议机关应当自受理复议申请之日起 60 日内作出行政复议决定。在规定情形下,经海关行政复议机关负责人批准,可以延长 30 日。海关行政复议机关延长复议期限的,应当制作延长行政复议审查期限通知书,并送达申请人、第三人、被申请人。

复议决定的种类包括:①决定维持;②决定被申请人限期履行法律职责;③责令被申请人在一定期限内重新做出具体行政行为;④变更决定;⑤撤销决定;⑥复议决定的特殊形式。除上述五种情形外,还规定了其他的情形,主要有决定驳回行政复议申请、申请人自愿撤回行政复议申请、“复议变更不利禁止”等。

四、和解与调解

对于符合条件的案件，可以遵循自愿、合法、公正、合理、及时、便民原则，进行复议和解、调解。但是，行政复议和解、调解不是办理行政复议案件的必经程序。

【学中做 7—1】 **海关行政复议制度实操解疑**

解析

学中做7-1

某进出口贸易公司(以下简称“A 公司”)长期从事服装进出口业务，秉持诚信经营理念，积极拓展海外市场，为我国对外贸易发展贡献力量。近期，A 公司进口一批高档面料服装，某直属海关(以下简称“B 海关”)对该批服装进行查验后，在商品归类上与 A 公司产生分歧。B 海关将该批服装归为税率较高的类别，并据此确定了纳税义务人、完税价格、适用税率等，要求 A 公司缴纳高额税款。A 公司认为 B 海关的商品归类认定错误，导致其需承担过重的税负，严重侵犯了公司的合法权益，也影响其正常经营和进一步拓展国际市场的计划，遂决定申请海关行政复议。这一事件提醒我们，在对外贸易活动中，既要遵守法律法规，也要在合法权益受到侵害时，通过合法途径积极维护自身权益，共同营造公平、有序的对外贸易环境。

请问：若 A 公司对 B 海关做出的关于商品归类的具体行政行为不服，申请行政复议时，在复议申请期限、申请形式以及复议机关确定等方面有哪些具体规定和要求？同时，从法治精神和企业责任的角度，思考 A 公司在申请行政复议过程中应秉持怎样的态度和行为准则，以促进对外贸易的健康发展，维护国家法治尊严？

第五节 海关行政申诉制度

一、海关行政申诉的概念

海关行政申诉是指公民、法人或者其他组织不服海关做出的具体行政行为但在法定期限内未申请行政复议或提起行政诉讼的，或者不服海关行政复议决定但在法定期限内未提起行政诉讼的，向海关提出申诉请求，海关对原具体行政行为的合法性和适当性进行审查并作出处理决定的法律救济措施。海关申诉制度作为一种为公民、法人和其他组织提供法律救济手段的制度，是围绕着有错必纠，便民利民，切实保护公民、法人和其他组织合法权益的原则和目标模式设计和运作的。这是对已经丧失行政复议和诉讼救济权利的当事人，本着保护当事人合法权益、实事求是、有错必纠的原则，再给当事人一次陈述理由、申辩意见的机会。

二、海关行政申诉的基本内容

(一)海关行政申诉案件的范围

海关办理申诉的案件包括：

(1)公民、法人或者其他组织不服海关做出的具体行政行为但在法定期限内未申请行政复议或提起行政诉讼的，向海关提出申诉请求的案件；

(2)公民、法人或者其他组织不服海关行政复议决定但在法定期限内未提起行政诉讼的，向海关提出申诉请求的案件；

(3)海关有关部门接到公民、法人或者其他组织的信访、投诉，如涉及海关具体行政行为或者行政复议决定的合法性问题，由申诉人按规定提出申诉要求而转送海关申诉审查部门的申诉案件。

（二）海关行政申诉的管辖

1. 申诉案件的管辖海关

申诉人可以向做出原具体行政行为或者复议决定的海关提出申诉，也可以向其上一级海关提出申诉。

对海关总署做出的具体行政行为或者复议决定不服的，应当向海关总署提出申诉。海关总署认为必要时，可以将不服广东省内直属海关做出的具体行政行为或者行政复议决定向海关总署提出申诉的案件，交由广东分署办理。

2. 海关申诉审查部门

对海关调查、缉私部门经办的具体行政行为不服的申诉案件由调查、缉私部门具体负责办理；对其他海关具体行政行为和复议决定不服的申诉案件由负责法制工作的机构具体负责办理。

三、海关行政申诉程序

（一）申请和受理

申诉人提出申诉应当递交书面申诉材料，申诉材料中应写明申诉人的基本情况、明确要求撤销或者变更海关原具体行政行为的申诉请求、具体事实和理由。

海关申诉审查部门收到申诉人的书面申诉材料后，应当在 5 个工作日内进行审查，作出受理或不予受理的决定。决定受理申诉的，海关申诉审查部门收到书面申诉材料之日为受理之日。对不予受理的，书面告知申诉人不予受理的理由。

具体行政行为尚在行政复议、诉讼期限内，或者行政复议决定尚在行政诉讼期限内的，应当及时告知申诉人有权依法申请行政复议或者向人民法院提起行政诉讼。

符合海关办理申诉案件规定，但需要转送其他海关处理的，应当将申诉材料转送相应海关，同时书面通知申诉人，由接受转送的海关办理。

（二）审查

申诉案件的审查，原则上采取书面审查的办法。申诉人提出要求或者申诉审查部门认为有必要时，可以向有关组织和人员调查情况，听取申诉人、与申诉案件有利害关系的第三人的意见，听取做出原具体行政行为或者复议决定的海关或者原经办部门的意见。

【注意】调查情况、听取意见必要时可以采用听证的方式。原具体行政行为、复议决定的经办人员不得担任申诉案件的审理人员。

（三）处理

海关应当在受理申诉之日起 60 日内作出处理决定。情况复杂的案件，经申诉审查部门负责人批准，可以适当延长，但延长期限最多不超过 30 日。延长审查期限应当书面通知申诉人。海关经对申诉案件进行审查，应当区分不同情况作出处理决定。上级海关办理的对下级海关的具体行政行为或者复议决定不服的申诉案件，处理决定应当同时送达下级海关。

四、救济途径

经申诉后，申诉人对海关改变原行政行为或者作出新的行政行为仍不服的，可以依据《行政复议法》和《中华人民共和国行政诉讼法》（简称《行政诉讼法》）的规定向复议机关申请行政复议或者是向人民法院提起行政诉讼。对于驳回当事人申诉请求的，根据《最高人民法院关于执行〈中华人民共和国行政诉讼法〉若干问题的解释》，驳回当事人对行政行为提起申诉的重复处理行为，不属于人民法院行政诉讼的受案范围，同理，也不属于行政复议的受案范围。

应知考核

一、单项选择题

1. 海关事务担保的性质不包括（　　）。

A. 任意性　　B. 惩罚性　　C. 补偿性　　D. 履行性

2. 以下（　　）情形不属于海关事务担保的适用范围。

A. 当事人申请提前放行货物

B. 当事人申请办理特定海关业务

C. 纳税义务人在纳税期限内有明显的转移、藏匿其应税货物迹象

D. 企业因资金周转困难申请延期缴纳税款

3. 海关事务担保的担保人必须具备（　　）条件。

A. 具有履行海关事务担保能力　　B. 拥有足够财产

C. 具有民事行为能力　　D. 以上都是

4. 海关行政处罚的基本原则中，不包括（　　）。

A. 公正、公开原则　　B. 自愿原则

C. 处罚与教育相结合的原则　　D. 法定原则

5. 海关行政处罚的范围不包括以下（　　）。

A. 不予追究刑事责任的走私行为

B. 违反海关监管规定行为

C. 违反出入境检验检疫法律法规的行为

D. 违反劳动法律法规的行为

6. 海关行政复议的申请人是（　　）。

A. 海关工作人员　　B. 公民、法人或者其他组织

C. 海关总署　　D. 海关行政复议机关

7. 海关行政复议的管辖原则是（　　）。

A. 由发现违法行为的海关管辖

B. 由违法行为发生地海关管辖

C. 由海关总署管辖

D. 由做出具体行政行为的海关的上一级海关管辖

8. 海关行政处罚的听证程序中，海关应当在收到听证申请之日起（　　）内举行听证。

A. 10 个工作日　　B. 15 个工作日

C. 20 个工作日　　D. 30 个工作日

9. 海关行政处罚决定书应当在宣告后，当场交付当事人；当事人不在场的，海关应当在（　　）内将行政处罚决定书送达当事人。

A. 3 日　　B. 5 日　　C. 7 日　　D. 10 日

10. 海关行政申诉的受理机关是（　　）。

A. 海关总署

B. 做出原具体行政行为的海关

C. 做出原具体行政行为的海关的上一级海关